Wolfgang Krege

Handbuch der Weisen von Mittelerde

Mit Zeichnungen von J. R. R. Tolkien

Klett-Cotta

Die Deutsche Bibliothek – CIP-Einheitsaufnahme

Krege, Wolfgang:
Handbuch der Weisen von Mittelerde / Wolfgang Krege.
Mit Zeichn. von J. R. R. Tolkien. – Stuttgart : Klett-Cotta, 1996
ISBN 3-608-93215-1

Klett-Cotta
© J. G. Cotta'sche Buchhandlung Nachfolger GmbH, gegr. 1659,
Stuttgart 1996
Fotomechanische Wiedergabe nur mit Genehmigung des Verlags
Printed in Germany
Schutzumschlag: Klett-Cotta-Design
Gesetzt aus der Bodoni von Steffen Hahn GmbH, Kornwestheim
Auf säure- und holzfreiem Papier gedruckt und gebunden von Röck, Weinsberg

VORWORT

Die Weisen von Mittelerde kannten zauberkräftige Verse, die ihnen unvergeßlich eingeprägt waren; ein Handbuch hatten und brauchten sie nicht. Immerhin verschmähten auch sie die Schrift nicht, und manche von ihnen stöberten gelegentlich in den Archiven von Bruchtal und Minas Tirith. Unsereins kann nur durch die Bücher zu ihrer „Kunde" Zugang finden: gewiß eine unbefriedigende Annäherung an all die Dinge, die man lieber sehen, hören, fühlen, riechen oder schmecken würde, aber letztlich wohl besser so, denn sonst gäbe es Mittelerde bald als Pauschalreise oder Freizeitpark.

An der Überlieferung von Mittelerde haben viele mitgeschrieben, die nicht allesamt weise waren: Elben, Zwerge, Hobbits – sogar Menschen und wer weiß, wer noch alles, denn auch die Feinde waren nicht sämtlich Analphabeten. Wie wollen wir da Wahres von Falschem, die aus reinem Herzen erdichtete Legende von der arglistigen Entstellung sondern? Ich will es gar nicht erst versuchen; Kritik ist nicht meine Sache. Ich glaube einfach, daß in Mittelerde alles an der Wahrheit teilhat, was „Kunde" ist, d. h. wovon in einer Erzählung berichtet wird oder was so aussieht, als könnte es in einer (vielleicht verschollenen) Erzählung eine Rolle spielen. Wahre Kunde ist nicht dasselbe wie richtige Information: Die Information läßt uns kalt, obwohl sie uns klüger macht; die Kunde erwärmt und weckt Neugier, auch wenn sie so unverständlich bleiben mag wie ein Gedicht in einer Elbensprache.

Wo und wann war oder ist Mittelerde? In keiner fernen Vergangenheit oder Zukunft, auf keinem fremden Planeten, überhaupt in keinem der Freiräume, in die sich die belletristische Phantasie manchmal flüchtet. Es ist ein Trabant unserer Welt, aus deren luftigsten Elementen zusammengeballt, und zwar zu solcher Dichte, daß es eine eigene Schwerkraft auszuüben scheint. Manche frühsenilen Erwachsenen haben sich dadurch in ihrem Realitätssinn verunglimpft gefühlt. Daß jemand von Drachen und Trollen erzählt, ist nichts Neues; aber daß er um sie her einen Erdteil schafft, in dem sie so natürlich sind wie Hunde und Katzen, scheint gegen die Bescheidenheitspflichten des Erzählers zu verstoßen: Wenn er von der verbürgten Wirklichkeit ins Phantastische abweicht, muß er um Nachsicht bitten, muß signalisieren, daß dies nicht sein Ernst ist, daß er sich ausnahmsweise schelmisch zu flunkern gestattet. Mit solchen Augenzwinkereien hatte der Schöpfer von Mittelerde nichts im Sinn. Seine Welt ist nach dem Muster einer Wirklichkeit aufgebaut, eines Verweisungszusammenhangs, in dem eins zum andern paßt (oder manchmal auch nicht paßt) – genau wie in der Welt, die wir kennen. Eine solche „Sekundärwelt", wie er sie nannte, will von erwachsenen Lesern eine Art Glauben erzwingen. Sie ist phantastisch, aber nicht willkürlich erfunden. Alte Wunsch- und Angstträume der Menschheit werden wieder gegenwärtig; Mythen, Märchen und Sagen klingen an; die Länder und Völker, in denen man sie sich erzählt, werden beschrieben. Alles ist fremd und vertraut zugleich. Kein Ort, der bloß Kulisse wäre; jeder ist belebt von einer Geschichte. Aber nicht alle Geschichten kennen wir. (Höchste Wißbegier erregen die weißen Flecken auf den Landkarten, Rhûn, Khand und der ferne Süden, über die man so gut wie nichts erfährt, weil keiner der Helden je dort gewesen ist.) Die Sprachen von Mittelerde müssen in vielen lexikalischen und phonetischen Einzelheiten ausgearbeitet werden, denn aus ihnen ist alles nur übersetzt – ins Englische oder in irgendeines unserer müden und korrupten Idiome, in denen es natürlich nicht mehr möglich ist, mit den Vögeln oder mit den Bäumen zu reden.

Eine solche Welt konnte wohl kein Literat konfabulieren. Hier war ein Philologe am Werk, der, von einem historisch-rekonstruktiven Interesse geleitet, eines Tages zu konstruieren anfing.* Eine große Sammlung von Quellen scheint ihm zugänglich zu sein, darunter kurze weltbeschreibende Gedichte, Chroniken und Annalen und etliche lange „Romane" im Stil der mittelalterlichen Verserzählungen. Dies alles wird in Prosa nacherzählt – in einer Prosa, die im Rahmen der modernen Konvention bleibt, obwohl sie sich nicht scheut, die Ausdrucks- und Empfindungsweisen einer altertümlichen, klangvolleren Sprache wenigstens anzudeuten. Stoffe, Gestalten und Handlungsmotive sind nicht unbedingt neu, sondern viele haben ihre Vorbilder in der germanischen oder keltischen Literatur; doch werden sie einem Gebilde anverwandelt, das ganz und gar *sui generis* und mit keinem alten oder neuen literarischen Gattungsnamen zu bezeichnen ist.

Die folgenden Artikel sollen helfen, in diese Welt hineinzufinden. Ich will zeigen, herumführen, aufmerksam machen, staunen, bewundern und manchmal auch den Kopf schütteln. Ich will nicht deuten, geheime Botschaften entschlüsseln oder Tolkiens Quellen nachspüren. Den Weg zu finden, sollte nicht schwer sein, denn Mittelerde ist nicht durchweg eine „alte", entschwundene Welt. Aus den Tiefen der drei Zeitalter reicht manches nah an unsere Verhältnisse heran. Ganz abgesehen von dem stummen Kommentar zur Gegenwart, den der Erzähler natürlich schon damit abgibt, daß er es vorzieht, von den Blumen Lothlóriens und von Fangorns Bäumen zu reden, haben wir auch das Auenland der Hobbits als Übergangszone: ein rustikales Idyll mit Postämtern und mancherlei nahezu modernem Komfort, wo uns die Eingewöhnung nicht schwerfällt. Nach ein paar Tagen in einem behaglichen Ferien-Smial oder im „Grünen Drachen" zu Wasserau können wir uns, quer durchs Alphabet, auf den Weg machen, den einst Frodo gegangen ist: durch die Grünberge nach Bockland, in den Alten Wald und über die Hügelgräberhöhen, und so immer weiter bis in die Reiche der Industriedämonen mit ihren verwüsteten Landschaften und den numerierten Orks, die sich darin zu Hause fühlen. (Auch sie kommen uns nicht allzu fremd vor.)

Mögen dem Leser die Wegstunden nicht lang werden!

---

* Wie eng Tolkiens erzählerisches Werk nicht nur in tausend Details (Namen), sondern auch in der Konzeption mit seiner philologischen Arbeit verbunden war, zeigt die ausgezeichnete Studie von T. A. Shippey, *The Road to Middle-Earth* (London, Allen & Unwin, 1982).

6

Hinweise zum Blättern

In Tolkiens Erzählungen aus Mittelerde treten mehrere tausend Namen auf. Nur einen kleinen Teil davon findet man in diesem Buch unter den Stichworten. Namen, die dort fehlen, findet man im Register am Ende des Buches, mit Hinweisen auf die Stellen, wo sie auftauchen.

Die Namen gehören mindestens sechs Sprachen an, die in Mittelerde gesprochen wurden. Ihre Bedeutungen werden angegeben, soweit sie bekannt sind, d. h. soweit sie von Tolkien selbst erklärt wurden oder sich auf Grund unserer (lückenhaften) Kenntnis dieser Sprachen zuverlässig erschließen lassen. Bei weitem die meisten sind Sindarin-Namen. Sollte bei einer Namenserklärung die Angabe der Sprache einmal versäumt worden sein, handelt es sich immer um Sindarin. Obwohl viele Dinge, Orte und Personen mehrere Namen haben, wollten wir sie unter *einem* Stichwort behandeln, in der Regel dem am häufigsten gebrauchten Namen. In Zweifelsfällen wurde die Originalform der Übersetzung vorgezogen, also z. B. der elbische Name *Imladris* gegenüber *Bruchtal*. In diesen Fällen findet man an der Stelle, an der das Stichwort vermutet werden könnte, einen Verweis. Wo ein solcher fehlt, hilft das Register.

Am Ende jedes Artikels stehen Hinweise auf die Quellen der jeweiligen Angaben. Da Tolkiens bekannteste Bücher in vielen Ausgaben mit unterschiedlicher Paginierung verbreitet sind, wurden für sie keine Seiten, sondern nur die Kapitel angegeben. Im allgemeinen wird die deutsche Textfassung zugrunde gelegt, doch mußte im Interesse der Genauigkeit manchmal auf die englischen Originale zurückgegriffen werden.

In den Quellenangaben werden die folgenden Kürzel verwendet:

H   Der kleine Hobbit (dtv 1974); *The Hobbit* (Allen & Unwin 1937). Die Angabe „H, 3" bedeutet z. B. Kapitel 3, „Eine kurze Rast". Allerdings sind die 19 Kapitel in der deutschen Ausgabe nicht numeriert.

R   Der Herr der Ringe (Klett-Cotta, überarbeitete einbändige Ausgabe 1991); *The Lord of the Rings* (Allen & Unwin, 2. Ausgabe 1966). Zitiert nach Büchern (I-VI), Kapiteln und den Anhängen. „R, III, 4" bedeutet z. B. Buch III, 4. Kapitel, „Baumbart".

S   Das Silmarillion (Klett-Cotta 1978); *The Silmarillion* (Allen & Unwin 1977). Zitiert nach Kapiteln (I-XXIV) und den angeschlossenen Teilen „Ainulindale", „Valaquenta", „Akallabêth" und „Von den Ringen der Macht".

Nachrichten   Nachrichten aus Mittelerde, hg. von Christopher Tolkien (Klett-Cotta 1982); *Unfinished Tales of Númenor and Middle-Earth* (Allen & Unwin 1980). Zitiert nach Teilen (I-IV) und weiteren Untergliederungen, z. B. III, ii, 3 („Cirion und Eorl").

Briefe   Briefe, hg. von Humphrey Carpenter (Klett-Cotta 1991); *The Letters of J. R. R. Tolkien* (Allen & Unwin 1981). Zitiert nach den Nummern der Briefe (1-354).

Verschollene Geschichten   Das Buch der verschollenen Geschichten, Teil I und *Teil II*, hg. von Christopher Tolkien (Klett-Cotta 1986 und 1987). Zitiert nach Teilen (I, II) und Kapiteln (i, ii...).

HME 3   The History of Middle-Earth III: The Lays of Beleriand, hg. von Christopher Tolkien (Allen & Unwin 1985). Zitiert nach Teilen, mit Seitenangaben.

HME 4   The History of Middle-Earth IV: The Shaping of Middle-Earth, hg. von Christopher Tolkien (Allen & Unwin 1986). Teile und Seitenangaben.

HME 10 The History of Middle-Earth X: Morgoth's Ring, hg. von Christopher Tolkien (HarperCollins 1993). Teile und Seitenangaben.

Einige weitere Titel, die nur an wenigen Stellen zitiert werden:

H. Carpenter: *J. R. R. Tolkien. Eine Biographie.* Stuttgart, Klett-Cotta, 1979.

F. G. Jünger: „Der Herr der Ringe", in: *Scheidewege,* I, 1976.

J. Tinkler: „Old English in Rohan", in: *Tolkien and the Critics,* hg. von N. D. Isaacs und R. A. Zimbardo. Notre Dame, Indiana, University of Notre Dame Press. 4. Auflage 1972.

J. R. R. Tolkien: „Beowulf: Die Ungeheuer und ihre Kritiker", in: J. R. R. Tolkien: *Die Ungeheuer und ihre Kritiker. Gesammelte Aufsätze.* Stuttgart, Klett-Cotta, 1987.

–: „Über Märchen." Ebd.

–: *The Road Goes Ever On. A Song Cycle.* Boston, Houghton Mifflin, 1967.

–: *The War of the Ring. The History of Middle-Earth VIII,* hg. von Christopher Tolkien. London, Grafton, 1992.

Die Abbildungen wurden entnommen aus:

Pictures by J. R. R. Tolkien, London, George Allen & Unwin, 1979.

Wayne G. Hammond/Christina Scull, *J. R. R. Tolkien – Der Künstler,* Stuttgart, Klett-Cotta, 1996.

Karin Wynn Fonstad, *Historischer Atlas von Mittelerde,* Stuttgart, Klett-Cotta, 2. völlig überarbeitete Ausgabe 1994.

Abkürzungen werden so wenig wie möglich verwendet:

A. Z.: Auenland-Zeitrechnung
Z. Z.: Zweites Zeitalter
D. Z.: Drittes Zeitalter

Die beiden Elbensprachen *Quenya* und *Sindarin* werden manchmal nur mit Q. bzw. S. bezeichnet.

ᚺ

ABENDROTSEE

In den bisher bekannten Karten fälschlich „Evendimsee". Sindarin *Nenuial;* der große See nordwestlich des Auenlandes. An seinem Südufer lagen die Ruinen von Annúminas, der alten Hauptstadt des Königreichs Arnor. Das Gebiet um den See war zu Elendils Zeiten von Menschen besiedelt, seit der Vernichtung der nördlichen Königreiche aber verödet. Hobbits kamen selten dorthin.

Der See lag am Fuß der *Abendrotberge* (S. *Emyn Uial*), einer niedrigen, in nord-südlicher Richtung verlaufenden Bergkette.

Vgl. ANNÚMINAS, ARNOR, ELENDIL, ERIADOR; Karte S. 53.

R II, 2; *VI,* 7.

ADLER

Sindarin *thoron,* Manwes Vögel, die ihm auf dem Taniquetil von allem Nachricht bringen, was auf Erden geschieht. In Mittelerde gab es auch gewöhnliche Adler, aber in den Erzählungen ist nur vom Volk Thorondors die Rede. Dies waren riesige Vögel von bis zu dreißig Faden Flügelspannweite, die zwei ausgewachsene Elbenkrieger durch die Luft tragen konnten. Sie waren eigentlich Maiar in Vogelgestalt oder stammten von solchen Maiar ab. Zuerst horsteten sie in den Eisenbergen um die Thangorodrim, später in den Crissaegrim, wo sie vor allem die geheimen Zugänge zu Gondolin bewachten. Morgoth versuchte, gefangenen Adlern das Geheimnis des Flugzaubers abzupressen, das er für seine Drachenzucht brauchte, und untersuchte ihre abgeschnittenen Flügel. Thorondors Adler griffen bei vielen Gelegenheiten in die Kriege und Abenteuer des Ersten Zeitalters ein – immer auf seiten der Elben und der mit ihnen verbündeten Menschen. Von ihnen stammten die Adler von Númenor ab, die ihre Horste auf dem gebirgigen Nordkap hatten, und im Dritten Zeitalter die Adler aus dem Nebelgebirge, das Volk Gwaihirs, der seinem Freund Gandalf etliche gute Dienste erwies.

Diese Adler, anders als ihre gewöhnlichen Artgenossen, traten oft in Gruppen oder Schwärmen auf; bisweilen zogen sie sogar in Geschwader-Formation in den Kampf; so in der Schlacht der fünf Heere und am Morannon. Öfter aber dienten sie als Retter oder Fluchthelfer in letzter Sekunde (sogar ein bißchen zu oft: „Die Adler sind ein gefährliches Stück Maschinerie" – Tolkien).

Die Adler liebten Goldschmuck und nahmen für ihre Dienste gern Geschenke an. Bei den Menschen waren sie unbeliebt, weil sie Schafe raubten. (Bei ihrer Größe müssen sie ganze Herden aufgefressen haben.) Im Dritten Zeitalter sprachen sie geläufig Westron und Sindarin, waren aber ziemlich wortkarg. Im Gespräch mit Bilbo Beutlin bewiesen sie einen grimmigen Humor.

„Fahrt wohl", lautete einer ihrer höflichen Abschiedsgrüße, „bis ihr wieder wohlbehalten in euren Horsten landet!" Und die korrekte Antwort hieß: „Möge der Wind unter euren Schwingen euch dorthin tragen, wo die Sonne zieht und der Mond wandert!"

Vgl. GONDOLIN, GWAIHIR, THORONDOR.

R, II, 2; III, 5; VI, 4; *S,* XIII, XIX, XXIII; *H,* 6, 7, 18; *Nachrichten,* II, i; *HME 10,* II (137f.); *Briefe,* 210.

ADÛNAÏSCH

Die Sprache der Dúnedain, auch als *Númenórisch* bezeichnet. Sie hatte sich aus der Sprache des Volkes von Hador entwickelt und war die Vorläuferin des *Westron.* Aus dem Adûnaïschen sind nur wenige Wörter, zumeist Königsnamen, bekannt. Es hatte viele Sindarin-Wörter aufgenommen.

Vgl. HADOR, WESTRON.

S, XVII; *Nachrichten,* II, ii.

ADÛNAKHÔR (AR-ADÛNAKHÔR)

König von Númenor (2899-2962 Z. Z.), nahm als erster einen adûnaïschen Titel an. Dessen Bedeutung: „Herr des Westens", erschien den Getreuen lästerlich, weil eine solche Bezeichnung nur Manwe gebührte. In die Schriftrollen ließ er sich zwar mit dem Quenya-Namen *Tar-Herunúmen* eintragen, doch im übrigen durften unter seiner Regierung die Elbensprachen nicht mehr gebraucht werden. Die Schiffe von Eressea kamen nur noch selten und heimlich an die westliche Küste.

Vgl. NÚMENOR.

S, Akallabêth; *Nachrichten,* II, iii; *R,* Anhänge A und B.

ADURANT

Der südlichste Nebenfluß des Gelion in Ossiriand. Der Name bedeutet „Doppelfluß": Der Adurant teilte sich und umfloß die langgestreckte grüne Insel *(Tol Galen)*. Dort sollen Beren und Lúthien nach ihrer Rückkehr aus Mandos' Hallen eine Weile gelebt haben. Den Elben von Ossiriand war die ganze Gegend ein wenig unheimlich, denn sie nannten sie *Dor Firn-i-Guinar,* das Land der Toten, die leben.

Vgl. OSSIRIAND.

S, XIV, XX.

AEGLOS

S. „Eiszapfen": Gil-galads Speer (auch *Aiglos* geschrieben). Dies war auch der Name einer weißblühenden Stechginster-Pflanze, die auf den unteren Hängen des AMON RÛDH wuchs.

R, II, 2; *S,* Von den Ringen...; *Nachrichten,* I, ii.

AEGNOR

(Von Quenya *Aikanáro,* „wildes Feuer"), Finarfins jüngster Sohn, Bruder Finrod Felagunds, als dessen Lehnsmann er zusammen mit seinem Bruder Angrod die Nordhänge von Dorthonion bewachte.

Unter den Liebesgeschichten zwischen Menschen und Elben, die aus Mittelerde überliefert sind, ist die von Aegnor und Andreth am merkwürdigsten: weil sie unerfüllt blieb; weil der männliche Teil ein Elb war (und nicht ein für heroische Taten mit der Unsterblichkeit belohnter Mensch); und weil die Schwierigkeiten einer solchen Verbindung darin realistisch aufgefaßt wurden.

Aegnor hatte Andreth, ein junges Mädchen aus dem Hause Beor, in Dorthonion kennengelernt, „und ihre Hände berührten sich im Dunkeln". Offenbar sah Aegnor ein Problem, an das Beren und Tuor keine Sekunde lang dachten: Er stellte sich vor, welche Demütigung es für Andreth sein müßte, vor seinen Augen alt und hinfällig zu werden, während ihm die Jahre nichts anhaben konnten. Deshalb setzte er das Verhältnis nicht fort. Andreth klagte ihr Leid später seinem Bruder Finrod. Tatsächlich überlebte sie Aegnor um etliche Jahre. Er fiel in der Dagor Bragollach.

Vgl. MENSCHEN, ZWEI GESCHLECHTER.

S, V, XVIII; *HME 10,* IV.

AELIN-UIAL (DÄMMERSEEN)

Unterhalb der Einmündung des Aros, bis zu den großen Wasserfällen, floß der Sirion träge durch flaches Land, wobei er sich in mehrere Arme teilte und an den Ufern Sümpfe und Teiche bildete, zwischen Riedfeldern und Weidengebüschen. Der Name Dämmerseen bezieht sich auf die dichten Morgennebel, die von den Gewässern aufstiegen. Der Norden des Gebiets bildete den südwestlichen Zipfel von Doriath, und die Grenzwachen unterhielten hier einen Posten, der den Botenverkehr mit Nargothrond sicherte. Im Sommer des einundfünfzigsten Sonnenjahres kam der Wassergott Ulmo den Fluß herauf und erschien Finrod und Turgon im Traum, die ihr Nachtlager am Ufer aufgeschlagen hatten. Er gab ihnen den Rat, sich nach verborgenen Festungen umzusehen.

Vgl. FINROD, SIRION, TURGON, ULMO.

S, XIII, XXI, XXII; *Nachrichten,* I, ii.

AELUIN-SEE (TARN AELUIN)

Ein Bergsee im Osten des Hochlands von Dorthonion, inmitten struppiger, unbevölkerter Heiden; am Ufer Erlen und Birken. Sein Wasser soll von Melian geweiht worden sein. Hier war das Versteck, von dem aus Barahir, Berens Vater, und seine zwölf Gefährten nach der Dagor Bragollach ihren Bandenkrieg gegen Morgoth führten. Als Beren von einem Kundschaftergang zurückkam, fand er die Männer erschlagen und das Ufer des Sees verwüstet:

But Aeluin was red with blood, red were the stones and trampled mud.

Black in the birches sat a-row the raven and the carrion crow; wet were their nabs, and dark the meat that dripped beneath their griping feet.

One croaked: „Ha, ha, he comes too late!"

„Ha, ha!" they answered, „ha! too late!"

Vgl. BEREN, DORTHONION.

S, XIX; *HME 3* (341).

AGLAROND

Die Tropfsteinhöhlen unter dem nördlichsten Ausläufer des Weißen Gebirges wurden schon von den Númenórern als Teil der Festung Hornburg ausgebaut, später von den Rohirrim aber nur noch als Vorratskammern benutzt. Die begeisterten Worte, mit denen der Zwerg Gimli sie beschreibt, geben einen Eindruck von der Leidenschaft seines Volkes für die Grotten-Architektur: „Edelsteine, Kristalle und Adern von kostbarem Erz glitzern in den geglätteten Wänden; und durch Falten von Marmor, durchscheinend wie die Hände der Königin Galadriel, schimmert das Licht wie durch Muscheln. Säulen in Weiß, Safran und Morgenrot, gerillt und zu traumhaften Formen verschlungen, streben vom vielfarbigen Boden empor, den glitzernden Gehängen an

Adlerhorst.
Illustration zum Hobbit, amerikanische Ausgabe 1938. *Pictures , 9.*

der Decke entgegen … Dann wird es Abend … die Fackeln ziehen weiter in eine andere Kammer und einen anderen Traum."

Nach dem Ringkrieg zog ein Teil der Zwerge vom Einsamen Berg unter Gimlis Führung nach Aglarond und ließ sich dort nieder.

Der Name *Aglarond* bedeutet im Sindarin „glänzendes Gewölbe".

Vgl. GONDOR, HORNBURG, ROHAN, ZWERGE.

R, III, 8; Anhang A.

AGLON

„Der enge Paß" zwischen Dorthonion und Himring, die wichtigste Verbindung zwischen Lothlann und Beleriand. Die Hänge auf der Westseite waren sehr steil; „stets pfiff ein kalter Wind von Norden hindurch". Feanors Söhne Celegorm und Curufin hielten den Paß besetzt, wurden aber in der Dagor Bragollach vertrieben; Maedhros eroberte ihn zurück.

S, XIV, XVIII.

AINULINDALE

Q. „Die Musik der Ainur", auch „die große Musik" oder „das große Lied" genannt: die Erzählung von der Erschaffung Ardas, erstmals aufgezeichnet von Rúmil, einem gelehrten Noldo aus Tirion.

Vgl. AINUR, ARDA.

S, Ainulindale; VI; *HME 10*, I.

AINUR

Q. „Die Heiligen", (Singular: *Ainu*) die ersten von Ilúvatar erschaffenen Wesen, „Sprößlinge seiner Gedanken". Wie Figuren in einer Erzählung werden sie nie unabhängig vom Willen ihres Schöpfers, doch manche von ihnen versuchen ihre eigenen Wege

zu gehen und Neues zu erfinden. Nur Melkor, der lange in der Äußeren Leere gewandert ist, geht bis zur Auflehnung.

Nach elbischer Überlieferung bringen die Ainur die Welt gemeinsam mit Ilúvatar in einer Art Konzert hervor („die Musik der Ainur"), und diesem zunächst fiktionalen und ästhetischen Gebilde wird dann vom Schöpfer die besondere Eigenschaft der Realität beigelegt. Manche Ainur nehmen irdische Gestalt an und treten in diese Welt ein, um sie zu hüten und ihre Schicksale zu lenken. Diese werden von den Elben als die *Valar* und *Maiar* bezeichnet, von den Menschen gelegentlich auch als die „Götter".

Vgl. AINULINDALE, ILÚVATAR, VALAR.

S, Ainulindale.

AKALLABÊTH

Adûnaïsch „die Versunkene", Bezeichnung für das untergangene Númenor, Titel eines Werkes über die Geschichte des Reiches, das von Elendil verfaßt worden sein soll.

S, Akallabêth.

ALCARINQUE

Q. „Der Ruhmreiche", einer der neuen Sterne, die Varda in den Himmel von Arda setzte, um den Elben bei ihrem Erwachen zu leuchten. Vermutlich Jupiter.

Vgl. VARDA.

S, III; *HME 10*, V (Index).

ALCARONDAS

Q. „die Meeresburg", Ar-Pharazôns großes Schiff, auf dem sein Thron stand, als er gegen die Valar in den Krieg zog, „vielruderig und vielmastig, golden und pechschwarz".

Vgl. PHARAZÔN.

S, Akallabêth.

ALDARION

Der sechste König von Númenor, geboren 700, gestorben 1098 Z. Z., regierte von 883 bis 1075. Von Geburt hieß er *Anardil*, bestieg den Thron aber unter dem etwas doppeldeutigen Namen *Tar-Aldarion*, „Fürst der Bäume": er ließ sie massenhaft fällen, kümmerte sich aber auch um die Aufforstung. Mit Aldarion beginnt die Entwicklung Númenors zu einem Reich der Seefahrer. Schon in seiner Jugend unternahm er mit seinem Großvater Veantur eine Seereise nach Mittelerde, wo er mit den Elbenkönigen Círdan und Gilgalad Freundschaft schloß. Lange bevor er die Thronfolge antrat, sorgte er für den Holzbedarf der Werften von Rómenna, gründete die Gilde der „Wagemutigen" (eine Art Kapitänsverein) und ließ den Calmindon („Leuchtturm") auf der Insel Tol Uinen errichten – all dies gegen den Widerstand seines Vaters Tar-Meneldur. Er verbrachte viele Jahre auf Seereisen; in Mittelerde gründete er Vinyalonde als Stützpunkt und Holzhafen für die Númenórer. Durch seine langen Abwesenheiten entfremdete er sich von seiner Gattin Erendis.

Im Jahre 882 kehrte er von einer Reise mit einem Schreiben Gil-galads zurück, der seinen Vater um Beistand im Krieg gegen Sauron bat. Tar-Meneldur mochte dazu selbst keine Entscheidung treffen; er dankte ab und übertrug seinem Sohn das Szepter. Aldarion schickte Gilgalad eine Kriegsflotte zu Hilfe. Da er keinen Sohn hatte, ließ er seine Tochter Ancalime zur Thronfolgerin ausrufen – eine umstrittene Änderung des Thronfolgerechts, denn nach alter Sitte wäre vielmehr der

nächste männliche Verwandte erbberechtigt gewesen.
Vgl. ERENDIS, LOND DAER, MENELDUR, NÚMENOR.
Nachrichten, II.

ALDUDÉNIË
Klagelied um die Zwei Bäume, berichtet von Geschehnissen an dem Tag, als Melkor und Ungoliant Valinor verdunkelten. Elemmíre, ein Vanya, schrieb es, und es ist „allen Eldar bekannt". Wir aber kennen nur die Wiedergabe in Prosa.
Vgl. ZWEI BÄUME.
S, VIII.

ALFIRIN
Eine kleine weiße Blume, die zu allen Jahreszeiten blüht, „wo tote Männer ruhen", auch *Uilos*

(Sindarin), „die Weiße", genannt; *Simbelmyne,* „Immertreu", in der Sprache der Rohirrim. Sie wuchs vor den Toren von Edoras und von Gondolin und auf dem Halifirien-Berg am Grab Elendils des Langen.
Nachrichten, I, i; III, ii, 2; *R*, III, 6.

ALQUALONDE
Die Hafenstadt der Teleri am Nordufer der Bucht von Eldamar in Aman; der Sitz ihres Königs Olwe. Berühmt war die Hafeneinfahrt durch einen großen Bogen vom Meer ausgewaschenen Gesteins. Hier konnten die Teleri das Licht der Zwei Bäume sehen, das durch die Calacirya-Schlucht fiel; aber es war nicht so grell, daß es die Sterne verdeckte.

Bei der Rebellion der Noldor kam es zu dem Sippenmord von Alqualonde, durch den sie Mandos' Fluch auf sich herabbeschworen: Als die Teleri ihre Schiffe nicht freiwillig für die Überfahrt nach Mittelerde hergaben, ließ Feanor sie ihnen mit Gewalt wegnehmen; dabei wurden von den nur leicht bewaffneten Teleri viele getötet.
Alqualonde bedeutet im Quenya „Schwanenhafen": Als die Teleri zuerst von Tol Eressea nach Aman kamen, herrschte entweder Windstille oder sie waren in der Kunst des Segelns noch ungeübt; deshalb ließ ihr Freund, der Maia Osse, ihre Schiffe von Schwänen ziehen.
Vgl. AMAN, TELERI, NOLDOR.
S, V, IX.

Der alte Weidenmann. Farbstiftzeichnung. *Pictures, 21.*

13

ALTBOCK

Erster Name einer alten Hobbitfamilie, in der das Amt des Thain erblich gewesen war, bis Gorhendad Altbock aus dem Westviertel nach Bockland zog (2340 D. Z.) und den Familiennamen zu BRANDYBOCK abänderte.

Vgl. BOCKLAND.

R, Prolog; Anhang B.

ALTER WALD

Der Alte Wald zwischen den Hügelgräberhöhen und Bockland war (wie Fangorn) ein Überbleibsel der urzeitlichen Wälder, die einst große Teile von Mittelerde bedeckten. In ihm lebte der Haß der Bäume auf die frei beweglichen Geschöpfe fort. Der Alte Weidenmann und die Bäume am Ufer der Weidenwinde werden gewalttätig gegen Fremde, die in ihr Gebiet eindringen. Der Hüter dieses Waldes ist der rätselhafte, kindliche und uralte Tom Bombadil, ein Wesen, das der Sphäre der Valar und Maiar angehört und doch außerhalb aller Sorgen und Streitigkeiten dieser Welt zu stehen scheint.

Im Auenland erzählte man sich über den Alten Wald Gruselgeschichten. Nur wenige Hobbits, unter ihnen der Bauer Maggot, haben sich je hineingewagt. Einmal sollen die Bäume versucht haben, die Hecke zu überschreiten, durch die sich Bockland gegen den Wald abschirmte, aber die Hobbits schlugen sie mit Äxten und einem großen Feuer zurück. Eine kahlgebrannte Lichtung, auf der keine Bäume nachwuchsen, erinnerte noch lange an die alte Feindschaft.

Vgl. FANGORN, HUORNS, OLVAR; Karte S. 25.

R, I, 6.

ALTER WEIDENMANN

Ein großer Baum am Ufer der Weidenwinde, der durch das Rauschen seiner Blätter die anderen Bäume des Alten Waldes zu beeinflussen vermochte. Als die Hobbits Merry und Pippin sich gegen ihn lehnten, schläferte er sie ein und ließ sie zwischen den Spalten in seiner Rinde verschwinden; mit Gesang und Drohungen konnte Tom Bombadil ihn bezähmen. Er war ein Huorn, ein „entisch" gewordener Baum (oder „baumisch" gewordener Ent), erfüllt von dem Auftrag, den die Vegetationsgöttin Yavanna einst den Bäumen mitgegeben hatte: als Fürsprecher aller Olvar, der verwurzelten Geschöpfe, gegen die Kelvar, die frei beweglichen, aufzutreten.

Vgl. ALTER WALD, HUORNS.

R, I, 6, 7; III, 4; *S*, II.

ALTER WESTEN

Vgl. AMAN, VALINOR.

ÄLTESTE TAGE

Das Erste Zeitalter.

Vgl. DREI ZEITALTER.

ALTVORDERENZEIT

Das Erste Zeitalter.

Vgl. DREI ZEITALTER.

AMAN

(Quenya: „Gesegnet, frei vom Unheil"), auch das Segensreich, die Unsterblichen Lande oder der Alte Westen genannt: das Land weit im Westen von Arda, in das sich die Valar zurückzogen, nachdem Melkor ihre erste Wohnstätte auf der Insel Almaren zerstört hatte. Von Mittelerde war Aman durch Belegaer, das große Meer, getrennt, und im Westen grenzte es an Ekkaia, das Außenmeer.

Als Schutzwall gegen den Osten bauten die Valar die Pelóri auf, die höchsten Berge der Welt, und auf ihrem höchsten Gipfel, dem Taniquetil (auch Oiolosse oder Amon Uilos genannt), wohnten Manwe und Varda. Damit das Licht der Zwei Bäume auch ein Stück der Ostküste bescheinen konnte, wurde eine Bresche durch die Pelóri gelegt, der Calacirya („Lichtspalt"). Dort stand Tirion, die Stadt der Vanyar und der Noldor. Westlich der Berge lag Valinor, das Land der Valar. Die Gegenden, wo das Licht der Bäume nicht so hell war, daß es die Sterne verdeckte, hießen Elende (Elbenland). Eldamar (Elbenheim), der Küstenstreifen im Osten, war das Land der Teleri, und auf Tol Eressea, einer Insel in Sichtweite der Küste, wohnten diejenigen Elben, die erst am Ende des Ersten Zeitalters oder später in den Westen gekommen waren.

Südlich von Eldamar lag die gebirgige Einöde von Avathar („die Schatten"), wo Ungoliant gehaust hatte. Im Norden reichte Aman dicht an den Norden von Mittelerde heran. Das Ödland von Araman ging hier in die Eisregion der Helcaraxe über.

Menschen durften Aman nicht betreten. Dies war vielen von ihnen unverständlich. Besonders die Númenórer glaubten, durch dieses Verbot werde ihnen die Unsterblichkeit vorenthalten, die das Land Aman seinen Bewohnern verleihe. Die Valar versicherten dagegen, die Unsterblichkeit sei eine Eigenschaft der Bewohner, nicht des Landes. Für die Auffassung der Númenórer sprach das Gerücht, daß auch die Tiere und Pflanzen von Aman an der Unsterblich keit teilhätten. Als die Númenórer unter ihrem König Pharazôn versuchten, Aman zu erobern, wurde der Bau der Welt geändert und Aman aus den Kreisen von Arda entrückt. Seither war es nur auf dem Geraden Weg noch zu erreichen.

Vgl. ARDA, VALAR, VALINOR, ZWEI GESCHLECHTER.

S, I, V-IX, Akallabêth.

AMANDIL

Q. „Freund von Aman", der Fürst von Andúnië, aus einer Nebenlinie der königlichen Familie stammend, der geheime Führer der Getreuen zur Zeit Ar-Pharazôns, des letzten Königs von Númenor. In seiner Jugend war er ein Freund und Waffengefährte Pharazôns und behielt auch nach dessen unrechtmäßiger Thronbesteigung seinen Sitz im königlichen Rat, bis Sauron dort Einfluß gewann. Dann sammelte er die letzten der Getreuen um sich in Rómenna und gab seinem Sohn Elendil den Rat, Schiffe für die Flucht nach Mittelerde bereitzuhalten. Er selbst fuhr mit einem kleinen Schiff nach Westen, um wie sein Vorfahr Earendil die Verzeihung der Valar zu erflehen. Dann hörte man nichts mehr von ihm.

Vgl. ELENDIL, GETREUE, NÚMENOR, PHARAZÔN.

S, Akallabêth.

AMLACH

Ein Wortführer derjenigen Menschen in Estolad, die sich aus den Kriegen der Elben gegen Morgoth heraushalten wollten; er stammte aus dem dritten Haus der Edain. Bei einer Versammlung erklärte er alles, was man über die Valar im Westen und den Dunklen Herrscher im Norden gehört hatte, für Elben-

märchen: „Laßt den Orks ihr Reich, und wir werden das unsere haben! Platz genug ist auf der Welt, wenn ihn die Eldar uns nur gönnen." Später bestritt Amlach, an dieser Versammlung überhaupt teilgenommen zu haben. Er bedauerte, was er gesagt haben sollte, und trat in Maedhros' Dienst. Dennoch hatten seine Worte vielen Eindruck gemacht, und sie zogen aus Estolad fort.

Vgl. EDAIN, ESTOLAD.

S, XVII.

AMON AMARTH

Sindarin für SCHICKSALSBERG

AMON EREB

Q. „Der einsame Berg", zwischen dem östlichsten Ausläufer der langen Bergkette von Andram und dem Gelion. Auf diesem nicht sehr hohen, sondern breiten und sanft abfallenden Berg befand sich die Festung Amrods und Amras', in die sich nach ihren Niederlagen im Norden auch die anderen Söhne Feanors zurückzogen.

Auf dem Amon Ereb war in der ersten der großen Schlachten von Beleriand Denethor, der Fürst der Nandor von Ossiriand, gefallen.

Vgl. BELERIAND.

S, X, XIV, XVIII.

AMON ETHIR

S. „Hügel der Späher": ein künstlich aufgeworfener Hügel in der Ebene östlich des Narog, eine Wegstunde vor den Toren von Nargothrond. Hier ließ Mablung seinen Trupp haltmachen, als er Morwen und Niënor bei ihrer Suche nach Túrin begleitete. Dann machte der Dunst des plötzlich hervorkommenden Drachen die Pferde scheu, und die Reiter wurden ver-

sprengt. Niënor wurde abgeworfen, und als sie auf den Hügel zurückkam, sah sie dem Drachen ins Auge.

Vgl. NIËNOR.

S, XXI; *Nachrichten*, I, ii.

AMON HEN

S. der „Berg des Auges" am südwestlichen Ufer von Nen Hithoel, kurz vor den Rauros-Fällen. Auf dem Gipfel war ein steinerner Hochsitz, den in früherer Zeit die Grenzwachen von Gondor benutzt hatten. Von hier aus konnte Frodo, als er den Ring aufgesteckt hatte, ganz Mittelerde überblicken und wäre beinah von Sauron erkannt worden.

R, II, 9, 10.

AMON LHAW

S. der „Berg des Ohrs" auf dem südöstlichen Ufer von Nen Hithoel, kurz von den Rauros-Fällen. Hier landeten Frodo und Sam und versteckten ihr Boot, nachdem sie sich von ihren Gefährten getrennt hatten. Auf dem Gipfel war ein nicht mehr besetzter steinerner Hochsitz für die Grenzwachen von Gondor.

R, II, 9, 10.

AMON OBEL

Ein Berg im Wald von Brethil; dort hatten die Haladin zu der Zeit, als Túrin und Niënor bei ihnen wohnten, eine befestigte Siedlung, Ephel Brandir, angelegt. Vom Amon Obel stürzte der Bach Celebros über einen vielstufigen Wasserfall, *Dimrost* („Regentreppe") oder *Nen Girith* („Schauderwasser") genannt, zum Teiglin hinab. Vom oberen Absatz des Wasserfalls hatte man einen weiten Ausblick nach Westen und Süden, auch auf die etwa zwei Meilen

weit entfernte Teiglin-Schlucht Cabed-en-Aras, über die der Drache Glaurung hinwegzusetzen versuchte.
Vgl. BRETHIL, HALADIN, TÚRIN; Karte S. 34.
S, XXI; *Nachrichten*, I, ii.

AMON RÛDH
„Kahler Berg", von den Zwergen Scharbhund genannt, ein hochaufragender Berg inmitten einer felsigen Ebene, am Ostrand der Hochmoore zwischen Sirion und Narog. Unter dem Gipfel waren die Hallen Mîms, des Kleinzwergs, in den Fels gehauen. Hier schlug Túrin mit seinen Banditen sein Hauptquartier auf, und von hier aus führte er zusammen mit Beleg eine Zeitlang Krieg gegen die Orks.
Der Berg war mit rotblühendem Seregon, einer Art Mauerpfeffer, bewachsen.
Vgl. BELERIAND, MÎM, TÚRIN. Karte S. 34.
S, XXI; *Nachrichten*, I, ii.

AMON SÛL
Sindarin für WETTERSPITZE.

AMROTH UND NIMRODEL
Als die Gefährten am Bach Nimrodel rasteten, sang ihnen Legolas die traurige elbische Ballade von Amroth und Nimrodel vor. (Wie immer in solchen Liedern waren die Helden historisch. Die Elben kannten keine „Fiktion".)
Nimrodel war eine Waldelbin, die mit den Sindar und Noldor nichts zu tun haben wollte, weil sie ihnen an den ewigen Kriegen von Mittelerde Schuld gab. Amroth, der König von Lórien, ein Sinda, liebte sie und nahm um ihretwillen die Gewohnheit an, auf Fletts in den Baumwipfeln zu leben. Als Lórien von den Orks unsicher gemacht wurde, die sich in Moria festgesetzt hatten (1980 D. Z.), versprach Nimrodel, sie wolle Amroths Frau werden, wenn er sie in ein Land bringe, wo Frieden herrschte. In Mittelerde gab es kein solches Land, also wollte er mit ihr übers Meer in den Westen fahren. Auf dem Weg nach Belfalas, wo sich ein kleiner Elbenhafen befand, wurden sie getrennt. Auf dem einzigen Schiff, das dort zur Abfahrt bereitlag, wartete Amroth viele Tage lang, bedrängt von ungeduldigen Gefährten. Ein Sturm von Norden kam auf, riß das Schiff von seinen Vertäuungen los und trieb es aufs offene Meer hinaus. Amroth ertrank beim Versuch, an Land zurückzuschwimmen.
Über Nimrodels Schicksal wird in diesem Lied nichts gesagt. Nach anderen Erzählungen soll sie sich in den Ered Nimrais verirrt haben. Eine ihrer Begleiterinnen namens Mithrellas soll die Vorfahrin der Herren von Dol Amroth geworden sein.
Vgl. BELFALAS, DOL AMROTH, NIMRODEL, WALDELBEN.
R, II, 6; *Nachrichten*, II, iv.

ANACH
Ein Paß zwischen den Echoriath und den Ered Gorgoroth, den die Orks nach der Dagor Bragollach als Straße ausbauten. Auf diesem Weg gelangten sie von Taur-nu-Fuin nach Dimbar.
S, XXI.

ANÁRION
Jüngerer Sohn Elendils, gründete zusammen mit seinem Bruder Isildur das Südliche Königreich (Gondor) am Unterlauf des Anduin. Seine Stadt war *Minas Anor* (S. „Sonnenturm"), das spätere Minas Tirith, doch die Königsthrone der beiden Brüder standen Seite an Seite in Osgiliath. Als Sauron das Reich angriff (3429 Z. Z.), verteidigte Anárion sich vier Jahre lang, bis Elendil und Gil-galad mit dem Heer des Letzten Bundes von Norden herangerückt waren. Er fiel bei der Belagerung Barad-dûrs. Isildur setzte Anárions Sohn Meneldil als Thronerben ein, bevor er nach Norden ging.
Vgl. ELENDIL, GONDOR, ISILDUR, MINAS TIRITH.
R, II, 2; Anhänge A und B; *S*, Von den Ringen ...

ANCALIME (TAR-ANCALIME)
Aldarions und Erendis' einziges Kind, die erste regierende Königin von Númenor. Sie wuchs bei ihrer Mutter und fast nur unter Frauen auf; gegen Männer hatte sie zeitlebens eine Abneigung. Zu Ancalimes Gunsten änderte Aldarion die Regeln der Erbfolge: Wenn ein König keine Söhne hatte, sollte von nun an die älteste Tochter den Thron besteigen können – vorausgesetzt, daß sie nicht unverheiratet blieb. Darum entschloß sich Ancalime zu einer lieblosen Ehe, aus der immerhin ein Thronerbe hervorging. Im Jahre 1075 Z. Z. übernahm sie das Szepter. Sie verfolgte Aldarions Politik in Mittelerde nicht weiter und gewährte Gil-galad keine Unterstützung. Sie regierte bis 1280 und starb 1285 im Alter von vierhundertundzwölf Jahren.
Vgl. ALDARION, ERENDIS, NÚMENOR.
R, Anhang B; *Nachrichten*, II, iii.

ANCALIMON (TAR-ANCALIMON)
Vierzehnter König von Númenor, regierte von 2221 bis 2386 Z. Z. Unter seiner Herrschaft spalteten sich die Númenórer in

eine Königspartei und eine Opposition der Elbenfreunde oder Getreuen.

Vgl. Getreue, Númenor.

S, Akallabêth; *R*, Anhänge A und B; *Nachrichten*, II, iii.

Andram

S. „Der lange Wall": Von Süden gesehen eine Hügelkette, die sich von Taur-en-Faroth im Westen bis weit in den Osten zog. Von Norden waren die Hügel kaum zu bemerken; das Land fiel hier plötzlich ab. Das östliche Ende der Kette hieß Ramdal und lag nicht weit vom Amon Ereb. Der Sirion stürzte südlich der Dämmerseen den Wall hinab, verschwand unter der Erde und kam drei Meilen weiter am Fuß der Hügel wieder zum Vorschein, zwischen Felsen, die man die Pforten des Sirion nannte.

Vgl. Beleriand, Sirion.

S, XIV.

Androth

Eine Gruppe von Höhlen in den Bergen von Mithrim, westlich des Sees. Nach der Besetzung des Landes durch die Ostlinge hielt sich dort noch ein kleines Volk von Sindar unter Führung von Annael verborgen, bei denen Tuor aufwuchs. Später lebte Tuor dort einige Jahre allein als Bandit. In der Nähe der Höhlen entsprang ein Bach, dem Tuor nach Westen folgte, bis er an die Echoberge kam, wo er einen Tunnel fand.

Vgl. Mithrim, Tuor.

S, XXIII; *Nachrichten*, I, i.

Anduin

„Als uns der Silberlauf zum Anduin brachte, kehrten wir in die Zeit zurück, die durch sterbliche Lande zum Großen Meer fließt." Denn der Anduin, der „lange Fluß", oft auch der Große Strom genannt, war die reichste Lebensader von Mittelerde. Von den nördlichen Gebirgen herab durch die Länder der Orks, der Zwerge, Elben und Menschen strömte er, viele Zuflüsse aufnehmend, in die Bucht von Belfalas, weit im Süden von Gondor. Schon im Ersten Zeitalter bildete er zusammen mit dem Nebelgebirge die natürliche Grenze zwischen den Ländern des Westens und denen des Ostens, wo die wilden und wüsten Menschenvölker lebten, die auf Morgoth hörten. Im Zweiten Zeitalter, nach dem Untergang von Beleriand, wurde er vollends zur Frontlinie, auch wenn der Westen in den Menschen von Rhovanion und den Elben im Großen Grünwald noch manche Verbündete auf dem östlichen Ufer hatte. Im Dritten Zeitalter war das Ostufer gewöhnlich Feindesland; sogar zu einer Zeit, als Sauron eben niedergeworfen worden war, wurde Isildur hier von Orks angegriffen. Das Reich von Gondor befestigte das Ufer zwischen den Emyn Muil und Ithilien; immer wieder mußten an dieser Grenze Einfälle von Osten abgewehrt werden.

Die wichtigsten Nebenflüsse des Anduin waren (von Norden nach Süden) Grauquell, Langquell, Schwertel, Silberlauf, Limklar und Entwasser. Aus dem Weißen Gebirge nahm er noch Erui und Sirith, aus dem Schattengebirge den Poros auf. Osgiliath, die alte Hauptstadt von Gondor, lag zu beiden Seiten des Flusses. Der große Seehafen Pelargir, kurz vor dem Mündungsdelta (*Ethir Anduin*), wurde schon im Zweiten Zeitalter von den Númenórern erbaut.

Vgl. Karte S. 53.

R, II, 8–10; *S*, III.

Andúnië

Hafen an der Nordwestküste der Insel Númenor, an einem ins Vorgebirge von Andustar eingeschnittenen Fjord gelegen. Andúnië war die erste Hauptstadt von Númenor, weil die Schiffe der Eldar aus Eressea dort landeten. Die Häuser standen dicht am Strand und an den Berghängen dahinter. Als die Besuche der Elben seltener wurden, während der Schiffsverkehr mit Mittelerde zunahm, verlor Andúnië an Bedeutung. Die Stadt war Sitz der Herren von Andúnië, einer Nebenlinie der königlichen Familie, und die Hochburg der Getreuen, die mit den Elben Freundschaft halten wollten. Unter dem König Gimilzôr mußten alle, die verdächtig waren, dieser Partei nahezustehen, aus dem Westen in den Osten des Landes ziehen, wo sie leichter zu beaufsichtigen waren.

Vgl. Amandil, Getreue, Númenor; Karte S. 146.

S, Akallabêth; *Nachrichten*, II, iii.

Andúril

Aragorns Schwert, Q. „Flamme des Westens", wie er es nannte, nachdem es aus den Bruchstücken von Narsil neu geschmiedet worden war. Auf der Klinge waren die sieben Sterne (*Valacirca*) eingraviert, zwischen einer Mondsichel und einer Sonne, den Wahrzeichen Isildurs und Anárions, umgeben von einem Kranz grimmiger Runen. Das Umschmieden war keine einfache Reparatur; nur die Noldor von Bruchtal konnten sie leisten, denn die Weissagungen, die auf dem Schwert lagen, mußten beachtet werden.

Der Name eines Schwerts war oft wichtiger als seine mechanischen Eigenschaften, denn man

brüllte ihn in der Schlacht laut heraus, und wenn er berühmt genug war, konnte er allein schon manche Feinde kampfunfähig machen. Dennoch ist unklar, warum Aragorn bei der Begegnung mit den Hobbits in Bree die Bruchstücke bei sich trug, statt einer weniger edlen, aber brauchbaren Waffe.
Vgl. NARSIL.
R, I, 10; II, 3.

ANFALAS

„Langstrand", der Küstenstreifen südlich der Pinnath Gelin, zwischen den Mündungen der Flüsse Morthond und Lefnui; eines der südlichen Lehen von Gondor. Zur Verteidigung von Minas Tirith kam von dort ein bunt zusammengewürfelter Haufen von Jägern, Hirten und Bauern aus kleinen Dörfern. Mit Ausnahme ihres Fürsten Golasgil und seines Gefolges waren sie alle nur spärlich bewaffnet.
Vgl. GONDOR; Karte, S. 53.
R, V, 1.

ANFAUGLITH

S. „Erstickender Staub": späterer Name für ARD-GALEN.

ANGAINOR

Q. „Eiserner Bedrücker": die Kette, mit der Melkor zu Beginn und am Ende des Ersten Zeitalters gefesselt wurde. Aule schmiedete sie aus sechs Metallen: Kupfer, Silber, Zinn, Blei, Eisen und Gold und aus einem siebenten, *Tilkal* genannt, das er durch eine alchemische Verbindung der sechs ersteren eigens zu diesem Zweck erschuf. Sie hatte zwei Hand- und vier Fußfesseln, die absolut unzerbrechlich waren. Diese Kette mußte Melkor das erste Mal drei Zeitalter lang tragen, während er in Mandos' Festung in Einzelhaft

saß; beim zweiten Mal wurden ihm außerdem die Füße unterm Leib abgehauen, der Kopf auf die Knie herabgebogen und mit einem aus der Eisenkrone verfertigten Halseisen daran befestigt.
S, III, XXIV; *Verschollene Geschichten I*, iv.

ANGBAND

S. „Eisenkerker, Eisenhölle": Morgoths Hauptquartier unter dem südwestlichsten Zipfel der Ered Engrin. Angband war alles: Festung, Befehlszentrale, Bergwerk, Gefängnis, Arbeitslager, Waffenschmiede, Forschungslabor und Hexenküche. Es konnte Flammen speien, seuchentragende Winde oder Schneestürme in Marsch setzen. Vulkanische Feuer brannten in seinen tiefsten Kammern, und seine höchsten Gipfel reichten in die Regionen des ewigen Eises hinauf. Wenige, deren Berichten die Eldar Glauben schenkten, sind je dort gewesen, und von Beren und Lúthien wissen wir nur, daß sie über eine labyrinthische Treppe in Morgoths Thronhalle gelangten, „die von Grauen gestützt und von Feuer erhellt und mit Mord- und Marterwaffen geschmückt war". Die Gefangenen, die in den Bergwerken schuften mußten und von denen manchmal einer entkam, wie Gwindor, sprachen wenig von dem, was sie dort gesehen hatten, denn ihre Angst hätte die Zuhörer angesteckt.
In den Kriegen der Valar nach der Erschaffung der Welt soll Angband nur Melkors westlicher Vorposten gewesen sein; die Hauptfestung war das weiter nordöstlich gelegene Utumno. Melkors Statthalter in Angband war der Maia Sauron. Im Feldzug der Valar nach dem Erwachen der Elben wurden beide

Festungen zerstört, aber nicht alles, was dort verborgen lag, wurde entdeckt. Als Melkor nach seiner Gefangenschaft in Valinor zurückkehrte, baute er Angband wieder auf, vermutlich weil es näher an Beleriand lag, auf das er es besonders abgesehen hatte. (Die Entfernung nach Menegroth betrug nur 450 englische Meilen.) Der älteste Teil der Festungsanlagen befand sich auf der Nordseite des Gebirges; nun wurden Tunnel zu den Südhängen gegraben. Das Haupttor lag jetzt in einem von allerlei Höllengetier bevölkerten Tal, das sich nach Süden zur Ebene von Ard-galen öffnete. Viele versteckte Ausfalltore erlaubten den raschen Einsatz großer Kampfverbände. Über dem Tor wurde aus Schlacken und dem Aushub der Grabungen der dreizackige Gipfel der Thangorodrim aufgetürmt, über dem immer eine stinkende Rauchfahne hing. Die nähere Umgebung, im Norden wie im Süden, hieß *Dor Daedeloth*, Land des dunklen Schreckens.
Nach seinem Zweikampf mit Fingolfin soll sich Morgoth aus seiner Festung nicht mehr hervorgewagt haben. Angband war so tief in den Grundfesten der Erde verankert, daß seine Zerstörung am Ende des Ersten Zeitalters den ganzen Norden der Welt in Mitleidenschaft zog. Nachdem das Heer der Valar in der Großen Schlacht gesiegt hatte, lag Beleriand in Trümmern und wurde zum größten Teil vom Meer überflutet.
Vgl. ERED ENGRIN, MELKOR, MORGOTH, THANGORODRIM.
S, III, IX, XIX, XXIV.

ANGMAR

Über tausend Jahre nach seiner Niederlage im Krieg des Letzten Bündnisses, als Sauron sich in Dol Guldur wieder erholt hatte, kam der Anführer der Nazgûl in den Norden, um dort eine Machtbasis zu schaffen. Es ist nicht klar, wieweit Sauron damals – nach dem Verlust des Herrscherrings – die Nazgûl wirklich kontrollierte; jedenfalls handelte ihr Anführer mehr oder weniger selbständig. In dem Gebiet um die nördlichen Ausläufer des Nebelgebirges sammelte er Orks und allerlei wüste Menschenvölker um sich, und bei Carn Dûm erbaute er eine Festung. Nicht weit südöstlich davon lag die große Orkstadt unter dem Berg von Gundabad. Das ganze Gebiet wurde Angmar („Eisenheim") genannt, und sein Gebieter machte sich als der *Hexenkönig von Angmar* einen Namen. Wenn er in schwarzer Rüstung, mit schwarzer Maske und auf einem schwarzen Gaul in die Schlacht ritt, einen Herz und Hirn durchbohrenden Schrei ausstoßend, gingen manchen Dúnedain die Pferde durch. Besonders stark war er im Winter: Die Lossoth glaubten, er könne über Frost oder Tauwetter bestimmen.

Auf die Vernichtung der Dúnedain und ihrer drei zerstrittenen Fürstentümer im Norden hatte er es abgesehen. In Rhudaur fand er Verbündete. Im Jahre 1409 D. Z. drang er nach Cardolan ein und eroberte die Wetterspitze. König Arveleg von Arthedain fiel, aber seine Nachfolger und ein Rest der Dúnedain von Cardolan leisteten beharrlichen Widerstand. Erst 1974 konnte der Hexenkönig Arthedain erobern und König Arvedui aus seiner Hauptstadt Fornost vertreiben. Zwar wurde er im Jahr darauf von einem Heer aus Gondor unter Füh-

rung von Earnur besiegt, aber das Nördliche Königreich war für lange Zeit zerschlagen, und Angmar blieb eine üble Gegend, wo die Orks, Wölfe, Trolle etc. unter sich waren.

Der Hexenkönig verließ den Norden und ging nach Mordor, wo er die anderen Nazgûl um sich sammelte. Während des Ringkriegs war er der *Schwarze Heermeister*.

Vgl. ARNOR, ARTHEDAIN, NAZGÛL, SCHWARZER HEERMEISTER; Karte S. 53.

R, Anhänge A und B.

ANGRENOST

Sindarin für ISENGART: Beides bedeutet „Eisenfestung".

ANGRIST

S. „Eisenspalter", das Messer, mit dem Beren den Silmaril aus Morgoths Krone schnitt. Telchar von Nogrod hatte es geschmiedet. „Eisen spaltete es wie grünes Holz." Aber bei dem Versuch, auch die beiden anderen Silmaril loszuschneiden, zerbrach es.

Vgl. BEREN, TELCHAR.

S, XIX.

ANNÚMINAS

S. „Turm des Westens", die erste Hauptstadt des Nördlichen Königreichs der Dúnedain, von Elendil am Südufer des Nenuial-Sees in Eriador erbaut. Wegen des Bevölkerungsschwundes nach dem Krieg des Letzten Bundes verfiel die Stadt, und die Könige nach Valandil nahmen Fornost zum Hauptsitz. Nach dem Ringkrieg ließ König Elessar Annúminas wieder aufbauen.

Das *Szepter von Annúminas*, ein Zeichen der Königswürde, wurde nach der Vernichtung der nördlichen Königreiche in

Bruchtal verwahrt. Elrond brachte es Elessar zu seiner Krönung.

Vgl. ARNOR.

R, II, 2; VI, 5; *S*, Von den Ringen ...

ANÓRIEN

S. „Sonnenland", das Land nordwestlich von Minas Tirith, zwischen Anduin, Weißem Gebirge und den Mündungen der Entwasser; der Mering-Bach im Westen bildete die Grenze zu Rohan. Das Gebiet, in dem viel fruchtbares Ackerland lag, war einst die Domäne Anárions gewesen. Die Rohirrim nannten es Sunlending („... sechstausend Speere nach Sunlending"). Zu Anórien gehörte auch der Drúadan-Wald.

Vgl. GONDOR; Karte S. 53.

R, V, 3, 5.

AR-

Adúnaïsch „König": den Namen der späteren Könige von Númenor vorangestellt.

Vgl. die jeweilige reine Namensform, z. B. Ar-Pharazôn unter PHARAZÔN.

ARAGORN

„Streicher, wie er im Wirtshaus in einer Ecke saß, war ein Schock, und ich hatte, ebensowenig wie Frodo eine Ahnung, wer er war" (Tolkien). Er war Aragorn, Stammesführer der Dúnedain des Nordens, Elendils und Isildurs Nachkomme und rechtmäßiger Erbe. Aber für den Gastwirt Butterblume war er ein „Waldläufer" – eine vorsichtige Bezeichnung für jemanden, der vom Landstreicher bis zum Straßenräuber so gut wie alles sein konnte. Die Dúnedain waren seit dem Ende ihres Königreichs Arthedain ein ärmliches, verstreut lebendes kleines Volk geworden; und obendrein hatte Aragorn viele gute Gründe, das Inkognito zu wahren.

Er war fast neunzig Jahre alt, als er Frodo begegnete: kein hohes Alter für einen Mann von reiner númenórischer Abkunft. Nach dem frühen Tod seines Vaters Arathorn war seine Mutter Gilraen mit ihm nach Bruchtal gezogen, wo Elrond sich seiner Erziehung annahm. *Estel* („Hoffnung") wurde er genannt. Erst als er zwanzig war, sagte ihm Elrond, wer er war, und übergab ihm zwei Erbstücke seines Hauses: Barahirs Ring und das zerbrochene Schwert Narsil. Gleich darauf verliebte er sich in Elronds Tochter Arwen. Um aber ihre Hand zu gewinnen, mußte er etwas Außerordentliches vollbringen: Elrond, der seine Tochter nicht gern an einen Sterblichen verlieren wollte, machte zur Bedingung, daß er wenigstens König werden müsse, und zwar kein gewöhnlicher König, sondern der Erneuerer der vereinigten Reiche von Arnor und Gondor. Er leistete Kriegsdienste in Rohan und Gondor und wurde ein tüchtiger Heerführer. Unter dem Namen *Thorongil* – „Adler des Sterns", weil er einen kleinen silbernen Adler am Mantel trug – drang er mit einer kleinen Flotte in den Hafen von Umbar ein und verbrannte die Schiffe der Korsaren. Der Truchseß Ecthelion von Gondor hörte auf seinen Rat, aber Ecthelions Sohn Denethor ahnte oder wußte, wer er war, und hielt ihn nicht zurück, als er aus Gondor fortging.

Von seinem Freund Gandalf erfuhr er, daß der Herrscherring gefunden worden war. Er stellte Wachen um das Auenland auf, machte sich auf die Suche nach Gollum und führte die Hobbits durch Sumpf und Wildnis über die schwierige Wegstrecke von Bree nach Bruchtal. Narsil konnte neu geschmiedet werden, und er nannte es nun *Andúril*. Den Zerfall der Ringgemeinschaft bei Parth Galen konnte er nicht verhindern, aber dann wurde er ein unermüdlicher Führer und Antreiber im Krieg gegen Sauron. Über seinen Ritt auf den Pfaden der Toten durch das Weiße Gebirge und den Süden von Gondor gibt es nur verworrene Berichte und Legenden. Jedenfalls hob er unter Berufung auf alte Treueide, die einst von den Bergbewohnern gebrochen worden waren, ein Heer aus, eroberte damit eine Flotte der Südländer bei Pelargir und erschien in der Stunde der höchsten Not auf dem Pelennor vor den Toren von Minas Tirith.

Nach dem Sieg über Sauron wurde er unter dem Namen *Elessar* („Elbenstein", nach einem großen Smaragd, den er an der Brust trug, einem Geschenk Arwens und Galadriels) zum König von Gondor und Arnor gekrönt. Auch seinen alten Spitznamen „Streicher" behielt er bei, als *Telcontar* ins Quenya übersetzt. Er heiratete Arwen, die nach Lúthiens Vorbild das Schicksal der Sterblichkeit auf sich nahm. Dann regierte er noch hundertzwanzig Jahre. Im Jahr 15 des Vierten Zeitalters ritt er in den Norden und wohnte eine Zeitlang im alten Annúminas. An der Brandyweinbrücke traf er sich mit seinen Freunden aus dem Auenland. Er führte noch so manchen ruhmreichen Krieg und war ein guter König, aber nicht ohne Vorbehalt glücklich über die neue Zeit, die nun anbrach: „Und auf dem Thron des fernen Gondor bemüht sich Aragorn, in dem Menschengewimmel, das unter Sauron nach Westen geströmt ist, ein wenig Ordnung zu schaffen und ein Andenken an die alten Zeiten zu wahren."

Vgl. Arnor, Arthedain, Elendil, Elrond, Gondor, Isildur, Pelennor, Pfade der Toten, Ringkrieg.

R, passim, besonders Anhang A; *Briefe*, 91.

Ard-galen

„Die grüne Gegend": der Boden der weiten Ebene zwischen Dorthonion und den Ered Engrin war mit ungezählten Leichen gedüngt, denn dies war das Hauptschlachtfeld in den Kriegen von Beleriand. Angband verbreitete von Norden eine Dreckwüste um sich her, aber solange der Belagerungsring der Noldor hielt, „wuchs Grünzeug bis vor die Pforten der Hölle". Von ihren Festungen auf den Höhen der Ered Wethrin und der Berge von Dorthonion überwachten die Noldor und die mit ihnen verbündeten Menschenvölker das Land, und die Orks konnten nur auf weiten Umwegen über den Osten nach Beleriand gelangen.

Dies änderte sich mit der Schlacht des jähen Feuers, das sich über die ganze Ebene ergoß. Danach war Ard-galen eine verbrannte Wüste: *Dor-nu-Fauglith*, Land des erstickenden Staubs oder kurz *Anfauglith*. Nirgendwo wuchs wieder Gras, nur auf einem Hügel inmitten der Ebene, dem *Haudh-en-Ndengin* (Hügel der Erschlagenen), den Morgoth nach der Nirnaeth Arnoediad aus den Leichen und Waffen aller in der Schlacht Gefallenen hatte aufwerfen lassen.

Vgl. Angband, Dagor Bragollach, Nirnaeth Arnoediad; Karte S. 34.

S, XIII, XIV, XVIII, XX.

ARDA

Quenya „Reich", die Erde. Über ihre Entstehung, Gestalt und Veränderung gaben vor allem drei Schriften der Elben von Valinor Auskunft: *Ainulindale*, *Narsilion* und *Ambarkanta*. Arda war zuerst ein Gesang, eine musikalische Improvisation der Ainur zu drei von Ilúvatar vorgegebenen Themen und wurde dann von Ilúvatar verwirklicht. Elben und Menschen, die *Kinder Ilúvatars*, wurden in der Musik angekündigt. Diejenigen Ainur, die Arda betraten, die Valar, wollten die Welt für die Kinder Ilúvatars einrichten. Die Valar zerfielen in zwei Parteien unter Führung der beiden feindlichen Brüder Melkor und Manwe. Der genialische Melkor wollte eine Welt der Spannungen und Gegensätze erschaffen: aus Eis und Feuer, Wüsten und Sümpfen, grellem Licht und tiefem Schatten. Manwe dagegen wollte ein wohlgeordnetes Reich mit symmetrischen Abmessungen, mäßigen Temperaturen und milder Beleuchtung. Melkor war der mächtigere, und viele Geister der niederen Ränge *(Maiar)* folgten ihm, aber die anderen Valar brachte er durch seine Herrschsucht und Rechthaberei gegen sich auf. Lange tobte der Kampf. Keine Seite konnte die andere endgültig besiegen und die Erde ganz nach den eigenen Wünschen gestalten; darum haben an allen Dingen, die erschaffen wurden, sowohl die Valar als auch Melkor Anteil gehabt. Während aber die Valar auch für die schadhafte, durch die Einflüsse ihres Feindes „verdorbene" Welt noch Mitleid bewahrten und hier und da etwas zu bessern suchten, verströmte Melkor seine schöpferischen Energien in Haß, Hohn und Vernichtungslust.

Schließlich zogen sich beide Seiten in abgeschirmte Regionen zurück: Melkor in seine unterirdische Festung Utumno im hohen Norden, eine brodelnde und qualmende Hölle der vulkanischen Destruktivität; die Valar nach Aman, im äußersten Westen, wo alles nahezu vollkommen eingerichtet ist (so sehr, daß man ahnt, was für eine Puppenstube die Welt wohl geworden wäre, hätte der gute Manwe überall seinen Willen gehabt).

Übrig blieb die Landmasse in der Mitte von Arda, *Endóre*, Mittelerde, wo sich die Einflüsse beider Seiten die Waage hielten. Auf einer Skizze zum *Ambarkanta* (HME 4, S. 249) sehen wir, wie die ursprünglich beabsichtigte symmetrische Verteilung von Land und Wasser gestört worden ist: Als ein gerader breiter Landstreifen sollte sich Mittelerde von Norden nach Süden erstrecken, mit zwei etwa gleich großen parallelen Meeresgräben rechts und links davon. Um aber Valinor mehr Sicherheitsabstand von allem Bösen zu verschaffen, haben die Valar Mittelerde nach Osten weggebogen und das trennende Meer im Westen, Belegaer, verbreitert. Später, in den großen Schlachten mit Melkor wurden auch diese immer noch etwas pedantisch angeordneten Küstenlinien, Gebirgszüge und Binnenmeere mächtig durcheinandergeworfen.

Über Land und Meer wölben sich die drei Luftschichten *Vista*, *Ilmen* und *Vaiya*. Vista, die Luft des Atems und des Fluges, liegt als eine dicke Glocke über Mittelerde und flacht sich nach Westen und Osten hin ab. Ilmen, die hohen Lüfte über den Wolken von Mittelerde, reicht in Valinor bis auf den Boden herab; nur die Götter und die in ihrer Nähe Geduldeten können dort atmen. Vaiya ist eine zähe, kalte Schicht, halb Gas, halb Flüssigkeit, die in das Wasser des Außenmeeres übergeht.

Im äußersten Osten, jenseits des schmalen Ostmeeres, liegen die Sonnenlande, über die nichts bekannt ist, mit den Sonnenwänden, einem Gebirge, über dem morgens die Sonne aufsteigt.

Norden und Süden sind die Regionen ewigen Eises. Unter der Erde ist ein Reich der Höhlen und Grotten, in dem Ulmo regiert und das auch von einer Schicht des Ilmen durchzogen wird; hier werden Sonne und Mond von Westen nach Osten gebracht.

Arda schwebt in *Ea*, dem Weltall mit seinen kreisenden Feuern, „in den Tiefen der Zeit und inmitten der unzähligen Sterne"; und Ea wiederum schwebt in der Äußeren Leere (Q. *Kúma*), die nun, seit Arda darin leuchtet, zugleich die Äußere Dunkelheit heißt. Arda ist durch die undurchdringlichen Mauern der Nacht von der Leere getrennt, die nur durch die Pforten der Nacht und mit Erlaubnis Manwes durchschritten werden können.

Nach dem Untergang von Númenor wurde der Bau der Welt auf Manwes Ersuchen von Ilúvatar geändert: An die Stelle der flachen Erde trat die krumme Welt (wie wir sie kennen); Valinor wurde entrückt, und nur die Elbenschiffe können es auf dem geraden Weg noch erreichen.

Vgl. AINUR, AMAN, BELEGAER, EA, EKKAIA, GERADER WEG, HIMMELSRICHTUNGEN, ILMEN, MANWE, MELKOR, ULMO.

S, Ainulindale; I, XI, Akallabêth; *HME 4*, V.

ARGONATH

Zwei gewaltige Steinfiguren, Isildur und Anárion darstellend, zu beiden Seiten des an dieser Stelle verengten und schnellfließenden Stromes Anduin, zwischen Sarn Gebir und den Rauros-Fällen. Sie wurden von König Romendacil II. zur Markierung der Nordgrenze von Gondor an der Stelle errichtet, wo der Fluß den westlichen Ausläufer der Emyn Muil durchbricht. Der Name bedeutet im Sindarin „Königssteine".

R, II, 9; Anhang A, I, 4; *S*, Von den Ringen der Macht.

ARIËN

Ein feuerherziges Mädchen aus den Gärten der Valië Vána, von dem das Sonnenschiff Anar über den Himmel gelenkt wurde. Ariëns Augen strahlten so hell, daß selbst die Eldar nicht hineinblicken konnten, „und als sie Valinor verließ, gab sie die Gestalt und Hülle auf, die sie wie die Valar dort getragen hatte, und erschien wie eine nackte Flamme". Als sie zum erstenmal aufstieg, fuhr sie von Westen nach Osten über den Himmel; später ließ man sie nach jeder Fahrt eine Weile am westlichen Rand des Außenmeeres ruhen, bevor sie von Ulmos Dienern unter der Erde nach Osten gebracht wurde, wo sie von neuem aufging. Weil sie pünktlicher war und ihre Bahn besser einhielt als der Mondfährmann Tilion, zählte man die Tage nach Ariëns Ruhepausen.

Dies ist die Geschichte, so wie sie im *Narsilion* erzählt wird. Nach einer (umstrittenen) anderen Version befuhr Ariën mit der Sonne schon vor der Zeit der Zwei Bäume den Himmel und wurde von Melkor vergewaltigt. Darum hatten manche Elben Vorbehalte gegen das Sonnenlicht: Es galt als befleckt. Vgl. ARDA, NARSILION, ZWEI BÄUME.

S, XI; *HME 10*, V (375 ff.).

ARKENSTEIN

Ein großer Edelstein, den der Zwergenkönig Thráin I. unter dem Berg Erebor fand. Die Zwerge vom Erebor nannten ihn „das Herz des Berges" und betrachteten ihn als wertvollstes Erbstück ihres Königshauses. „Er war einer Kugel mit tausend Facetten gleich, er schimmerte wie Silber im Schein des Feuers, wie Wasser im Sonnenlicht, wie Schnee unter den Sternen, wie Regen unter dem Mond."

Thorin Eichenschild war bereit, gegen alle Welt um ihn zu kämpfen. Nach der Schlacht der fünf Heere wurde Thorin mit dem Arkenstein auf der Brust begraben. Vgl. EREBOR, THORIN II.

H, 12, 18; *R*, Anhang A.

ARMENELOS

Die Königsstadt von Númenor, wo Elros bald nach seiner Ankunft (32 Z. Z.) seinen Sitz wählte, obwohl die wichtigste Stadt zunächst Andúnië an der Westküste war. Die Nähe des Meneltarma mit dem Heiligtum Ilúvatars scheint bei dieser Wahl den Ausschlag gegeben zu haben. Elros erbaute eine Zitadelle und einen Turm auf einem Hügel. In den Königsgärten wuchs Nimloth, der Weiße Baum, ein Nachkömmling des Lichtbaumes Telperion aus Valinor. Während der Herrschaft Ar-Pharazôns ließ Sauron den Baum fällen und errichtete an derselben Stelle einen dem Gott Melkor geweihten Tempel.

Der Name Armenelos (Q.) bedeutet „königliche Himmelsfestung". Als die Stadt durch Handel und Eroberungen reich geworden war, nannte man sie oft auch „die Goldene".

Vgl. NÚMENOR; Karte S. 146.

S, Akallabêth; *Nachrichten*, II; *R*, Anhang A.

ARNOR

S. „Königsland", das Dúnedain-Reich, das Elendil im Norden gründete, nachdem er mit vier Schiffen dem Untergang von Númenor entkommen war. Seine Hauptstadt Annúminas erbaute er am Ufer des Nenuial-Sees. Auf dem Gipfel seiner Macht erstreckte sich Arnor über den größten Teil von Eriador, zwischen den Flüssen Grauflut und Lhûn. Es wurde auch als das *Nördliche Königreich* bezeichnet, im Unterschied zu Gondor als dem *Südlichen Königreich*. Oberster Herr über beide Reiche war Elendil. Weil Isildur sein ältester Sohn war, erhoben Isildurs Nachkommen, die in Arnor regierten, manchmal Anspruch auf die Hoheit auch über Gondor.

Während sich die Dúnedain in Gondor vielfach mit den dort lebenden Menschen von gewöhnlicher Art vermischten, blieben sie im Norden vor diesem Schicksal bewahrt, denn in Eriador lebten nur wenige Menschen außer ihnen. Und die Dúnedain selbst, weder sehr zahlreich noch vermehrungstüchtig, wurden durch den Krieg des Letzten Bündnisses und das Gemetzel bei den Schwertelfeldern stark dezimiert. Schon in den ersten Jahrhunderten des Dritten Zeitalters verödete Annúminas, und die Könige verlegten den Regierungssitz in das kleinere Fornost.

Nach dem Tod Earendurs, des zehnten Königs, zerstritten sich dessen Söhne, und das Reich spaltete sich in drei Teile: Arthedain im Nordwesten, Rhudaur im Nordosten und Cardolan im Süden. Alle drei grenzten an das Gebiet um die Wetterspitze, das heftig umstritten war, weil sich in dem befestigten Turm auf diesem Berg ein Palantír befand.

Arthedain, wo sich die Linie Isildurs am reinsten erhielt, weil dort nach alter Sitte die Königswürde an den jeweils ältesten Sohn überging, konnte dem Andringen der wüsten Völker aus Angmar am längsten standhalten. Mit der Eroberung von Fornost im Jahre 1974 D. Z. war jedoch das Nördliche Königreich einstweilen vernichtet. Unter den wenigen überlebenden Dúnedain des Nordens konnte sich die Linie Isildurs (unterstützt von den Elben aus Lindon, Bruchtal und Lórien) fortpflanzen, und nach dem Ringkrieg trat Aragorn die Herrschaft über das Südliche Königreich an und stellte das Nördliche wieder her.
Vgl. ARAGORN, ARTHEDAIN, DÚNEDAIN, ELENDIL, ERIADOR, GONDOR; Karte S. 53.
R, Anhänge A und B.

AROS

Der Fluß, der die Süd- und Ostgrenze von Doriath bildete; floß von Dorthonion herab und mündete oberhalb der Dämmerseen in den Sirion. Seinen Oberlauf kreuzte die Zwergenstraße bei der Arossiach (Aros-Furt). Das Waldgebiet im Winkel zwischen dem Aros und seinem größten Nebenfluß, dem Celon, hieß Arthórien: es lag außerhalb des Banngürtels von Doriath und wurde von Nandor-Elben bewohnt.
Vgl. Karte S. 34.
S, XIV; *Nachrichten*, I, ii.

ARTHEDAIN

S. „Reich der Edain", der Rest des alten Königreiches Arnor nach der Abspaltung von Cardolan und Rhudaur im 9. Jahrhundert des Dritten Zeitalters. In Arthedain blieb die Linie Isildurs erhalten, da jeweils der älteste Sohn des Königs den Thron erbte. Seit dem vierzehnten Jahrhundert erhoben die Könige von Arthedain wieder Anspruch auf die Herrschaft über ganz Arnor und bekundeten dies durch die Silbe *Ar-* („edel, königlich") vor ihrem Namen. Das Land erstreckte sich vom Baranduin bis zum Lhûn und über das Gebiet nördlich der Großen Oststraße bis zu den Wetterbergen. Der Turm auf der Wetterspitze gehörte Arthedain, mußte jedoch gegen Cardolan und Rhudaur verteidigt werden. König Argeleb II. gestattete um 1600 D. Z. den Hobbits die Besiedelung des Auenlands.
Gemeinsam mit Cardolan wehrte sich Arthedain beharrlich gegen das Vordringen des Hexenkönigs von Angmar, doch im Jahre 1409 D. Z. wurde die Wetterspitze erobert, Cardolan verwüstet und Rhudaur (das schon vorher mit Angmar im Bunde gewesen war) besetzt. Mit Hilfe der Elben von Lindon und Bruchtal konnte Arthedain sich noch über fünfhundert Jahre lang behaupten, doch schwand seine Bevölkerung immer mehr dahin, und im Winter 1974 wurde es von den Heeren aus Angmar überrannt. An der letzten Schlacht bei Fornost nahm auch ein Trupp Bogenschützen aus dem Auenland teil. König Arvedui floh zu den Lossoth und ging mit dem Schiff unter, das Círdan zu seiner Rettung nach Forochel geschickt hatte.

Damit war das Reich von Arthedain am Ende. Die Linie der Könige setzte sich jedoch in den Stammesführern der Dúnedain fort, deren Söhne in Bruchtal aufgezogen wurden. Auch die großen Erbstücke ihres Hauses wurden dort aufbewahrt: Barahirs Ring, die Bruchstücke von Narsil, der Elendilmir (ein weißer Edelstein, den der König an der Stirn trug) und das Szepter von Annúminas. Der sechzehnte der Stammesführer, Aragorn, stellte nach dem Ringkrieg das Vereinigte Königreich wieder her.
Vgl. ARNOR, ARVEDUI, AUENLAND; Karte S. 53.
R, Anhänge A und B.

ARVEDUI

Der „letzte König": dies ist die Bedeutung seines Namens, der ihm auf Anraten des Sehers Malbeth bei der Geburt gegeben wurde. Er und seine Sippe hofften, daß er der letzte nur von Arthedain, dafür aber der erste des wieder vereinigten Königreichs von Arnor und Gondor sein werde. In dieser Absicht knüpfte er die abgerissenen Verbindungen zu Gondor wieder an und heiratete König Ondohers Tochter Fíriel; als Ondoher mitsamt seinen beiden Söhnen im Kampf gegen die Wagenfahrer auf der Dagorlad fiel (1944 D. Z.), erhob er Anspruch auf die Krone von Gondor. Der Rat der Edlen von Gondor übertrug sie jedoch Earnil, einem siegreichen Heerführer, der gleichfalls aus dem königlichen Hause stammte. Earnil versprach Arvedui Hilfe in den Kriegen gegen Angmar, war aber selbst in Bedrängnis. Die Flotte, die er 1975 unter dem Befehl seines Sohnes Earnur nach Mithlond schickte, kam für Arvedui zu spät.

Schon im Jahr zuvor war Arthedain einem Angriff aus Angmar erlegen. Arvedui hielt sich bis zuletzt auf den Nördlichen Höhen und flüchtete dann mit wenigen Gefährten zu den Lossoth an der Eisbucht von Forochel. Mit ihrer Hilfe überlebte er dort den Winter, doch im März 1975 ging er mit dem Schiff unter, das Círdan zu seiner Rettung ausgeschickt hatte. Mit ihm versanken die Palantíri von Annúminas und Amon Sûl. Barahirs Ring, den er den Lossoth als Unterpfand für spätere Dankesbeweise gegeben hatte, wurde von seinen Nachkommen wieder ausgelöst.
Vgl. ANGMAR, ARTHEDAIN, EARNUR, LOSSOTH.
R, Anhang A.

ARVERNIEN
Das Küstenland westlich der Sirion-Mündungen. Es stand unter dem besonderen Schutz des Wassergotts Ulmo; daher sammelten sich hier gegen Ende des Ersten Zeitalters die Flüchtlinge aus den vernichteten Elbenreichen von Nargothrond, Doriath und Gondolin, unterstützt von Círdans See-Elben auf der Insel Balar. In den Birkenwäldern von Nimbrethil schlug Earendil angeblich das Holz, aus dem er sein Schiff Vingilot baute.
Vgl. Karte S. 34.
S, XXIV; R, II, 1.

ASCAR
S. „der Wilde", nördlichster Nebenfluß des Gelion in Ossiriand, floß von den Ered Luin in der Nähe des Dolmed-Bergs herab, und die Zwergenstraße führte an seinem nördlichen Ufer entlang bis Sarn Athrad. Nach der Schlacht bei Sarn Athrad warf Beren die zurückeroberten Schätze von Doriath in den Fluß, der daraufhin *Rathlóriel*, Goldbett, genannt wurde.
Vgl. SARN ATHRAD; Karte S. 34.
S, XIV, XXII.

ASCHENGEBIRGE
(Sindarin *Ered Lithui*), die Nordgrenze von Mordor. Es war staubig und trocken; keine Bäche flossen von dort herab. Auf einem südlichen Vorsprung des Gebirges stand Barad-dûr.
Vgl. MORDOR; Karte S. 53.
R, V, 10; VI, 2, 3.

ATALANTE
„Die Versunkene", Quenya-Bezeichnung für das untergegangene NÚMENOR, gleichbedeutend mit Adûnaïsch AKALLABÊTH.

ATANAMIR
(Tar-Atanamir): Dreizehnter König von Númenor, regierte von 2029 bis 2221 Z. Z., manchmal „der Große" genannt, weil Númenor unter ihm auf dem Höhepunkt seines Glücks angelangt zu sein schien. Er ließ gewaltige Reichtümer aus aller Welt herbeischleppen; gegen den Bann der Valar meldete er Vorbehalte an, ohne bis zur Auflehnung zu gehen. Schon vor seiner Thronbesteigung empfing er eine Gesandtschaft der Valar, die das Vertrauen anmahnten, das man ihnen schulde. Dabei wurden auch die Bedenken der Menschen vorgebracht (vielleicht von Atanamir persönlich): „Von uns wird blindes Vertrauen verlangt, Hoffnung ohne Gewißheit, und wir wissen nicht, was uns erwartet, schon in kurzer Zeit. Wie könnten wir nicht die Valar beneiden oder selbst den Geringsten unter den Unsterblichen?" Atanamir wurde auch „der Unwillige" genannt, weil er sich von der Macht und vom Leben nicht freiwillig trennte, sondern an Altersschwäche starb.
Vgl. BANN DER VALAR, MENSCHEN.
S, Akallabêth; *Nachrichten*, II, iii.

ATHELAS
oder *Königskraut*, eine Pflanze, von der dem Kräutermeister in den Häusern der Heilung von Minas Tirith auch der Quenya-Name *asea aranion*, nicht aber die Heilwirkung bekannt war. Diese entfaltete sie erst in den Händen eines Königs. Sie war von den Númenórern nach Mittelerde gebracht worden und wuchs nur in der Nähe ihrer früheren Wohn- oder Lagerstätten. Aragorn verwendete sie gegen die Hexengifte aus den Labors von Barad-dûr. Er wusch mit dem Absud der Blätter die Wunden aus und ließ die Patienten den süßduftenden Dampf inhalieren.
R, I, 12; V, 8.

AUENLAND
Ein leicht bewaldetes Hügelland in Eriador, das sich vom Baranduin etwa vierzig Wegstunden weit nach Westen bis zu den Fernen Höhen erstreckte, wurde im Dritten Zeitalter zu einer idyllischen Zivilisationslandschaft. Hier, in einer Welt mit Straßen, Postämtern und säuberlich beschnittenen Gartenhecken, klangen die Berichte von Drachen, Trollen und Wölfen, mit denen man sich anderswo herumschlagen mußte, wie Märchen. Die Bewohner waren die Hobbits, ein seit dem Jahre 1601 D. Z. vom oberen Anduin zugewandertes Volk, dem König Argeleb II. von Arthedain das vormals von Menschen besiedelte, mit dem Niedergang der Dúnedain-Reiche aber verödete Gebiet überlassen hatte.

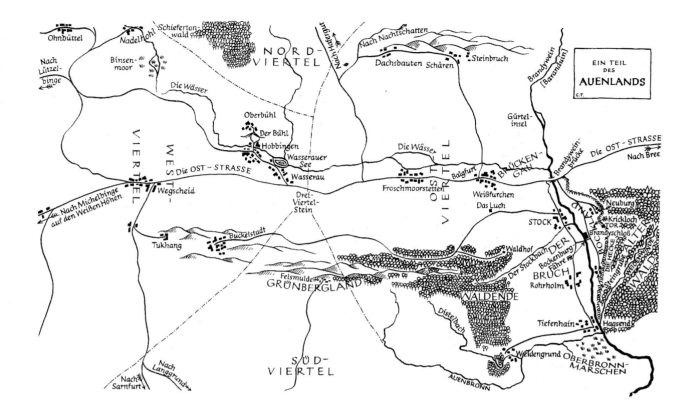

Die Hobbits lebten in kleinen Dörfern und vereinzelten Gehöften. Etwas dichter war die Besiedlung zwischen den Schärenhügeln im Norden und den Grünbergen im Süden. Am Fluß Wässer, der von den Nordmooren und dem Nordzipfel der Weißen Höhen herabfloß, lagen die Städte Hobbingen und Wasserau (als Städte galten Ortschaften mit mehr als einem Wirtshaus); bei der Steinbogenbrücke mündete der Fluß in den Baranduin. Das Auenland hatte keine Hauptstadt, doch galt die Ratshöhle des Bürgermeisters von Michelbinge als das wichtigste öffentliche Gebäude, und der Tháin oder Kriegshauptmann hatte seinen Sitz in Groß-Smials bei Buckelstadt in Tukland.

Die Hobbits teilten das Land grob in West-, Süd-, Ost- und Nordviertel ein. In allen Vierteln gab es brauchbares Ackerland; im Südviertel gestattete das milde Klima den Anbau von Wein und Tabak. Im felsigen Heideland des Nordviertels gediehen Hafer und Gerste. Das Westviertel hatte vor allem hügeliges Weideland, das Ostviertel die dichtbewaldeten Grünberge und das Marschgebiet am Baranduin. Seit dem Jahr 2340 wurde von der Sippe der Brandybocks auch der schmale Streifen Land am Ostufer des Baranduin bis an den Rand des Alten Waldes besiedelt (Bockland). Hier befand sich auch Brandyschloß, der große Smial der Familie Brandybock, umgeben von dem Dorf Bockenburg.

Durch das Auenland führte die Große Oststraße. Von ihr zweigte in südöstlicher Richtung die Straße über die Sarnfurt ab. Diese Straßen wurden jedoch selbst in Friedenszeiten nur we-

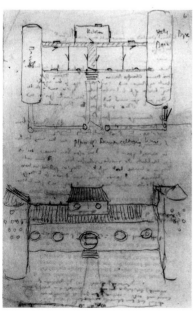

Bauer Hüttingers Haus.
Grundriß und Vorderansicht.
Künstler, 175.

25

nig genutzt. Handel und Verkehr mit den Nachbarländern spielten im Leben der Hobbits keine Rolle.

Nach dem Ringkrieg erweiterte König Elessar das Auenland um die Westmark, das Gebiet zwischen den Fernen Höhen und den Turmbergen. Der König erklärte das Auenland zu einem freien Land unter seinem Schutz und verfügte, daß Menschen es nicht betreten durften. Er selbst kam bei einem Besuch im Jahre 1436 A. Z. nur bis zur Baranduin-Brücke. Der Bürgermeister von Michelbinge, der Thain und der Herr von Bockland wurden zu Ratsherren des Nördlichen Königsreichs ernannt.

Vgl. AUENLAND-ZEITRECHNUNG, ARTHEDAIN, BOCKLAND, ERIADOR, GRÜNBERGE, HOBBINGEN, HOBBITS, MICHELBINGE; Karte S. 25.

R, Prolog; Anhang B.

AUENLAND-KALENDER

Die Hobbits hatten den *Königs-Kalender* der nördlichen Dúnedain-Reiche übernommen und die Namen der Monate und Wochentage in ihre eigene Sprache übersetzt. Zur Zeit des Ringkrieges waren diese Namen vielfach abgewandelt, zum Teil so, daß ihre ursprüngliche Bedeutung unkenntlich wurde. Von dem zu dieser Zeit in Mittelerde gebräuchlichen *Truchsessen-Kalender* unterschied sich der Auenland-Kalender nur wenig. Das Jahr hatte zwölf Monate zu je dreißig Tagen, plus fünf (in Schaltjahren sechs) Feiertage außerhalb der Monate: der erste und der letzte Tag des Jahres *(Jultage)* und die drei (vier) *Lithe*- oder Mittjahrstage zwischen dem 6. und dem 7. Monat. Das neue Jahr begann nach der Wintersonnenwende.

AUENLAND-KALENDER

(Zur Verwendung in allen Jahren)

(1) Nachjul

2. Jul	7	14	21	28
1	8	15	22	29
2	9	16	23	30
3	10	17	24	–
4	11	18	25	–
5	12	19	26	–
6	13	20	27	–

(4) Astron

1	8	15	22	29
2	9	16	23	30
3	10	17	24	–
4	11	18	25	–
5	12	19	26	–
6	13	20	27	–
7	14	21	28	–

(7) Nachlithe

2. Lithe	7	14	21	28
1	8	15	22	29
2	9	16	23	30
3	10	17	24	–
4	11	18	25	–
5	12	19	26	–
6	13	20	27	–

(10) Winterfilth

1	8	15	22	29
2	9	16	23	39
3	10	17	24	–
4	11	18	25	–
5	12	19	26	–
6	13	20	27	–
7	14	21	28	–

(2) Solmath

–	5	12	19	26
–	6	13	20	27
–	7	14	21	28
1	8	15	22	29
2	9	16	23	30
3	10	17	24	–
4	11	18	25	–

(5) Thrimidge

–	6	13	20	27
–	7	14	21	28
1	8	15	22	29
2	9	16	23	30
3	10	17	24	–
4	11	18	25	–
5	12	19	26	–

(8) Wedmath

–	5	12	19	26
–	6	13	20	27
–	7	14	21	28
1	8	15	22	29
2	9	16	23	30
3	10	17	24	–
4	11	18	25	–

(11) Blotmath

–	6	13	20	27
–	7	14	21	28
1	8	15	22	29
2	9	16	23	30
3	10	17	24	–
4	11	18	25	–
5	12	19	26	–

(3) Rethe

–	3	10	17	24
–	4	11	18	25
–	5	12	19	26
–	6	13	20	27
–	7	14	21	28
1	8	15	22	29
2	9	16	23	30

(6) Vorlithe

–	4	11	18	25
–	5	12	19	26
–	6	13	20	27
–	7	14	21	28
1	8	15	22	29
2	9	16	23	30
3	10	17	24	1. Lithe

Mittjahrstag
(Überlithe)

(9) Halimath

–	3	10	17	24
–	4	11	18	25
–	5	12	19	26
–	6	13	20	27
–	7	14	21	28
1	8	15	22	29
2	9	16	23	30

(12) Vorjul

–	4	11	18	25
–	5	12	19	26
–	6	13	20	27
–	7	14	21	28
1	8	15	22	29
2	9	16	23	30
3	10	17	24	1. Jul

Ein kleiner Unterschied, auf den die Hobbits stolz waren, wurde zur Zeit Isengrims II. eingeführt, die sogenannte Auenland-Reform (ca. 1100 A. Z.): Der Mittjahrstag (und in Schaltjahren auch der auf ihn folgende Überlithe) wurde nicht mehr als Wochentag mitgezählt. Dadurch kam man zu einem Jahr von exakt 52 Wochen, was den Vorteil hatte, daß das gleiche Datum in jedem Jahr auf den gleichen Wochentag fiel. Das Jahr begann also immer mit einem *Stertag* (erster Wochentag) und endete mit einem *Hochtag* (7. Wochentag). Die Wochentage in der Reihenfolge: *Stertag, Sonntag, Montag, Trewstag, He-* *venstag* (oder *Henstag*), *Merstag, Hochtag*. In den meisten Erzählungen aus dem Dritten Zeitalter sind die Wochentags- und Monatsnamen in moderne Entsprechungen übersetzt, ohne Berücksichtigung der Verschiebungen, die sich durch den früheren Jahresanfang und die unterschiedliche Länge der Monate ergeben müßten. Der 22. September (Frodos und Bilbos Geburtstag) war also einfach der 22. *Halimath* und fiel in jedem Jahr auf einen *Merstag* (der in seinem Charakter etwa unserem Donnerstag entsprach: der letzte volle Werktag; am *Hochtag* wurde ab mittag gefeiert).

Obenstehend der Auenland-Kalender (nach der englischen Ausgabe von *R* berichtigt. Das Hobbit-Jahr hatte natürlich 365 Tage und nicht, wie in den deutschen Ausgaben, nur 361).

Daß der *Neue Kalender*, den König Elessar nach dem Ringkrieg für das Vierte Zeitalter einführen ließ, im Auenland übernommen wurde, ist unwahrscheinlich, obwohl den Heldentaten der Hobbits darin etliche Gedenktage gewidmet waren. Die Hobbits waren in solchen Dingen sehr konservativ.

Der Auenland-Kalender wurde in Bree auch von den Menschen übernommen.

Vgl. Truchsessen-Kalender.

R, Anhang D (engl. Ausgabe).

Auenland-Zeitrechnung (A. Z.)

Die Hobbits zählten das Jahr 1601 des Dritten Zeitalters (D. Z.), in dem sie den Brandywein nach Westen überschritten und das Auenland zu besiedeln begannen, als das Jahr 1 ihrer Geschichte. Abweichend davon galt in Bree, das den Auenland-Kalender übernommen hatte, das Jahr 1300 D. Z. als Beginn der lokalen Zeitrechnung.

Vgl. Drei Zeitalter.

R, Prolog; Anhang D.

Aule

Ein Vala; Herr über alle Stoffe, die aus der Erde kommen, und Erfinder aller Techniken, deren Grundlage die Schmiedekunst ist. Zusammen mit Ulmo und Manwe hat er die Länder und Gebirge erbaut. In seinem technophilen Ehrgeiz ist er Melkor ähnlich, aber frei von dessen Begeisterung für Qualm und Feuer, ebenso wie von Eifersucht auf die Werke anderer. Die Zwerge soll er eigenhändig geschaffen haben, weil er das Erwachen der Kinder Ilúvatars

nicht abwarten konnte. Ilúvatar ertappte ihn und zeigte ihm seine Grenzen: „Die Geschöpfe deiner Kunst leben nur aus deinem Sein; sie bewegen sich, wenn du gedenkst, sie zu bewegen, und wenn dein Gedenken anderswo weilt, stehen sie still." Weinend vor Scham über solchen Pfusch, wollte der große Nebenschöpfer sein Werk zertrümmern, da verzieh ihm Ilúvatar und schenkte den Zwergen eigenes Leben.

Obwohl selbst ein Technologe von der frommen und friedfertigen Art, der die Natur nur von den in ihr schlummernden Möglichkeiten entbinden wollte, hatte Aule doch manche Schüler, die sich den schwarzen Künsten der Naturbeherrschung zuwandten. Sauron war anfangs ein Maia aus seinem Gefolge, und auch Saruman wurde auf seinen Wunsch nach Mittelerde entsandt. Seine Lieblingsschüler in Valinor waren die Noldor, und unter ihnen besonders Mahtan, Feanors Schwiegervater.

Aules Gemahlin war die Erdgöttin Yavanna, die ihm wegen der baumfällenden Zwerge manche Stunde ehelichen Unfriedens bereitete.

Vgl. Arda, Ilúvatar, Zwerge.

S, Valaquenta, II, VI; *Nachrichten*, IV, ii.

Äussere Leere

Auch *Äußere Dunkelheit* (beides sind Übersetzungen von Quenya *Ava-kúma)*, das Nichts, in das hinein *Ea* erschaffen wird: „Und sie (die Ainur) sahen eine neue Welt, und sie wölbte sich in die Leere und wurde von der Leere getragen, doch war sie nicht gleich ihr." Melkor ist lange dort gewandert, weil die Leere allein von Ilúvatars Willen frei ist und

weil er vergebens hoffte, in ihr die Unverlöschliche Flamme zu finden; dabei ist er auf eigene Gedanken gekommen, die den anderen Valar fremd sind. Nach seiner Niederlage in der großen Schlacht am Ende des Ersten Zeitalters wurde er durch das Tor der Nacht aus den Mauern der Welt in die Leere hinausgestoßen, und dort geht er seither um, denn die Leere ist zeitlos. Sauron predigte in Númenor den Glauben an Melkor, den Fürsten des Alten Dunkels, aus dem die Welt erschaffen wurde. Vgl. Ea, Melkor, Unverlöschliche Flamme.

S, Ainulindale, XIX, XXIV, Akallabêth; *HME 4*, V.

Avallóne

Vom Gipfel des Meneltarma konnten die weitsichtigen Menschen von Númenor (auf der noch ungekrümmten Erdoberfläche), wenn sie bei klarem Wetter nach Westen blickten, die Umrisse einer weißen Stadt mit einem hohen Turm erkennen. Dies war Avallóne (Q. „nahe bei Valinor"), die Stadt derjenigen Eldar, die am Ende des Ersten Zeitalters aus Mittelerde in den Westen gefahren waren und sich auf Tol Eressea niedergelassen hatten. Aus Avallóne kamen manchmal die ruderlosen Elbenschiffe nach Andúnië oder Eldalonde herübergefahren; dagegen durften Menschen Avallóne nicht betreten, denn es gehörte zu den Unsterblichen Landen. (Manche verirrten Seefahrer, die dennoch dort hingelangten, sollen dies sofort mit dem Leben bezahlt haben.)

Nachdem Aman und Tol Eressea aus den Kreisen der Welt entrückt waren, wurden die Kais von Avallóne nicht mehr von

Sonne und Mond, sondern von Lampen erhellt.
Vgl. TOL ERESSEA.
S, Akallabêth.

AVARI

Q. „Die Widerstrebenden": Beiname derjenigen Elben, die sich gleich zu Anfang weigerten, die große Wanderung von Cuiviénen nach Aman mitzumachen. Die Eldar glaubten, daß die Avari teils verwildert, teils von Morgoth eingefangen und zur Züchtung der Orks benutzt worden seien. Zusammen mit den Nandor wurden die Avari oft auch als *Dunkelelben* bezeichnet.
Vgl. ELBEN, ORKS.
S, III, X.

AZAGHÂL

Fürst der Zwerge von Belegost, fiel in der Nirnaeth Arnoediad, als er den Drachen Glaurung verwundete und vom Schlachtfeld vertrieb. Für Azaghâl soll der Drachenhelm angefertigt worden sein, den Túrin später an den Grenzen von Doriath trug.
S, XX; *Nachrichten*, I, ii.

AZANULBIZAR

Das Schattenbachtal (Sindarin *Nanduhirion*), vor dem Osttor von Khazad-dûm (Moria), nach Norden zu in einer Schlucht zwischen zwei großen Massiven des Nebelgebirges endend, wo der Schattenbachsteig zum Rothorn-Paß hinaufführt. Im südöstlichen Teil des Tales lag der Spiegelsee (Kheled-zâram), etwas unterhalb davon die in einen steinernen Brunnen gefaßte Quelle des Flusses Silberlauf.
Die *Schlacht im Schattenbachtal* war der Höhepunkt des großen Feldzugs gegen die Orks, zu dem sich die Zwerge aus den verschiedenen Wohnsitzen im Norden vereinigten, um den Tod ihres Königs Thrór zu rächen (2793-2799 D. Z.). Die Orks, aus ihren anderen Festungen im Gebirge vertrieben, sammelten sich in großer Zahl auf den Berghängen und hinter den Toren von Khazad-dûm. Der Sieg schien ihnen sicher, weil Thráin II. einen voreiligen Angriff unternahm, der unter großen Verlusten zurückgeschlagen wurde. Aber als die Zwerge von den Eisenbergen eintrafen, wendete sich das Blatt. Zwar wurde ihr Fürst Náin von dem Orkhäuptling Azog erschlagen, aber gleich darauf beglich Dáin Eisenfuß, Náins Sohn, die Rechnung. Azogs Kopf wurde auf einen Pfahl gesteckt, und die Orks, soweit nicht massakriert, flüchteten nach Süden.

Bis zu dieser Schlacht war das Tal bewaldet; nachher blieb es kahl: Die Zwerge holzten alle Bäume ab, um ihre vielen Toten zu verbrennen. Sie hatten keine Zeit, sie unter Steinen zu begraben, wie es ihre Sitten erforderten. Der Wald wuchs nicht nach. Khazad-dûm konnten die Zwerge nach der Schlacht trotz ihres Sieges nicht wieder einnehmen. Hinter den Toren wartete der Balrog, der sich um die Kämpfe im Tal nicht gekümmert hatte.
Vgl. AZOG, DÁIN II., MORIA, THRÓR; Karte S. 133.
R, II, 6; Anhänge A und B.

AZOG

Häuptling der Orks im Nebelgebirge. In Moria brannte er seinen Namen in Zwergenrunen auf Thrórs abgeschlagenen Kopf ein und provozierte damit einen Rachekrieg der Zwerge, bei dem alle Orkfestungen im Gebirge gebrandschatzt wurden (2793-99 D. Z.). Dáin Eisenfuß erschlug ihn in der Schlacht von Azanulbizar.
Azog war vermutlich ein *Uruk* aus der Zucht von Dol Guldur. Sein Sohn Bolg befehligte die Orks in der Schlacht der fünf Heere.
Vgl. AZANULBIZAR, ORKS.
R, Anhang A.

R

Balar

Die große Insel in der gleichnamigen Bucht im Süden von Beleriand, soll ursprünglich der abgebrochene Ostzipfel von Tol Eressea gewesen sein. In den flachen Gewässern der Bucht fischten die Elben von den Falas nach Perlen. Die ersten Boten, die Turgon in den Westen schikken wollte, kamen mangels seemännischer Fähigkeiten nur bis zu der Insel und schufen hier Zufluchtstätten. Nach der Eroberung von Brithombar und Eglarest bevölkerte sich die Insel mit Flüchtlingen von den Falas unter der Führung Círdans und Gil-galads. Vor Morgoth waren sie dort sicher, denn er hatte keine seefahrenden Völker zu Verbündeten. Die Bewohner der Insel unterstützten die Flüchtlinge an den Sirion-Mündungen und halfen ihnen beim Schiffbau.

Bei den großen Erderschütterungen am Ende des Ersten Zeitalters versank die Insel im Meer, Círdan, Gil-galad und viele aus ihrem Gefolge retteten sich nach Lindon.
Vgl. Karte S. 34.
S, X, XXIII, XXIV; *Nachrichten*, I, i.

Balchoth

Ein Volk aus dem Osten, primitiv bewaffnet, das wie die Wagenfahrer Pferde als Zugtiere statt zum Reiten benutzte. Im Jahre 2510 D. Z. setzte ein großes Heer der Balchoth, aus den Braunen Landen kommend, über den Anduin und verwüstete den Nordosten von Calenardhon. Der Truchseß Cirion rief aus dem fernen Norden die Éothéod zu Hilfe. Auf der Ebene des Celebrant (zwischen Celebrant und Limklar, südlich von Lórien) kam es zur Entscheidungsschlacht. Cirion war schon fast besiegt, als Eorls Reiter den Feinden in den Rücken fielen und sie über die Ebenen jagten.

Die Balchoth (sprich: *Balk-hoth*) waren nur eines von den vielen Völkern der Ostlinge, zwischen denen die Dúnedain nicht genau unterschieden. Der Name ist zusammengesetzt aus Westron *balc*, „widerlich", und Sindarin *hoth*, „Horde".
Vgl. Cirion, Eorl, Ostlinge, Rohan.
R, Anhang A; *Nachrichten*, III, ii.

Balin

Ein Zwerg aus Durins Volk, nahm an der Schlacht von Azanulbizar teil, folgte dann Thráin II. nach Dunland und in die Ered Luin, später auch auf seiner letzten Wanderung in den Osten. Bei dem Konzert, mit dem sich die Zwerge bei Bilbo Beutlin einführten, spielte Balin Bratsche. Er war der älteste von den zwölf Zwergen, mit denen Thorin Eichenschild zum Erebor zurückkehrte. Nachdem sich das Königreich dort unter Dáin Eisenfuß wieder gefestigt hatte, führte Balin 2989 D. Z. eine große Schar der Zwerge zurück in ihren alten Stammsitz in Moria. Dort wurde er fünf Jahre später am Spiegelsee von einem Ork aus dem Hinterhalt erschossen. Bald darauf fiel auch sein ganzes Gefolge dem Angriff der Orks zum Opfer. Balin wurde in der Kammer von Mazarbul begraben.
Vgl. Erebor, Moria.
R, II, 5; Anhang A; *H*, 1.

Balrog

Von Q. *Valarauko*, „mächtiger Dämon". Legolas' Pfeil glitt zu Boden, und Gimli ließ seine Axt fallen, als sie in Moria den Balrog sahen: Etwas „wie ein großer Schatten, in dessen Mitte sich ein dunkler Umriß abzeichnete, von Menschengestalt vielleicht, doch größer… Seine flatternde Mähne fing Feuer und brannte hinter ihm lichterloh. In seiner rechten Hand war eine Klinge wie eine zustoßende Flamme, in der linken hielt es eine Peitsche mit vielen Riemen." Keiner der Gefährten bis auf Gandalf hatte je einen Balrog gesehen, aber wer sich in den Überlieferungen auskannte, hatte von diesen funkenstiebenden Burschen zumindest gehört. Denn im Ersten Zeitalter waren die Balrogs wohlbekannt; sie traten in allen großen Schlachten von Beleriand als Morgoths Elitetruppe oder als Kommandanten der Ork-Bataillone in Erscheinung. Ihr Fürst war Gothmog, der den Angriff auf Gondolin befehligte. Sie waren Maiar oder andere urzeitliche Geister niederen Ranges, die Morgoth in seinen Dienst gezogen und mit ihrer flammenden Gestalt ausgestattet hatte. Obwohl unbezweifelbar intelligent, sprachen sie nicht, sondern verständigten sich untereinander und mit anderen Geschöpfen durch Rauch- und Flammenzeichen, Drohgebärden und Suggestion. Hätten sie eine Sprache gehabt, so wäre der Imperativ darin der einzige

Barad-dûr, von Osten gesehen; im Hintergrund der Schicksalsberg.
Pictures, 30.

Modus gewesen: Alles, was sie sagten, war Befehl. (Das blasse Abbild einer solchen Sprache ist die Sprache der Nazgûl.)

Im Krieg des Zorns am Ende des Ersten Zeitalters wurden die meisten Balrogs vernichtet, aber einige entkamen und verkrochen sich „unter den Wurzeln der Erde". Ob sie, nachdem Morgoth aus der Welt verstoßen war, auch Sauron dienten, ist fraglich. Der Balrog von Moria, den Gandalf besiegte, hatte in die Schlacht von Azanulbizar, die doch vor seiner Haustür stattfand, nicht eingegriffen; offenbar waren die Streitigkeiten der Zwerge mit den Orks ihm gleichgültig.

Vgl. GOTHMOG, MAIAR, MORIA.

S, Valaquenta; *R*, II, 5; III, 5; *Briefe*, 144, 210.

BANN DER VALAR

Den Númenórern wurde zu Beginn des Zweiten Zeitalters von den Valar ein Verbot auferlegt: Niemals durften sie nach Eressea oder außer Sichtweite des eigenen Landes nach Westen segeln. Sie fügten sich zunächst; aber schon bevor Sauron zu ihnen kam, glaubten sie, auf diese Weise werde ihnen die Unsterblichkeit vorenthalten. Unter ihrem König Pharazôn brachen sie den Bann. Da griff Eru in den Bau der Welt ein: Ein Abgrund zwischen den sichtbaren und den unsichtbaren Dingen wurde aufgerissen, in dem Númenor versank. Seither ist Arda rund, und Valinor ist nur auf dem Geraden Weg noch zu erreichen.

Vgl. ARDA, GERADER WEG, NÚMENOR, PHARAZÔN.

S, Akallabêth; *R*, Anhang A.

BARAD-DÛR

Sindarin für „dunkler Turm", der Schrecken aller Elben, Men-schen, Hobbits und Zwerge; ein Name, den man, wenn überhaupt, dann nur flüsternd aussprach. Selbst die Orks waren froh, wenn sie *Lugbúrz* – so der Name in der Schwarzen Sprache – nicht zu nahe kamen.

Wenige haben Saurons Festung je gesehen, denn sie war meistens von schwarzen Wolken verhüllt. Auch Frodo, der nah genug daran vorüberkam, sah nur für einen Augenblick, als die Wolken einmal aufrissen, „grausame Zinnen" in der Ferne, überragt von einem riesigen Turm mit eiserner Kuppel, „schwärzer und dunkler als die gewaltigen Schatten, in deren Mitte er stand". Die Kuppel, ähnlich wie die des Turms von Minas Morgul, war drehbar, und in ihr war das Fenster für das Lidlose Auge, aus dem eine rote Flamme hervorstieß.

Sauron hatte den Turm in den Dunklen Jahren des Zweiten Zeitalters erbaut. Kräfte des Erdinnern, die er in den Herrscherring eingeschlossen hatte, hielten die Grundmauern zusammen; darum konnten sie nach der Eroberung von Barad-dûr im Krieg des Letzten Bündnisses nicht zerstört werden. Erst als der Ring der Erde zurückgegeben wurde, fiel die ganze schwarze Herrlichkeit unter gewaltigen Erschütterungen in sich zusammen.

Barad-dûr diente ähnlichen Zwecken wie Angband im Ersten Zeitalter. Es stand auf einem südlichen Vorsprung des Aschengebirges und umfaßte Bergwerke, Waffenschmieden, Folterkammern, Zucht- und Dressuranstalten, in denen neue Rassen von Kampforks und anderen Unwesen erprobt wurden. Vor allem aber war es – anders als die Thangorodrim von Angband – ein Ausguck, ein Kontrollturm. Von dort aus überwachte Sauron mit flammendem Blick, ob alles in der Welt seinen schlimmstmöglichen Verlauf nahm.

Nach seiner Vertreibung am Ende des Zweiten Zeitalters konnte Sauron lange nicht nach Barad-dûr zurückkehren. Seine wichtigsten Stützpunkte in dieser Zeit waren Dol Guldur, Angmar und Minas Morgul, wo die Nazgûl etwa seit 2000 D. Z. seine Rückkehr vorbereiteten. Als der Weiße Rat gegen Dol Guldur vorging, zog sich Sauron von dort scheinbar zurück. Aber bald darauf sah man in Gondor mächtige Rauchwolken vom Orodruin aufsteigen, und man wußte: Sauron war wieder da. Scharen von Ork-Sklaven wurden verbraucht, um den Turm in wenigen Jahren neu aufzubauen. Zur Zeit des Ringkrieges waren viele zukunftsweisende Techniken, die dort ersonnen wurden, noch im Stadium der Entwicklung.

Vgl. ANGBAND, HERRSCHERRING, MORDOR, SAURON; Karte S. 53.

R, VI, 3, 4; Anhänge A und B; *S*, Von den Ringen …

BARAHIRS RING

Auch Felagunds Ring genannt; er zeigte das Wappen des Hauses Finarfin: „zwei Schlangen, deren Köpfe sich unter einer Krone goldener Blumen trafen, welche die eine hochhielt, während die andere sie verschlang." Finrod hatte ihn aus Valinor mitgebracht. Er gab ihn Berens Vater Barahir, der ihn in der Dagor Bragollach aus einer gefährlichen Lage gerettet hatte, und schwor dazu einen Eid, Barahir und jedem aus seiner Sippe in der Not Freundschaft zu erweisen. Unter Vorweis des

Rings erbat und erhielt Beren Finrods Hilfe bei seiner aussichtslosen Fahrt nach dem Silmaril.

Der Ring wurde als Erbstück der Herren von Andúnië aufbewahrt (die ebenso wie Beren vom Volk Beors abstammten) und kam nach dem Untergang von Númenor im Besitz Isildurs nach Mittelerde. Arvedui, der letzte König von Arthedain, gab ihn kurz vor seinem Tod als Dankeszeichen für geleistete Hilfe den Lossoth in der Eisbucht von Forochel. Von Arveduis Nachkommen wurde er später wieder ausgelöst. Aragorn gab den Ring Arwen, als er sich in Lothlórien mit ihr verlobte.

Vgl. ARVEDUI, BEREN, FINROD.
S, XVIII, XIX; *R*, Anhang A, I, 3.

BARANDUIN
Fluß in Eriador, entsprang im Nenuial-See, floß nach Süden, dann nach Südwesten und mündete zwischen Minhiriath und Harlindon ins Meer. In seinem oberen Abschnitt bildete er die Ostgrenze des Auenlands. Die Große Oststraße überquerte

Die Brandywein-Fähre bei Bockenburg.
Farbstiftzeichnung.
Künstler, 146.

den Fluß auf der Steinbogenbrücke, die die Könige von Arnor erbaut hatten; der wichtigste Übergang nach Süden war die Sarnfurt.

Der Name bedeutet im Sindarin „brauner Fluß". In der Hobbitsprache hieß der Fluß *Brandanîn* (Grenzwasser), was zu *Bralda-hîm* (berauschendes Bier) verballhornt wurde, in der Übersetzung mit *Brandywein* wiedergegeben.

Vgl. AUENLAND, ERIADOR; Karte S. 53.
R, Anhang F, 2.

BARD
Ein Bogenschütze aus Esgaroth, Nachkomme König Girions von Thal, tötete den Drachen Smaug. Wie alle berühmten Drachentöter war er von ein wenig grimmiger, pessimistischer Geistesart; ständig warnte er vor Überschwemmungen und vergifteten Fischen. Bevor er den tödlichen Schuß abgab, sah man ihn mit einer Drossel reden; dann sprach er auf den Pfeil ein – ein schwarzes Erbstück seiner Familie. Als Anführer der Menschen nahm er an der Schlacht der fünf Heere teil und stellte mit seinem Anteil an dem Drachenhort das Königreich Thal wieder her. Im Jahr 2977 D. Z. folgte ihm sein Sohn Bain auf dem Thron. In gutem Einvernehmen mit den Zwergen weitete Thal seine Macht nach Süden und Osten aus.

Vgl. THAL, SCHLACHT DER FÜNF HEERE, SMAUG.
H, 14; *R*, Anhang B.

BAUMBART
Der älteste der Ents, die zu den ältesten Lebewesen von Mittelerde gehörten. „Baumbart" war die Übersetzung seines Sindarin-Namens *Fangorn* – und so

hieß zugleich der Wald, den er behütete. Aber sein wirklicher Name war unaussprechlich lang, denn sein Name war seine ganze Geschichte und durch alle Zeitalter mit ihm gewachsen.

Baumbart war wahrhaft baumlang (über vier Meter), von menschen- oder trollähnlicher Gestalt. „Ob er in einen Stoff, der wie grüngraue Rinde aussah, gekleidet war oder ob das seine Haut war, konnte man schwer sagen... Die großen Füße hatten je sieben Zehen. Der untere Teil des langen Gesichts war mit einem wallenden grauen Bart bedeckt, buschig, fast zweigartig an den Wurzeln, dünn und moosig an den Enden." Bei seinen Bewegungen schien er ohne Gelenke auszukommen. Wenn er regungslos dastand, konnte man ihn für einen alten Baumstamm halten. Er wohnte in *Quellhall*, einer Laube am Fuß des Methedras.

Aus den Kriegen der Völker von Mittelerde hielt sich Baumbart für gewöhnlich heraus: „Ich bin nicht ganz und gar auf der Seite von irgend jemandem, denn niemand ist ganz und gar auf meiner Seite." Treu stand er zu seiner hoffnungslosen Sache: Der Verteidigung der letzten freien Bäume gegen Holzfäller, Forstwirte und Straßenbauer. (Aber er gestattete Legolas und Gimli eine Besichtigung; vom Tourismus ahnte er wohl noch nichts.) Doch die unmittelbare Gefahr für seinen Wald ging von Isengart aus, und darum rief er während des Ringkrieges die Ents zu einem Thing zusammen, bei dem es ihm gelang, sie zu einer gewaltigen Empörung aufzurütteln.

Vgl. ENTS, FANGORN, HUORNS, OLVAR.
R, III, 4.

BELEG

Auch *Beleg Cúthalion,* „Mächtiger Bogen" oder Beleg Langbogen genannt: ein Sinda aus Doriath, Hauptmann der Grenzwachen. Von ihm erlernte Túrin das Waffenhandwerk. Als Túrin aus Doriath geflohen war, folgte ihm Beleg und überredete ihn, seine Räuberbande als Kampftrupp gegen die Orks einzusetzen. Bald hieß die Gegend um ihr Hauptquartier auf dem Amon Rûdh *Dor-Cúarthol,* das Land von Bogen und Helm, oder auch das Land der Zwei Kapitäne. Als die Orks Túrin gefangengenommen hatten, befreite ihn Beleg; dabei wurde er von Túrin, der ihn im Dunkeln für einen Feind hielt, mit seinem eigenen Schwert Anglachel erschlagen. Túrin begrub ihn und legte ihm seinen schwarzen Eibenholzbogen Belthronding ins Grab. Er machte ein Lied für ihn, *Laer Cú Beleg,* das Lied vom Großen Bogen. Das Schwert Anglachel, das vor Trauer stumpf geworden war, ließ er in Nargothrond neu schleifen und nannte es Gurthang.
Vgl. DORIATH, GURTHANG, TÚRIN.
S, XXI; *Nachrichten,* I, ii.

BELEGAER

S. „das große Meer" im Westen, auch *Westmeer* oder *Scheidemeer* genannt, zwischen Mittelerde und Aman. Um Aman für Schiffe aus Mittelerde unerreichbar zu machen, wurden nach der Vernichtung der Zwei Bäume und der Flucht der Noldor die *Schattigen* oder *Verwunschenen Inseln* ins Meer gesetzt, die den Seefahrer in die Irre (und in den Schiffbruch) führten. Jedenfalls scheint vor Earendil niemandem die Überfahrt gelungen zu sein, und von den Seefahrern, die den Versuch gewagt hatten,

kehrte außer Voronwe keiner zurück.
Nach dem Untergang von Beleriand wurde etwa in der Mitte zwischen den beiden Kontinenten die große Insel Númenor ins Meer gesetzt. Außerdem sollen einige Punkte des einstigen Landes als Inseln über die Wasserfläche aufgeragt haben, zum Beispiel Tol Morwen mit dem Grabstein Túrins, Niënors und ihrer Mutter Morwen. (Authentische Seekarten, auf denen sie verzeichnet wären, gibt es nicht.) Nachdem Valinor am Ende des Zweiten Zeitalters aus der sichtbaren Welt entrückt war, wurde das Westmeer so uninteressant wie unser Atlantischer Ozean: „Und jene, die weit fuhren, kamen bloß zu den neuen Ländern und fanden, sie waren wie die alten und kannten den Tod."
Vgl. AMAN, ARDA.
S, XI, XXII; Akallabêth.

BELEGOST

S. „Große Festung", Khuzdul *Gabilgathol,* eine der beiden großen Höhlenstädte der Zwerge am Osthang der Ered Luin, nördlich von Nogrod und vom Berg Dolmed. Die Naugrim von Belegost arbeiteten viel und gern für Thingol und Melian; der Palast von Menegroth wurde von ihnen in einen Berg gegraben. Von Melian wurden sie mit weisen Lehren, von Thingol mit Perlen belohnt. In den Kriegen gegen Morgoth kämpften sie auf seiten der Elben. Ihr Fürst Azaghâl war ein Freund des Noldorfürsten Maedhros. In Belegost sollen zuerst Kettenpanzer angefertigt worden sein. Im Krieg zwischen Nogrod und Doriath verhielt sich Belegost neutral, doch ist zweifelhaft, ob nicht auch Zwerge aus Belegost

in die Streitigkeiten um das Nauglamír verwickelt waren.
In der großen Schlacht am Ende des Ersten Zeitalters wurde Belegost zerstört, doch sollen im südlichen Teil der Ered Luin noch im Dritten Zeitalter Überreste erhalten gewesen sein.
Von den Elben wurden die Zwerge von Belegost als die *Langbärte* bezeichnet, weil ihre Bärte manchmal bis zur Erde hinabreichten.
Vgl. AZAGHÂL, ERED LUIN; Karte S. 34.
S, X, XX, XXII; *HME 10* (83).

BELERIAND

Das große Land beiderseits des Sirion, wo sich diejenigen Elben niederließen, die dem Vala Orome zu Beginn des Ersten Zeitalters zwar bis weit nach Westen, aber nicht übers Meer bis nach Valinor gefolgt waren (die Sindar). Das „sternbeschienene Beleriand" vor dem Aufgang von Mond und Sonne ist die wahre Heimat der Elben, ihre älteste Erinnerung an die Zeit, als die Welt jung war.
Der Name Beleriand soll ursprünglich „Land von Balar" bedeutet haben und nur für das Gebiet an der Sirionmündung gebraucht worden sein, später für das ganze Land westlich der Ered Luin und südlich der Ered Wethrin. Der Sirion teilte es in West- und Ost-Beleriand. Die lange Hügelkette von Andram trennte den Norden vom wenig bevölkerten Süden. Im Herzen des Landes lagen die großen Elbenkönigreiche von Doriath und Nargothrond.
Menschen kamen nur wenige nach Beleriand: zuerst nur die aus den Drei Häusern der Edain. Einige siedelten sich in Estolad an, einige im Wald von Brethil (die Haladin), manche

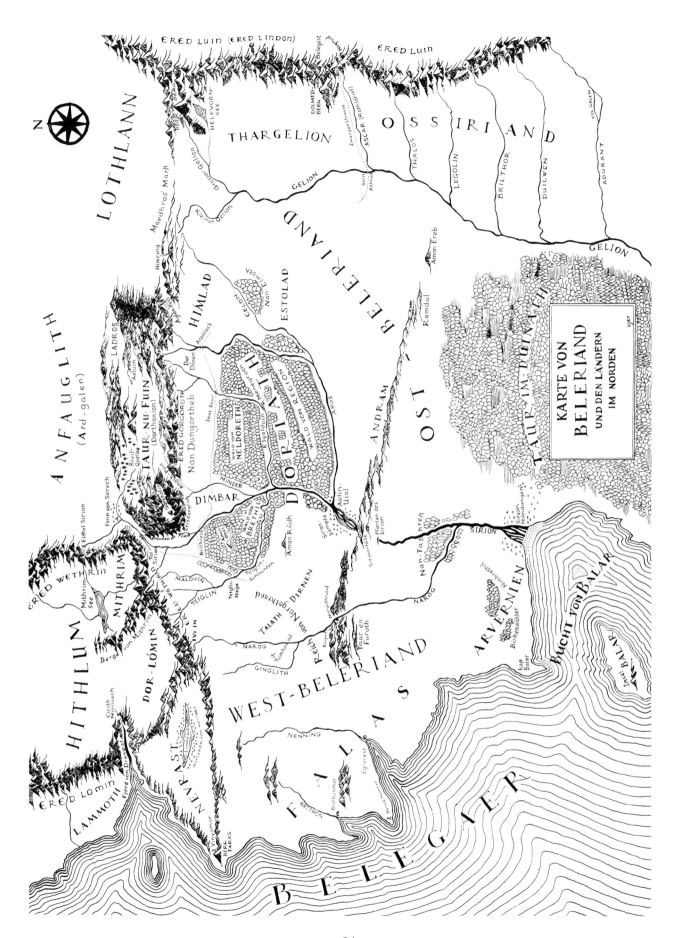

Within the map image the following labels appear:

N

ERED LUIN (ERED LINDON)   ERED LUIN

LOTHLANN

THARGELION   OSSIRIAND

DÖLMED-BERG   Belegost   Nogrod

Zwergenstrasse

GELION   ASCAR (Rathlóriell)   Sarn Athrad   THALOS   LEGOLIN   BRILTHOR   DUILWEN   ADURANT   TOL GALEN

Kleiner Gelion   Grosser Gelion

Himring   Maedhros' Mark

ANFAUGLITH (Ard-galen)

LADROS   Aglon   Dor Dínen   Rivil-Quelle

HIMLAD   Aros   Celon   Nan Elmoth   ESTOLAD   Amon Ereb   Ramdal

TAUR-NU-FUIN (Dorthonion)   ERED GORGOROTH   Nan Dungortheb   Fen't Aur

BELERIAND

WALD VON NELDORETH   Esgaldúin

DORIATH

WALD VON REGION

ANDRAM   OST-

TAUR-IM-DUINATH

KARTE VON
BELERIAND
UND DEN LÄNDERN
IM NORDEN
CRT

DIMBAR   MINDEB   WALD VON BRETHIL   Aelin-Uial   Aros   Mindeb

Fenn von Serech   Eithel Sirion

Brithiach   Amon Rûdh   Sümpfe   Sirion-Fälle   Sirion-Schluchten   Pforten des Sirion

ERED WETHRIN   Brithiach   Teiglin   Teiglin-Stege

MITHRIM   Mithrim-See   Ma|duin

HITHLUM   Berge von Mithrim   TEIGLIN   Reihe von Nargothrond   TALATH DIRNEN   Taur-en-Faroth

DOR-LÓMIN   Tol Sirion   C. Sirion   PASS VON SIRION   SIVRIN   NAROG   Ringwil   Nargothrond   Nan-Tathren   NAROG

Cirith Ninniach   TUMHALAD   Trumbad   GINGLITH

WEST-BELERIAND   SIRION   Nimbrethil   ARVERNIEN

ERED Lomin   NEVRAST   Linaewen   Nan-Tathren   Birkenwälder   Kap Balar

LAMMOTH   Fjord von Drengist   Vinyamar   BERG TARAS   FALAS   NENNING   BRITHON   Brithombar   Eglarest

Insel BALAR   Bucht von BALAR

BELEGAER

34

traten in den Dienst der Elbenfürsten; und viele zogen weiter in die nördlichen Länder, wo sie als Verbündete im ewigen Krieg gegen den dunklen Herrscher Morgoth besonders willkommen waren.

Bei den Erschütterungen der Welt durch die große Schlacht am Ende des Ersten Zeitalters versank Beleriand im Meer; nur ein Stück der Ered Luin blieb westlich von Eriador erhalten. Für die Menschen und Hobbits im Dritten Zeitalter war Beleriand ein Reich der Sage. Doch manche der Elben (Galadriel, Elrond, Círdan) hatten es gekannt.

Vgl. DORIATH, EDAIN, NARGOTHROND, SINDAR, SIRION; Karte S. 34.

R, Anhang A; *S*, passim.

BELFALAS

Die Südküste von Gondor zwischen den Mündungen der Flüsse Gilrain und Ringló. Belfalas war das Lehen der Fürsten von Dol Amroth. Die Burg der Fürsten lag auf einer Halbinsel südlich des alten Elbenhafens Edhellond. Der östliche Teil des Gebiets hieß Dor-en-Ernil, „Land des Fürsten" (weil er in einer früheren Zeit noch nicht ganz Belfalas in Besitz genommen hatte). Die Menschen dort waren von númenórischer Abkunft. Vor der Belagerung von Minas Tirith kam Fürst Imrahil mit einer Schar Ritter von Dol Amroth in die Stadt.

Nach diesem Teil der Küste wurde die große Meeresbucht im Süden die Bucht von Belfalas genannt. In der Bucht lag die Insel Tolfalas.

Vgl. AMROTH UND NIMRODEL, DOL AMROTH, GONDOR; Karte S. 53.

R, V, 1; *Nachrichten*, II, iv.

BEOR

Genannt Beor der Alte, der Führer der ersten Menschen, die über die Ered Luin nach Beleriand kamen. In Ossiriand, am Oberlauf des Thalos, begegneten sie dem Elbenkönig Finrod Felagund. Dessen Weisheit und Sangeskunst machten Beor solchen Eindruck, daß er sein Volk in Estolad verließ, in Finrods Dienst trat und ihm nach Nargothrond folgte. Von Geburt hieß er Balan; Beor war ein Beiname, der in der Sprache seines Volkes „Vasall" bedeutete: Seine Ergebenheit gegen den Elbenkönig ging manchen zu weit. Als später viele aus seinem Volk nach Dorthonion zogen, wurde seinem Urenkel Boromir die Herrschaft über die dortigen Menschen verliehen; diese nannte man das Volk Beors, das Haus Beor oder das Erste Haus der Edain. Die Menschen aus dem Haus Beor waren meist dunkelhaarig und grauäugig; sie sahen den Noldor ähnlich, bei denen sie auch wegen ihrer Neugier und Intelligenz sehr beliebt waren. Sie gaben die eigene Sprache auf und übernahmen das Sindarin. In Númenor lebten die meisten Menschen dieser Abstammung im Westen der Insel, in der Gegend um Andúnië; aus ihren Familien kamen viele der Getreuen.

Beors berühmtester Nachkomme war Beren.

Vgl. EDAIN, MENSCHEN.

S, XVII; *Nachrichten*, II, ii.

BEORN

Ein bärenstarker Mensch, dessen Haus in einem Eichenwald zwischen Anduin und Düsterwald stand. Bilbo, Gandalf und die dreizehn Zwerge mußten sich paarweise bei ihm einfinden, denn Beorn hätte so viele

Beorns Halle.
Illustration zum Hobbit, Erstausgabe 1937.
Pictures, 10.

Leute auf einmal nicht ertragen. Er hatte Rinder, Pferde und Bienen und ernährte sich fleischlos von Milch und Honig. Nachts verwandelte er sich in einen Bären und ging Orks und Wölfe jagen. Seine Berserkerwut entschied die Schlacht der fünf Heere.

Beorns Verwandte und Nachkommen, die Beorninger, geführt von seinem Sohn Grimbeorn dem Alten, hielten in den Jahren vor dem Ringkrieg die Carrock-Furt und den Hohen Paß über das Nebelgebirge offen (und erhoben dafür einen ansehnlichen Wegzoll).

H, 7, 18; *R*, II, 1.

BEREG

Ein Urenkel Beors, Anführer der Unzufriedenen in Estolad. Er fand, das Leben der Menschen sei zu kurz, um es in den Kriegen der Eldar gegen Morgoth zu opfern. Er führte tausend Menschen fort nach Süden und über die Berge nach Eriador. Auch viele Anhänger Amlachs schlossen sich ihm an.

Vgl. AMLACH, ESTOLAD, MENSCHEN.

S, XVII.

BEREGOND

Ein Soldat vom dritten Wachbataillon der Zitadelle von Minas Tirith. Er hatte gerade dienstfrei und war imstande, Pippins dringliche Frage nach einem zweiten Frühstück zu beantworten. Bei den Grabstätten der Könige und Truchsesse erschlug er drei Mann, um Faramir vor Denethors Scheiterhaufen zu retten. Dafür wurde er später von König Elessar symbolisch bestraft: Er mußte aus der Wache ausscheiden und Minas Tirith verlassen; dafür wurde er Hauptmann von Faramirs Leibwache und ging mit ihm nach Ithilien. In der Schlacht vor dem Morannon kämpfte er in vorderster Reihe, Seite an Seite mit Pippin.

Vgl. DENETHOR, MINAS TIRITH.

R, V, 1, 7, 10; VI, 5.

BEREN

Barahirs Sohn, der Held des Leithian-Liedes, Lúthiens Geliebter. Beren ist ein Held von einfacherem Charakter als Túrin: ein tapferer Mann, der ein außerordentliches Schicksal auf sich nimmt; bei seinen Taten führen ihm höhere Mächte die Hand.

Als letzter Überlebender des Bandenkriegs in Dorthonion rettete er Barahirs Ring vor den Orks, hielt vier Jahre lang Saurons Heere in Atem und flüchtete schließlich über die Ered Gorgoroth und Nan Dungortheb nach Doriath. Als er dort Lúthien begegnete, war er alles andere als ein Märchenprinz:

ein gehetzter, narbenreicher Bandit, schon etwas grau und krummrückig. Daß einer wie er vor Thingol hintrat und um die Hand der Königstochter anhielt, wirkte wie Hohn, und Beren selbst hätte es ohne Melians und Lúthiens Zutun gar nicht gewagt. Thingol hatte seiner Tochter versprochen, nichts gegen Beren zu unternehmen; um ihn aber trotzdem auf anständige Art loszuwerden, verlangte er einen unmöglichen Brautpreis: einen Silmaril aus Morgoths Krone.

Der Elbenkönig ahnte nicht, was er damit auslöste. Zunächst stürzte Beren Nargothrond in Verwirrung, denn Finrod Felagund legte die Krone nieder, um den Eid erfüllen zu können, den er Barahir geleistet hatte. Mit nur zehn Gefährten zogen sie nach Norden, aber weiter als bis in den Kerker von Tol-in-Gaurhoth kamen sie nicht. Felagund opferte sein Leben, und auch um Beren stand es schlecht; doch da trat Lúthien auf den Plan und zeigte, was in ihr steckte. Mit Hilfe des großen Jagdhundes Huan wurden Sauron und seine Werwölfe besiegt, alle Gefangenen befreit und die Mauern der Festung mit Zaubergesängen niedergelegt. Durch Lúthiens Künste in die Felle des Werwolfs Drauglun und der Fledermaus Thuringwethil gesteckt, kamen sie bis in Morgoths große Halle in Angband, und mit dem Messer Angrist schnitt Beren einen Silmaril aus der Eisenkrone.

Aber bevor Beren den Silmaril Thingol übergeben konnte, mußte er sich noch mit dem Höllenhund Carcharoth auseinandersetzen, der ihm die Hand abbiß, in der er den Edelstein trug. Daraufhin wurde er *Ercha-*

mion, der Einhänder, genannt; er selbst aber nannte sich *Camlost,* der mit der leeren Hand, nämlich der linken, in der kein Silmaril war.

Nach einer großen Jagd in den Wäldern am Esgalduin, bei der sowohl Beren wie Carcharoth und Huan den Tod fanden, hätte die Geschichte ein logisches, wenngleich trauriges Ende gehabt; aber dabei blieb es nicht. Denn auf Lúthiens Bitten wurde Beren von den Valar ein zweites Leben gewährt, das sie zusammen auf der Insel Tol Galen im Adurant verbrachten: ein glückliches Leben, ereignislos bis auf die Schlacht mit den Zwergen bei Sarn Athrad.

Berens Ehe mit Lúthien war die eine der beiden Vereinigungen zwischen den Zwei Geschlechtern. Über ihren Sohn Dior und dessen Tochter Elwing wurden sie die Vorfahren Elronds und Elros' und der Könige von Númenor.

Vgl. BARAHIRS RING, CARCHAROTH, DORTHONION, FINROD, LÚTHIEN, SILMARIL, THINGOL, ZWEI GESCHLECHTER.

S, XIX, XXII.

BERGIL

Beregonds zehnjähriger Sohn. Er war schon größer als ein ausgewachsener Hobbit und hätte mit Pippin gern einmal gerauft. Seine größte Sorge war, daß man ihn mit den Mädchen aus der vom Krieg bedrohten Stadt fortschicken könnte. Während der Schlacht auf dem Pelennor erledigte er Botengänge für die Häuser der Heilung. Er brachte Aragorn endlich sechs nicht mehr ganz frische Blätter Athelas.

Vgl. MINAS TIRITH, PELENNOR, PEREGRIN TUK.

R, V, 1, 8.

BERÚTHIEL

Gandalf finde den Weg in dunkler Nacht so sicher wie die Katzen der Königin Berúthiel, sagte Aragorn zur Beruhigung der Gefährten in den Stollen von Moria. Berúthiel, die Gattin Tarannon Falasturs, des zwölften Königs von Gondor (830-913 D. Z.), war eine sprichwörtliche Katzennärrin. Sie soll ihre Katzen abgerichtet haben, die Geheimnisse ihrer Nachbarn auszuspionieren. Sie schenkte ihrem Mann keine Kinder und war auch sonst unausstehlich. Der König setzte sie schließlich mit allen ihren Katzen auf ein Schiff und ließ sie bei Nordwind aufs Meer hinaus treiben. Zuletzt wurde das Schiff gesehen, „wie es unter einem Sichelmond an der Küste von Umbar vorbeiflog, mit einer Katze auf der Mastspitze und einer anderen als Galionsfigur am Bug".
R, II, 4; *Nachrichten*, IV, ii.

BEUTLIN

Eine geachtete und wohlhabende Hobbitfamilie, ursprünglich vor allem in Hobbingen ansässig, später über das Auenland verteilt und mit den anderen angesehenen Familien vielfach verschwägert. Die beiden berühmtesten Träger dieses Namens, BILBO BEUTLIN und FRODO BEUTLIN, waren mütterlicherseits mit den Tuks und Brandybocks verwandt.
H, 1, 19; *R*, Prolog; Anhang C.

BILBO BEUTLIN

Alles begann mit dem Satz: „In einem Loch im Boden, da lebte ein Hobbit." Aus dem Loch im Boden wurde bald eine Höhle und später ein behaglicher Smial, aber Hobbit blieb Hobbit; und nun mußte erst erforscht werden, was denn Hobbits seien.
Insofern ist Bilbo der Ur-Hobbit und der Stammvater des ganzen Auenland-Volkes, obwohl er in den Ahnentafeln einen bescheideneren Platz einnimmt. Er stammte väterlicherseits von den biederen Beutlins und mütterlicherseits von den wohlhabenden, aber nicht ganz respektablen Tuks ab und verbrachte die ersten fünfzig Jahre seines Lebens in beschaulicher Genügsamkeit. Nur Gandalfs prophetischer Scharfblick konnte Eigenschaften an ihm erkennen, die ihn zum Abenteurer, Meisterdieb und Ringfinder disponierten.

Durch seine Taten bei der Fahrt zum Erebor wurde Bilbo für lange Zeit der berühmteste seines Volkes und galt als Musterexemplar eines Hobbits – nur nicht im Auenland selbst. Hier war er nach seiner Rückkehr ein reicher, kauziger Außenseiter. Er heiratete nicht und hatte keine Kinder, adoptierte aber seinen Neffen Frodo Beutlin. Nur ein paar junge Männer aus den Familien Tuk und Brandybock interessierten sich für seine Geschichten.

Den Herrscherring, den er in den Stollen im Nebelgebirge gefunden hatte, verwendete er nur, um sich unsichtbar zu machen, wenn lästige Verwandte wie die Sackheim-Beutlins auftauchten. Was es sonst noch damit auf sich hatte, davon ahnte er nichts. Das mächtigste Zauberwerk des Dunklen Herrschers, dazu geschaffen, alle Völker der Welt zu knechten, war in der Hosentasche des Hobbits nicht viel mehr als ein Scherzartikel. So gewann der Ring nur wenig Macht über ihn. Von allen Besitzern des Ringes war Bilbo der einzige, der ihn freiwillig hergab.

Am 22. September 1401 A. Z., seinem 111. Geburtstag, verabschiedete er sich von Beutels-

Bilbo Beutlins Halle. Illustration zum Hobbit, 1937. *Pictures*, 20.

end mit einem großen Fest und verschwand auf Nimmerwiedersehn. All seinen Besitz, auch den Ring, hinterließ er Frodo. Die letzten zwanzig Jahre seines Lebens verbrachte er in Bruchtal. Dort widmete er sich gelehrten Studien. Er dichtete, übersetzte Lieder aus den Elbensprachen und stellte den größten Teil des *Roten Buchs der Westmark* zusammen. Am Ende des Dritten Zeitalters fuhr er zusammen mit Frodo und den Trägern der drei Elbenringe in den Alten Westen. Da war er hunderteinunddreißig Jahre alt: älter, als je ein Hobbit geworden war. Um an der Fahrt zum Schicksalsberg teilzunehmen, war er nach Ansicht der Weisen nicht mehr rüstig genug.

Vgl. Auenland, Erebor, Herrscherring, Hobbits, Meisterdieb, Smaug.

H, passim; *R*, I, 1; II, 1, 2; *Nachrichten*, III, iii.

BLAUE BERGE

Die lange, von Norden nach Süden verlaufende Gebirgskette, die im Ersten Zeitalter Eriador von Beleriand trennte. Beim Untergang von Beleriand blieb ein Teil des Gebirges erhalten. Es bildete im Zweiten und Dritten Zeitalter die Westgrenze von Eriador. Westlich davon lag der schmale Küstenstreifen von Lindon, ein Rest des alten Ossiriand, nun das Land der Elben, die Gil-galad und später Círdan von den Grauen Anfurten als ihren Herrn anerkannten. Menschen oder Hobbits wagten sich kaum je in dieses Land. In den Blauen Bergen lagen die alten Zwergenstädte Nogrod und Belegost, die am Ende des Ersten Zeitalters zerstört oder überflutet worden waren; Reste von Belegost waren vermutlich erhal-

ten geblieben, denn die Zwerge betrieben hier auch in späteren Zeiten noch Bergbau.

„Blaue Berge" war die Übersetzung von Sindarin *Ered Luin*; von den Elben auch Ered Lindon, „Berge von Lindon" genannt.

Vgl. Beleriand, Eriador, Lindon; Karte S. 34; 53.

S, passim; *R*, Anhänge A und B.

BOCKLAND

Ein schmaler, dichtbevölkerter Landstreifen zwischen dem Ostufer des Baranduin und dem Alten Wald, seit 740 A. Z. von den Hobbits aus der Familie Altbock (später Brandybock) besiedelt. Den Hobbits aus dem Auenland erschienen die Bockländer bald als fremdartig, weil sie so nah an der Grenze zu nicht geheuren Gegenden lebten. Außerdem wagten sich Bockländer in Booten aufs Wasser hinaus – was den übrigen Hobbits als unbegreiflicher Leichtsinn erschien –, und manche von ihnen konnten sogar schwimmen. Gegen den Alten Wald war Bockland durch eine dichte Hecke, den Hohen Hag, abgeschirmt. Es erstreckte sich von der Brandywein-Brücke im Norden etwa sechs Wegstunden bis nach Hagsend im Süden. Der Hauptort war Bockenburg, eine Ansammlung von Häusern und Smials um das nah am Flußufer gelegene Brandyschloß.

Vgl. Auenland, Brandybock; Karte S. 25.

R, I, 5.

BOLG

Azogs Sohn, ein Orkhäuptling aus Gundabad, der die Zwerge, Menschen und Elben überraschend mit einem großen Heer angriff, als sie am Erebor noch

um den Drachenhort stritten: „Bolg aus dem Norden ist gekommen … Seht, die Fledermäuse schwirren über seinem Heer wie ein riesiger Heuschreckenschwarm. Die Orks reiten auf Wölfen. Und die Warge sind mit ihnen!" So begann die Schlacht der fünf Heere. Gegen Bolgs Leibwache (athletische Uruks mit Krummsäbeln) konnten auch Thorin und seine Mannen nichts ausrichten. Erst ein Berserker wie Beorn trieb sie auseinander, griff sich Bolg und zermalmte ihn.

Vgl. Azog, Orks, Schlacht der fünf Heere.

H, 17.

BOMBUR

Ein Zwerg aus Durins Volk, Paukenspieler; zusammen mit seinen Verwandten Bifur und Bofur begleitete er Thorin Eichenschild auf der Wanderung zum Erebor. Unterwegs fiel er in den verzauberten Fluß; danach war er immer sehr schläfrig. (Er hatte herrliche Träume gehabt.) Nachdem das Königreich unter dem Berg wiederhergestellt war, blieb Bombur am Erebor. Schon immer wohlbeleibt, wurde er später so dick, daß er nicht mehr laufen konnte. Sechs junge Zwerge waren nötig, um ihn zu tragen.

H, VIII, XVI; *R*, II, 1.

BORGIL

Ein heller roter Stern, den Frodo und seine Gefährten in der Nacht vom 24. auf den 25. September, während ihrer Rast mit den Elben, im Osten aufsteigen sahen – in Nachbarschaft zu Menelvagor (Orion) und Remmirath (Plejaden), daher vermutlich Beteigeuze oder Aldebaran.

R, I, 3.

BOROMIR

Der älteste Sohn Denethors II. von Gondor, machte sich auf den Weg nach Imladris, um die Bedeutung eines Traums zu erfragen, und wurde dort einer der acht Gefährten, die mit dem Ringträger nach Süden aufbrachen. Ebenso wie sein Vater hielt er es für hellen Wahnsinn, Frodo mit dem Ring nach Mordor gehen zu lassen; alle (gewöhnliche) Vernunft sprach dafür, den Ring nach Minas Tirith zu bringen und ihn *gegen* Sauron zu verwenden. Auf dem Amon Hen versuchte er daher, Frodo den Ring abzunehmen. Wenig später wurden die Gefährten bei Parth Galen von Orks überfallen. Boromir erschlug viele Feinde und stieß in sein großes Jagdhorn, bis es zersprang; man hörte es noch im fernen Minas Tirith. Die Orks erschossen ihn mit schwarzgefiederten Pfeilen. Aragorn, Gimli und Legolas bestatteten ihn unter Trauergesängen in einem Boot und ließen ihn den Anduin hinabtreiben. Das geborstene Horn, das von den Rindern Araws stammte, legten sie ihm auf den Schoß.
Vgl. DENETHOR, HERRSCHERRING.
R, II, 2, 10; III, 1.

BRAND

König der Menschen von Thal, Enkel Bards und Sohn Bains, regierte seit 3007 und fiel in der Schlacht von Thal (3019 D. Z.). Sauron hatte ihn durch Boten zur Kollaboration bei der Suche nach dem Ring auffordern lassen; Brand antwortete hinhaltend, kämpfte dann aber im Bündnis mit den Zwergen vom Erebor.
Vgl. THAL.
R, II, 2; Anhang B.

BRANDIR

Fürst der Haladin in Brethil, genannt der Lahme, weil er von Kind an einen Klumpfuß hatte. Er wollte sein in den Kriegen dezimiertes Volk in den Tiefen des Waldes verborgen halten und sich nicht auf neue Abenteuer einlassen; dazu gründete er die mit einem Palisadenzaun befestigte Siedlung Ephel Brandir auf dem Amon Obel. Er war ein kluger und heilkundiger Mann, hatte aber wegen seines Gebrechens wenig Autorität. Túrin nahm er mit bösen Vorahnungen bei sich auf, denn er verstärkte die Kriegspartei in seinem Volk, die von Dorlas angeführt wurde. Brandir heilte Niënor, als sie nach ihrer Begegnung mit Glaurung umnachtet durch die Wildnis irrte, und faßte eine hoffnungslose Liebe zu ihr. Túrin erschlug ihn, als er ihm sagte, daß Niënor seine Schwester sei.
Vgl. HALADIN, NIËNOR, TÚRIN.
S, XXI.

BRANDYBOCK

Eine der großen Familien des Auenlands, stark von den Falbhäuten geprägt, obwohl vielfach mit den anderen Hobbit-Familien versippt. Stammsitz der Familie war das Brandyschloß, mit dessen Bau Gorhendad Altbock um 740 A. Z. begonnen hatte, der auch den Familiennamen in Brandybock abänderte. Das Oberhaupt der Brandybocks galt zugleich als Herr von Bockland. Meriadoc Brandybock, einer von Frodos Gefährten, erhielt diesen Titel im Jahre 1432 A. Z. Frodos Mutter Primula Beutlin war eine geborene Brandybock.
Vgl. BOCKLAND, HOBBITS, MERIADOC BRANDYBOCK.
R, I, 1, 5; Anhänge B und C.

BRANDYSCHLOSS

Ein großer Smial, der den ganzen unteren Teil des Bocksbergs einnahm, am Ostufer des Baranduin (verballhornt: Brandywein) in Bockland. Gorhendad Altbock hatte um 740 (A. Z.) mit dem Graben und Bauen begonnen, und seine zahlreichen Nachkommen hatten es fortgesetzt. Zur Zeit des Ringkrieges hatte Brandyschloß drei Haupteingänge, viele Nebeneingänge und hundert (runde) Fenster. Frodo Beutlin hatte bis in seine Jugend hier gelebt.
Vgl. BOCKLAND, BRANDYBOCK, SMIALS.
R, I, 5.

BRANDYWEIN

Auenländische Verballhornung von BARANDUIN.

BREE

Der Hauptort des Breelandes, etwa einen Tagesritt östlich der Baranduin-Brücke, an der Kreuzung der Alten Oststraße mit dem Grünweg. Bree war eine der ältesten Ansiedlungen der im Zweiten Zeitalter nach Westen gezogenen Menschen und wurde zur Zeit der númenórischen Königreiche eine Stadt mit lebhaftem Handel und Verkehr.
Die ersten Hobbits, die aus dem Anduin-Tal nach Westen gezogen waren, hatten sich um 1300 D. Z. im Breeland niedergelassen; von hier aus begannen sie dreihundert Jahre später das Auenland zu besiedeln. Auch zur Zeit des Ringkrieges lebten in Bree noch viele Hobbits, in gutem Einvernehmen mit den Menschen.
Zu dieser Zeit bestand Bree aus etwas über hundert steinernen Menschenhäusern am Westhang des Breebergs und einigen Hobbithöhlen an den oberen

Hängen des Berges. Die meisten Hobbits wohnten jedoch in dem Nachbardorf Stadel. Außerdem gehörten zum Breeland noch die Dörfer Schlucht und Archet. Vgl. Eriador, Hobbits, Menschen, Zum Tänzelnden Pony; Karte S. 53.
R, I, 9; VI, 7.

Brethil

Das Waldgebiet westlich von Doriath, im Winkel zwischen dem Teiglin und dem Sirion; der Name bedeutet vermutlich „Silberbirkenwald". Obgleich nicht innerhalb des Banngürtels von Doriath gelegen, galt Brethil als Teil von König Thingols Reich. Thingol hatte Haleth und ihrem Volk erlaubt, sich dort niederzulassen, unter der Bedingung, daß sie die Teiglin-Übergänge gegen die Orks verteidigen halfen. Dort ganz in der Nähe lag der Amon Obel, die höchste Erhebung des Landes, wo die Haladin zur Zeit Brandirs eine Palisaden-Festung hatten.
Vgl. Amon Obel, Brandir, Doriath, Haladin; Karte S. 34.
S, XVII, XXI.

Bruchtal
Vgl. Imladris.

Buch des Mazarbul
Fünfundzwanzig Jahre nach Balins Tod fanden Frodo und seine Gefährten in Moria ein angesengtes, blutverschmiertes und teilweise zerfetztes Tagebuch mit Berichten über den Verlauf seines Unternehmens (2889-2894 D. Z.). Sie fanden es in der Kammer des Mazarbul (Khuzdul für „Archiv"), wo Balin sein Hauptquartier aufgeschlagen hatte. Die letzten Seiten zeigten Oris Handschrift.
Vgl. Balin, Moria.
R, II, 5.

Die letzte Seite aus dem Buch des Mazarbul.
Pictures, 23/III.

Buckelstadt
Der westliche Zipfel der Grünberge im Herzen des Auenlands war das Gebiet der wehrhaften Sippe der Tuks, das Tukland, in das Scharrers Horden sich nicht hineinwagten, auch als sie schon das ganze übrige Auenland schikanierten. Der Hauptort war Buckelstadt, am Südhang der Grünberge, mit den Groß-Smials, den Familienhöhlen der Tuks. Nicht in allen Räumen dort herrschte eine so stickige Pietät wie im Zimmer von Pippins Ur-Urgroßvater Gerontius, wo die Möbel seit Generationen nicht mehr ausgewechselt oder umgestellt wurden; aber im Vergleich zu den gutbelüfteten und komfortablen Höhlen von Beutelsend oder Bockenburg waren die Smials von Buckelstadt von asketischer Strenge. Dort wurde die „Gelbhülle" verwahrt, ein Buch mit alten Aufzeichnungen zur Familiengeschichte der Tuks.
Vgl. Grünberge, Smials, Tuk; Karte S. 25.
R, III, 4; *Briefe*, 214.

Bürgermeister von Escaroth
Als Thorin Eichenschild mit seinen Gefährten in die Stadt der Menschen am Langen See kam, war dort ein reicher Händler das Oberhaupt, das für Frieden und gute Geschäfte sorgte, obwohl der Drache Smaug in der Nachbarschaft hauste. An der Verteidigung der Stadt gegen den Angriff des Drachen nahm er keinen Anteil, kassierte aber die Entschädigung für die angerichteten Verwüstungen, brannte mit dem Gold durch und verhungerte in der Wildnis. Zuvor soll er einige (leider nicht erhaltene) Lieder zum Lob des gefahrlos erworbenen Reichtums gedichtet haben.
Vgl. Escaroth.
H, 19.

Bürgermeister von Michelbinge
In den langen Jahren beschaulichen Friedens übte der Bürgermeister in der Ratshöhle von Michelbinge das einzige echte Regierungsamt im Auenland aus. Er wurde alle sieben Jahre am Mittsommertag auf dem Freimarkt bei den Weißen Höhen gewählt. Wahlberechtigt waren alle, die Zeit hatten; aber gewöhnlich kamen nur die (männlichen) Familienoberhäupter zu der Versammlung. Die wichtigste Aufgabe des Bürgermeisters war es, bei den zahlreichen Festessen die Begrüßungsansprache zu halten; außerdem unterstanden ihm die Briefträger und die Landbüttel. Zur Zeit des Ringkrieges hatte Willi Weißfuß das Amt inne; danach übernahm es Sam Gamdschie.
Vgl. Auenland, Landbüttel, Sam Gamdschie, Willi Weissfuss.
R, Prolog, Anhang B; *Briefe*, 214.

Ƿ

Cabed-en-Aras

Eine Schlucht am südwestlichen Rand des Waldes von Brethil, durch die der Teiglin floß; der Name bedeutet im Sindarin „Hirschsprung": ein Hirsch konnte über die Schlucht hinwegsetzen. Hier fand Túrin die Gelegenheit, mit dem Schwert von unten an Glaurungs ungepanzerten Bauch heranzukommen, als der Drache die Schlucht überquerte. Aber dann machte er sich über den Drachen lustig, der noch nicht tot war, und das konnte nicht gutgehn. Als Niënor hinzukam, erfuhr sie die monströse Wahrheit, daß Túrin ihr Bruder war, und stürzte sich in die Schlucht, die hernach *Cabed Naeramarth* hieß, „Sprung des entsetzlichen Schicksals". Auf einer Anhöhe am Ostrand der Schlucht errichteten die Elben aus Doriath Húrins Kindern einen Gedenkstein.
Vgl. Brethil, Glaurung, Niënor, Túrin.
S, XXI; *Nachrichten*, I, ii.

Cair Andros

Eine lange Insel im Anduin, nördlich von Minas Tirith, von den Menschen aus Gondor befestigt, um Feinde aus dem Osten am Übergang über den Fluß zu hindern. Während des Ringkriegs war die Insel heftig umkämpft und zeitweise von den Feinden besetzt.
Der Sindarin-Name bedeutet „lang schäumendes Schiff", denn die Insel hatte die Form eines gegen die starke Strömung fahrenden Schiffs mit hohem Bug, den das Wasser umschäumte.
Vgl. Gondor, Pelennor; Karte S. 53.
R, V, 4; Anhang A; *Nachrichten*, II, ii.

Calenardhon

S. „Grüne Provinz": der ältere Name für Rohan.

Caradhras

Einer der drei Berge von Moria, von den Zwergen *Barazinbar* genannt. Sindarin *Caradhras* bedeutet „Rothorn": der Berg bestand aus stumpfrotem Felsgestein. Zwischen Caradhras und Celebdil (Silberzinne) führte der Rothorn-Paß hindurch, über den Frodo und seine Gefährten vergeblich ins Schattenbachtal zu steigen versuchten.
Unter dem Caradhras befand sich die einzige Mithril-Ader der Welt. Dort stießen die Zwerge bei ihren Grabungen auf einen Balrog.
Vgl. Moria; Karte S. 133.
R, II, 3; Anhang B.

Caragdûr

S. „Dunkler Hauer": ein schwarzer Felsvorsprung an der steilen Nordseite des Amon Gwareth, des Berges, auf dem Gondolin stand. Er diente als Hinrichtungsstätte. Hier wurde der Dunkelelb Eol zu Tode gestürzt.
Vgl. Eol, Gondolin.
S, XVI.

Caranthir

Vierter Sohn Feanors, genannt „der Dunkle" (was jedoch nicht die Übersetzung des Namens sein kann, diese wäre „der Rote"). Caranthir war der aufbrausendste und hochfahrendste unter den Noldorfürsten, darum schickte ihn Maedhros in den Nordosten, wo er am wenigsten Gelegenheit hatte, mit den Sindar und mit Finarfins Söhnen Streit anzufangen. Caranthirs Volk wohnte in Thargelion und bewachte die westlichen Ausläufer der Ered Luin. Es wurde reich durch die Kontrolle des Handelsverkehrs auf der Zwergenstraße. In der Dagor Bragollach wurde Caranthir besiegt und flüchtete nach Süden zu seinen Brüdern Amrod und Amras. Er fiel beim Angriff auf Menegroth.
Vgl. Feanor, Noldor, Thargelion.
S, XIII, XVIII.

Carcharoth

„Der rote Rachen", auch *Anfauglir*, „Maul des Durstes" genannt: der große Wolf von Draugluins Stammbaum, den Morgoth eigenhändig mit Elben- und Menschenfleisch gefüttert und mit höllischem Gift und Feuer erfüllt hatte. Carcharoth wachte vor dem Tor von Angband, als Beren und Lúthien dort Einlaß begehrten. Ihre Verkleidung täuschte ihn nicht, aber Lúthiens Schlafzauber war unwiderstehlich. Erst als sie wieder hinaus wollten, ließ er sich nicht mehr bezähmen: Er biß Beren die Hand mit dem Silmaril ab, und gleich darauf versengte der heilige Stein seine unreinen Eingeweide. Vor Schmerz und Wut wahnsinnig, raste er durch Beleriand, alles tötend, was ihm begegnete, und selbst Melians Banngürtel konnte ihn nicht aufhalten.
An der großen Wolfshatz in Doriath nahmen Mablung und Be-

leg teil, Beren, König Thingol und der Jagdhund Huan aus Valinor. Bei einem Wasserfall am Esgalduin stellten sie ihn. Beren erlag dem Biß seiner Giftzähne, aber dann fiel Huan über ihn her. Sie bellten und heulten so laut, daß die Felsen von den Hängen fielen und den Esgalduin verstopften, und am Ende machten sie sich gegenseitig den Garaus.

Nachher schnitt Mablung dem Wolf den Bauch auf und nahm den Silmaril heraus.

Vgl. BEREN, HUAN, WÖLFE.

S, XIX; *HME 3*, III, xii-xiv (284 ff.).

CARDOLAN

Der Süden des Königreichs Arnor, der sich nach dem Tod König Earendurs (861 D. Z.) unter einem der jüngeren Königssöhne abspaltete. Cardolan war das Gebiet südlich der Großen Oststraße zwischen Grauflut und Baranduin. Es stritt mit Rhudaur und Arthedain um den Besitz der Wetterspitze, leistete jedoch gemeinsam mit Arthedain Widerstand gegen das Vordringen des Hexenkönigs von Angmar. Im Jahre 1409 wurde das Land erobert, und die wenigen überlebenden Dúnedain zogen sich in das Hügelland östlich des Alten Waldes zurück. Nach den Grabhügeln dort hieß die Gegend später die Hügelgräberhöhen. Die letzten Dúnedain von Cardolan starben während der Großen Pest von 1636 D. Z.

Vgl. ARNOR, HÜGELGRÄBERHÖHEN, WETTERSPITZE; Karte S. 53.

R, Anhang A, I, 3.

CARNIL

Ein rotschimmernder Stern, vermutlich Mars, den Varda zum Erwachen der Elben neu an den Himmel setzte. Diesen Stern konnte Frodo jeden Abend se-

hen, wenn er in Bruchtal aus seinem Fenster nach Süden blickte: „Er stand tief am Himmel und leuchtete wie ein wachsames Auge, das über die Bäume am Rand des Tals starrte."

Vgl. VARDA.

R, II, 3; *S*, III; *HME 10*, V (Index).

CARROCK

Der Felsen mitten im Anduin, auf dem die Adler Bilbo und die Zwerge absetzten. In den Felsen hatte Beorn Stufen gehauen. Eine Furt aus flachen Steinen führte zu beiden Seiten ans Ufer. Die Beorninger hielten diese Furt offen, als die Alte Furt weiter südlich von den Orks und Wölfen kontrolliert wurde.

Vgl. GROSSE OSTSTRASSE; Karte S. 142.

H, 7; *R*, II, 1.

CELEBDIL

Der Sindarin-Name eines der Berge von Moria, mit der Bedeutung Silberzinne, von den Zwergen *Zirak-Zigil* genannt. Aus den tiefsten Schächten von Moria führte eine Wendeltreppe bis hinauf zu Durins Turm im Gipfel des Berges. Dorthin verfolgte Gandalf den Balrog und stürzte ihn vom Gipfel hinab.

Vgl. MORIA; Karte S. 133.

R, II, 3, III, 5.

CELEBORN

Sindarin „Silberbaum": ein Elb aus Doriath, Verwandter Thingols, Galadriels Gatte. (Nach anderen Quellen stammte er von den Teleri in Alqualonde und war schon mit Galadriel zusammen aus Aman gekommen.) Als Frodo ihm in Lórien begegnete, war er ein sehr großer Mann, weiß gekleidet, mit langem, silbern schimmerndem Haar, ohne ein Zeichen seines hohen

Alters. Galadriel rühmte ihn als den „Weisesten der Elben von Mittelerde" – eine diplomatische Schmeichelei, die nur besagte, daß er manchmal auf den Rat seiner klugen Frau hörte. Celeborn und Galadriel hatten eine lange Ehe hinter sich und waren nicht immer in allem einig.

Während des Ersten Zeitalters lebten sie lange in Menegroth, gingen später aber zusammen nach Osten zu den Nandor-Völkern in den Wildnissen von Eriador. Celeborn war ein konservativer Sinda, der sich zu den Waldbewohnern stärker hingezogen fühlte als zu der magischtechnischen Zivilisation der Noldor und der Naugrim. Galadriel folgte ihm, hatte aber ihre eigenen Gründe. Besonders strittig war zwischen ihnen das Verhältnis zu den Zwergen, die Celeborn haßte, während Galadriel sie als tüchtige Krieger und Künstler schätzte.

Zu Beginn des Zweiten Zeitalters lebten sie in Lindon. Von dort zogen sie nach Eregion, jeder mit einem Gefolge von Noldor und Sindar, und waren an der Gründung der Elben-Kolonie von Ost-in-Edhil beteiligt (etwa 750 Z. Z.). Als Celebrimbor und die Juwelenschmiede auf Annatars Einflüsterungen zu hören begannen, zog Galadriel über die unterirdischen Straßen von Moria nach Lórien. Celeborn, der die Zwergenhöhlen nicht betreten mochte, blieb in Eregion, obwohl ihn Celebrimbor wie Luft behandelte. Als das Land von Sauron angegriffen wurde, beteiligte er sich an der Verteidigung und konnte sein Gefolge mit Elronds Heer vereinigen, das aus Lindon heraneilte, doch zusammen wurden sie nach Norden abgedrängt. Nachdem Sauron mit Hilfe der Númenórer besiegt war (1701 Z.Z.), blieb Celeborn lange in Imladris, wo er endlich wieder mit Galadriel zusammentraf.

In den folgenden Jahrhunderten unternahm er, meist zusammen mit Galadriel, viele Reisen zu den Waldelben östlich des Nebelgebirges. Er trug nie eine Königskrone, doch waren die Waldelbenkönige Oropher und Amdír wahrscheinlich seine Verwandten oder Gefolgsmänner. Im Dritten Zeitalter nahm er sich nach Amroths Tod der Waldelben in Lórien an, um sie vor der völligen Vertreibung oder Vernichtung zu bewahren (1981 D.Z.). Er war dort der anerkannte Kriegsherr, während Galadriels subtilere Macht alle schleichenden Verwüstungen fernhielt, gegen die Waffen allein nicht halfen. Im Ringkrieg schlugen die Galadhrim unter seiner Führung drei Angriffe aus Dol Guldur zurück, und am 28. März 3019 setzten sie in Booten über den Anduin und begannen, die feindliche Festung zu stürmen. Am 6. April, dem Neujahrstag der Elben, traf er im Düsterwald mit Thranduil zusammen.

Als Galadriel nach dem Krieg in den Alten Westen fuhr, begleitete Celeborn sie nicht. Aber in Lórien, das nun verödete, hielt es ihn nicht mehr, und er ging zu Elronds Söhnen Elladan und Elrohir, die noch in Imladris wohnten. Wann und wo er Galadriel wiedersah, ob unter den Bäumen von Eldamar oder auf den Kaien von Avallóne, ist nicht überliefert.

Vgl. GALADRIEL, LÓRIEN (2), SINDAR, WALDELBEN.

S, XIII; *Von den Ringen …*; *R*, II, 6, 7; VI, 6; Anhang B; *Nachrichten*, II, iv.

CELEBRIMBOR

„Silberfaust" (Quenya *Telperinquar*): der große Juwelenzauberer des Zweiten Zeitalters. Er war der Sohn Curufins, distanzierte sich jedoch von seinem Vater und blieb nach dessen Vertreibung in Nargothrond. Er hatte den Ehrgeiz, die Kunst seines Großvaters Feanor noch zu übertreffen. In Eregion wurde er das Oberhaupt der Gwaith-i-Mírdain, der Gilde der Juwelenschmiede. Reinen Herzens, doch unter Saurons Anleitung schuf er die Ringe der Macht. Als er Saurons Absichten erkannte, brachte er die drei Elbenringe in Sicherheit. Dann wurde Eregion von Sauron erobert, Celebrimbor gefangengenommen und gefoltert. Er verriet, wo sich die sieben Ringe der Zwerge befanden, doch über die Elbenringe wahrte er Stillschweigen und wurde schließlich von Sauron getötet. Nach anderen Quellen war Celebrimbor ein Noldo aus Gondolin und ein Verehrer von Galadriel, in deren Gefolge er um 750 Z.Z. nach Eregion kam. Von Annatar (Sauron) angestiftet, lehnte er sich gegen Galadriel auf, so daß sie es vorzog, nach Lórien zu gehen. Dort suchte Celebrimbor sie auf, nachdem er Saurons Betrug bemerkt hatte, und übergab ihr den Weißen Ring Nenya.

Vgl. EREGION, GALADRIEL, RINGE DER MACHT.

R, II, 2; *S*, *Von den Ringen …*; *Nachrichten*, II, iv.

CELEGORM

Dritter Sohn Feanors, „der Helle" genannt (mit Bezug auf Haut- und Haarfarbe, nicht auf den Verstand). Zusammen mit seinem Bruder Curufin regierte er Himlad und bewachte den Aglon-Paß. Nach ihrer Niederlage in der Dagor Bragollach flohen die Brüder nach Nargothrond, wo sie die Macht an sich zu reißen versuchten, als Finrod mit Beren zur Fahrt nach dem Silmaril aufgebrochen war. Er brachte Lúthien in seine Gewalt und wollte sie zur Ehe zwingen. Aus Nargothrond vertrieben, begaben sich die Brüder zu Maedhros auf dem Berg von Himring. Später überredete Celegorm seine Brüder zu dem Angriff auf Menegroth, bei dem er von Dior erschlagen wurde.

Celegorm war ein großer Jäger; in Valinor hatte er viel von Orome gelernt. Er verstand die Sprachen der Tiere. Ein Geschenk Oromes, das er nach Mittelerde mitgebracht hatte, war der Jagdhund Huan.

Vgl. FEANOR, LÚTHIEN, NARGOTHROND.

S, XIV, XIX, XXII.

CERIN AMROTH

„Amroths Hügel" im Herzen von Lórien. Hier hatte König Amroth (regierte vom Beginn des Dritten Zeitalters bis 1981) sein „Haus": vermutlich ein Flett in den Wipfeln der Mallornbäume, die auf der Hügelkuppe wuchsen. Die Hänge des Hügels waren eine immergrüne, mit Elanor und Niphredil bestandene Wiese. Als die Gefährten dorthin kamen, wurde es Aragorn weh ums Herz. Er pflückte eine Blume und gedachte Arwen Undómiels, mit der er sich vor fast vierzig Jahren an dieser Stelle verlobt hatte. Nach Aragorns Tod kam Arwen nach Lórien, um dort zu sterben. Sie wurde auf dem Cerin Amroth begraben.

Vgl. AMROTH UND NIMRODEL, LÓRIEN (2).

R, II, 6; Anhänge A und B.

Círdan

„Der Schiffbauer", ein alter und weiser Elb, Hüter der Grauen Anfurten, wo er die Schiffe bereithielt, denen erlaubt war, in den Alten Westen zu fahren. In den Erzählungen aus Mittelerde ist Círdan im Hintergrund an vielen Geschehnissen beteiligt, manchmal ohne daß er auch nur erwähnt wird. Frodo begegnete ihm kurz vor der Abfahrt des Schiffes gen Westen; er sah einen sehr großen und sehr alten Mann mit langem Bart, die Augen „scharf wie Sterne". (Bärte waren bei den Elben äußerst ungewöhnlich.) Círdan war tatsächlich eines der ältesten lebenden Wesen; er muß einer der Elben gewesen sein, die am Wasser von Cuiviénen erwachten; niemand war sein Vater. Zu Beginn des Ersten Zeitalters war er der Anführer derjenigen Teleri, die sich auf Osses Anraten dafür entschieden, lieber an den Küsten von Mittelerde als im Schutze der Valar in Aman zu wohnen. Sie ließen sich im Gebiet der Falas nieder (daher *Falathrim*), um die Häfen von Brithombar und Eglarest. Von Osse erlernte Círdan die Kunst des Schiffbaus, und alle drei Zeitalter hindurch blieb er an der Küste. Durch Morgoths siegreiche Heere von den Falas vertrieben, schuf er einen neuen Hafen und eine Zuflucht für alle Flüchtlinge auf der Insel Balar. Zu Beginn des Zweiten Zeitalters zog er mit dem Noldorkönig Gil-galad, der in seiner Obhut aufgewachsen war, nach Lindon und wurde der Herr von Mithlond, den Grauen Anfurten. Círdan hielt sich aus den Streitigkeiten zwischen den Noldor und Sindar heraus. Obwohl unermüdlich tätig und von großem Einfluß, lag ihm wenig an Ruhm und Macht. Er genoß den besonderen Schutz des Wassergotts Ulmo.

Círdan war einer der wenigen, die wußten, wer die Istari waren, die um das Jahr 1000 D. Z. in Mittelerde auftauchten. Er überließ Gandalf den Roten Ring Narya, den ihm Gil-galad vor dem Krieg des Letzten Bündnisses in Obhut gegeben hatte. Als Mitglied des Weißen Rates war er an allen Beschlüssen gegen Sauron beteiligt; aber für ihn war Mittelerde nur „eine Welt, die kalt wird", gleichgültig, wie der Krieg ausgehen mochte. Wann das letzte Schiff, das er bereithielt, in den Alten Westen fuhr, und ob Círdan selbst es bestiegen hat, ist nicht überliefert.

Vgl. Balar, Falas, Mithlond, Vingilot.

S, passim; *R*, II, 2; VI, 9; *Nachrichten*, II, iv.

Cirion

Der zwölfte Herrschende Truchseß von Gondor (2489-2567 D. Z.), rief im Krieg gegen die Balchoth die Éothéod aus dem Norden des Anduin-Tals zu Hilfe und errang gemeinsam mit ihnen den Sieg in der Schlacht auf der Ebene des Celebrant (2510). Zum Dank trat er den Éothéod die Ebene von Calenardhon ab. Am Grabe Elendils auf dem Halifirien schwor er mit Eorl, dem Fürsten der Éothéod, immerwährende Freundschaft und Bündnistreue zwischen beiden Völkern.

Vgl. Eorl, Éothéod, Rohan.

R, Anhang A; *Nachrichten*, III, ii, 3.

Cirith Thoronath

Sindarin für „Adlerspalte": ein Paßweg, dicht unter dem höchsten Gipfel der Echoriath nördlich von Gondolin ins Tal des Sirion. Über diesen Paß führte Tuor die letzten Überlebenden bei der Flucht aus Gondolin. Auf der Paßhöhe, bei Schneegestöber und schneidendem Nordwind kämpfte Fürst Glorfindel mit einem Balrog und stürzte zusammen mit ihm in die Tiefe.

Vgl. Echoriath, Gondolin.

S, XXIII.

Cirith Ungol; im Vordergrund der Eingang zu Kankras Höhlen.
Skizze im Manuskript. *Künstler, 172.*

Cirith Ungol

S. „Spinnen-Paß": ein steiler, mit Treppen in den Fels des Schattengebirges gehauener Weg über die Nordseite des Morgul-Tals. Das letzte Stück vor der Paßhöhe führte durch unterirdische Stollen, in denen sich *Torech Ungol*, das „Spinnennest" oder Kankras Lauer, befand. Es stank ungeheuerlich, und eine Stockfinsternis schien selbst die Erinnerung an Licht auslöschen zu wollen. Nie war Galadriels Phiole nützlicher gewesen als hier. Als Sam mit Gollum und der Spinne fertig war, kam er zu dem Turm von Cirith Ungol, der den Paß und die Morgul-Straße überwachte. Der Turm war nach dem Krieg des Letzten Bündnisses von Gondor erbaut, dann aber von den Nazgûl besetzt worden. Er diente weniger zur Abwehr von Feinden aus dem Westen als zur Sperrung der Grenze für die Bewohner von Mordor. Im Turm lag eine Ork-

1	p	16	zh	31	l	46	e
2	b	17	nj—z	32	lh	47	ē
3	f	18	k	33	ng—nd	48	a
4	v	19	g	34	s—h	49	ā
5	hw	20	kh	35	s—'	50	o
6	m	21	gh	36	z—ŋ	51	ō
7	(mh) mb	22	ŋ—n	37	ng*	52	ö
8	t	23	kw	38	nd—nj	53	n*
9	d	24	gw	39	i (y)	54	h—s
10	th	25	khw	40	y*	55	*
11	dh	26	ghw,w	41	hy*	56	*
12	n—r	27	ngw	42	u	57	ps*
13	ch	28	nw	43	ū	58	ts*
14	j	29	r—j	44	w		+h
15	sh	30	rh—zh	45	ü		&

wache unter dem Befehl von Schagrat. Am Tor standen zwei steinerne Wächter mit Geierköpfen, die keinen Unbefugten einließen. Von Galadriels Phiole wurden sie eingeschüchtert, aber als Sam sie passiert hatte, stießen sie einen durchdringenden Schrei aus. „Jetzt habe ich an der Haustür geklingelt!" dachte Sam. Und aus diesem Turm mußte er Frodo herausholen.
Vgl. MINAS MORGUL, SCHAGRAT, SNAGA; Karte S. 53.
R, IV, 8-10; VI, 1.

CIRTH
Die von Daeron für das Sindarin erfundene Schrift, auch als *Certhas Daeron*, in der modernen Wiedergabe oft als „Runen" bezeichnet. Ihre geraden und eckigen Zeichen eigneten sich besonders für eingekerbte oder eingemeißelte Inschriften; daher wurde sie schon frühzeitig von den Zwergen übernommen. Die Sindar dagegen, soweit überhaupt schreibkundig, benutzten vornehmlich die Tengwar.
Im Dritten Zeitalter war dieses System vor allem in der Form des *Angerthas* („Langrunen") bekannt. (Vgl. die obenstehenden Tafeln.) Darin sind Certar von unterschiedlicher Herkunft vereinigt. Die ältesten (Nr. 1, 2, 5, 6, 8, 9, 12, 18, 19, 22, 29, 31, 35, 36, 39, 42, 46, 50) gehen vermutlich auf Daeron zurück. Die Zeichen 13-17 und 23-28 stammen von den Noldor von Eregion; sie wurden für Laute verwendet, die im Sindarin nicht vorkamen. In seiner älteren Form bezeichnete man dieses System als *Angerthas Daeron*.

Von den Zwergen wurde es weiter ergänzt und modifiziert zum *Angerthas Moria,* mit Rücksicht auf die Erfordernisse des Khuzdul.

Wo in den Tafeln für ein Zeichen oder einen Lautwert zwei Varianten angegeben sind, bezieht sich die linke auf das ältere System, die rechte auf das Angerthas Moria. Die mit einem Sternchen versehenen Lautwerte (und die entsprechenden Certar) wurden nur von den Zwergen gebraucht. Die Lautwerte in Klammern galten nur für die Elben. Die kurzen Striche in 55) und 56) bezeichnen ein kurzes, fast stummes *a.* Mit *w* ist in allen Fällen der englische Halbvokal gemeint; dem deutschen *w* entspricht *v. th, dh, kh* (Nr. 10, 11, 20) waren im Khuzdul „behauchte" Explosivlaute, im Sindarin dagegen Spiranten (wie engl. *th).*

Balins Grabinschrift ist nach dem Angerthas Moria leicht zu entziffern. Sie lautet: BALIN/ FUNDINUL/UZBADKAHZADDÛMU.

Im Buch wird in der gleichen Schrift die englische Übersetzung angegeben: BALINSONOF-FUNDINLORDOFMORIA.

Dagegen ist der khuzdulische Urtext der Bemerkungen auf Thrórs Karte mit Hilfe dieser Tafeln nicht zu erkennen. Die Zwerge vom Erebor gebrauchten eine eigene, vielleicht auch verschlüsselte Abwandlung des Angerthas-Systems, über die nur wenig bekannt ist. (Die Zeichen Nr. 57 und 58 wurden von ihnen hinzugefügt.) Erstaunlicherweise konnte Elrond diese Zeilen mühelos lesen.

Vgl. TENGWAR, KHUZDUL, SINDARIN.

R, II, 4, Anhang E; *H,* 3 (Thrórs Karte).

CIRYATAN

(Tar-Ciryatan, „der Schiffbauer"): Zwölfter König von Númenor, regierte von 1869 bis 2029 Z.Z. Er bereiste den Osten, Norden und Süden, bevor er das Szepter übernahm. Er nötigte seinen Vater Tar-Minastir zu frühzeitiger Abdankung. Unter seiner Herrschaft begannen das Aufbegehren gegen den Bann der Valar und die Tributerhebung in Mittelerde.

Vgl. BANN DER VALAR, NÚMENOR.

S, Akallabêth; *Nachrichten,* II, iii.

CRAM

Ein von den Menschen in Esgaroth gebackener Reisezwieback, die Hauptnahrung Bilbos und der Zwerge während der letzten Wochen ihrer Fahrt zum Erebor („hält sich unendlich lange frisch, schmeckt nach nichts und soll sehr kräftigend sein").

H, 13.

CURUFIN

„Der Geschickte", fünfter Sohn Feanors, von dessen Handfertigkeiten er am meisten geerbt haben soll. Sein Schicksal war etwa das gleiche wie das seines Bruders Celegorm, von dem er unzertrennlich war. Curufin war der klügere von den beiden und ein guter Redner. Den Elben von Nargothrond redete er für lange Zeit eine Art der Buschkriegführung ein, die zwischen Freund und Feind wenig Unterschied machte.

Irgendwelche Werke, in denen Curufin seine Fertigkeiten bewiesen hätte, sind nicht bekannt, doch gab er Feanors Erbe offenbar an seinen Sohn Celebrimbor weiter, den Schöpfer der Elbenringe.

Vgl. CELEBRIMBOR, CELEGORM.

S, XIV, XIX, XXII.

CURUNÍR

Sindarin „Mann der schlauen Pläne": SARUMAN.

ᛀ

DAERON

Galt als größter Sänger des Ersten Zeitalters; Spielmann und Gelehrter am Hofe König Thingols in Menegroth; Erfinder der Cirth oder Runen, die vor allem von den Zwergen aufgenommen wurden. Daeron verehrte und besang Lúthien; er verriet Thingol ihre heimlichen Zusammenkünfte mit Beren. Als Lúthien aus Doriath entflohen war, um Beren auf seiner Fahrt nach dem Silmaril zu helfen, soll Daeron in den Osten von Mittelerde gegangen sein, „wo er an dunklen Wassern viele Alter lang um Lúthien klagte".

Es ist anzunehmen, daß manche Teile des Leithian-Liedes, besonders die Verse, in denen Lúthiens Schönheit gepriesen wird, auf Daeron zurückgehen.
Vgl. CIRTH, LEITHIAN-LIED, LÚTHIEN.
S, X, XIX.

DACOR AGLAREB

S. „die ruhmreiche Schlacht", die dritte in den Kriegen von Beleriand, nach etwa sechzig Sonnenjahren. Ein Orkheer, das von Angband gegen Dorthonion vorstieß, wurde in der Ebene von Ard-galen zwischen Fingolfins und Maedhros' Heeren in die Zange genommen und bis auf den letzten Mann vernichtet. Kleinere Trupps der Orks dran-

gen durch den Sirion-Paß und durch Maglors Lücke nach Süden vor, wurden aber verfolgt und aufgerieben. Nach diesen Kämpfen umgaben die Noldor Angband mit einem Belagerungsring – einem dichten Netz von Festungen und Wachtposten, das fast vierhundert Jahre lang hielt.
Vgl. ARD-GALEN.
S, XIII.

DACOR BRAGOLLACH

S. „die Schlacht des Jähen Feuers", die vierte in den Kriegen von Beleriand, im vierhundertfünfundfünfzigsten Sonnenjahr. Sie begann in einer Winternacht, als sich plötzlich Flammenströme von den Eisenbergen über Ard-galen und Lothlann ergossen und die dort postierten Wachen verbrannten. Dann kamen der Drache Glaurung, die Balrogs und gewaltige Scharen von Orks. Alle Festungen der Noldor und der Edain wurden angegriffen, und nur die an den Hängen der Ered Wethrin und auf dem Himring-Berg konnten mit Mühe behauptet werden. An den Nordhängen von Dorthonion fielen Angrod und Aegnor, ebenso Bregolas, der Fürst des Hauses Beor, und die Orks drangen ins Land ein. Celegorm und Curufin konnten den Aglon-Paß nicht halten. Im Osten brach Glaurung durch Maglors Lücke, stürmte und verwüstete den Norden von Thargelion. Die Festung am Rerirberg wurde eingenommen, Caranthir vertrieben. Zur Verteidigung des Sirion-Passes eilte Finrod mit einem Heer aus Nargothrond herbei, mußte sich aber bald zurückziehen und wurde von Barahirs Männern aus höchster Gefahr gerettet (vgl. BARAHIRS

RING). Tol Sirion wurde von Orodreth noch zwei Jahre lang verteidigt, bis Sauron es einnahm.
Im Frühjahr flauten die Kämpfe etwas ab, aber der Belagerungsring um Angband war gebrochen, und der Krieg hörte nun nicht mehr auf. Den Aglon-Paß konnte Maedhros wieder schließen, aber der Anach- und der Sirion-Paß und Maglors Lücke blieben offen.
Aus Verzweiflung über diese Niederlage ritt Fingolfin allein nach Angband, um Morgoth zum Zweikampf zu fordern.
Vgl. ANGBAND, ARD-GALEN, DORTHONION, FINGOLFIN, NOLDOR.
S. XVIII.

DACOR-NUIN-GILIATH

S. „die Schlacht unter den Sternen", die zweite Schlacht in den Kriegen von Beleriand, etwa zehn Tage vor dem ersten Aufgang des Mondes. Morgoth schickte aus Angband ein Heer über die Pässe der Ered Wethrin, das Feanor und seine Söhne, die eben nach Mittelerde gekommen waren, in ihrem Lager am Nordufer des Sees von Mithrim angriff. Die Noldor siegten, aber bei der Verfolgung der flüchtenden Feinde wurde Feanor von einem Trupp Balrogs tödlich verwundet. Ein von den Falas zurückkehrendes Ork-Heer wurde von Celegorm ins Fenn von Serech getrieben, ehe es in die Kämpfe in Mithrim eingreifen konnte.
Nach den Kämpfen gingen beide Seiten zum Schein auf Friedensverhandlungen ein; dabei geriet Maedhros in Gefangenschaft. Beim Aufgang der Sonne zog auch Fingolfins Schar in Mithrim ein und marschierte unter Hörnerschall und blausilbernen

Bannern ohne Widerstand bis vor die Tore von Angband. Dort allerdings sah Fingolfin, daß die Festung so leicht nicht zu nehmen war. Wegen der Zwistigkeiten zwischen ihren Führern konnten die Noldor ihren Vorteil nicht ausnutzen.
Vgl. Angband, Feanor, Fingolfin, Maedhros, Noldor.
S, XIII.

DAGORLAD
S. „Walstatt": eine kahle, steinige Ebene vor dem Morannon, nördlich des Aschengebirges. Dort hatte das Heer des Letzten Bündnisses über Sauron gesiegt (3334 Z.Z.). In späterer Zeit war die Ebene das Terrain, wo sich die Heere von Gondor gewöhnlich den aus dem Osten andrängenden Völkern entgegenstellten. Zu Füßen des Aschengebirges verlief eine große Straße nach Osten; auf ihr herrschte, als Frodo und Sam einen Weg zum Schicksalsberg suchten, starker Verkehr. Außerdem war die Ebene streng überwacht. Gollum war schon einmal dort erwischt worden; darum zog er den unbequemeren Weg durch die Totensümpfe vor.
Vgl. Gondor, Totensümpfe; Karte S. 53.
R, IV, 2; Anhänge A und B.

DÁIN I.
König der Zwerge von Durins Volk (2440-2589 D. Z.) in den Ered Mithrin, wurde zusammen mit seinem zweiten Sohn Frór an der Tür seines Palastes von einem großen Kaltdrachen erschlagen. Unter seinen Söhnen Grór und Thrór zogen sich die Zwerge aus den Ered Mithrin teils in die Eisenberge und teils zum Erebor zurück.
Vgl. Zwerge.
R, Anhang A iii.

DÁIN II.
Genannt Eisenfuß (2767-3019 D.Z.), Náins Sohn, bewies schon in jungen Jahren sowohl Kriegstüchtigkeit als auch politischen Verstand: In der Schlacht von Azanulbizar erschlug er auf der Schwelle von Moria den Ork-Häuptling Azog und spießte seinen Kopf auf einen Pfahl; dann aber hielt er den hitzköpfigen Thráin davon ab, ins Innere der Minenstadt einzudringen (wo der Balrog wartete).
Als Fürst der Zwerge von den Eisenbergen kam er dem belagerten Thorin Eichenschild am Erebor mit fünfhundert grimmigen Mannen zu Hilfe, verständigte sich aber sofort mit Thranduil und Bard, als es galt, gegen die Orks gemeinsame Sache zu machen. Nach dem Sieg in der Schlacht der fünf Heere (2941) wurde er als Thorins rechtmäßiger Erbe König unter dem Berg. Anders als viele seiner Vorgänger regierte er in gutem Einvernehmen mit den Waldelben und den Menschen. Er wurde märchenhaft reich.
Als Sauron vor dem Ringkrieg die Zwerge vom Erebor auf seine Seite zu ziehen versuchte, gab Dáin seinem Boten hinhaltende Antworten und schickte seinerseits Boten an Elrond. Auf dem Höhepunkte des Krieges leistete er den mit Sauron verbündeten Ostlingen tapferen Widerstand. Er fiel, als er die Leiche König Brands von Thal gegen die Feinde verteidigte.
Vgl. Azanulbizar, Erebor, Schlacht der fünf Heere, Thorin II.
H, 15-19; *R*, Anhang A iii und B.

DENETHOR
Der sechsundzwanzigste und letzte Herrschende Truchseß von Gondor (Denethor II., 2984-3019 D.Z.). Er war etwa gleichaltrig mit Aragorn, aber nach dem frühen Tod seiner Gattin Finduilas von Dol Amroth (einer Schwester des Fürsten Imrahil) vor der Zeit gealtert. Pippin fand, daß er viel eher als Gandalf wie ein großer Zauberer aussah. Er war keiner – aber ein Mann von hellem Verstand, der sich nicht scheute, Saurons bösem Blick im Palantír zu begegnen. Durch den Gebrauch des Palantír erfuhr er vieles, das nicht zu wissen besser gewesen wäre: Sauron, der den Stein kontrollierte, zeigte ihm nur, was geeignet war, ihn zur Verzweiflung zu treiben.
Daß der Ringträger nach Mordor ging, war unbegreiflich für jeden, der den Ratschlüssen der Weisen nicht blind vertraute: Die Erfolgschancen waren allzu gering. Denethor mußte vermuten, daß Gandalf ihn hinters Licht führen wollte. Ging es nicht nur darum, diesem Strauchdieb aus dem Norden, der sich für Isildurs Erben ausgab, auf den Thron von Gondor zu helfen? Und der Tod seines Lieblingssohns Boromir nahm Denethor die letzte Hoffnung, denn der zweite Sohn, Faramir, schien mit dem Zauberer im Bunde zu sein. Wie immer der Krieg enden mochte, für Denethor war er verloren: Nichts würde so bleiben, wie es zeit seines Lebens gewesen war.
Die Verteidigung von Minas Tirith interessierte ihn unter diesen Umständen nicht mehr. Er begab sich zu den Totengrüften und verbrannte sich auf einem Scheiterhaufen. Nur Beregonds Eingreifen verhinderte, daß Faramir mit ihm verbrannte.
Vgl. Gondor, Minas Tirith, Palantíri, Truchsesse.
R, V, 1, 6, 7; Anhang A.

DIMBAR

Das Land zwischen den Flüssen Mindeb und Sirion, südlich der Crissaegrim. Tuor und Voronwe sahen das Land im Winter: grau, neblig, einsame Berghänge, unbewohnt. Zu dieser Zeit, nach der Nirnaeth Arnoediad, versuchten die Grenzwachen von Doriath unter Beleg, das Vordringen der Orks aufzuhalten, die eine Straße über den Anach-Paß legten und durch Dimbar nach Westen strebten.
Vgl. BELERIAND; Karte S. 34.
S, XIV, XXI, XXII; *Nachrichten*, I, i.

DIOR

Genannt *Dior Aranel*, der Schöne, Königliche, später *Eluchíl*, Thingols-Erbe; Berens und Lúthiens Sohn, begleitete Beren nach Sarn Athrad; dann ging er nach Menegroth und versuchte den Glanz des Königreichs von Doriath zu erneuern. Nach Berens und Lúthiens endgültigem Tod überbrachte man ihm das Nauglamír mit dem Silmaril, und bald darauf wurde er von Feanors Söhnen angegriffen. Er tötete Celegorm im Kampf, aber auch er selbst und sein Weib Nimloth (eine Nichte Celeborns) wurden erschlagen, seine kleinen Söhne Eluréd und Elurín im Wald ausgesetzt. Der Rest der Bewohner von Menegroth flüchtete zu den Sirion-Mündungen, unter ihnen seine Tochter Elwing mit dem Silmaril.
Unbekannt ist, ob Dior sich für das Schicksal der Elben oder der Menschen entschieden hatte und ob er wie die anderen Halbelben vor diese Wahl gestellt worden war. Vielleicht starb er, bevor sich die Frage ergeben hatte.
Vgl. BEREN, ELWING, HALBELBEN, LÚTHIEN, MENEGROTH.
S, XX, XXII.

DOL AMROTH

Als Legolas in Minas Tirith dem Fürsten Imrahil von Dol Amroth begegnete, erkannte er ihn als einen, der Elbenblut in den Adern hatte. In Imrahils Familie war überliefert, daß sie von einem Númenórer namens Imrazôr und einer Elbin namens Mithrellas abstammte. Vielleicht war Mithrellas eine der Begleiterinnen der verschollenen Nimrodel. In der Nähe des Hafens, der später in Gedenken an den einst dort ertrunkenen König Amroth von Lórien Dol Amroth genannt wurde, in Belfalas, an der Mündung des Flusses Morthond, gab es einen Elbenhafen (Edhellond) schon seit dem Ende des Ersten Zeitalters. Fürst Imrahil war der Schwager des Truchsessen Denethor von Gondor, und Aragorn übertrug ihm nach dessen Tod die vorläufige Regentschaft über Minas Tirith.
Vgl. AMROTH UND NIMRODEL, BELFALAS.
R, V, 8/9; *Nachrichten*, II, iv.

DOL GULDUR

Sindarin für „Hügel der Magie", Saurons Festung im südlichen Düsterwald, die er seit etwa 1050 D. Z. anlegte. Gandalf versuchte zweimal (2060 und 2850 D. Z.) sich dort einzuschleichen, um herauszufinden, wer der Gebieter war. Beim zweiten Mal hatte er Erfolg. Seinem Bericht ist nur zu entnehmen, daß sich dort Bergwerke befanden, in denen Gefangene Zwangsarbeit verrichteten. (Dort traf er den Zwerg Thráin, der ihm die Karte von Erebor gab.) Als der Weiße Rat 2541 D. Z. gegen Dol Guldur vorging, zog sich Sauron aus der Festung zurück und ging nach Mordor. Aber inzwischen hatten seine Kreaturen den ganzen südlichen Teil des Waldes durchdrungen und waren nicht zu vertreiben. Nach wenigen Jahren ließ Sauron die Festung durch einige seiner Ringgeister unter Führung von Khamûl von neuem besetzen. Seine Kriege im Norden gegen Lórien, Thal, Erebor und die Waldelben wurden von hier aus geführt.
Nach Saurons Niederlage wurde Dol Guldur geschleift und von Galadriel gründlich enthext.
Der Berg, auf (und unter) dem Dol Guldur errichtet wurde, hieß im Sindarin *Amon Lanc*, „der kahle Berg".
Vgl. DÜSTERWALD, SAURON; Karte S. 143; 158.
H, 1; *R*, II, 2; Anhänge A und B; *S*, Von den Ringen…; *Nachrichten*, III, iv, 1.

DOR-LÓMIN

Das „Echoland" im Süden von Hithlum; zwischen den Ered Lómin, den Ered Wethrin und den Bergen von Mithrim, nach Norden etwa bis zum Fjord von Drengist reichend. Als die Noldor nach ihrer Rückkehr Mittelerde unter sich aufteilten, fiel Dor-lómin zum Reich Fingolfins und Fingons; Fingolfin gab es dann den Menschen aus dem Haus Hador zu Lehen. Die Fürsten von Dor-lómin galten als die reichsten und mächtigsten Menschen von Mittelerde. In den Kriegen von Beleriand verteidigten sie die Osthänge der Ered Wethrin, besonders die Festung Eithel Sirion. Dort fielen Hador und später auch sein Sohn Galdor. Der dritte Fürst von Dor-lómin war Húrin. Fast alle waffenfähigen Männer seines Volkes fielen in der Nirnaeth Arnoediad, als sie den Rückzug Turgons nach Gondolin deckten. Nach dieser Schlacht überließ Morgoth das Land den Ostlingen, und die Hinterbliebenen von Hadors Volk flüchteten oder wurden versklavt.

Vgl. HADOR, HITHLUM, HÚRIN, NIRNAETH ARNOEDIAD; Karte S. 34.

S, XVII, XVIII, XX.

DORIATH

Das große Sindar-Königreich im Herzen von Beleriand, von Thingol und Melian schon vor Melkors Rückkehr nach Mittelerde gegründet und viele hundert Jahre lang regiert; ihr Palast war die Höhlenfestung Menegroth. Der Name Doriath bedeutete „Land des Zauns": Melian hatte nach dem ersten Krieg von Beleriand das ganze Gebiet, das vorher *Eglador* geheißen hatte („Land des verlassenen Volkes"), mit einem Banngürtel umgeben. Wer ohne Erlaubnis des Herrscherpaares einzudringen versuchte, verirrte sich, bis er weder mehr vor noch zurück wußte und verhungerte. (Wer dagegen mit Erlaubnis hineingekommen war, fand ohne Mühe auch wieder hinaus.) Menschen durften Doriath nicht betreten und erst nach Berens Vermählung mit der Königstochter Lúthien wurden einige Ausnahmen zugelassen.

Die Sindar von Doriath lebten zumeist verstreut in den beiden großen Wäldern, die fast das ganze Land bedeckten: *Neldoreth,* ein lichter Buchenwald, der nach Westen bis zu den Ufern des Mindeb und des Sirion reichte, und *Region,* ein größerer und dichterer Stecheichenwald, der im Osten und Süden vom Fluß Aros umgrenzt wurde. Beide trennte der Esgalduin, an dessen Südufer Menegroth lag.

Nur im Süden reichte der Grenzgürtel ein wenig über den Sirion hinaus: Auf dem Westufer oberhalb der Dämmerseen schloß er den Eichenwald von *Nivrim* (Westmark) mit ein. Zu Thingols Machtbereich gehörten auch Gebiete außerhalb des Grenzgürtels: Brethil, Dimbar, Dor Dínen, Arthórien und Nan Elmoth. Wer sich dort niederlassen wollte, mußte seine Erlaubnis einholen, die an die Entrichtung eines Tributs oder an andere Bedingungen geknüpft wurde.

Hinter seinem Banngürtel hielt sich Doriath aus den Kriegen von Beleriand heraus. Nur zu dem Reich von Nargothrond und zu den Falas bestanden freundschaftliche, wenn auch spärliche Beziehungen. Lebhaft war dagegen der Verkehr mit den Naugrim von Nogrod und Belegost, denen die Sindar die meisten Fertigkeiten in der Stein- und Metallbearbeitung verdankten. Erst als Beren einen Silmaril als Brautpreis für Lúthien ins Land brachte (wofür ihn viele Sindar bei aller Bewunderung für seine Tat verfluchten), wurde der Friede gestört. Im Streit mit den Zwergen um das Nauglamír wurde Thingol erschlagen: Melian kehrte nach Valinor zurück, und ihr Banngürtel wurde aufgehoben. Eine Zeitlang regierte Berens Sohn Dior, aber das Land lag nun seinen Feinden offen, und der Silmaril forderte Feanors Söhne zum Angriff heraus. Es kam zu einem großen Gemetzel in Menegroth. Dior, seine Gattin Nimloth und seine beiden Söhne Eluréd und Elurín wurden getötet; und nur ein kleiner Rest der Sindar, unter ihnen Diors Tochter Elwing mit dem Silmaril, entkamen und erreichten die

Sirion-Mündungen. Dort vereinigten sie sich mit den Flüchtlingen aus Nargothrond und Gondolin.

Über die Grenzen von Doriath hinaus berühmt war Daeron, ein großer Sänger und Gelehrter, Erfinder der Runenschrift Cirth.

Vgl. DIOR, ESGALDUIN, MELIAN, MENEGROTH, SINDAR, THINGOL; Karte S. 34.

S, passim, besonders X, XXII; *R,* Anhang E.

Ein Baum aus Taur-nu-Fuin (Dorthonion). Bleistift und schwarze Tinte.
Künstler, 129.

DORTHONION

S. „Land der Kiefern": die unfruchtbare, wenig besiedelte Hochebene südlich von Ard-galen, auf allen Seiten von Bergketten umgeben. Dorthonion gehörte zum Reich Finrod Felagunds, der es von seinen Brüdern Angrod und Aegnor regieren ließ. Sie bewachten die flachen Nordhänge. Zu ihrer Verstärkung holte Finrod die Menschen von Beors Volk ins Land. In der Dagor Bragollach wurde Dorthonion von Morgoths Heeren erobert und verwüstet; die meisten Überlebenden retteten sich nach Dor-lómin. Nur dreizehn Männer führten im Osten des Landes, einer unwirtlichen Gegend mit Heide und Bergseen, noch einige Jahre lang einen Bandenkrieg. Ihre Namen wurden einer nach dem anderen in den alten Heldenliedern besungen: Baragund und Belegund, Radhruin und Dairuin, Dagnir und Ragnor, Gildor und Gorlim, Arthad, Urthel und Hathaldir. Der Anführer war Barahir, und sein Sohn Beren war der einzige, der lebend davonkam.

Bald wurde Dorthonion in *Taurnu-Fuin* oder *Deldúwath* umbenannt („Wald unter dem Schrecken des Nachtschattens"). Sauron, der eine Weile dort hauste, erst als Morgoths Heerführer, dann, nach seiner Demütigung durch Lúthien, in Gestalt eines großen Vampirs, erfüllte die Landschaft mit allerlei perversen Formen tierischen und pflanzlichen Lebens. Selbst die Orks, für die eine Straße über den Anach-Paß nach Beleriand gelegt wurde, hielten sich in der Gegend nicht länger auf als nötig. Als Gwindor nach seiner Flucht aus Angband das Land durchquerte, verirrte er sich in labyrinthischen Wäldern aus toten und verkrüppelten Bäumen. Vgl. AELUIN-SEE, BEOR, BEREN, DAGOR BRAGOLLACH, GORLIM, GWINDOR; Karte S. 34.
S, XVIII, XIX, XXI.

DRACHEN

Als der Vala Melkor durch die Äußere Leere schweifte, lange vor der Erschaffung von Arda, mag er von einem reinen, schlichten Märchendrachen geträumt haben, den er einst in die Welt setzen wollte; aber als er daran ging, seine Idee zu verwirklichen, mußte er sich bescheidenere Ziele stecken. Lebendige Wesen konnte er nicht von eigener Hand neu erschaffen, wohl aber konnte er, ob

nun durch Zauber oder Züchtung, aus der vorhandenen biologischen Substanz überraschende Kombinationen und Mutationen hervorbringen. Die Drachen waren sein Meisterwerk. Der militärische oder terroristische Zweck, dem sie dienten, kann nicht sein einziges leitendes Interesse gewesen sein, denn in dieser Hinsicht waren sie unvollkommen. Es muß auch eine ästhetische Absicht mitbeteiligt gewesen sein: zu demonstrieren, wie er die Schönheit der Welt durch den Schrecken bereichern könnte, wenn die phantasielosen Herren von Valinor ihn nur gewähren ließen.

Hringboga heorte gefysed: Der Drache des Beowulf.
Künstler, 48.

Das Feuer der Drachen, das aus einem magisch pervertierten Verdauungsprozeß hervorging und durch Nüstern und Rachen ausgestoßen wurde, war von großer zerstörerischer Gewalt. Allerdings konnte der Drache nur eine gewisse Zeitlang Feuer schnauben; danach war er ziemlich erschöpft. Auch seine anderen Körperausscheidungen konnten ihm manche Feinde vom Leibe halten, denn sie waren giftig, zumindest aber stark

Drache und Krieger.
Künstler, 49.

übelriechend. Die beiden uns näher bekannten Exemplare, Glaurung und Smaug, waren intelligente Geschöpfe, boshaft, eitel und eigensinnig, den Dunklen Herrschern nicht bedingungslos ergeben. (Sauron hatte später an den Drachen wenig Freude, denn ihrem Feuer hielten auch seine Zauberringe nicht stand.) Sie beherrschten die jeweils gebräuchliche Verkehrssprache und zeigten sich über die Angelegenheiten der Zwerge, Menschen und Elben gut unterrichtet. Alle Drachen waren begierig nach Gold und Edelsteinen. Obwohl sie gelegentlich kleinere Mengen Gold verzehrten, ging es ihnen nicht um den reinen Materialwert: Sie schätzten kunstvolle Juwelierarbeiten, freilich nur, um sie alle auf einen Haufen zu werfen und sich draufzulegen. Die Annahme, daß ein Schmuckstück aus einem Drachenhort stamme, steigerte seinen Wert; daher ist nicht auszuschließen, daß manche Drachenlegenden von zwergischen Juwelenhändlern erfunden worden sind.

Die im Ersten Zeitalter bekannte Drachenart war die der *Urulóki* (Quenya „Feuerschlangen"): der äußeren Erscheinung nach Riesenechsen, die nur kriechen, aber nicht fliegen konnten. Ihr Stammvater war Glaurung. Bei der Züchtung der Flügeldrachen entstanden zwei unterschiedliche Prototypen: Die

51

Drachen:
Entwürfe für den Einband des Hobbit.
Künstler, 140.

Kaltdrachen, die vermutlich aus Experimenten mit gefangenen Riesenadlern hervorgingen und vorzüglich fliegen konnten, aber kein Feuer hatten; und die *geflügelten Feuerdrachen* von der Art Smaugs, der wie eine riesige Fledermaus aussah. Von beiden Arten überdauerten einige Exemplare den Einsturz der Thangorodrim. Sie lebten in den späteren Zeitaltern in der Nördlichen Öde und in der Gegend um das Graue Gebirge, wo die Schatzkammern der Zwerge sie anlockten.

Am Ende des Ersten Zeitalters schickte Morgoth gleich die ganze neue Zucht seiner Flügeldrachen in die Große Schlacht über den Thangorodrim, mit Ancalagon dem Schwarzen an der Spitze. Aber alle guten Drachen sind Einzelgänger, und im Geschwader richten sie nichts aus. Es gab ein Getümmel in den Wolken; Earendil zog herauf, flankiert von Thorondors Adlern, und das Heer der Valar

errang einen wenig rühmlichen Sieg.

Vgl. Drachentöter, Glaurung, Magie, Melkor, Smaug.

S, XIII, XVIII, XXI, XXIV; *R,* Anhänge A und B; *H,* 12; *HME 10,* II (137f.); Beowulf, 36.

Drachenhelm von Dor-lómin (Auch *Hadors Helm* genannt): Ein Helm aus grauem Stahl, goldverziert, mit dem vergoldeten Spottbild eines Drachenkopfes am Helmkamm; das Visier trug eine der schreckenerregenden Masken, die bei den Zwergen des Ersten Zeitalters zur Rüstung gehörten. Eingravierte Siegesrunen gewährten Schutz vor feindlichen Schwertern und Pfeilen. Das kostbare Stück bereitete seinen ersten Besitzern eine komische Verlegenheit: Es war zu schwer. Telchar hatte den Helm für den Fürsten Azaghâl von Belegost geschmiedet; Azaghâl schenkte ihn Maedhros, und Maedhros schenkte ihn Fingon. Aber erst bei Hador, dem Fürsten von Dor-lómin, kam der Helm zur Ruhe. Er und sein Sohn Galdor hatten den Stiernacken, der den Helm zu tragen vermochte. Hador hatte den Helm gerade abgelegt, als ihn bei der Verteidigung von Eithel Sirion der tödliche Pfeil ins Auge traf. Húrin trug den Helm nicht, weil er den Feinden lieber sein wahres Gesicht zeigen wollte. Seine Gattin Morwen ließ das Erbstück nach Doriath bringen, wo es in Thingols Rüstkammern für Túrin verwahrt wurde. In den Kämpfen an den Nordmarken von Doriath verschaffte Túrin dem Helm unter den Orks neuen Respekt. Später, als Kriegshauptmann in Nargothrond, trug er ihn nicht mehr, entweder weil er ihn verloren hatte oder weil

er nicht daran erkannt werden wollte.

Vgl. Hador, Túrin, Zwergenrüstung.

S, XXI; *Nachrichten,* I, ii.

Drachentöter
Obwohl die Elben die besten Bogenschützen waren und die Zwerge die Techniken der Drachenbekämpfung von Kindesbeinen an übten, waren die berühmten Drachentöter von Mittelerde sämtlich Menschen: Túrin, Bard und Fram. Elben und Zwerge bekämpften die Drachen mit Gruppentaktiken, was bei unreifen und noch nicht voll gepanzerten Exemplaren manchmal etwas nützte; aber den großen alten und abgefeimten Drachen konnte nur ein vom Schicksal bestimmter menschlicher Einzelkämpfer mit einer traditionsgestärkten Waffe beikommen. Túrin und Bard waren beide von finsterer, humorloser Gemütsart, dem Drachen durch einen teils persönlichen, teils in ihrem Sippenschicksal begründeten Haß innig verbunden. Dies war die echte Drachentöter-Mentalität. Die Elben waren nicht grimmig genug; und schon der Gestank des Drachen konnte sie in die Flucht schlagen. Die Zwerge dachten zuviel an den Drachenhort, der den echten Helden nur beiläufig interessierte. Dagegen war für Menschen, bei der Kürze ihres Lebens, der Ruhm ein wichtiger Anreiz: das Fortleben seines Namens in den Liedern, in denen die Furchtbarkeit des Ungeheuers ebenso liebevoll besungen wurde wie die Kühnheit seines Überwinders.

Vgl. Bard, Drachen, Fram, Narn i Hîn Húrin, Túrin.

H, 12, 14; *S,* XXI, XXIV; *Nachrichten,* I, ii.

52

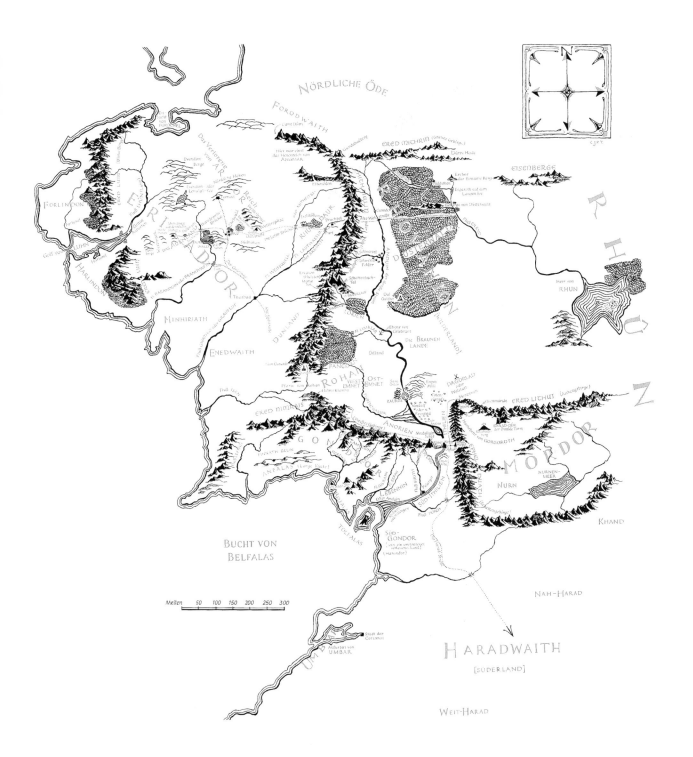

DRAUGLUIN

Fürst und Stammvater der Werwölfe von Angband, „ein furchtbares Geschöpf, altgeworden im Unheil" (dennoch von eher hündischem Charakter, denn er starb zu Füßen seines Herrn Sauron). Huan tötete ihn auf der Brücke von Tol-in-Gaurhoth; später zog er ihm das Fell ab, in das Beren sich dann kleidete, um in Angband nicht aufzufallen. Von Draugluins Stammbaum war Carcharoth. Draugluins Fell muß bei Mondschein einen blauschwarzen Schatten geworfen haben, denn sein Name bedeutet im Sindarin „Blauwolf".
Vgl. WÖLFE.
S, XIX.

DREI ZEITALTER

Die Erzählungen aus Mittelerde umspannen viele Jahrtausende, und einige wenige Personen, die zumeist im Hintergrund bleiben, überblicken das Ganze (Círdan, Elrond, Galadriel). Was wir davon erfahren, ist teils Sage, teils Abenteuerroman, teils Geschichtsschreibung, aber immer durchzogen von lebendiger Erinnerung. Solche Erinnerungsmassen, wie sie den langlebigen Elben zuwachsen, wären unerträglich; sie würden die Gegenwart überfluten, wenn keine Schwellen gelegt würden, die sie fernhalten. Die Unwiederbringlichkeit des Vergangenen versteht sich nicht von selbst. Der Blick der Elben bleibt auf das Entschwundene gerichtet, zu dem es kein Zurück gibt: das Licht der Zwei Bäume, das sternbeschienene Beleriand, Valinor, das einst in der sichtbaren Welt lag. Dagegen sind die Menschen und Hobbits ganz mit den Dingen ihres kurzen Lebens beschäftigt.

Auf der historiographischen Ebene werden die Jahre numeriert und in Perioden abgeteilt, die in den großen Katastrophen und Entscheidungsschlachten ihre Anhaltspunkte finden. Das *Erste Zeitalter* reicht ins Unvordenkliche zurück; doch das Bewußtsein, daß die Zeit ein knappes Gut ist, das man sorgsam abmessen muß, entsteht erst mit dem Aufgang der neuen Himmelskörper Sonne und Mond: etwa zur gleichen Zeit, als die Noldor nach Mittelerde zurückkehrten. Von da an werden die Sonnenjahre gezählt. Erst die Menschen verwendeten darauf viel Aufmerksamkeit; daher sind die Angaben von Jahreszahlen zu den Ereignissen des Ersten Zeitalters spärlich und ungenau. Von Fingolfins Einzug in Hithlum bis zum Untergang Beleriands, dem Ende des Ersten Zeitalters, müssen ungefähr sechshundert Jahre vergangen sein.
Das *Zweite Zeitalter* ist das Zeitalter Númenors, in Mittelerde jedoch auch die *Dunklen Jahre* genannt, denn dort herrschte Sauron lange Zeit beinahe unumschränkt. Als das Jahr 1 Z.Z. gilt das Gründungsjahr des Elbenhafens von Mithlond. Das Zeitalter endet 3441, mit der Niederwerfung Saurons und dem Tod Gil-galads und Elendils. Die Annalen der Könige von Númenor sind genau und detailliert; die Datierung der Ereignisse in Mittelerde ist gröber. Das *Dritte Zeitalter* (D. Z.) ist bestimmt von dem Kampf der Dúnedain-Königreiche von Arnor und Gondor mit dem wieder erstarkenden Sauron, gipfelnd und endend in dem Ringkrieg und der Vernichtung von Barad-dûr am 25. März des Jahres 3019. Dieser Tag jedenfalls

galt als erster Tag des *Vierten Zeitalters*, doch hielten manche Elronds Fortgang aus Mittelerde, zwei Jahre später, für das bedeutsamere Datum. Mehr und mehr waren die Elben zu einem Volk geworden, das im Verborgenen lebte, und ihre letzten Reservate entvölkerten sich. Das Vierte Zeitalter wurde ein Zeitalter der Menschen.
Die Hobbits zählten die Jahre auf ihre eigene Weise.
Vgl. TRUCHSESSEN-KALENDER, AUENLAND-ZEITRECHNUNG.
R, Prolog; Anhang B; *Nachrichten*, II, iii.

DRÚADAN-WALD

„Der Wald des Drû-Menschen", Sindarin *Tawar-in-Drúedain*, an den Nordhängen des Weißen Gebirges zwischen den Leuchtfeuerbergen Amon Dîn und Nardol. Dort (und in Drúwaith Iaur) lebten die letzten Überreste des alten Volks der Drúedain. Durch den Wald zog sich das Steinkarrental, mit einer alten Straße von Minas Tirith zu den Steinbrüchen im Gebirge. Auf diesem Weg führte Ghân-buri-Ghân die Rohirrim bis dicht an den Pelennor. Nach dem Ringkrieg gab König Elessar den Wald Ghân-buri-Ghân und seinem Volk zu eigen.
Vgl. DRÚEDAIN.
R, V, 5; VI, 6; *Nachrichten*, IV, i.

DRÚEDAIN

Die Gewißheit, daß sie keine Orks waren, gab erst ihr herzliches, jedermann ansteckendes Lachen. Im übrigen sahen sie nicht gut aus: kaum über vier Fuß groß, aber sehr stark und von ungeschlachtem Körperbau, mit vollen Gesichtern, platten Nasen, pechschwarzen Augen und breiten Mündern. Ihr Ruf bei den Nachbarvölkern

54

war nicht der beste: Es hieß, sie verstünden sich auf allerlei finstere Zaubereien und schössen aus dem Hinterhalt mit Giftpfeilen. Von den Rohirrim wurden sie als „Wilde" *(Wasa)* bezeichnet und bisweilen gejagt wie die Tiere.

Dies waren die *Drûg* oder *Drûchu*, wie sie sich selbst nannten, was ins Sindarin als *Drû* übernommen wurde (Plural *Drúath* oder *Drúin*). Weil die Tatsache, daß sie Menschen *(Edain)* waren, gelegentlich vergessen wurde, legten ihre Freunde Wert darauf, sie als *Drúedain* zu bezeichnen. Schon im Ersten Zeitalter waren sie über den Anduin nach Westen gewandert und hatten sich im Weißen Gebirge niedergelassen. Ein Teil von ihnen zog weiter nach Beleriand und schloß sich den Haladin in Brethil an (mit denen sie nicht verwandt waren). Doch blieben sie immer ein Volk für sich. Sie behielten ihre eigene, fremdartige Sprache und zeigten kein Interesse, die Kunst des Schreibens zu lernen. Sie mißtrauten steinernen Häusern und allen, die darin wohnten; und es dauerte lange, bis sie ihre Werkzeuge aus Feuerstein gegen solche aus Metall vertauschten. Dabei waren sie sehr geschickt im Verfertigen von Holz- und Steinfiguren, die entweder von großer Lebensähnlichkeit oder aber seltsam und furchterregend sein konnten. Solche Figuren, die „Puckelmänner", die wahrscheinlich zur Abschreckung von Feinden dienten, sah Merry an der Straße nach Dunharg. Die Drúedain selbst konnten tagelang regungslos dasitzen und waren dann von ihren Steinfiguren kaum zu unterscheiden. Im Lauf des Zweiten Zeitalters waren sie von den anderen Menschenvölkern in Gondor aus den Gebirgstälern vertrieben worden. Während des Ringkrieges lebten nur noch wenige kleine Sippen in schwer zugänglichen Gebieten wie dem Drúadan-Wald und Drúwaith Iaur. Dort waren sie vor allen Feinden sicher, denn sie waren große Waldläufer, konnten Fährten mit der Nase verfolgen wie Jagdhunde und kannten die Eigenschaften aller Pflanzen und Kräuter. Außerdem schienen sie manche prophetischen Einsichten zu haben.

Morgoth und Sauron hatten sie nie gedient, und die Orks haßten sie mit solchem Ingrimm, daß manche der Weisen eine Urfehde zwischen Völkern vermuteten, die einst verwandt gewesen sein müßten.

Vgl. Dunharg, Drúadan-Wald, Ghân-buri-Ghân, Orks.

R, V, 5; *Nachrichten,* IV, i.

Drúwaith Iaur

„Die alte Wildnis des Drû-Volkes": das Land zwischen Isen und Lefnui, der südwestliche Zipfel von Mittelerde, auslaufend in das Kap von *Andrast* („langes Kap"). Dieses Land wurde von Gondor nie in Besitz genommen. Dort sollen noch einige Reste der Wasa oder „Wilden Menschen" überlebt haben; daher auch *Alte Puckel-Wildnis* oder *Altes Puckelland* genannt.

Vgl. Drúedain; Karte S. 53.

Nachrichten, IV, i.

Düsterwald

Das größte noch verbliebene Waldgebiet von Mittelerde, östlich des oberen Anduin, südlich des Grauen Gebirges. Ursprünglich *Grünwald der Große* (S. *Eryn Galen*) genannt, war er der Lebensraum der Waldelben; nach dem ersten Jahrtausend des Dritten Zeitalters legte sich ein „Schatten" auf ihn. Er ging von Sauron aus, der sich im Süden des Waldes die Festung Dol Guldur eingerichtet hatte. Dunkles Getier aller Art breitete sich aus: Riesenspinnen, schwarze Fledermäuse und auch schwarze Eichhörnchen. Die Bäume kämpften miteinander um Licht, und dunkle Tannen verdrängten die Eichen und Buchen. Die Waldelben unter ihrem König Thranduil zogen sich in ein befestigtes Gebiet im Nordosten zurück; andere gingen über den Anduin nach Lórien. Im Nordosten reichte der Wald in früherer Zeit bis an die Hänge des Einsamen Berges; doch nach der Ankunft der Zwerge von Moria wurde hier viel Holz geschlagen, und später sorgte der Drache Smaug dafür, daß nichts nachwuchs.

Die Alte Waldstraße, die als Verlängerung der Großen Oststraße den Wald durchquerte, verfiel in dieser Zeit. Bilbo und seine Gefährten folgten daher auf ihrer Wanderung zum Erebor einem Elbenpfad weiter im Norden. Auch hier war der Wald düster genug: „Die Bäume waren von Efeu erdrosselt und flechtenbehangen, schon viel zu alt, um mehr als einige schwarz verfärbte Blätter zu tragen … Alle Bäume schienen sich überzulehnen und zu lauschen."

Während des Ringkriegs wurde Thranduils Reich im Norden angegriffen, und im Süden war das Aufmarschgebiet der Feinde gegen Lórien. Nachdem die Angreifer besiegt waren, trafen Thranduil und Celeborn in der Mitte des Waldes zusammen und gaben ihm den Namen *Eryn Lasgalen,* „Wald der grünen Blätter". Der Nordteil wurde dem Volk Thranduils zuge-

sprochen, der Süden fiel an Ló-rien und die Mitte an die Beor-ninger und die Waldmenschen.
Im Sindarin hieß „Düsterwald" (manchmal auch mit „Nacht-wald" wiedergegeben) *Taur-nu-Fuin*, „der Wald unter dem Nachtschatten" (ebenso wie Dorthonion am Ende des Ersten Zeitalters), oder *Taur-e-Ndaede-los*, „Wald der großen Furcht".
Die mit Tannen bewaldeten Ber-ge im Nordosten des Waldes hießen zuerst *Emyn Duir*, „Dunkle Berge", später *Emyn-nu-Fuin*, „Nachtschattenberge" oder „Düsterwaldberge".
Vgl. Dol Guldur, Rhovanion, Thranduil, Waldelben; Karte S. 158.
R, II, 6; Anhang B; *H*, 8; *Nachrichten*, III, i; *S*, Von den Ringen...

Dúnedain
Sindarin für „Westmenschen", Singular: *Dúnadan*, Bezeich-nung der Númenórer, im Drit-ten Zeitalter auch für ihre Nach-kommen, z.B. Aragorn und sei-ne Waldläufer, die Dúnedain des Nordens.
Vgl. Edain.

Dunharg
Eine Festung der Rohirrim, we-nige Meilen südwestlich von Edoras, auf einer Bergwiese, dem Firienfeld, zwischen den Steilhängen des Starkhorn, des

Dunharg.
Farbstiftzeichnung zu einer frühen, später veränderten Fassung des Herrn der Ringe, V, 3.
Pictures, 29.

Irensaga und des Dwimorberges gelegen. Den einzigen Zugang von Norden bildete eine steile, schmale Serpentinenstraße, die sich aus dem Hargtal an einem Felsen hinaufzog. Diese von oben leicht zu kontrollierende Straße, die im frühen Zweiten Zeitalter von den Drúedain in den Felsen gehauen worden war, machte jede weitere Befestigung unnötig. Auf der Wiese, wo Théoden und sein Gefolge die Nacht vom 9. auf den 10. März verbrachten, mußten Zelte aufgeschlagen werden, denn es gab dort keinerlei Bauten. An den Kehren der Straße sah Merry die Pukkelmänner: „große Steine, die in Gestalt von Menschen gehauen waren, riesig und grobgliedrig, mit gekreuzten Beinen kauernd, die stämmigen Arme über fetten Bäuchen zusammengelegt. Einige hatten im Laufe der Jahre alle Gesichtszüge verloren, bis auf die dunklen Augenhöhlen, die den Vorübergehenden immer noch traurig anstarrten."
Über das Firienfeld führte die Straße weiter nach Osten bis an das Dunkle Tor unter dem Dwimorberg, den Eingang zu den Pfaden der Toten. Der Tunnel dort gehörte zu einem weiter verzweigten Höhlensystem, das von den Rohirrim seit Baldor niemand mehr betreten hatte.
Vgl. Drúedain, Edoras, Ghân-buri-Ghân, Pfade der Toten, Weisses Gebirge; Karte S. 60.
R, V, 2, 3; *HME 8, The War of the Rings* (238ff.)

DUNKELELBEN

(Q. *Moriquendi*), alle Elben, die nie das Licht der Zwei Bäume von Valinor erblickt hatten: Dazu gehörten eigentlich auch die Sindar und diejenigen Noldor, die erst nach der Rückkehr aus Aman in Mittelerde geboren waren. Der Begriff wurde aber fast ausschließlich von den Noldor in Mittelerde gebraucht, manchmal als summarische Beschimpfung für alle, die nicht zum eigenen Volk gehörten, manchmal nur als Bezeichnung für die Nandor und Avari. Der Status der Sindar konnte taktvollerweise offen gelassen werden, denn Thingol und Melian, ihr Königspaar, waren immerhin in Valinor gewesen. Der Ausdruck schloß in jedem Fall eine Verdächtigung ein: daß eine Verwandtschaft mit den Avari (und mit wer weiß wem noch) nicht auszuschließen sei. Vgl. AVARI, ELBEN.
S, III, X, XIII, XVI.

DUNKLE JAHRE

Das Zweite Zeitalter; vgl. DREI ZEITALTER.

DUNLÄNDER

So nannten die Rohirrim die Bewohner von *Dunland* (altenglisch „Hügelland"), dem leicht bewaldeten südwestlichen Vorland des Nebelgebirges. Die Selbstbezeichnung der Dunländer ist nicht überliefert, lautete aber mit Sicherheit anders. Denn „Dunländer" war ein Schimpfname, mit dem die Rohirrim die früheren Bewohner des westlichen Teils von Calenardhon verhöhnten, die sie aus den Gebieten östlich des Isen vertrieben hatten. Dunländer waren sie nur insofern, als sie in diesem Land vorläufig Zuflucht gefunden hatten. Im übrigen blieben sie darauf bedacht, ihre früheren Wohngebiete zurückzuerobern oder sich wenigstens an den Räubern ihres Landes durch Raubzüge zu rächen.
Da sie kein sehr zahlreiches Volk waren, mußten sie die Gelegenheiten abwarten, bei denen Rohan zugleich von anderer Seite angegriffen wurde. Jeder Verbündete war ihnen recht, sogar die Orks, mit denen sie jedoch weder verwandt noch befreundet waren. Sie stammten von dem alten Menschenvolk ab, das die Númenórer aus Enedwaith und Minhiriath vertrieben hatten, als sie die Wälder beiderseits der Grauflut abzuholzen begannen. Zur Zeit des Ringkrieges waren sie ein Jäger- und Hirtenvolk, eigensinnig und kaum berührt von der Zivilisation der Dúnedain-Königreiche, von großem, kräftigen Körperbau, aber ein wenig gelbhäutig und dunkelhaarig, weshalb die Angehörigen der edleren Rassen auf sie herabsahen. Die Menschen im Breeland und in den südlichen Tälern des Weißen Gebirges waren mit ihnen verwandt. Das Westron war ihnen halbwegs geläufig, doch hielten sie daneben an ihrer alten Sprache fest, die den Rohirrim unverständlich war.
Bei ihren Angriffen auf Rohan kamen die Dunländer meistens über die Furten des Isen ins Land, manchmal aber auch über die Festung Angrenost: Die kleine gondorische Besatzung dort hatte sich mit den Dunländern vermischt und gewährte ihnen Durchlaß und heimliche Unterstützung. Dem Sieg nahe waren sie im Jahre 2758 D. Z. Sie schlossen König Helm Hammerhand in der Hornburg ein und eroberten Edoras; ihr Anführer Wulf rief sich zum König aus, aber im Jahr darauf wurde er von Helms Neffen Fréaláf besiegt und erschlagen.
Im Krieg zwischen Isengart und Rohan hatte Saruman nicht viel Mühe, die Dunländer auf seine Seite zu bringen. Sie erwiesen

sich als tapfere Kämpfer, doch waren sie den Rohirrim an Bewaffnung und Disziplin unterlegen. Durch die Niederlage der Dunländer in der Schlacht bei der Hornburg wurde das Verhältnis zwischen den beiden Völkern nicht besser.

Vgl. Enedwaith, Freca, Helm Hammerhand, Hornburg, Isen, Isengart, Rohan; Karte S. 53.

R, III, 7; Anhang A II; *Nachrichten*, II, Anhang D; III, v.

Durin

Der sagenhafte älteste der Sieben Väter der Zwerge, auch Durin der Unsterbliche genannt, weil er in seinen Söhnen wiedergeboren sein soll. (Vermutlich sind mehrere Könige dieses Namens in der Überlieferung zu einer einzigen Gestalt geworden.) Er kam in frühester Zeit nach Azanulbizar und nahm seinen Wohnsitz in den Höhlen über dem Kheled-zâram; dort entstand im Laufe des Ersten Zeitalters die große Minenstadt Khazad-dûm (Moria).

Als *Durins Wahrzeichen* galt eine Krone von sieben Sternen, die er zum erstenmal auf der Wasserfläche des Spiegelsees erblickte (vermutlich identisch mit der Valacirca der Elben). *Durins Stein* heißt eine am Ufer des Sees zum Gedenken an diesen Augenblick errichtete Säule. Als *Durins Volk* werden seine Nachkommen, später wohl auch verallgemeinernd alle Zwerge von Moria bezeichnet, nach ihrer Vertreibung durch den Balrog auch die vom Erebor und von den Eisenbergen.

Vgl. Moria, Zwerge.

R, II, 4-6, Anhang A.

Durin III.

König der Zwerge von Moria im Zweiten Zeitalter, erhielt einen von Saurons sieben Ringen. Vielleicht glaubte er, der Ring stamme von den Elbenschmieden aus Eregion (ca. 1600 Z.Z.).

R, Anhang A III; *Nachrichten*, II, iv.

Durin VI.

König der Zwerge von Moria im Dritten Zeitalter (1731-1980). Zu seiner Zeit stießen die Zwerge auf der Suche nach dem Mithril tief unter dem Barazinbar (Rothorn) auf einen Balrog, der dort verborgen (oder eingeschlossen) lag. Nachdem Durin und im Jahr darauf auch sein Sohn Náin I. von dem Balrog („Durins Fluch") erschlagen worden waren, flüchteten die Zwerge aus Moria.

Vgl. Balrog, Moria.

R, Anhang A III.

Durinstag

Für die Zwerge der erste Tag des neuen Jahres: der erste Tag des letzten Herbstneumondes. Als Durinstag wird er jedoch nur dann bezeichnet, wenn an diesem Tag Sonne und Mond zeitweilig zugleich am Himmel stehen. Das Schlüsselloch an der Geheimtür am Einsamen Berg wurde nur zu diesem Zeitpunkt sichtbar.

H, 3, 11.

Dwalin

Fundins Sohn, ein Zwerg aus Durins Volk, Balins jüngerer Bruder, spielte die Bratsche. Er begleitete Thráin und Thorin Eichenschild bei ihren Abenteuern. Als sein Bruder Balin nach Moria aufbrach, blieb Dwalin am Erebor. Er lebte lange über das Ende des Dritten Zeitalters hinaus.

H, 1; *R*, Anhang A.

H

Ea

Quenya „Es sei!" Das Schöpfungswort, mit dem Ilúvatar der erdachten Welt die Eigenschaft der Wirklichkeit zusprach. Bis dahin war die Welt nur in dem gleichen Sinne wirklich wie eine Erzählung: „Sie existiert im Sinn des Erzählers und, davon abhängig, auch im Sinn der Zuhörer, aber nicht auf der gleichen Ebene wie Erzähler oder Zuhörer. Als der Eine (der Erzähler) sagte: *Es Sei!*, da wurde die Erzählung zu Geschichte, nämlich historisch auf der gleichen Ebene wie die Zuhörer; und diese konnten, wenn sie wollten, in sie eingehen. Viele der Ainur *sind* in sie eingegangen und müssen bis ans Ende darin bleiben, weil sie nun in die Zeit verstrickt sind" (Tolkien). Für die Elben war Ea der Name der räumlich-zeitlichen Welt, des Universums, von dem Arda ein Teil ist. In Ea brennt die *Unverlöschliche Flamme* (das Eigenleben der Dinge); ringsum ist die Zeitlose Leere oder *Äußere Dunkelheit*.

Vgl. Ainur, Arda.

S, Ainulindale; *Briefe*, 212.

Earendil

Quenya „Meeresfreund": Tuors und Idrils Sohn, einer der Halbelben, heiratete Elwing und fuhr mit ihr und dem von Beren und Lúthien gewonnenen Silmaril auf seinem Schiff Vingilot nach Aman, um Hilfe für die Elben und Menschen von Mittelerde zu erbitten. Die Valar erhörten ihn und überzogen Morgoth mit dem Krieg des Zorns, in dem Beleriand im Meer versank und das Erste Zeitalter endete. Earendil wurde mit Vingilot und dem Silmaril in die Ozeane des Himmels erhoben, wo er morgens und abends als ein hell leuchtender Stern zu sehen ist. Die Entscheidung, ob er zu den Elben oder den Menschen gezählt werden sollte, überließ er Elwing, und sie entschied sich für das Schicksal der Elben. Earendil durfte nicht mehr unter die Sterblichen zurückkehren.

Der etwas dürre Prosabericht über Earendils Fahrt läßt kaum ahnen, welche Bedeutung dieser Episode in der Mythologie von Mittelerde zukommt. Der Name Earendil bildet einen ihrer frühesten Ursprünge: „Dieser Name ist tatsächlich von angelsächsisch *éarendel* abgeleitet. Als ich Ags. zum erstenmal fachgemäß studierte (1913), fiel mir die große Schönheit dieses Wortes (oder Namens) auf ... Außerdem deutet die Form stark darauf hin, daß es ursprünglich ein Eigenname und kein gewöhnliches Substantiv ist. Dies wird bestätigt durch die offenbar verwandten Formen in anderen germanischen Sprachen, aus denen zumindest soviel sicher hervorzugehen scheint, daß es zu einem astronomischen Mythos gehörte und der Name eines Sterns oder einer Sternengruppe war. Nach meiner Auffassung scheinen die ags. Belege klar zu besagen, daß es ein Stern war, der die Morgendämmerung ankündigte, das heißt, der, den wir heute Venus nennen ... Ich adoptierte ihn für meine Mythologie – in der er zum Urbild eines Seefahrers und schließlich zum Botenstern, zum Hoffnungszeichen für die Menschen wurde ... Aber der Name konnte nicht einfach so übernommen werden: er mußte in die Sprachsituation des Elbischen eingefügt werden, während zugleich in der Sage für diese Person ein Platz gefunden werden mußte. Von da aus ... entstanden schließlich a) der urelbische Stamm *ayar*, ‚Meer' ... und b) das verbale Stammelement *(n)dil*, ‚lieben, sich widmen'."

Vgl. Elwing, Halbelben, Vingilot.

S, XXIV; *Briefe*, 297; Carpenter, *J.R.R. Tolkien*, 79.

Earnur

Der dreiunddreißigste und für tausend Jahre der letzte König von Gondor (2043-50 D. Z.). Von seinem Vater Earnil wurde er 1974 D. Z. mit einem großen Heer zu Schiff nach Norden geschickt, um in den Krieg gegen Angmar einzugreifen. Er kam zu spät, um König Arveduis Reich zu retten, aber zusammen mit den Elben von Lindon und Imladris konnte er den Hexenkönig in der Schlacht bei Fornost (1975) besiegen und ihn aus dem Norden vertreiben. Als jedoch der Hexenkönig zum Zweikampf gegen Earnur anritt, passierte etwas, das Earnur sein Leben lang nicht verwinden konnte. Earnur und sein Gefolge behaupteten später, ihm sei das Pferd durchgegangen. Der Hexenkönig behauptete, Earnur sei vor ihm ausgerissen. Earnur, ein hitzköpfiger Haudegen, trainierte fortan tagaus, tagein alle erdenklichen Arten des Zweikampfs, besonders zu Pferde. Als Earnur selbst den Thron bestiegen hatte, forderte ihn der Hexenkönig, der nun in Minas Morgul saß, unter erneuten Beschimpfungen zur Wiederholung des Duells heraus. Einige Jahre lang konnte sein kluger Truchseß Mardil ihn bezähmen, aber im Jahre 2050 ritt er mit wenigen Begleitern vor die Tore von Minas Morgul. Was dann mit ihm geschah, weiß niemand; vermutlich wurde er gefangen und zu Tode gequält.

Da Earnur keine Nachkommen hatte, war Gondor von nun an eine Monarchie ohne König, und die Regierung lag in den Händen der Truchsesse.

Vgl. Angmar, Arthedain, Gondor, Mardil, Truchsesse.

R, Anhang A.

ECHORIATH

S. Die „Umzingelnden Berge", zwischen denen das Tal von Tumladen mit der Stadt Gondolin verborgen lag, zwischen dem Tal des Sirion und den Ered Gorgoroth. Der südliche Teil waren die Crissaegrim, wo sich die Horste von Thorondors Adlern befanden. Von Südwesten gelangte Tuor an das versteckte Außentor, das in das unterirdische Bett eines ausgetrockneten Flusses und dann in die steile Schlucht von Orfalch Echor führte, die von den Gondolindrim streng bewacht und mit sieben Toren gesichert war. Es gab außerdem einige Pässe über die Berge, die jedoch schwer begehbar und nur wenigen bekannt waren. Einer davon war die Cirith Thoronath im Nordwesten. Weit im Norden lagen die Bergwerke von Anghabar („Eisengrube"), die Maeglin oft besuchte. Das ganze Gebirge wurde ständig von riesigen Adlern überflogen, die die feindliche Späher abschreckten und Nachrichten nach Gondolin brachten.

Vgl. Cirith Thoronath, Gondolin, Maeglin, Tuor; Karte S. 34.

S, XXIII; *Nachrichten*, I, i.

EDAIN

Sindarin „das zweite Volk", die Menschen; Singular *Adan* (Quenya *Atani, Atan*). So wurden jedoch in der Regel nur die Menschen aus den drei Häusern der Elbenfreunde bezeichnet, die zuerst nach Beleriand gekommen waren, vgl. Beor, Hador, Haleth. Nachkommen der Edain waren die Dúnedain.

S, XII, XVII.

EDORAS

Altenglisch „Wohnhäuser"; die Hauptstadt von Rohan auf einem Hügel am Südrand des Weißen Gebirges. Eine lange Treppe führte zum Gipfel hinauf, wo Meduseld stand, die Halle des Königs, die wegen ihres goldglänzenden Dachs weithin zu sehen war. Edoras war mit einer Mauer umgeben, aber keine Festung. Bei Kriegsgefahr zogen sich die Bewohner in das nahegelegene Dunharg am oberen Ende des Hargtals zurück. Im Hargtal entsprang der kleine Fluß Schneeborn, den Gandalf und seine Gefährten bei einer Furt überschreiten mußten, als sie sich von Norden der Stadt näherten. Am Fuße des Hügels lagen die sechzehn Gräber der Könige von Rohan.

Die Entfernung nach Minas Tirith, die das Heer der Rohirrim während des Ringkriegs in fünf Tagen zurücklegte, betrug etwas über 300 Meilen.

Vgl. Meduseld, Rohan; Karte S. 61.

R, III, 6; Anhänge A und B.

EILEND

Auch Eiliges Wasser, Sindarin *Celduin*: Fluß, der am Erebor entsprang, durch den Langen See floß und nach der Vereinigung mit dem *Carnen* (Rotwasser), der von den Eisenbergen herabkam, ins Meer von Rhûn mündete. Bilbo und die Zwerge fuhren flußaufwärts in Booten bis auf eine Tagesreise an den Berg heran und ließen einen Teil ihres Gepäcks am Ufer zurück. Südlich des Langen Sees war ein Wasserfall, doch im übrigen war der Fluß schiffbar und trug einen großen Teil des Handelsverkehrs von Thal und Esgaroth.

Vgl. Esgaroth, Langer See; Karte S. 158.

H, 10.

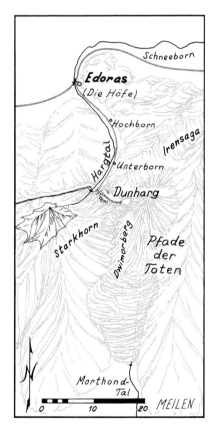

Edoras, Dunharg und das Hargtal.

Einsamer Berg
Vgl. Erebor.

Eisenberge
Eine kleine Gebirgskette östlich des Düsterwalds, vermutlich ebenso wie das Graue Gebirge ein Überrest der Ered Engrin, wo im Ersten Zeitalter Melkors Festungen lagen. Im Dritten Zeitalter lebten hier Zwerge, obwohl ihre Minen dort nicht so ergiebig waren wie die unterm Erebor. Sie kamen Thorin Eichenschild in der Schlacht der fünf Heere zu Hilfe, und ihr Führer Dáin Eisenfuß wurde, nachdem Thorin gefallen war, König unter dem Berg.
In den Eisenbergen entsprang der Fluß Rotwasser (Carnen), die Ostgrenze des Einflußbereichs der Könige von Thal.
Vgl. Dáin II., Rhovanion, Thorin II.; Karte S. 158.
H, 17-19; *R,* Anhänge A und B.

Eithel Sirion
Sindarin „Sirion-Quelle", an den Osthängen der Ered Wethrin, wo Fingolfins und Fingons große Festung *Barad Eithel* stand. Wegen ihrer Nähe zu Angband war sie ein Vorposten der Noldor und wurde in Kriegen von Beleriand heiß umkämpft, aber vor der Nirnaeth Arnoediad niemals erobert. Auch viele Männer aus dem Volk Hadors kämpften und fielen dort.
Vgl. Ered Wethrin, Hador, Nirnaeth Arnoediad; Karte S. 34.
S, XVIII, XX.

Ekkaia
Das Außenmeer, „von dem das Königreich Arda umzingelt ist. Niemand als die Valar weiß, wie breit es ist: und dahinter kommen die Mauern der Nacht". Ekkaia geht in *Vaiya,* den äußeren Himmel, über. In Ekkaia sind die Hallen des Vala Ulmo.
Vgl. Arda.
S, I; HME 4, V (235ff.).

Elanor
Eine kleine gelbe, sternförmige Winterblume, die am Fuß des Cerin Amroth in Lórien (2) und auf Tol Eressea wuchs, von wo die Eldar eine ganze Schiffsladung als Festschmuck zu Aldarions und Erendis' Hochzeit mitbrachten. Der Name bedeutet „Sternblume". Es handelt sich dabei um keine heute bekannte Blume, doch soll die Elanor einer etwas größeren Pimpernelle ähnlich gesehen haben. Die Hobbits gaben ihren Mädchen gern Blumennamen, und Sam Gamdschie nannte seine älteste Tochter Elanor.
R, II, 6; *Nachrichten,* II, ii; *Briefe,* 312.

Elben
Die Elben in den Erzählungen aus dem Dritten Zeitalter sind uralte Epigonen ihrer selbst. Elrond, Thranduil, Glorfindel, Celeborn: alle sind schön und edel, weise, tapfer, aber mit ihrer Vitalität steht es nicht zum besten. (Nur in Galadriel glimmt noch ein Funke des alten Feuers.) Dies ist schon die Zeit der Menschen, und bei den Elben ist der „Schwund" weit fortgeschritten, der Alterungsvorgang, dem auch sie trotz ihrer ungeheuren Langlebigkeit unterliegen: Ermüdung durch die Zeit, Weltüberdruß, Sichverzehren in den eigenen Gedanken, bis der Körper fast nur noch eine Erinnerung des Geistes ist.
Ihre große Zeit waren die Ältesten Tage im Licht der Bäume von Valinor und die hellen Nächte im sternbeschienenen Beleriand; mit dem Aufgang der Sonne begann schon ihr Verfall. Einst waren sie tatenlustiger, neugieriger und hochmütiger, nicht so permanent melancholisch. Sie hatten gewaltige Sänger, deren Stimmen weit über Land und Meer schallten, furchtbare Krieger, mit denen selbst die Balrogs es nur in Überzahl aufnahmen, hellsichtige Künstler und Erfinder, die in die Geheimnisse des Schicksals eingriffen. Sie waren die erstgeborenen Kinder Ilúvatars, das ältere der Zwei Geschlechter, sozusagen die großen Brüder der Menschen. Sich selbst nannten sie die *Quendi* (Quenya „die mit Stimmen Redenden") – in der Zeit, als ihnen andere sprechende Wesen noch nicht begegnet waren.
Daß sie „unsterblich" waren, hieß nur, daß sie diese Welt nicht verlassen können, solange sie besteht. Wenn sie „die Welt leid" oder getötet wurden, verloren sie nur den Körper (Quenya *hroa),* während ihr Geist *(fea)* in Mandos' Hallen einging. Nach einer Zeit der Erholung, Heilung oder Reinigung konnte er von dort in die Welt zurückkehren und in einem anderen Körper ein zweites Mal geboren werden. Im Anfang war ihr Lebenszyklus, abgesehen von der Länge, vom menschlichen nicht allzu verschieden. In der Jugend, etwa bis siebzig, waren sie jungen Menschen ähnlich; dann traten, bedingt durch die Fülle und Intensität der Erinnerungen, andere Empfindungsweisen hervor.
Von tiefer, schicksalsprägender Bedeutung war für die Elben die Namensgebung. Den ersten Namen gab ihnen der Vater gleich nach der Geburt, doch

bezeichnender und prophetischer war oft der zweite, den ihnen die Mutter etwas später verlieh. Diese ersten Namen konnten im Laufe eines Lebens durch selbstgewählte oder von anderen beigelegte Namen ergänzt werden.

Kein Ding interessierte sie, nur weil es nützlich war. Tiere und Pflanzen, Hügel und Bäche, Waffen und Schmuckstücke waren nicht Sachen, von denen man sich nimmt, was man braucht, sondern Nachbarn oder Begleiter. Alles, was ihre Aufmerksamkeit erregte, wurde mit einem individuellen Namen angesprochen; sogar die Bäume sollen von ihnen reden gelernt haben. Sie verschmähten manche Elemente der Technik wie z. B. das Rad, in denen Gleichförmigkeit und Wiederholbarkeit angestrebt werden. Besonders liebten sie die Sterne, denn in ihrem Licht hatten sie zuerst die Welt erblickt. Von den Valar ehrten sie daher die Sternentfacherin Varda am höchsten.

Die Geschlechtsliebe spielte in ihrem Leben keine Rolle. Sie waren strikt monogam, aber die Gatten lebten nicht dauernd zusammen. Nur in den ersten Jahren nach der Geburt eines Kindes galt die Abwesenheit des Vaters (oder der Mutter) als ein großes Unglück; während eines Krieges wurde die Fortpflanzung daher vermieden. Im übrigen gingen Männer und Frauen oft ihre eigenen Wege.

Musik, Poesie, Kunst und Wissenschaft bedeuteten ihnen mehr als Macht und Besitz, aber Eitelkeit und Arroganz (wie die Menschen zu spüren bekamen) waren ihnen nicht fremd. Ihre große Schwäche war, daß sie der Vergangenheit nachtrauerten und dem Wandel abgeneigt

waren. „Sie werden ein wehmütiges Volk, ihre Kunst wird antiquarisch, und all ihr Trachten geht nun auf eine Art Einbalsamierung" (Tolkien).

Weit im Osten von Mittelerde waren sie durch einen Schöpfungsakt zum Leben erweckt worden: am See von Cuiviénen (Quenya „Wasser des Erwachens"), einer Bucht des Binnenmeeres von Helcar am Westhang der Orocarni, der „roten Berge" des Ostens. Dort hatte der Vala Orome sie bei einem seiner Jagdritte gefunden. Um sie vor Melkors Nachstellungen zu bewahren, hatten die Valar sie aufgefordert, nach Aman zu kommen; und die Elben teilten ihre Völker und Stämme danach ein, wie weit sie dieser Aufforderung gefolgt waren. Zuerst nannten sie sich allgemein die *Eldar* oder *Eldalië* (Sindarin *Edhil*), das „Volk der Sterne". Von dieser Bezeichnung wurden später die *Avari* („die Widerstrebenden") ausgenommen, die sich schon in Cuiviénen von ihnen trennten, und ebenso die *Nandor* („die sich abwenden"), die vor dem Nebelgebirge zurückschreckten und nach Süden abbogen.

Auf dem langen Marsch nach Westen voraus gingen die *Vanyar* („die Blonden"), hinterdrein die *Noldor* („die Gelehrten"), und als letzte zogen die *Teleri* („die Letzten") durch die Lande. Der Meeresgott Ulmo (dem das ganze Unternehmen nicht gefiel) riß eine Insel los und transportierte darauf die Vanyar und Noldor nach Aman. Um die Teleri zu holen, mußte er seine Insel noch mal den ganzen Weg hin und her schleppen, und auch dann kam nur ein Teil von ihnen; der Rest mochte sich von Mittelerde nicht trennen.

Alle, die noch das Licht der Zwei Bäume in Valinor erblickt hatten, nannten sich später *Calaquendi* (Lichtelben): die Vanyar, die Noldor und der in Aman wohnende Teil der Teleri. Alle anderen, die Avari, die Nandor und die in Mittelerde gebliebenen Teleri, wurden von den ersteren die *Moriquendi* (Dunkelelben) oder *Úmanyar* („die nicht aus Aman kommen") genannt.

Als die Noldor während der Verdunkelung von Valinor nach Mittelerde zurückkehrten, nannten sie die Teleri, die sie dort trafen, die *Sindar* oder Grauelben. Von den Sprachen der beiden Völker, die sich während ihrer langen Trennung auseinanderentwickelt hatten, setzte sich das *Sindarin* als allgemeine Verkehrssprache durch (auch bei Menschen und Zwergen), während das Hochelbische oder *Quenya*, das die Noldor aus Valinor mitbrachten, zur Gelehrten- und Zeremonialsprache wurde. (Alle diese Bezeichnungen der verschiedenen Elbenvölker sind Quenya-Wörter.)

Über die Sprachen der Nandor und Avari ist wenig bekannt. Was im Dritten Zeitalter von diesen Völkern noch übrig war, hatte sich mit den Resten der Sindar und Noldor verbunden, zum Beispiel bei den Waldelben von Düsterwald und Lórien.

Von den Noldor und Sindar haben alle anderen Völker das Schreiben gelernt.

Vgl. Avari, Cirth, Elbensprachen, Kinder Ilúvatars, Nandor, Noldor, Quenya, Sindar, Sindarin, Teleri, Vanyar, Zwei Geschlechter.

R, Anhang E; *S*, III, IX-XI; *HME 10*, II (Laws and Customs); *Briefe*, 131, 144, 181.

ELBENSPRACHEN:
Wörter und Wortelemente in Sindarin und Quenya

SINDARIN	QUENYA
a(r), neben, außerhalb	*ar* (z. B. *Araman*, „außerhalb von Aman")
adan, (Plural *edain*), Mensch	*atan (atani)*
aew, kleiner Vogel (z. B. *Linaewen*)	*aiwe*
aglar, Ruhm, Glanz (z. B. *Aglarond*)	*alkar*
alph, Schwan	*alqua* (z. B. *Alqualonde*)
am, hinauf (z. B. *Amon*, Berg)	*amba*
ang, Eisen (z. B. *Angband*)	*anga*
annûn, Sonnenuntergang, Westen	*andúne*
ar(a), erhaben, königlich (z. B. *aran*, König)	*ara(t)* (z. B. *Aratar*)
-ath, Pluralsuffix (Z. B. *Periannath*, die Hobbits)	*-at*, Dualsuffix (z. B. *ciriat*, zwei Schiffe)
bal, Macht (z. B. *Balrog*)	*val* (z. B. *Valarauko*)
bar, Haus, Wohnung	*már* (z. B. *Vinyamar*)
beth, Wort	*quetta*
calen (galen), grün (z. B. *Calenardhon*)	*cala*, strahlend (z. B. *Calacirya*)
Caran, rot (z. B. *Caranthir*)	*carne* (z. B. *Carnimírie*, die „Rotbeperlte", Eberesche)
carch, Hauer, Fangzahn (z. B. *Carcharoth*)	*carca*
celeb, Silber	*telep*, *telpe* (z. B. *Telperion*)
cir-, schneiden, spalten (z. B. *cirith*, Schlucht, Spalte)	*cír-* (z. B. *círya*, scharfbugiges Schiff)
dór, Land	*dor*, vermischt mit *nóre*, Volk (z. B. *Valandor → Valinor*)
dú, Nacht, Finsternis (z. B. *dúlin*, Nachtigall)	*lóme*, Dämmer (z. B. *lómelinde*)
dûn, west-	*númen*
echui, Erwachen	*coi* (z. B. *coire*, Vorfrühling)
edhel (Plural *edhil*), Elb	*elda (eldar)*
eithel, Quelle	*etkele, ehtele*
Ennor, Mittelerde	*Endor (en(ed)*, Mitte + *(n)dor*, Landmasse)
falas, Ufer	*falasse*
forn (for, forod), nord- (z..B. *Fornost*)	*formen*
fuin, Finsternis (z. B. *Taur-nu-Fuin*)	*huine*
gaer, Meer	*ear*
galad, Glanz (z. B. *Galadriel*)	*alata (Alatáriel)*
galadh, Baum (z. B. *Galadhrim*)	*alda*
glór-, goldfarben	*laure-* (z. B. *Laurelin*)
-gon (in Namen wie *Turgon*)	*-káno*, Herr, Gebieter
gond, Stein (z. B. *Gondolin*)	*ondo (Ondolinde)*
gûl, Hexerei, Magie (z. B. *morgul*)	*nóle*, Kunde, Wissen
har-, harn, harad, Süd	*hyarmen*
hîn, Kinder	*híni*, (z. B. *Eruhíni*, Kinder Erus)
hîr, Herr (z. B. *Barahir*)	*heru*
híth, Nebel (z. B. *Hithlum*)	*hísie (Hísilóme)*
laeg, grün (z. B. *Legolas*)	*laica*
las(s), Blatt	*lasse* (z. B. *lasselanta*, Laubfall, Herbst)

SINDARIN	QUENYA
lin-, singen	*linde-*
lhûg, Krümmung, Schlinge	*lok-* (z. B. *Urulóki*, Drache)
lond (lonn), landumschlossener Hafen (z. B. *Mithlond*)	*londe*
los, Schnee (z. B. *Lossoth*)	*loss* (z. B. *Oiolosse*)
loth, Blüte (z. B. *Nimloth*)	*lóte, (Ninquelóte)*
lyg, Schlange	*leuca*
maeg, scharf, durchdringend (z. B. *Maeglin*)	*maika*
mîr, Juwel (z. B. *Nauglamír*)	*míre* (z. B. *Elemmíre*)
môr-, dunkel, schwarz (z. B. *Mordor*)	*móre*
naith, Spitze, Winkel	*nehte*
naur, Feuer	*nar*, (z. B. *Narsil*)
-n(dil), Freund (z. B. *Arandil*, Königsfreund, Royalist)	*-(n)dil* (z. B. *Elendil*)
-(n)dur, Freund, Diener (z. B. *Arandur*, Minister)	*-(n)dur*
nen, Wasser	*nen*
nim, weiß (z. B. *Nimloth*)	*ninque*
odo, sieben (z. B. *Ossiriand*)	*otso*
orn, Baum (z. B. *Mallorn*)	*orne*
paur, Faust, Hand (z. B. *Celebrimbor*)	*quáre (Telperinquar)*
ped-, sprechen	*quen-*
ram, Wall (z. B. *Andram*)	*ramba*
raug, rog, Dämon (z. B. *Balrog*)	*rauko*
rhûn, Ost	*rómen* (z. B. *Romenna*)
ril, Schimmer, Funke (z. B. *Idril*)	*rille, rilde (Itarille)*
-rim, Pluralsuffix: Schar, große Zahl (z. B. *Falathrim*)	*rimbe*
roch, Pferd	*rokko*
ruin, rote Flamme (z. B. *Orodruin*)	*rúnya*
sereg, Blut	*serke*
sil-, thil-, weiß oder silbern leuchten	*sil-* (z. B. *silmarilli*)
sinda, grau	*thin(d)*
sûl, Wind	*súl* (z. B. *Súlimo*)
tar-, hoch, erhaben	*tára* (z. B. *Tar-Minyatur*)
tathar, Weidenbaum	*tasare* (z. B. *Tasarinan*)
taur, Wald	*taure*
thang, Unterdrückung (z. B. *Thangorodrim*)	*sanga*, drücken, drängen
thaur, abscheulich (z. B. *Gorthaur*)	*saur (Sauron)*
thoron, Adler	*soron*
tin-, funkeln (z. B. *Tinúviel*)	*tinta-*, funkeln machen
tir, beobachten, anschauen (z. B. *Minas Tirith*)	*tir(a)* (z. B. *Palantir*)
tol, Insel	*tol*
tum, Tal (z. B. *Tumladen*)	*tumbo* (z. B. *tumbalemorna*)
tur, Kraft, Meisterschaft (z. B. *Turgon*)	*tur*

Eldacar

Der 21. König von Gondor. Weil er nicht von reiner númenórischer Abkunft war, kam es zu einem Sippenstreit im Königshaus, der einen langwierigen Bürgerkrieg zur Folge hatte. Sein Vater, König Valacar, hatte Vidumavi geheiratet, die Tochter Vidugavias, des Königs der Nordmenschen von Rhovanion. Eldacar war in Rhovanion geboren und hatte in seiner Jugend Vinitharya geheißen. (Die Nordmenschen von Rhovanion trugen gotische Namen.) Seine Gegner befürchteten, durch ihn werde die Kurzlebigkeit der Nordmenschen auch in das Königshaus eindringen. Nach langer Gegenwehr mußte Eldacar vor der Übermacht seiner Feinde, die ihn in Osgiliath belagerten, nach Rhovanion fliehen (1437 D. Z.). Sein Rivale Castamir, der nun auf den Thron kam, machte sich vielseitig unbeliebt; er betrieb vor allem Seemachtpolitik und dachte daran, Pelargir zur Hauptstadt des Reiches zu machen. Eldacars Sohn Ornendil, der gefangengenommen worden war, ließ er umbringen. Als Eldacar nach zehn Jahren mit einem Heer der Nordmenschen nach Gondor zurückkehrte, fand er viel Unterstützung in Ithilien, Anórien und Calenardhon. In der Schlacht an den Übergängen des Erui in Lebennin wurde Castamir besiegt, er selbst von Eldacar im Zweikampf erschlagen. Castamirs Söhne, mit vielen seiner Anhänger, hielten sich noch lange in Pelargir. Sie fuhren später nach Umbar, sammelten dort alle Feinde von Gondor um sich und gründeten ein eigenes Reich, das Gondor noch lange zu schaffen machte.

Durch den Sippenstreit wurde Gondors Macht nachhaltig geschwächt. Eldacar, allen pessimistischen Voraussagen zum Trotz, wurde über zweihundert Jahre alt. Er starb im Jahr 1490 D. Z.
Vgl. Gondor, Osgiliath, Rhovanion, Umbar.
R, Anhänge A und B.

Eldalonde

Ein kleiner Hafen an der Westküste von Númenor, südlich von Andúnië in der windgeschützten Bucht von Eldanna, wo der Fluß Nunduine ins Meer mündete. Eldalonde bedeutet in Quenya „Hafen der Eldar". Es wurde auch „der grüne Hafen" genannt, weil die Elben von Eressea, die gern dort landeten, die Umgebung mit aromatischen Bäumen wohlklingenden Namens bepflanzt hatten: *oiolaire, lairelosse, nessamelda, vardarianna, taniquelasse* und *yavannamíre*. Die Gegend hieß *Nísimaldar*, Quenya „das Land der duftenden Bäume". Hier wuchs auch der Mallorn.
In späterer Zeit, als die Besuche der Elben in Númenor unerwünscht wurden, war Eldalonde der Hafen, den ihre Schiffe am leichtesten unbemerkt anlaufen konnten.
Vgl. Mallorn, Númenor; Karte S. 146.
Nachrichten, II, i.

Eldar

Die Vanyar, Noldor und Teleri; allgemein Quenya für Elben (Singular *Elda*).

Elemmíre

Einer der neuen Sterne, die Varda zum Erwachen der Elben aus dem Tau von Telperion schuf; vermutlich Merkur.
S, III; *HME 10*, V (Index).

Elendil

„*Et Earello Endorenna utúlien. Sinome maruvan ar Hildinyar tenn' Ambar-metta!*" (Q.: „Aus dem Großen Meer bin ich nach Mittelerde gekommen. An diesem Ort bleiben ich und meine Erben bis zum Ende der Welt.") Dies sollen Elendils Worte gewesen sein, als er mit seinen vier Schiffen in Lindon an Land geworfen wurde. Mit seinen Söhnen Isildur und Anárion, die der Sturm nach Süden getrieben hatte, war er dem Untergang von Númenor entkommen. Sein Vater war Amandil, der letzte der Herren von Andúnië und Führer der Partei der Getreuen oder „Elbenfreunde" (*Elendili*). Elendil gründete das Nördliche Königreich (Arnor), doch als Sippenältester hatte er die unbestrittene Oberhoheit auch über den Süden, wo Isildur und Anárion gemeinsam regierten. Seine Macht verdankte er den Schätzen und Kenntnissen, die er aus Númenor mitbrachte, dem starken Gefolge der edlen Dúnedain, die sich ihm angeschlossen hatten, und vor allem seiner Freundschaft mit Gil-galad, dem Hohen König der Noldor von Lindon. Mit seinen Söhnen unterhielt er eine ständige Verbindung durch die Palantíri. In Annúminas am Nenuial-See erbaute er seine Hauptstadt.
Weil er selbst unter den hochgewachsenen Númenórern durch seine Größe auffiel, wurde er oft als *Elendil der Lange* bezeichnet. (Nach manchen wohl allzu legendären Angaben maß er zwei Meter vierzig.) Trotz dieser Hünengestalt war er eher ein Gelehrter als ein Krieger. Er brachte viele Schriftrollen aus Númenor mit; und die *Akallabêth* soll im wesentlichen aus seiner Fe-

der stammen. Den Untergang von Númenor betrauerte er zeitlebens, und durch den Palantír auf den Emyn Beraid soll er oft nach Tol Eressea geblickt haben.

Erst in den letzten Jahren seines Lebens gewann er auch kriegerischen Ruhm. Sauron griff das Südliche Königreich an und eroberte Minas Ithil; Elendil und Gil-galad schlossen das *Letzte Bündnis* zwischen Elben und Menschen und führten ein mächtiges Heer über das Nebelgebirge nach Südosten. Auf der Dagorlad trugen sie den Sieg davon (3434 Z.Z.), an dem der persönliche Einsatz der beiden Könige einigen Anteil hatte: „Elendils Schwert versetzte Orks und Menschen in Furcht, denn es leuchtete mit dem Licht von Sonne und Mond, und es wurde Narsil genannt." Elendils Banner zeigte einen Weißen Baum unter sieben Sternen in einem schwarzen Feld.

Nach siebenjähriger Belagerung von Barad-dûr kam es zu dem berühmten Kampf der beiden Könige mit Sauron (3441 Z.Z.). Gil-galad und Elendil fielen, aber auch Sauron wurde niedergeworfen, und Isildur schnitt ihm mit dem abgebrochenen Heftstück von Narsil den Herrscherring von der Hand.

Alle späteren Könige von Arnor und Gondor bezeichneten sich als *Elendils Erben.* Strittig war unter ihnen, ob die Erben Isildurs (des älteren Sohnes) gegenüber denen Anárions ein besonderes Thronfolgerecht auch für Gondor und das Vereinigte Königreich besaßen.

Vgl. ARNOR, GETREUE, GONDOR, LETZTES BÜNDNIS, NÚMENOR, PALANTÍRI.

R, II, 2; VI; 5; Anhang A; *S*, Akallabêth; Von den Ringen …

ELESSAR
Q. „Elbenstein", der Name, unter dem ARAGORN gekrönt wurde.

ELROND
(Sindarin „Sternendach"): der Herr von Imladris, in dessen Haus die Wanderer einkehrten, um Atem zu schöpfen, ihre Wunden heilen zu lassen oder sich Rat zu holen, ehe sie weiterzogen. In den Geschichten aus Mittelerde ist er eine Hintergrundfigur, bei der viele Fäden zusammenlaufen; durch und durch gütig, weise und blaß. Seine Erinnerungen reichten zurück bis in die Ältesten Tage, und er war mit allen edlen Völkern verwandt: mit den drei Häusern der Edain, mit den Noldor und Sindar und mit den göttlichen Maiar. Sein Vater war Earendil, seine Mutter Elwing. Bei dem Gemetzel an den Sirion-Mündungen blieben Elrond und sein Bruder Elros, die erst wenige Jahre alt waren, dank Maglors Schutz am Leben. Während des Zweiten Zeitalters stand Elrond dem Noldorkönig Gil-galad nahe. Als Halbelb vor die Wahl gestellt, ob er als Mensch oder Elb leben wollte, hatte er sich für die Elben entschieden. Er war ein großer Gelehrter, Wahrsager und Heilkundiger, weniger ein Krieger; dennoch übertrug ihm Gil-galad den Oberbefehl über das Heer von Lindon, das den Noldor von Eregion gegen Sauron zu Hilfe kam. In dem Verteidigungskrieg, den er führte, als Saurons Heere ihn nach Norden abdrängten, gründete er Imladris (Bruchtal) als Festung und Zuflucht. Nach dem Krieg blieb er dort und wurde von Gil-galad zum Vize-Regenten von Eriador ernannt. Zugleich übergab ihm

Gil-galad den Blauen Ring Vilya.

Im Krieg des Letzten Bündnisses (3430-3441 Z.Z.) war Elrond Gil-galads Herold und stand ihm in seinem letzten Kampf bei. Er und Círdan rieten Isildur, den Herrscherring sofort ins Feuer des Orodruin zu werfen, aber Isildur hörte nicht auf sie.

Während des Dritten Zeitalters unterstützte er Elendils Erben, vor allem die Könige von Arnor und Arthedain. Nach der Vernichtung ihrer Reiche bot er ihnen in Imladris Asyl. Daß Isildurs Erben eines Tages noch eine wichtige Rolle spielen würden, wußte er, denn er hatte es selbst prophezeit.

Mit Galadriel und Círdan unterhielt er enge Verbindung, weniger mit Thranduil. Im Jahre 109 D. Z. heiratete er Celebrían, Galadriels Tochter. Sie hatten drei Kinder: eine Tochter, Arwen, und zwei Söhne, die Zwillinge Elladan und Elrohir. Celebrían wurde 2509 D. Z. von Orks mißhandelt und schwer verwundet; im Jahr darauf fuhr sie übers Meer in den Westen.

Obwohl selbst ein Mischling, war Elrond von dem alten elbischen Hochmut gegen die kurzlebigen Menschen nicht frei. Daß seine Tochter Arwen sich mit einem Sterblichen verbinden wollte, ertrug er nur widerwillig. Irgendeinen kleinen König hätte er als Schwiegersohn nicht akzeptiert. Aragorn mußte mindestens Elendils Reich wiederherstellen, um Elronds Einwilligung zu erlangen. (Daß Arwen nicht ohne Zustimmung ihres Vaters heiraten konnte, obwohl sie fast schon dreitausend Jahre alt war, verstand sich von selbst.)

Dank seinen vielfältigen Verbindungen wurde Elrond der einflußreichste unter den Elbenfürsten, die zusammen mit den Istari den Weißen Rat bildeten. Als Frodo sich in Bruchtal zu der Fahrt mit dem Ring bereitmachte, wählte Elrond seine Begleiter aus: Alle freien Völker, Elben, Zwerge, Menschen und Hobbits mußten in der Gemeinschaft repräsentiert sein.

Den Ausgang des Unternehmens nahm er mit gemischten Gefühlen auf. Mit der Vernichtung des Herrscherrings erlosch auch die Macht der Elbenringe, und bald wäre Mittelerde ein Reich der Menschen und Maschinen. Als er nach dem Ringkrieg in den Alten Westen fuhr, blieben seine Söhne Elladan und Elrohir in Imladris zurück. Vgl. Halbelben, Imladris, Ringe der Macht, Vilya, Weisser Rat.

S, XXIV; Von den Ringen …; *R*, II, 1-3; Anhänge A und B; *H*, 3; *Nachrichten*, II, iv.

Elros

Earendils und Elwings Sohn, achtundfünfzig Jahre vor dem Ende des Ersten Zeitalters geboren. Wurde mit seinem Bruder Elrond beim Überfall von Feanors Söhnen auf die Elben an den Sirion-Mündungen gefangengenommen, aber von Maglor beschützt. Elros (wie sein Bruder und seine Eltern) war einer der Halbelben, die am Ende des Ersten Zeitalters vor die Wahl gestellt wurden, ob sie Elben oder Menschen sein wollten. Elros entschied sich für die Menschen und wurde von den Valar zum ersten König von Númenor ernannt (Elros Tar-Minyatur). Zum Ersatz für die Unsterblichkeit, auf die er verzichtete, wurde ihm und seinen Nachkommen ein sehr langes

und von Krankheiten ungestörtes Leben gewährt. Elros wurde fünfhundert Jahre alt, und unter seinen Nachkommen, den Königen von Númenor (und später von Gondor und Arnor), verringerte sich die Langlebigkeit nur allmählich.

Bald nach seiner Ankunft in Númenor wählte Elros einen Hügel in der Gegend um den Berg Meneltarma zu seinem Königssitz und erbaute dort den Turm und die Zitadelle von Armenelos. Im Jahre 442 Z.Z. schied er freiwillig aus dem Leben. Vgl. Armenelos, Halbelben, Númenor.

S, XXIV; Akallabêth; *R*, Anhang A; *Nachrichten*, II, iii.

Elwing

Diors Tochter, Berens und Lúthiens Enkelin. Der Name bedeutete „Sternengischt", denn sie war am Wasserfall von Lanthir Lamath, am Oberlauf des Adurant, in einer Nacht geboren, als die Sterne in der Gischt des Wasserfalls glitzerten. Als einziges von Diors Kindern entkam Elwing dem Angriff von Feanors Söhnen auf Menegroth; sie trug den Silmaril bei sich und erreichte zusammen mit anderen Flüchtlingen die Sirion-Mündungen. Dort vereinigten sich die Überlebenden aus Doriath mit denen aus Gondolin, und Elwing wurde die Gattin des Seefahrers Earendil. Immer noch von Feanors Söhnen verfolgt, rettete sie sich vor ihrem erneuten Angriff durch einen Sprung ins Meer, mit dem Silmaril auf der Brust. Ulmo brachte sie zu Earendil, der mit seinem Schiff Vingilot auf See war. Sie begleitete ihn auf seiner Fahrt nach Aman, die nur zum Ziel führen konnte, weil sie den Silmaril bei sich trugen.

Elwing traf für Earendil und sich selbst die Entscheidung, das Schicksal der Elben zu teilen. Auf seinen weiteren Fahrten begleitete sie ihn nicht. Die Teleri von Alqualonde, ihre Verwandten, nahmen sie freundlich auf, und man erbaute für sie einen weißen Turm im Norden der Bucht von Eldamar. Es heißt, dort habe sie die Sprachen der Seevögel erlernt. Elwings und Earendils Söhne waren Elrond und Elros. Vgl. Earendil, Halbelben.

S, XXII, XXIV.

Emyn Muil

„Die öden Berge" nördlich der Rauros-Fälle, wo Frodo und Sam drei Tage (vom 26. bis 29. Februar 3019 D.Z.) herumkletterten, ehe sie von dem steil abfallenden südöstlichen Rand einen Abstieg fanden. Es war ein kahles, von tiefen Schluchten durchzogenes Felsland. Ein kalter Wind blies von Osten und trug den Modergeruch der Totensümpfe heran. Westlich des Anduin reichten die Berge ein Stück weit in das Grasland von Rohan hinein. Vgl. Karte S. 53.

R, III, 1; IV, 1.

Enedwaith

Das Gebiet westlich des Nebelgebirges, nach Norden bis zur Grauflut und zum Glanduin, nach Süden bis zum Isen. Das ursprünglich dichtbewaldete Land wurde von den Númenórern während des Zweiten Zeitalters zum großen Teil kahlgeschlagen. (An der Mündung der Grauflut lag der númenórische Holzhafen Lond Daer.) Von den vertriebenen Ureinwohnern stammten die Dunländer ab, die Menschen in Bree und im Süden von Gondor. Seit der großen Überschwemmung im Jahr 2912 D. Z. war das Land verwüstet und entvölkert. Nur an der Küste lebte noch ein recht zahlreiches, aber barbarisches Fischervolk. Im Südosten, wo sich die Dunländer mit den Rohirrim befehdeten, standen noch Wälder; der Rest war Gras- und Steppenland.

In den Glanzzeiten der Dúnedain-Königreiche gehörte Enedwaith nominell zu Gondor, blieb aber faktisch ein unbeachtetes Niemandsland zwischen Norden und Süden. *Enedwaith* bedeutet im Sindarin „mittleres Land (oder Volk)". Nur die Nord-Südstraße und der Binnenhafen Tharbad wurden von beiden Königreichen gemeinsam gesichert und instandgehalten.

Vgl. Dunländer, Grünweg, Lond Daer, Tharbad; Karte S. 53.

R, Anhang B; *Nachrichten,* II, Anhang D.

Ents

Die Baumhirten, die auf Yavannas Wunsch als Hüter der *Olvar* eingesetzt waren. Weil sie jeweils mit bestimmten Bäumen verwandt waren, sah jeder Ent anders aus; Größe, Dicke und Farbe waren sehr unterschiedlich, und die Zahl der Zehen und Finger schwankte zwischen drei und neun. Aber im allgemeinen waren die Ents mehr als doppelt mannsgroß, hatten eine sehr dicke und feste (aber gegen Äxte und Feuer empfindliche) Haut, wenige oder gar keine Gelenke und zumeist tiefe, hallende oder dröhnende Stimmen. Sie bewohnten Höhlen oder Lauben in der Nähe von Quellen, nahmen nur flüssige, schwach alkoholische Nahrung zu sich (deren Genuß bei den Hobbits Merry und Pippin einen Wachstumsschub bewirkte) und schliefen stehend, am liebsten im Regen. Sie waren nicht unsterblich, aber uralt, und ihr Denken bewegte sich in langen Zeiträumen. Rasche oder „hastige" Entschlüsse waren nicht ihre Sache, aber im Zorn konnten sie rasen und mit bloßen Händen Mauern niederreißen. Nur der Turm Orthanc hielt stand, als sie über Isengart herfielen.

Jeder Ent lernte in seiner Jugend die „alten Listen" auswendig, ein langes stabreimendes Gedicht, in dem alle Lebewesen auf Erden aufgezählt wurden. Dichtkunst und Gesang hielten sie hoch in Ehren. Alle Proben, die uns von ihren Dichtungen überliefert sind, wurden jedoch von ihnen selbst in die Sprachen der anderen Völker, besonders der Elben und Menschen, übersetzt. Ihre eigene Sprache gebrauchten sie nur unter sich; sie war für alle anderen Wesen unerlernbar. Sie bestand aus vielerlei fein gegeneinander abgestuften Vokalfarben, Ton- und Längenunterschieden. Die Wörter wurden in klangvollen Häufungen und Wiederholungen eingesetzt, und schon ein einzelnes Entwort konnte so lang sein wie eine Ballade. Als die Ents bei ihrem Thing miteinander redeten, hörte es sich für die Hobbits wie Gesang an. Von den anderen Sprachen schätzten sie besonders das Quenya, weil es ähnlich wohlklingend war wie das Entische und weil sie das Sprechen in den Ältesten Tagen von den Hochelben erlernt hatten.

Ent ist ein altenglisches Wort mit der Bedeutung „Riese", das ein entsprechendes Wort in der Sprache von Rohan wiedergibt. Im Sindarin hießen sie *Onodrim* oder *Enyd* (Partikularplural), Singular *Onod*.

Im Ersten Zeitalter wanderten die Ents überall in Mittelerde umher, auch in Beleriand, wo sie einmal in den Krieg der Elben und Zwerge eingriffen, als sie Beren halfen, an der Sarn Athrad das Heer von Nogrod zu vernichten. Später kam es zur Entfremdung der Ents von den Entfrauen: Die Frauen wandten ihre Neigung den niederen Pflanzen zu, die bereit waren, nach fremdem Willen zu wachsen und Frucht zu tragen, während die Ents bei den Bäumen blieben, die nur um ihrer selbst willen da sind. Die Entfrauen zogen in die Lande südlich des Großen Grünwalds, die gegen Ende des Zweiten Zeitalters von Sauron verwüstet wurden und seither die Braunen Lande hießen. Dort fanden die Ents später keine Spur mehr von ihnen. Baumbart trauerte noch lange um seine leichtfüßige Geliebte Fimbrethil (S. für „Birkenreis", in der dt. Ausg. „Weidenast"). Die Entfrauen lebten nur noch im Gedenken der Menschen fort, die von ihnen den Ackerbau gelernt hatten.

Im Dritten Zeitalter waren die Ents daher ein schwindendes Volk, da keine jungen „Entings" mehr nachwuchsen. Die meisten hatten sich in Fangorns Wald zurückgezogen, und nur selten bekamen die Bewohner von Mittelerde auch anderswo noch einen Ent zu Gesicht.

Wenn ein Ent „baumisch" wurde, d. h. aufhörte sich zu bewegen und zu sprechen, wurde er einem *Huorn* ähnlich, einem „erwachenden" Baum, der sich von der Stelle bewegen und bisweilen auch sprechen konnte

(zumindest mit anderen Bäumen oder mit Ents).
Vgl. BAUMBART, FANGORN, HUORNS, OLVAR.
R, III, 4, 8, 9; Anhang F, 1; *Briefe*, 163, 168.

ENTWASSER
Auch *Entflut*, Sindarin *Onodló*, ein Fluß, der von den Hängen des Methedras herabfloß, durch den südlichen Teil von Fangorn, dann durch die Wiesen von Rohan und sich vor der Mündung in den Anduin zu einem breiten, sumpfigen Delta verästelte, gegenüber dem Nindalf oder Fennfeld auf dem östlichen Ufer des Stroms.
Vgl. FANGORN, ROHAN.
R, II, 8; III, 3, V, 3; *Nachrichten*, III, ii, 2.

EOL
Im dichtesten und dunkelsten aller Wälder von Beleriand, in Nan Elmoth, lebte Eol, genannt der Dunkelelb. Er liebte das alte, sternbeschienene Beleriand und mied das Sonnenlicht. Den Noldor gab er die Schuld an Morgoths Rückkehr nach Mittelerde.
Eol schloß Freundschaft mit den Zwergen von Nogrod und Belegost und wurde ein großer Schmied. Aus Meteoreisen schuf er eigenwillige Waffen wie das Schwert Anglachel, das er dem König Thingol für das Recht, in Nan Elmoth zu wohnen, als Tribut entrichten mußte. Er erfand eine Metallmischung, die außerordentlich hart und geschmeidig zugleich war und die er *Galvorn*, „schwarzer Glanz", nannte. Trotz seiner Feindseligkeit gegen die Noldor nahm Eol die Schwester des Königs von Gondolin, Aredhel Ar-Feiniel, zur Frau. Sie hatte sich in Nan Elmoth verirrt, und Eol zauberte

ein wenig, damit sie nicht wieder herausfand. Er verbot ihr jeden Umgang mit ihren Verwandten. Aredhel floh mit ihrem Sohn Maeglin nach Gondolin, und als Eol sie verfolgte, entdeckte er den geheimen Eingang, wurde von der Wache gefangengenommen und vor König Turgon gebracht. Vor die Wahl gestellt, in Gondolin zu bleiben oder zu sterben, entschied er sich für das Letztere. Er versuchte, seinen Sohn mit in den Tod zu nehmen, aber sein vergifteter Wurfspieß tötete nicht Maeglin, sondern Aredhel, die sich dazwischen warf. Bevor man Eol vom Caragdûr stürzte, sprach er einen prophetischen Fluch über Maeglin, der den gleichen Tod finden sollte wie er.
Vgl. CARAGDÛR, GURTHANG, MAEGLIN, NAN ELMOTH.
S, XVI.

ÉOMER
König Théodens Neffe (Sohn seiner Schwester Théodwyn und des Marschalls Éomund von der Ostfold). Da Théodens Sohn Théodred in den Schlachten bei den Furten des Isen am 25. Februar 3019 gefallen war, erklärte der König, als er auf dem Pelennor im Sterben lag, Éomer zu seinem Nachfolger. In den Chroniken von Edoras ist er als *Éomer Éadig* (altenglisch „der Glückliche"), achtzehnter König der Mark und erster in der dritten Linie des Hauses Eorl verzeichnet.
Éomer und seine Schwester Éowyn hatten lange unter Grímas Intrigen zu leiden, der dem König einredete, sie wollten Théodred die Thronfolge streitig machen. Éomer hatte früh die Eltern verloren und war in Edoras mit Théodred zusammen aufgewachsen; die beiden Vettern wa-

ren gut freund; trotzdem fanden Grímas Einflüsterungen bei dem senilen König Gehör, bis Gandalf kam (am 2. März 3019) und den Verräter mit seinem Zauberstab traktierte. Von da an war Éomer, als dritter Marschall von Rohan nach Théodreds Tod der ranghöchste Offizier, die rechte Hand des Königs und de facto Oberbefehlshaber der Rohirrim in der Schlacht bei der Hornburg und beim Feldzug nach Minas Tirith.
In der Schlacht auf dem Pelennor bewies er den grimmigen Mut seines Volkes. Er verstand sein Schwert *Gúthwine* (altenglisch „Freund in der Schlacht") wirksam zu gebrauchen, unter Hörnerschall und düsteren Gesängen, die von der Vorfreude auf den Ruhm der gefallenen Helden erfüllt waren.
Nach dem Ringkrieg heiratete er Lothíriel, die Tochter des Fürsten Imrahil von Dol Amroth. Seite an Seite mit König Elessar führte er noch viele glückliche Kriege. Er starb im Jahre 63 des Vierten Zeitalters in Edoras im Alter von 93 Jahren. Die letzten Monate seines Lebens verbrachte er mit seinem alten Freund Holdwine (Merry) aus dem Auenland.
Vgl. HORNBURG, PELENNOR, ROHAN, THÉODEN.
R, III, 6/7; V, 6/7; Anhänge A und B.

ÉORED
Altenglisch „Reiterei"; bei den Rohirrim ein Reitertrupp von etwa 120 Mann. Die Mitglieder einer Éored gehörten in der Regel zum „Haus" oder Sippenverband des jeweiligen Anführers. Das gesamte Reiteraufgebot eines Heeres hieß *Éohere* („Reiterheer").
Vgl. ROHIRRIM.
R, V, 5; *Nachrichten*, III, ii, 3.

Eorl

Auf einem Wandbehang in der Halle von Meduseld sah man das Bild eines blonden jungen Mannes, der auf einem weißen Pferd ritt und in ein großes Horn stieß. Dies war Eorl der Junge – so genannt, weil er schon mit sechzehn Jahren die Nachfolge seines Vaters angetreten hatte. Mit fünfundzwanzig führte er die Éothéod in die Schlacht auf der Ebene des Celebrant (2510 D. Z.). Nach dem Sieg über die Balchoth trat Gondor den Éothéod das Land Calenardhon ab, und Eorl wurde der erste „König der Mark", d. h. von Rohan. Nach ihm nannten sich die Rohirrim auch *Eorlingas,* „Söhne Eorls".

Das weiße Pferd, auf dem er ritt, war Felaróf, der Stammvater der Mearas. Felaróf duldete keinen anderen Reiter. Eorl hatte es bestiegen, nachdem sich der Hengst zuvor als unzähmbar erwiesen und Eorls Vater Léod durch Abwerfen getötet hatte.

Eorl und Felaróf fielen zusammen bei einem neuen Angriff der Ostlinge im Nordosten des Landes (2545 D. Z.), und ihr gemeinsamer Grabhügel war das erste der sechzehn Königsgräber am Fuß des Hügels von Edoras.

Vgl. Balchoth, Cirion, Éothéod, Mearas, Rohan.

R, III, 6; Anhang A 2; *Nachrichten,* III, ii.

Éothéod

Altenglisch „Pferd-Volk": das Volk und Land der Rohirrim vor ihrer Wanderung nach Calenardhon. Das Land war das Quellgebiet des Anduin, und ein Fürst namens Frumgar soll mit den Éothéod im Jahre 1977 D. Z. dort eingewandert sein. Zuvor hatten sie weiter im Süd-osten, jenseits des Düsterwalds gesiedelt. Sie stammten von den Menschen von Rhovanion ab, deren Könige über Eldacar mit den Königen von Gondor verwandt waren. Unter ihrem König Eorl kamen die Éothéod im Jahr 2510 D. Z. Gondor mit einem Reiterheer zu Hilfe. Dafür überließ ihnen der Truchseß Cirion das entvölkerte Calenardhon. Sie entschlossen sich zu der Wanderung, weil das Land Éothéod ihnen zu eng geworden war.

Vgl. Eorl, Rhovanion, Rohirrim.

R, Anhänge A und B; *Nachrichten,* III, ii.

Éowyn

Die Schildmagd von Rohan, König Théodens Nichte, in dessen Haus sie zusammen mit ihrem vier Jahre älteren Bruder Éomer aufgezogen worden war. Lange hatte sie die Krankenpflegerin für den langsam verblödenden König spielen müssen, aber die weibliche Geschlechtsrolle war bei den Rohirrim nicht so eng-herzig beschränkt wie bei den Dúnedain des Dritten Zeitalters. Sie konnte vorzüglich reiten und mit Waffen umgehen. Als sie Aragorn begegnete, entzündete er in ihr eine Liebe von der heroischen Art, die eher auf erotisierte Waffenbrüderschaft als auf die triviale Fortpflanzungsgemeinschaft der Ehe abzielte: „Soll ich immer zurückgelassen werden, wenn die Reiter aufbrechen, und mich um das Haus kümmern, während sie Ruhm finden, und für Nahrung und Betten sorgen, wenn sie heimkehren?" Aber Isildurs Erbe schrak zurück vor einer Frau, die vielleicht nicht bereit gewesen wäre, für ihn Fahnen zu sticken.

Als Mann verkleidet, unter dem Namen Dernhelm und mit dem Hobbit Meriadoc Brandybock hinter sich im Sattel, folgte sie Théoden auf seinem Ritt in den Heldentod. Der Tod, den sie suchte, begegnete ihr in Gestalt des Schwarzen Heermeisters, dem prophezeit war, daß er „von keines Mannes Hand" fallen werde, und mit des Hobbits Hilfe trug sie den Sieg davon. Aragorns heilende Hände und Worte holten sie ins Leben zurück, und die Begegnung mit Faramir linderte auch die Hoffnungslosigkeit in der Unentrinnbarkeit des Frauenschicksals. Sie heiratete Faramir und folgte ihm auf seinen Fürstensitz in Ithilien.

Der Name Éowyn bedeutet altenglisch „Freude an Pferden".

Vgl. Aragorn, Éomer, Rohirrim, Schwarzer Heermeister, Théoden.

R, V, passim; VI, 5/6; Anhang A.

Ephel Dúath

S. „Äußerer Schattenzaun": vgl. Schattengebirge.

Erebor

Sindarin „der Einsame Berg": er stand allein in der Ebene östlich des Düsterwalds und nördlich vom Langen See. Hier ließen die Zwerge von Moria sich nieder, nachdem sie von dem Balrog vertrieben worden waren. Thráin I. gründete das „Königreich unter dem Berg" (1999 D. Z.); doch nahmen die Zwergenkönige aus Durins Linie bald darauf ihren Wohnsitz weiter nördlich im Grauen Gebirge. Thrór kehrte 2590 zum Erebor zurück und wurde dort reich und mächtig, im Bündnis mit den Königen von Thal. (Die Stadt Thal lag unmittelbar zu Füßen des Berges.)

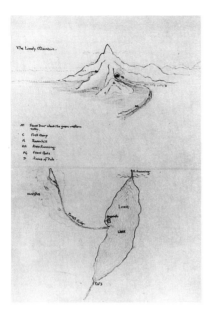

Der Erebor, mit Kartenskizze vom Langen See.
Künstler, 128.

Im Jahr 2770 wurde der tief in den Berg eingegrabene Zwergenpalast von dem Feuerdrachen Smaug erobert. Alle Zwerge, die dort lebten, wurden getötet oder vertrieben, ebenso wie die Menschen von Thal. Die Umgebung des Berges wurde verbrannt und verwüstet. Dann kroch Smaug in die große Schatzkammer, warf alle Kostbarkeiten auf einen Haufen und legte sich drauf. So fand ihn hundertsiebzig Jahre später der Meisterdieb Bilbo Beutlin.

Das Innere des Berges war ähnlich eingerichtet wie Moria, aber viel kleiner: eine Vielzahl von Gängen, Stollen, Kammern und vor allem Treppen. (Anders als die Hobbits liebten die Zwerge Treppen.) Thrórs große Halle, der Versammlungsraum, lag dicht vor dem Haupttor. Der Fluß Eilend entsprang hier und floß neben dem Tor ins Tal hinab.

Seit der Schlacht der fünf Heere (2941 D. Z.), in der die Zwerge gemeinsam mit den Menschen von Thal und den Waldelben ein großes Orkheer besiegten, war die traditionelle Feindschaft mit den Elben bei den Zwergen vom Erebor geschwunden.

Während des Ringkriegs hielt der Erebor, in den sich auch die Überlebenden aus Thal geflüchtet hatten, der Belagerung durch ein Heer der Ostlinge stand. Dabei fiel Dáin Eisenfuß, der „König unter dem Berg".

Vgl. Schlacht der fünf Heere, Smaug, Thrain I., Thrór, Thorin II.; Karte S. 158.

H, 11-18; *R*, Anhänge A und B.

Erech

Ein Hügel an der Ostseite des oberen Morthond-Tals. Auf dem Gipfel lag ein kugelrunder, übermannshoher schwarzer Stein, den Isildur aus Númenor mitgebracht und dort hingeschafft hatte. Bei diesem Stein hatte der König der Gebirgsbewohner ihm Lehnstreue schwören müssen. Im Krieg gegen Sauron aber wollte der König lieber neutral bleiben und war dafür von Isildur verflucht worden: Er und sein ganzes Volk sollten auch im Tode keine Ruhe finden, solange ihr Eid nicht erfüllt sei. Und seither spukten die Toten um den Stein herum. Dorthin kam Aragorn auf den Pfaden der Toten in der Nacht vom 8. auf den 9. März 3019 D. Z., entrollte sein Banner und stieß in ein silbernes Horn. Die Toten rief er auf, ihm nach Pelargir zu folgen; dann werde ihr Eidbruch gutgemacht, und sie könnten in Frieden ruhen. Am nächsten Morgen ritt er mit seinem kleinen Trupp weiter, gefolgt von einem Heer kampflustiger Schatten.

Vgl. Morthond, Pelargir, Pfade der Toten.

R., V, 2.

Ered Engrin

Sindarin „Eisenberge": Melkors Schutzwall gegen seine Feinde aus Valinor, in der Frühzeit von Arda im Norden aufgerichtet, in den Kriegen der Valar mehrmals zertrümmert, später aber wieder aufgebaut. Im Ersten Zeitalter zogen sich die Ered Engrin in einem weiten, nach Norden offenen Bogen über den ganzen Norden von Mittelerde hin. Vorher waren sie höher gewesen, denn aus ihrem Schutt hatte Aule die Gebirge von Hithlum und Dorthonion aufgetürmt. Auf der Nordseite lagen Melkors Festungen Utumno und Angband. Nach der Großen Schlacht am Ende des Ersten Zeitalters wurden sie gründlicher zerstört und ins Meer gekippt; nur einige kleine Bergketten wie das Graue Gebirge und die Eisenberge blieben stehen. Nördlich der Ered Engrin war nur noch öde Steppe, die bald in die Region des ewigen Eises überging.

Vgl. Angband, Melkor, Thangorodrim.

S, XIII, XIV, XXIV; *HME 4*, V.

Ered Gorgoroth

Sindarin „Berge des Grauens": die schroffen Klüfte, in denen Dorthonion nach Süden abfiel. Niemand als Beren, der von Saurons Kreaturen gejagt wurde und der keinen anderen Fluchtweg mehr hatte, stieg je dort hinunter. Rein alpinistisch war der Abstieg schon schwierig genug, aber die größten Probleme warteten unten. Beren sprach später nur in wirren Andeutungen davon, was ihm dort begegnet war, aber es kann als sicher gelten, daß er mit licht- und lebensfeindlichen Wesen der Vorzeit Bekanntschaft machte, von denen Ungoliants

Riesenspinnen nicht die einzigen waren. Er fand nichts Eßbares, alle Quellen waren vergiftet, und auf dem Weg nach Doriath mußte er nun noch das Tal von Nan Dungortheb durchqueren. Bei dieser Wanderung bekam der Held graue Haare.
Vgl. BEREN, DORTHONION, NAN DUNGORTHEB, RIESENSPINNEN; Karte S. 34.
S, XIV, XIX.

ERED LÓMIN

Die Echoberge, eine lange Gebirgskette zwischen Lammoth und Nevrast im Westen, Hithlum und Dor-lómin im Osten. Tuor, auf seinem Weg nach Nevrast, fand in der Nähe des Fjords von Drengist einen Tunnel, der dem Lauf eines Baches folgend unter dem Gebirge hindurch führte. Dies war *Annon-in-Gelydh*, die Pforte der Noldor, angelegt von Turgon vor über vierhundert Jahren. Auf der Westseite mündete der Tunnel in die Regenbogenspalte *(Cirith Ninniach)*, eine tiefe Schlucht, durch die der Bach ins Meer floß. Als Tuor dort auf seiner Harfe spielte, trug das Echo die Musik weit über die ganze verlassene Gegend.
Vgl. Karte S. 34.
S, XXIII; *Nachrichten*, I, i.

ERED LUIN

Sindarin für BLAUE BERGE.

ERED NIMRAIS

Sindarin für WEISSES GEBIRGE.

ERED WETHRIN

S. das Schattengebirge, die lange Bergkette zwischen Hithlum und Ard-galen, wo sie in nord-südlicher Richtung verlief, bis sie am Tal des Sirion nach Südwesten abbog. Im nördlichen Teil standen die Festungen der Noldor gegen Angriffe aus Angband.
Vgl. Karte S. 53.
S, XIV, XVIII.

EREGION

Eine Landschaft im westlichen Vorland des Nebelgebirges, nach Süden von dem Fluß Glanduin begrenzt, nach Nordwesten von Mitheitel und Bruinen. Der Name bedeutet „Land der Hulstbäume" (daher auch *Hulsten*), nach der hier vorherrschenden Baumart, den Hulstbäumen oder Stecheichen *(Ilex aquifolium)*. Als die Ringgemeinschaft zwei Wochen nach dem Aufbruch von Bruchtal dort ankam, sah sie ein ödes, felsiges Land, anscheinend von allen Bewohnern verlassen, aber ab und zu von großen Schwärmen neugieriger Krähen überflogen. Auf dem Weg zum Westtor von Moria fanden die Gefährten Überreste einer alten Straße, die nach Ost-in-Edhil führte, der Hauptstadt eines früheren Noldor-Reichs.
Angelockt durch die Nachrichten von den Mithril-Funden in Moria, hatten sich etwa seit 700 Z.Z. manche Noldor aus Lindon in Eregion niedergelassen; sie richteten Werkstätten ein und trieben mit den Zwergen Handel und Wissensaustausch. Zur Erleichterung des Verkehrs legten die Naugrim das Westtor an. Unter den ersten, die nach Eregion kamen, war Galadriel, aber den größten Einfluß erlangte Celebrimbor, das Oberhaupt der Gwaith-i-Mírdain (Gilde der Juwelenschmiede). Um das Jahr 1200 Z.Z. kam Sauron nach Ost-in-Edhil, unter dem Namen Annatar (Herr der Geschenke) und in ansehnlicher Gestalt. Um die Elben für seine Zwecke zu gewinnen, verkündete er in wohlgesetzten Worten die Botschaften des Fortschritts und der Aufklärung. Außerdem ließ er Celebrimbor an seinem beträchtlichen Geheimwissen teilhaben und gewann immer mehr Ansehen unter den Juwelenschmieden. Galadriel mißtraute ihm, setzte sich aber in den Augen der anderen Noldor durch wenig fundierte Polemik ins Unrecht, die Sauron mit musterhafter Höflichkeit ertrug. Schließlich schufen die Elbenschmiede die Ringe der Macht, und Sauron, der seit 1500 Z.Z. wieder in Mordor hauste, schuf den Herrscherring, der ihm die anderen Ringe untertan machte. Als die Elben ihm die Ringe nicht ausliefern wollten, fiel Sauron mit einem großen Heer über Calenardhon in Eregion ein. Trotz der Hilfe der Naugrim und der Waldelben, und obwohl ihnen Elrond mit einem Heer aus Lindon zu Hilfe eilte, konnten die Elben ihm nicht standhalten. Ost-in-Edhil wurde erobert, Celebrimbor gefangengenommen und Eregion verwüstet. Im Haus der Gwaith-i-Mírdain nahm Sauron die dort verwahrten Ringe an sich und erfuhr von Celebrimbor, den er folterte, wo sich die anderen befanden. Nur über den Verbleib der drei Elbenringe erfuhr er nichts.
Von den Elben, die dem Untergang entkamen, schlossen manche sich Elrond an, der im Norden den Krieg fortsetzte; andere flüchteten durch die Stollen von Moria nach Lórinand. Seit dieser Zeit (1697 Z.Z.) wurde Eregion nicht wieder besiedelt.
Vgl. CELEBRIMBOR, GALADRIEL, MORIA, RINGE DER MACHT; Karte S. 142/43.
S, Von den Ringen ...; *R*, I, 2; II, 2; Anhang B; *Nachrichten*, II, iv.

ERENDIS

Unglückliche Ehen gab es in allen Zeitaltern von Arda; selbst in Valinor waren sie nichts völlig Unbekanntes. Doch die Phantasie der alten Sänger beflügelte dies Thema nicht, und darum erfahren wir davon nur wenig. Die Geschichte vom „Weib des Seefahrers" ist aus jenen Zeiten die einzige ihrer Art; daß sie erhalten geblieben ist, soll Elendil zu verdanken sein, der sie merkwürdig fand und sie unter den aus Númenor mitgebrachten Schriftrollen verwahrte.

Erendis war die Gattin König Aldarions, des großen Seefahrers. Sie stammte nicht aus der Linie von Elros, sondern aus dem Hause Beor und konnte daher für sich kein so langes Leben erwarten wie Aldarion. Um so mehr erbitterten sie seine langen Abwesenheiten. Sie weigerte sich, ihn auf seinen Seereisen zu begleiten, denn sie haßte das Meer (und die Meeresgöttin Uinen). Als er nach langer Verlobung sich endlich die Zeit nahm, sie zu heiraten, ärgerte es ihn, daß er nun ständig daheim bleiben sollte. „Sie liebt mich nur wie einen zahmen Hund, der neben dem Herde döst, bis es ihr gefällt, in ihren Feldern spazierenzugehen", sagte er. Erendis liebte das Landleben und zog sich mit ihrer Tochter Ancalime in die Schafweiden von Emerië zurück. Dort wohnte sie in einem weißen Haus, wo nur Frauen um sie waren und niemand anders als mit gedämpfter Stimme zu sprechen wagte. Als Aldarion wieder einmal etliche Jahre später, als er versprochen hatte, von einer Reise heimkehrte, empfing Erendis ihn eisig, und er mußte im Gästezimmer übernachten. Sie hoffte, er werde sie um Verzeihung bitten, aber Aldarion fühlte sich ungerecht behandelt und beendete den Umgang mit seiner Gattin für immer. Bei einem ihrer wenigen Besuche in Rómenna soll Erendis im Jahre 985 auf unbekannte Weise im Meer umgekommen sein.

Erendis gab ihre Geringschätzung für die Männer von Númenor an ihre Tochter weiter, die spätere Königin Ancalime. Sie klagte über die männliche Achtlosigkeit gegen die Dinge der Natur: „Alles ist nur dazu da, ihnen von Nutzen zu sein: Berge für Steinbrüche, Bäume für Bretter, Frauen für die Bedürfnisse ihres Körpers oder, wenn sie schön sind, als Zierde der Tafel und des Heims; Kinder sind gut, um sie zu liebkosen, wenn sonst nichts anderes zu tun ist … Beuge dich ihnen nicht, Ancalime! Senke deine Wurzeln in den Felsen und biete dem Wind die Stirn, wenn er auch alle deine Blätter fortweht."

Vgl. ALDARION, ANCALIME.
Nachrichten, II, ii.

ERIADOR

Das Land zwischen dem Nebelgebirge im Osten und den Blauen Bergen im Westen, nach Norden ans Meer und die Eiswüsten der Forodwaith grenzend, nach Süden ohne klare natürliche Grenzen, etwa bis zu den Flüssen Glanduin und Gwathló.

Im Ersten Zeitalter war Eriador eine undeutlich bekannte Wildnis im Osten, aus der im Lauf der Zeit einige Menschenvölker nach Beleriand einwanderten. Nach dem Untergang Beleriands rückte Eriador gewissermaßen nach Westen und wurde der wichtigste Lebensraum der noch in Mittelerde zurückbleibenden Elben. Aber viel stärker als Beleriand wurde es von den Menschen besiedelt; die Elben zogen sich in Randgebiete wie Lindon, Imladris und Lórien zurück und wurden für die Nachbarvölker allmählich zu Fabelwesen.

Am dichtesten bevölkert war Eriador während der ersten Jahrhunderte des Dritten Zeitalters, solange Elendils Erben das Nördliche Königreich noch zusammenhielten. Später lebten hier noch einige kaum miteinander verbundene Völker von Jägern, Bauern, Fischern und Waldläufern (Bree, Dunland, Minhiriath). In diesem entvölkerten Land war nun auch Platz für ein Volk von kleinen, die Verborgenheit liebenden Höhlenbewohnern wie den Hobbits. Nach dem Ringkrieg wurde das Nördliche Königreich wiederhergestellt und mit dem von Gondor vereinigt. Von neuem begannen die Menschen, das Land auszufüllen und in Besitz zu nehmen. Daß König Elessar ihnen das Betreten des Auenlandes verbot, schützte die Hobbits nicht lange. Für die Elben war die Welt nun alt und grau geworden, und ihre letzten Schiffe stachen in See.

Vgl. Karte S. 53.
S. XII; Von den Ringen …; *R*, Anhänge A und B.

ERU

Quenya „der Eine".
Vgl. ILÚVATAR.

ESGALDUIN

Der Fluß im Doriath, der die Wälder von Neldoreth und Region trennte. Der Name bedeutet „Fluß unter dem Schleier": Melian hatte einen Zauber über den Fluß gelegt, der eine Art

Entgiftung bewirkte. Der Esgalduin entsprang nämlich in dem Riesenspinnenland von Nan Dungortheb, dessen Wasser höchst ungesund waren. Im Oberlauf, über abfallendes Gelände in südlicher Richtung, hatte er viele Schnellen und Wasserfälle. Bei Menegroth, das auf dem südöstlichen Ufer lag, machte er einen Knick und floß nach Westen dem Sirion zu.

Die Ufer des Esgalduin, besonders das westliche mit den Wiesen und Lichtungen von Neldoreth, sahen manche schicksalsschweren Ereignisse: Hier begegneten sich Beren und Lúthien, und hier fand die Jagd nach dem Wolf Carcharoth ihr schlimmes Ende. Als Melian schließlich aus Menegroth fortgegangen und ihr Zauber aufgelöst war, fiel auf, daß der Fluß nun „mit veränderter Stimme sprach".

Zwei große, steinerne Brücken überspannten den Fluß: die eine bei Menegroth, die andere, *Iant Iaur* (alte Brücke) genannt, an der Zwergenstraße vor der Nordgrenze von Doriath.

Vgl. Doriath, Melian, Nan Dungortheb; Karte S. 34.
S, XIV, XIX, XXII.

ESGAROTH

(Seestadt): die Stadt der Menschen im Langen See, auf Pfählen erbaut und mit dem südwestlichen Ufer durch eine große Holzbrücke verbunden. Nahebei sah man vermoderte Pfähle einer älteren und größeren Stadt, vermutlich aus der Zeit Eldacars und der Könige von Rhovanion. In der Zeit, als der Drache Smaug den Norden beherrschte, lebte die Stadt vor allem vom Handel mit dem Süden; wichtigster Verkehrsweg war der Fluß Eilend. Im Jahre

Smaugs Ende: Der Drache über Esgaroth.
Künstler, 137.

2941 D. Z. wurde die Stadt von Smaug angegriffen und völlig zerstört; aber der Drache wurde von dem Bogenschützen Bard getroffen und stürzte zwischen den Trümmern der Stadt ins Wasser.

Etwas weiter nördlich und näher am Ufer wurde die Stadt wieder aufgebaut. Sie hatte viele Vorteile vom Wiederaufleben der Stadt Thal und der Minen unterm Erebor.

Esgaroth war ein republikanischer Stadtstaat mit einem Bürgermeister an der Spitze, der in der Regel dem Kreis der reichsten Händler angehörte.

Vgl. Bürgermeister von Esgaroth, Erebor, Thal; Karte S. 158.
H, 14–16; *R*, Anhang B.

ESTOLAD

S. „Das Lager": Das Gebiet zwischen den Flüssen Celon und Gelion, südlich von Nan El-moth. Hier ließen die Völker Beors und Marachs sich vorerst nieder, als sie über die Ered Luin nach Beleriand gekommen waren. Die Eldar aus ganz Beleriand kamen, um die in vielen Weissagungen angekündigten jüngeren Kinder Ilúvatars in Augenschein zu nehmen. Von den Elbenfürsten im Norden, die auf Verstärkung bedacht waren, wurden die Menschen umworben. Wagemutige junge Männer, dann auch größere Familien und ganze Sippen zogen daraufhin fort und nahmen Dienst in Hithlum oder Dorthonion. Aber viele zogen auch in andere Richtungen oder blieben in Estolad. Hier scheint es zu den interessantesten Diskussionen darüber gekommen zu sein, wie die Menschen sich zu den Elben und ihrem Krieg gegen Morgoth stellen sollten. Niemand plädierte für ein Bündnis mit Morgoth, aber zwei

Fraktionen um Bereg und Am-
lach waren mehr oder weniger
entschieden für Neutralität. Als
Ost-Beleriand nach der Dagor
Bragollach von den Orks über-
rannt wurde, flüchteten die
Menschen von Estolad zumeist
in den Osten.
Vgl. Amlach, Beor, Bereg,
Edain, Hador, Menschen; Kar-
te S. 34.
S, XVII.

Ethir Anduin

Die Anduin-Mündungen, das
Delta des Flusses unterhalb von
Pelargir. Vor der Belagerung
durch den Schwarzen Heermeister kamen von dort nur wenig
über hundert Fischersleute
nach Minas Tirith, um die Stadt
verteidigen zu helfen. Mehr
konnte man wegen des Kriegs
mit den Korsaren von Umbar
nicht entbehren.
Vgl. Karte S. 53.
R, V, 1.

Ettenöden

Eine steinige und struppige
Ebene um den Oberlauf des
Weißquell. Gandalf durchquerte
die Gegend in der Zeit vom 3.
bis 18. Oktober 3018, verfolgt
von vier Ringgeistern. Über das
Felsgeröll konnte er nicht rei-
ten, darum verabschiedete er
seinen Hengst Schattenfell. Die
Ettenöden waren Troll- und
Orkland.
Vgl. Rhudaur, Trollhöhen,
Wetterspitze; Karte S. 141.

Evendim

Vgl. Abendrotsee.

FALAS

S. „Brandungsstreifen": die Westküste von Beleriand zwischen Nevrast und Arvernien, besonders das dichtbevölkerte Gebiet zwischen den Mündungen der Flüsse Brithon und Nenning mit den beiden Häfen Brithombar und Eglarest. Der Fürst der Teleri, die seit der großen Wanderung der Elben hier lebten, war Círdan. Die Bewohner hießen die *Falathrim;* sie waren tüchtige Seefahrer und unterstützten die Noldor in ihren Kriegen gegen Morgoth. König Finrod von Nargothrond förderte den Ausbau der Häfen und ließ auf dem Westkap von Eglarest den Turm von Barad Nimras zur Beobachtung des Meeres errichten (unnötigerweise, denn Morgoths Strategen dachten nicht daran, sich aufs Wasser zu wagen). Im Jahr nach der Nirnaeth Arnoediad, als die Häfen voller Flüchtlinge aus dem Norden waren, schickte Morgoth ein großes Heer aus, das durch Hithlum in Nevrast und in die Falas einmarschierte. Das Land wurde verwüstet, die Häfen eingeschlossen und mit allen Künsten Angbands, auch mit Flammenwerfern und Sprengstoffen, belagert und zerstört. Barad Nimras wurde geschleift. Die wenigen Verteidiger, die entkamen, unter ih-

nen Ereinion (Gil-galad), fuhren mit Círdan nach Süden und ließen sich auf der Insel Balar nieder.
Vgl. Balar, Beleriand, Círdan; Karte S. 34.
S, V, X, XIV, XX.

FALBHÄUTE

Der zahlenmäßig kleinste der drei Hobbitstämme lebte am weitesten nördlich im Anduin-Tal und zog um das Jahr 1150 D. Z. nach Westen. Sie überschritten das Nebelgebirge nördlich von Bruchtal und folgten dem Lauf des Weißquell nach Südwesten bis in das Gebiet um die Wetterberge.
Die Falbhäute waren etwas größer, schlanker und hellhäutiger als die anderen Hobbits. Sie zogen die Jagd und das Leben in den Wäldern dem Ackerbau vor. Den Umgang mit den Elben mieden sie nicht grundsätzlich. Die verwegeneren und weniger bodenständigen Hobbits stammten meist aus Familien wie denen der Tuks und Brandybocks, die stark vom Erbe der Falbhäute geprägt waren.
Vgl. Brandybock, Hobbits, Tuk.
R, Prolog.

FANGORN

Der Urwald am Fuß des Methedras zwischen den Flüssen Limklar im Norden und Entwasser im Süden. Fangorn war der Sindarin-Name des Ents Baumbart, der hier lebte, neben vielen anderen Ents und Huorns. Der Wald war ein Rest der großen Wälder, die im Ersten Zeitalter fast ganz Mittelerde bedeckten. Er wurde von Reisenden aus den Nachbarländern gemieden, sogar von den Elben. In manchen seiner Täler war die Dunkelheit nie gewichen, und die Bäume dort waren alt und bos-

haft. Aber seit Saruman seinen Sitz in Isengart genommen hatte, richtete sein Gesindel auf der Südseite des Waldes große Verwüstungen an. Als Pippin und Merry von ihren Erlebnissen berichtet hatten, ließen sich die Ents und Huorns, die vorher schläfrig dahindämmerten, zum Kriegszug aufrütteln. Sie zerstörten Isengart und eilten den in der Hornburg belagerten Rohirrim zu Hilfe.
In früheren Zeiten waren die Wälder von Fangorn und Lórien fast benachbart; im Dritten Zeitalter waren sie zwei voneinander getrennte Inseln der Vergangenheit. Und beide waren im Schwinden.
Vgl. Baumbart, Ents, Huorns, Olvar; Karte S. 143.
R, III, 4; VI, 6.

FARAMIR

Der zweite Sohn des Truchsessen Denethor II. von Gondor. Er begegnete Frodo und Sam in Ithilien, bewirtete sie für eine Nacht in Henneth Annûn und sah sich vor demselben Problem wie sein Bruder Boromir einige Tage zuvor: Sollte er Frodos aussichtsloses Unternehmen zulassen? Er war weitblickender als Boromir oder vielleicht auch nur weniger entschlossen; außerdem hatte er viel mit Gandalf geredet und dabei mit dem Unwahrscheinlichen zu rechnen gelernt. Er versuchte nicht, den Ring an sich zu bringen. Am nächsten Tag (dem 9. März 3019 D. Z.) zog er sich zum Anduin zurück und geriet sofort in schwere Verteidigungskämpfe, als der Feind die Flußübergänge bei Osgiliath und Cair Andros erzwang. Auf dem Rückzug wurde er verwundet und geriet unter den Schwarzen Atem der Nazgûl. Denethor, in seiner Ver-

Fangorn.
Ursprünglich eine Illustration zu Taur-nu-Fúin: Beleg findet Gwindor.
Künstler, 54.

zweiflung, wollte ihm den gleichen Feuertod bereiten wie sich
selbst, aber Beregond rettete
ihn unter Verletzung seiner
Dienstpflichten.

Nach der Schlacht auf dem Pelennor wurde er durch Aragorns
Athelas-Behandlung geheilt.
Während der Genesung begegnete er einer anderen heroischen Patientin: Éowyn von
Rohan, die ebenso wie er den
Schwarzen Anhauch erlitten
hatte, dessen Spuren sich nie
ganz tilgen ließen. Und beide
erlebten sie den Sieg mit den
gemischten Gefühlen derer, die
schwere persönliche Verluste

hatten hinnehmen müssen. Faramir war wie geschaffen als Ersatz für den Mann, den Éowyn
nun einmal nicht bekommen
konnte. Sie heirateten in Edoras, gleich nach der Totenfeier
für König Théoden.

König Elessar bestätigte Faramir und seine Nachkommen in
der Würde der Truchsessen und
ernannte Faramir zum Fürsten
von Ithilien, mit Sitz auf dem
Emyn Arnen, in Sichtweite von
Minas Tirith.

Vgl. BOROMIR, DENETHOR II.,
ÉOWYN, HENNETH ANNÛN, GON-
DOR, TRUCHSESSE.

R, IV, 6; V, 4, 8; VI, 5/6.

FEANOR

Der Schöpfer der Silmaril, Erfinder der Tengwar und Führer
der Noldor bei ihrer Empörung
gegen die Valar und beim Auszug aus Aman. Sein Vater Finwe
nannte ihn bei der Geburt Curufinwe, Q. „der Geschickte“,
seine Mutter Míriel nannte ihn
Feanor, „Feuergeist“ (Q. *Feanáro*). In Valinor lernte er viel von
Aule und dem Schmied Mahtan,
einem Noldo, der Aule nahe-
stand. Mahtans Tochter Nerdanel wurde seine Frau; sie gebar
ihm sieben Söhne: Maedhros,
Maglor, Celegorm, Caranthir,
Curufin, Amrod und Amras.

76

Nerdanel trennte sich von ihm, als er ihr allzu unberechenbar wurde.

In seinen Halbbrüdern Fingolfin und Finarfin sah Feanor von Anfang an Rivalen, die ihm die Gunst seines Vaters und die Herrschaft über die Noldor streitig machten. Er bedrohte Fingolfin mit der blanken Waffe und wurde für zwölf Jahre aus Tirion verbannt. In Formenos, im Norden von Valinor, baute er sich eine Festung mit einer Schatzkammer, in der die Silmaril vor aller Welt verborgen blieben. Nur seinen engsten Verwandten gönnte er ihren Anblick. Aus seinem Schöpferstolz erwuchsen die Eifersucht des Besitzers, der Unwille über die Bevormundung durch die Valar und der Wunsch, aus dem engen Paradies von Valinor auszubrechen.

Nach der Vernichtung der Zwei Bäume wurde erst klar, was Feanor mit den Silmaril geleistet hatte: Sie waren das Werk eines Konservators, der das reine ursprüngliche Licht für immer bewahren wollte. Er war aber nicht bereit, die Silmaril herzugeben, damit Yavanna daraus neues Leben hervorwachsen ließe. Als Melkor ihm die Silmaril geraubt hatte, war für ihn die Welt aus den Fugen, und die Valar machten keine Anstalten, sie wieder in Ordnung zu bringen. Also rief er die Noldor auf, ihr Schicksal selbst in die Hand zu nehmen und in Mittelerde eigene Reiche zu gründen. Melkor verfluchte er und heftete ihm für immer den Namen Morgoth an. Dann schwor er, zusammen mit seinen Söhnen, einen unauflöslichen Eid der Rache und des totalen Kriegs gegen jeden, der zwischen sie und die Silmaril träte. Der Eid stiftete

später Unfrieden zwischen seinen Söhnen und ihren möglichen Verbündeten in Mittelerde.

Feanor und seine Söhne wurden sofort aus Valinor verstoßen; aber auch die anderen Noldor, die mit ihnen gingen, wurden an der Grenze von Araman noch mit Mandos' Fluch belegt, weil sie direkt oder indirekt an dem Blutvergießen von Alqualonde beteiligt waren, wo Feanor die Schiffe der Teleri raubte. In alledem erwies sich Feanor als ein bedenkenloser, charismatischer Führer, der selbst die Widerstrebenden mit sich fortriß und der mit den Valar wie von gleich zu gleich sprach.

In den letzten Tagen seines Lebens handelte er wie ein Verrückter: Nach der Landung bei Losgar am Fjord von Drengist ließ er die Schiffe verbrennen, statt sie zurückzuschicken; deshalb mußte Fingolfin sein Volk durch die arktische Region der Helcaraxe führen. Maedhros hatte später viel Mühe, diese Treulosigkeit gegen die Verwandten vergessen zu machen. In der Schlacht unter den Sternen rannte Feanor blindwütig in einen Trupp Balrogs hinein und wurde zu Tode verwundet. Seine Leiche soll vor innerer Glut zu Asche zerfallen und davongeweht worden sein.

Vgl. Alqualonde, Aule, Dagor-Nuin-Giliath, Fingolfin, Finwe, Maedhros, Mandos, Morgoth, Noldor, Silmaril, Tengwar.

S, passim, besonders VI–IX.

Fenn von Serech

Der Sumpf um die Mündung des Rivil in den Sirion, am nördlichen Eingang des Sirion-Passes; daher ein wichtiger Punkt in allen Schlachten, die in Ard-

galen ausgefochten wurden, und Schauplatz vieler Heldentaten. In der Dagor Bragollach wurde König Finrod Felagund hier mit wenigen Begleitern von den Feinden umzingelt und von Barahir herausgehauen. In der Nirnaeth Arnoediad fielen hier die Männer von Dor-lómin, als sie Turgons Rückzug nach Gondolin deckten.

Fenn von Serech bedeutet wahrscheinlich „Blutsumpf" (Sindarin *sereg*, Quenya *serke*, „Blut"). Vgl. Ard-galen, Barahirs Ring, Dagor Bragollach, Húrin, Nirnaeth Arnoediad; Karte S. 34.

S, XIII, XVIII, XX.

Fíli und Kíli

Zwei unzertrennliche Brüder, Zwerge aus Durins Volk, Neffen von Thorin Eichenschild, den sie auf der Wanderung zum Erebor begleiteten. Sie waren sehr musikalisch und spielten mehrere Saiteninstrumente. Kaum achtzigjährig, waren sie die jüngsten von Thorins Gefährten. Sie fielen in der Schlacht der fünf Heere (2941 D. Z.), als sie den verwundeten Thorin gegen die andrängenden Feinde verteidigten.

Vgl. Erebor, Thorin II.

H, 1, 13, 18; *R*, Anhang A.

Fingolfin

Finwes zweiter Sohn, Feanors ungeliebter Halbbruder. Er widersprach Feanor, als der zum Auszug nach Mittelerde aufrief, ging aber am Ende mit, weil er sein Volk und seine Kinder nicht im Stich lassen wollte, denen Feanors Reden Eindruck gemacht hatten. Von Feanor ohne Schiffe in Araman zurückgelassen, führte Fingolfin sein Volk über die vereiste Meerenge der Helcaraxe. Als er mit seiner

Schar in Mithrim einzog, „da ging flammend im Westen die Sonne auf, und Fingolfin entrollte seine blausilbernen Banner und ließ die Hörner blasen; und zu Füßen seiner Schar wuchsen Blumen auf, und die Zeitalter der Sterne waren zu Ende". Und die Feinde verkrochen sich unter die Erde. Nach Feanors Tod wurde Fingolfin Hoher König der Noldor und ließ sich im kalten, nebligen Hithlum nieder – dort, wo Angband am nächsten und die Gefahr am größten war. Vierhundert Jahre lang wahrte er die Eintracht unter den Noldorfürsten und hielt den Belagerungsgürtel um Angband geschlossen. Nach der Niederlage in der Dagor Bragollach sah er den baldigen Untergang der Noldorreiche voraus, stieg auf sein Roß Rochallor, ritt allein bis an die Pforten von Angband und forderte Morgoth zum Zweikampf.

Im Tode erweist sich Fingolfin als ein Muster ästhetischen Heldentums, dem es auf die edle Tat allein und nicht auf das schnöde Ergebnis ankommt: Dem schwarzen König, der wie eine Gewitterwolke heranzieht, tritt Fingolfin leuchtend wie ein Stern entgegen, „denn sein Kettenhemd war mit Silber ausgelegt und sein blauer Schild mit Kristallen besetzt; und er zog sein Schwert Ringil, das glitzerte wie Eis". Er brachte Morgoth sieben Wunden bei, aber natürlich hatte er keine Chance und erlag zuletzt Grond, dem Unterwelthammer. Thorondor rettete seinen Leichnam. Turgon begrub ihn auf einem Gipfel der Crissaegrim und errichtete ihm eine Pyramide.

Fingolfin hatte zwei Söhne, Fingon und Turgon, und eine Tochter, Aredhel, Maeglins Mutter.

Vgl. Dagor Bragollach, Feanor, Hithlum, Morgoth, Noldor.

S, VII, IX, XIII, XIV, XVIII.

FINGON

Fingolfins ältester Sohn und sein Nachfolger als Hoher König der Noldor. Nach der Schlacht unter den Sternen befreite er seinen Freund Maedhros von der Fessel (mitsamt der Hand), mit der er an einen Felsen der Thangorodrim gekettet war. Er ließ sich in Hithlum und Dor-lómin nieder. Wie sein Vater war er ein mutiger Krieger; er hielt viel auf Trompetenschall und eine schmucke Rüstung. In der Nirnaeth Arnoediad versagte die Disziplin seines Heeres vor den Provokationen der Feinde, und er ließ sich zu einem verfrühten Sturmangriff hinreißen. Bald darauf fiel er im Kampf mit Gothmog und seinen Balrogs: „und sie hieben ihn in den Staub mit ihren Keulen, und sein blausilbernes Banner stampften sie in die Lachen von seinem Blut."

Fingon hatte einen Sohn, Gilgalad.

Vgl. Gwindor, Hithlum, Maedhros, Nirnaeth Arnoediad, Noldor.

S, XIII, XIV, XX.

FINROD

Genannt Felagund, „Höhlenschleifer" (von Khuzdul *felakgundu)*, der König von Nargothrond und Oberhaupt des Noldor-Hauses Finarfin in Beleriand. (Finarfin selbst war in Aman zurückgeblieben; seine Söhne und seine Tochter Galadriel waren Fingolfin gefolgt.) Finrod ließ sich zuerst in Tol Sirion nieder und erbaute dort die Festung, in der er später umkam. Als er mit seinem Freund Turgon an den Aeliniual übernachtete, erschien ihnen Ulmo im Traum und riet ihnen, sich nach sicheren Plätzen umzusehen. Er fand die Höhlen am Westufer des Narog und baute sie mit Hilfe der Zwerge zu einer prächtigen Grottenstadt aus, wie er sie in Menegroth gesehen hatte. (Da er durch seine Mutter Earwen, die Tochter König Olwes von Alqualonde, mit Thingol verwandt war und an dem Sippenmord nicht teilgenommen hatte, war er, ebenso wie seine Schwester Galadriel, in Doriath willkommen.) Zum Reich von Nargothrond gehörten auch Dorthonion und der Sirion-Paß; dort setzte Finrod seine Brüder als Regenten ein: Orodreth befehligte Tol Sirion, Angrod und Aegnor, mit einem sehr kleinen Gefolge, bewachten die Nordhänge von Dorthonion.

Finrod war kein sehr kriegerischer, sondern ein edler und weiser König. Er hatte große Schätze aus Valinor mitgebracht und ließ viele Edelsteine in das Nauglamír setzen. In der Dagor Bragollach gab er Barahir einen kostbaren Ring zum Dank für die Rettung aus höchster Gefahr, mit einem Eid, Barahir und seiner Sippe in jeder Not beizustehen. In Erfüllung dieses Eides opferte er sein Leben für Beren, als sie zusammen im Kerker von Tol-in-Gaurhoth lagen. Er war der erste der Noldor, der den Menschen begegnete, als sie über die Ered Luin nach Beleriand kamen, und der sich bemühte, ihr Schicksal zu erforschen.

Vgl. Barahirs Ring, Beren, Menschen, Nargothrond, Nauglamír, Tol Sirion.

S, XIV, XV, XVII-XIX; *HME 10*, IV.

Finwe

Der Fürst der Noldor in Aman; sein Palast stand in Tirion. Er war einer der drei Botschafter gewesen, die zuerst mit Orome nach Valinor gegangen waren, um den Eldar von dort zu berichten. Seine Gattin Míriel Serinde (Q. „die Stickerin") gebar ihm einen Sohn, Feanor, und dabei erschöpfte sich ihre Lebenskraft. Nach langem Bedenken erlaubten die Valar, daß Finwe eine zweite Ehe einging, mit Indis, einer Vanya aus dem Hause Ingwes. Später und im nachhinein erschien dies als ein erstes Anzeichen dafür, daß auch im Paradies etwas faul war. Daß ein noch rüstiger Mann nicht in Ewigkeit um seine dahingeschiedene Gattin trauern wollte, war in der moralischen Ordnung von Valinor nicht vorgesehen.

Indis schenkte Finwe noch zwei Söhne, Fingolfin und Finarfin, in denen ihr Halbbruder Feanor Rivalen sah, die ihm die Gunst seines Vaters abspenstig machten. Dieser Bruderzwist trug viel dazu bei, daß den Noldor Valinor allmählich zu klein wurde. Anders als der dunkelhaarige Feanor waren Indis' Söhne blond und blauäugig.

Finwe ging mit Feanor in die Verbannung nach Formenos und wurde dort beim Raub der Silmaril von Melkor erschlagen. Vgl. Feanor, Fingolfin, Noldor, Valinor, Vanyar.

S, VI; *HME 10*, III, ii.

Flett

(Sindarin *talan*, Plural *telain*), hölzerne Plattform zwischen den Ästen eines Baumes, meist etwas unterhalb der Krone um den Stamm herum befestigt. Man erreichte das Flett über eine Strickleiter und durch ein Loch in der Mitte. Es diente meist nur als Versteck oder Beobachtungsposten, konnte aber auch als ständige Behausung ausgebaut sein (und war dann natürlich überdacht). Die Waldelben von Lórien lebten hauptsächlich in Fletts; Caras Galadhon war eine ganze „Stadt in den Bäumen". Celeborns Flett auf dem höchsten Mallorn-Baum des Landes war groß wie ein kleiner Palast.

Auch bei den anderen Nandor-Völkern, ebenso wie bei den Sindar, waren Fletts nicht unbekannt. König Thingol von Doriath ließ seine ungehorsame Tochter Lúthien auf einem Flett zwischen den drei Stämmen der Buche Hírilorn einsperren. Vgl. Lórien, Lúthien, Nandor, Waldelben.

R, II, 6/7; *S*, XIX; *Nachrichten*, II, iv.

Flinkbaum

Ein jüngerer Ent, dem die Hobbits im Fangorn-Wald begegneten. Er war mit den Ebereschen verwandt und galt unter den Ents als „hastig", seit er einmal die Frage eines Älteren bejaht hatte, bevor sie vollständig ausgesprochen war. Der Name ist die Übersetzung von Sindarin *Bregalad*. Vgl. Ents.

R, III, 4.

Forlong

Genannt der Dicke, der Herr von Lossarnach, kam mit zweihundert gut bewaffneten Männern nach Minas Tirith, ein alter Mann von gewaltigem Leibesumfang, auf einem starken Gaul reitend, im Panzerhemd und mit einem schwarzen Helm, einen langen, schweren Spieß in der Hand. Er stammte nicht aus edlem númenórischem Geblüt, sondern war ein echter Häuptling der dunkelhäutigen Menschen, die seit Anfang des Zweiten Zeitalters südlich der Ered Nimrais ansässig waren. Dennoch hielt er im Ringkrieg treu zu Gondor. Seine grünen Täler sah er nicht wieder, denn er fiel unter den Äxten der Ostlinge in der Schlacht auf dem Pelennor. Vgl. Lossarnach, Pelennor.

R, V, 1, 6.

Fornost

(S. „Nördliche Burg"): Nach dem Verfall von Annúminas die Hauptstadt des Königreichs Arnor und später von Arthedain, am südlichen Ausläufer der Nordhöhen. Nach der Eroberung durch den Hexenkönig von Angmar (1974 D. Z.) wurde Fornost nicht wieder aufgebaut. Zur Zeit des Ringkriegs waren die Ruinen mit Gras und Gestrüpp überwachsen. Im Auenland und in Bree nannte man die Stadt *Norburg* oder *Königsnorburg (Fornost Erain)*. Auf den grasbewachsenen Nordhöhen sah man hier und da noch die Gräber der Dúnedain. Die Gegend war nicht geheuer, und die Hügelkette hieß auch der *Totendeich*. Vgl. Arnor, Arthedain, Arvedui; Karte S. 53.

R, Prolog; VI, 7; Anhang A.

Forochel

Die kalte Gegend im äußersten Norden von Eriador, besonders das Gebiet um die Bucht von Forochel, wo König Arvedui bei den Lossoth Zuflucht fand. Das Klima in Forochel war noch etwas milder als in der Nördlichen Öde von Forodwaith, wo Melkor im Ersten Zeitalter eine Region des ewigen Eises geschaffen hatte. Vgl. Lossoth; Karte S. 53.

R, Anhang A I, 3.

FRAM

Ein Drachentöter in der Stammesüberlieferung der Rohirrim; Sohn Frumgars, der die Éothéod in das Quellgebiet des Anduin führte. Er erschlug den Drachen Scatha aus dem Grauen Gebirge. Als die Zwerge einen Teil des Drachenhorts forderten, weil er von ihnen geraubt sei, schickte Fram ihnen ein paar Drachenzähne, mit der Empfehlung, sich daraus eine Kette zu machen: „Nichts mit diesen Edelsteinen Vergleichbares habt ihr in euren Schatzkammern, denn sie sind schwer zu bekommen." Fram soll von den Zwergen dafür erschlagen worden sein.

Vgl. Drachentöter, Éothéod, Zwerge.

R, Anhang A.

FRECA

Ein dicker Dunländer, der von Fréawine, dem fünften König der Mark, abzustammen behauptete. Er besaß große Ländereien beiderseits des Adorn, wo eine gemischte Bevölkerung von Rohirrim und Dunländern lebte. Obwohl das Land zwischen Isen und Adorn zu Rohan gehörte, kam Freca zu den Ratssitzungen bei König Helm Hammerhand nur, wenn er Lust hatte. Als er gar wagte, für seinen Sohn Wulf um die Hand der Königstochter anzuhalten, erschlug ihn der König mit eigener Faust.

Vier Jahre später (2758 D.Z.) mußte Rohan einen Angriff von Osten abwehren. Wulf nutzte die Gelegenheit, um mit einem Heer der Dunländer auch von Westen ins Land einzufallen. Er eroberte Edoras, rief sich zum König aus, konnte aber Dunharg nicht nehmen und wurde im Frühjahr nach dem Langen Winter (2758/59) von Helms Neffen Fréaláf erschlagen.

Vgl. Dunländer, Helm Hammerhand, Rohan.

R, Anhang A II.

FREDEGAR BOLGER

Ein Hobbit aus Balgfurt an der Wässer, auch „Dick" oder „Fatty" genannt, Sohn von Odovacar und Rosamunde Bolger, geborene Tuk, daher ein entfernter Vetter von Frodo und Merry. Er half Frodo bei seinem Umzug nach Krickloch. Weniger abenteuerlustig als Merry und Pippin, nahm er an der Fahrt nach Süden nicht teil, sondern blieb allein mit einer Nachricht für Gandalf zurück und brachte sich in letzter Sekunde in Sicherheit, als die Schwarzen Reiter das Haus stürmten. Gegen den Oberst ging Dick als Anführer eines Rebellentrupps in die Schärenhügel und wurde gefangengenommen. Nach der Rückkehr der Gefährten wurde er in stark abgemagertem und geschwächtem Zustand aus dem Gefängnis in Michelbinge befreit.

Vgl. Auenland, Oberst.

R, I, 5, VI, 9; Anhang C.

FRODO BEUTLIN

Der Ringträger; Erbe und Adoptivsohn seines Onkels Bilbo Beutlin. Seine Eltern, Drogo Beutlin und Primula Brandybock, waren im Jahre 1380 A.Z., als er zwölf war, beim Bootfahren auf dem Brandywein ertrunken. Er zog zu Bilbo nach Beutelsend, damit sie zusammen ihre Geburtstage feiern konnten, die auf den gleichen Tag fielen, den 22. September.

Frodo war in zweifacher Hinsicht eine Verlegenheitsfigur, ein Ersatzmann: zum einen für Bilbo, der als Held weiterer Abenteuer mit dem Ring, die sich nun in ganz andere (literarische) Sphären erheben sollten, ungeeignet erschien; zum andern für die Weisen und Mächtigen von Mittelerde, die selbstkritisch genug waren, den Ring nicht für sich haben zu wollen. Frodo ist daher eine weniger scharf umrissene Figur als Bilbo, aber nachdenklicher, widersprüchlicher, offener für Stimmungen, Träume, Vorahnungen und Eingebungen: fast wie ein moderner Romanheld. Wäre Sam Gamdschie nicht bei ihm, könnte man oft vergessen, daß er ein Hobbit ist.

Es waren keine heroischen Neigungen, die ihn bewogen, die Aufgabe zu übernehmen, zu der Gandalf ihn drängte: den Ring nach Mordor zu bringen und ihn in die Schicksalsklüfte zu werfen. Am liebsten hätte er mit der Sache nichts zu tun gehabt. Aus dem Auenland fortzugehn, fiel im schwer, so wenig ihn dessen Bewohner auch faszinierten. Aber nun war er dort nicht mehr sicher, und das Auenland selbst war in Gefahr. Auf seiner langen Fahrt bewies er die unvermutete Tapferkeit und Zähigkeit eines Hobbits, doch zehrte der Ring immer mehr an seinen Kräften und wurde immer schwerer, je näher sie dem Ziel kamen. Zuletzt war er unfähig, den Ring ins Feuer zu werfen. Was ihn rettete, war seine Gutmütigkeit: Gollum, den er aus Mitleid und wider alle Vernunft am Leben gelassen hatte, nahm ihm unwillentlich sein Problem ab.

Nach dem Sieg feierte er noch mit seinen Freunden und hörte dem Barden zu, der seine Heldentaten besang. Aber innerlich war er tief verwundet und nahm an allen späteren Ereignissen nur noch wenig Anteil. Die Wunde von dem Morgul-Messer des Hexenkönigs spürte er jedes Jahr Anfang Oktober. In Bruchtal übergab ihm Bilbo das *Rote Buch der Westmark;* Frodo ergänzte es in Beutelsend um den Bericht von seinen eigenen Abenteuern und denen seiner Gefährten. Dann ritt er zu den Grauen Anfurten und fuhr zusammen mit Bilbo und den Trägern der drei Elbenringe in den Alten Westen.

Vgl. BEUTLIN, BILBO BEUTLIN, HERRSCHERRING, HOBBITS, SAM GAMDSCHIE.

R, passim; *Briefe,* 93.

FROSCHMOORSTETTEN
Ein Dorf im Ostviertel des Auenlands, an der Großen Oststraße auf halbem Wege zwischen der Brandywein-Brücke und Wasserau. „Der Schwimmende Balken", ein gut beleumundetes Wirtshaus, war geschlossen, als Frodo und seine Gefährten bei der Rückkehr aus dem Ringkrieg dort einkehren wollten.

Vgl. Karte S. 25.

R, VI, 8.

$\not{P}$

GALADHRIM

Sindarin „Baumbewohner": die WALDELBEN VON LÓRIEN (2), im Unterschied zu den ˋTAWAR-WAITH („Waldvolk") aus dem Düsterwald.

GALADRIEL

Weibliche Schönheit ist bei den Elben niemals nur erotische Attraktivität: Sie ist zugleich ein magisches Potential, ein Glanz, der Freunde beseligen und Feinde in die Flucht schlagen kann. Von solcher Schönheit war Galadriel, die Herrin von Lórien, der Frodo den Herrscherring geben wollte. Galadriel war eine Seherin und wußte auch ohne den Ring schon, was dann aus ihr werden würde: eine dunkle Königin, schön und entsetzlich wie Sturm und Blitz. „Alle werden mich lieben und verzweifeln."

Ihre Macht oder ihr „Zauber" bestand nicht in gewöhnlicher Telepathie oder Hellsicht. Sie vermochte anderen „ins Herz zu blicken", das heißt, auch diejenigen Absichten darin zu erkennen, die im Kopf noch lange nicht fertig waren.

Sie stammte aus den edelsten Häusern von Aman und war mit den drei Lichtelbenvölkern verwandt: Ihr Vater war Finarfin von den Noldor, ihre Großmutter Indis von den Vanyar, ihre Mutter Earwen, die Tochter des Teleri-Fürsten Olwe von Alqualonde. Von ihren Brüdern stand ihr Finrod am nächsten.

Ihr Sindarin-Name Galadriel (Q. *Altariel*) bedeutet „Jungfrau, gekrönt mit schimmerndem Haar": Ihr Haar war berühmt, weil es golden und silbern zugleich schimmerte. (Gimli war nicht der erste, der auf die Idee kam, sie um eine Strähne davon zu bitten.) Von ihrer Mutter hatte sie den Namen *Nerwen*, „Mann-Mädchen", erhalten, und in ihrer Jugend hatte sie amazonische Neigungen. Sie lernte lesen und schreiben (was bei den Elben einiges bedeutete, denn ihre Schrift war, wenn richtig gebraucht, schicksalsträchtig); außerdem war sie sehr groß und nahm es als Athletin mit den Männern auf.

Beim Aufbruch der Noldor aus dem verdunkelten Valinor zog sie mit der zweiten, von Fingolfin angeführten Schar, die über die Helcaraxe nach Mittelerde gelangte. Sie mißbilligte Feanors Empörung, teilte aber sein Verlangen, aus dem engen Paradies von Valinor in die unbewachten Länder zu entkommen und dort nach eigenem Gutdünken zu leben. Obwohl unbeteiligt an dem Sippenmord von Alqualonde, wurde sie durch Mandos' Spruch mitverurteilt.

Lange wohnte sie in Menegroth, wo sie sich mit Celeborn vermählte und die Freundschaft der Königin Melian gewann. Die Kriege gegen Morgoth hielt sie für aussichtslos, wenn die Noldor dabei auf sich allein gestellt blieben; deshalb ging sie, schon bevor Nargothrond und Gondolin gefallen waren, in die Länder östlich der Ered Luin, um Hilfe von den Nandor-Völkern zu erlangen. Im Zweiten Zeitalter schlug sie die von den Valar angebotene Verzeihung aus und blieb in Mittelerde. Um das Jahr 700 Z.Z. half sie, das Noldor-Reich von Eregion zu begründen. Als Saurons Einfluß sich dort bemerkbar machte, ging sie mit ihrem Gefolge durch die Stollen von Moria nach Laurelindórinan (Lórien), wo sie die verstreut lebenden Waldelben dazu bewog, sich zu sammeln und zur Verteidigung ihres Landes bereit zu machen. Dorthin brachte ihr Celebrimbor vor seinem Ende den Weißen Ring Nenya, mit dessen Kraft sie die Verwüstungen der Zeit von Lórien fernhalten konnte.

Im Dritten Zeitalter wanderte sie weit in Mittelerde umher, meistens zusammen mit Celeborn, und kehrte immer wieder zu den Waldelbenvölkern im Osten zurück. Nach Amroths Tod (1981 D. Z.) ließ sie sich mit Celeborn wieder in Lórien nieder, um die Reste der Galadhrim vor der Vernichtung zu bewahren. Alle Elbenvölker neigten zum Isolationismus – schon unter Elben, viel mehr noch gegenüber den Menschen und Zwergen –, aber Galadriel drang darauf, ihre Kräfte gegen den gemeinsamen Feind zu vereinen. Sie war es, die zuerst den Weißen Rat einberief (2463 D. Z.) und gemeinsam mit Gandalf zu einem schnellen Vorgehen gegen die Macht in Dol Guldur riet.

Nach der Vernichtung des Herrscherrings und dem Einsturz von Barad-dûr erlosch auch die Macht der drei Elbenringe, und Galadriel begann die Ermüdung und den Überdruß der Jahre zu spüren. Immerhin hatte sie noch die Kraft, die Mauern von Dol Guldur niederzulegen; dann besuchte sie die Krönung und Hochzeit König Elessars mit ihrer Enkelin Arwen. Zwei Jahre später ritt sie aus Lórien fort und bestieg zusammen mit Gandalf, Elrond, Frodo und Bilbo das Schiff an den Grauen Anfurten.

Galadriels wohltätige Macht in Lórien bekundete sich in den Blumen und Bäumen, die sie dort wachsen ließ. Dies waren Elanor und Niphredil, vor allem aber die gewaltigen Mallorn-Bäume, die nirgendwo anders in Mittelerde wuchsen, bis Sam Gamdschie einen davon auf der Festwiese von Hobbingen pflanzte. Die Samen hatte ihr Gil-galad gegeben, weil sie in Lindon nicht gediehen; und Gil-galad hatte sie von seinem Freund Aldarion aus Númenor bekommen.

Vgl. CELEBORN, EREGION, LÓRIEN (2), MAGIE, NANDOR, NENYA, NOLDOR, RINGE DER MACHT.
S, IX; *Von den Ringen …*; *R*, II, 6-8; VI, 9; Anhang B; *Nachrichten*, II, i, iv; *Briefe*, 348.

GALADRIELS PHIOLE

Ein verschlossenes Kristallglas mit Quellwasser, in dem das Licht von Earendils Stern eingefangen war. Galadriel schenkte es Frodo zum Abschied von Lórien. In Momenten, wo Licht dringend erwünscht war, leuchtete das Glas blendend hell auf. Seine Strahlen schüchterten die Spinne Kankra ebenso ein wie die geierköpfigen Wächter am Tor von Cirith Ungol. (Nur in den Sammath Naur auf dem Schicksalsberg blieb das Glas dunkel.) Frodo nahm es mit auf die letzte Reise.

Vgl. CIRITH UNGOL, GALADRIEL, SILMARIL.
R, II, 8; IV, 8-10.

GALION

Ein Waldelb, König Thranduils Kellermeister. Er liebte den Wein von Dorwinion ebenso sehr wie der König und ließ auch seine Freunde nicht verdursten.

Vgl. WALDELBEN.
H, 9.

GANDALF

Ein Zauberer mit vielen Namen in vielen Ländern: „Mithrandir heiße ich bei den Elben, Tharkûn bei den Zwergen; Olórin war ich in meiner Jugend im Westen, der vergessen ist, im Süden Incánus, im Norden Gandalf; in den Osten gehe ich nicht." Gandalf ist der gute Engel, der über die Abenteuer der Hobbits wacht, ihre Fahrten zum Erebor und zum Schicksalsberg anzettelt und am meisten dazu beiträgt, daß alles gut ausgeht. Er war um das Jahr 1000 D. Z. nach Mittelerde gekommen, schon damals ein alter Mann, und dann zweitausend Jahre lang umhergewandert, meistens zu Fuß, auf einen Stab gestützt (daher *Gandalf*, altnordisch „Elb des Stabes" – ein aus der *Älteren Edda* entlehnter Name), unscheinbar in einem grauen Mantel, überall und nirgends zu Hause. Macht und Reichtum interessierten ihn nicht, doch eine gute Mahlzeit wußte er zu schätzen. Man kannte ihn in den Wirtshäusern; aus dem Rauch seiner Pfeife blies er akrobatisch tanzende Ringe; und seine prächtigen Feuerwerke waren das Entzükken der Kinder. Nur wenige, wie Círdan und Galadriel, wußten, wer er wirklich war; aber es fiel auf, daß er in all den Jahren kaum älter wurde.

Der Maia Olórin (von Quenya *olos*, „Traum, Vision") hatte in Valinor lange in Lóriens Gärten gewohnt; außerdem stand er Nienna nahe. Den Auftrag, als einer der Sendboten der Valar nach Mittelerde zu gehen, übernahm er auf Manwes und Vardas Wunsch – doch ohne große Begeisterung, denn er fürchtete sich vor Sauron. Dennoch wurde er in Mittelerde Saurons mächtigster Gegenspieler.

Zuerst hielt er sich an die Weisung, den Völkern von Mittelerde mit Rat und Ermutigung beizustehen, ohne selbst Macht auszuüben. Später übernahm er nach und nach eine aktivere Rolle, ähnlich wie Saruman, sein Ordensbruder und Rivale im Weißen Rat. Nach seinem Tod im Kampf mit einem Balrog auf der Brücke von Moria kehrte er überraschenderweise unter die Lebenden zurück und erschien völlig verändert als Gandalf „der Weiße". Er trat nun unverhohlen als Führer des Bündnisses gegen Sauron auf, griff als ein furchtbarer Weißer Reiter in die Schlachten ein und wußte die Entscheidungen der Mächtigen nach seinen Wünschen zu lenken. („Ich denke, die Art, wie Gandalfs Wiederkehr dargestellt wird, ist ein Fehler" – Tolkien.)

Gandalf steht vor der Tür.
Bleistift und Buntstift.
Künstler, 91.

83

Nach dem Ende des Ringkrieges wurde deutlich, daß er die ganze Zeit den Roten Ring Narya getragen hatte. Zusammen mit den anderen Ringträgern bestieg er an den Grauen Anfurten das Elbenschiff, um in den Alten Westen zu fahren.

Durch ihn wurde das Pfeifenkraut endlich auch in Valinor bekannt.

Vgl. GLAMDRING, MAGIE, MAIAR, NARYA, PFEIFENKRAUT, RINGE DER MACHT, WEISSER RAT, ZAUBERER.

R, passim, bes. Anhang B; *Nachrichten*, IV, ii; *Briefe*, 156.

GEBURTSTAGSGESCHENKE

Bei den Hobbits war es Sitte, daß das Geburtstagskind anderen Geschenke machte – es durfte jedoch auch erwarten, Geschenke zu empfangen, allerdings nur von den näheren Verwandten und den Vettern ersten oder zweiten Grades (die entfernteren Verwandtschaften verbanden fast jeden mit jedem), die in einem Umkreis von zwölf Meilen wohnten. Die Geschenke, die dabei zu beachtenden Regeln und Erwiderungspflichten waren ein Gesprächsthema, das die Hobbits lebhaft beschäftigte.

Für Gollum waren die Geschenk-Bräuche ein wichtiges Argument zur Rechtfertigung seines Anspruchs auf den Ring, den sein Bruder Déagol beim Fischen gefunden hatte: Gollum hatte an dem Tag Geburtstag und meinte, daß der Ring deshalb ihm zustehe. Aber Déagol hatte ihm schon etwas anderes geschenkt und wollte den Ring nicht hergeben.

Vgl. GOLLUM, HERRSCHERRING, HOBBITS, STARRE, ZWÖLFMEILENVETTER.

R, I, 1, 2; *Briefe*, 214; *H*, 5.

GELION

Der große Strom, der Ost-Beleriand von Norden nach Süden durchfloß; bildete im Norden die Westgrenze von Thargelion, im Süden von Ossiriand. Seine zwei Quellflüsse waren der Kleine Gelion, der am Himring, und der Große Gelion, der am Rerir-Berg entsprang. In Ossiriand nahm er sechs von den Ered Luin herabfließende Nebenflüsse auf: Ascar, Thalos, Legolin, Brilthor, Duilwen und Adurant. Er mündete erst südlich von Taur-im-Duinath ins Meer. Er war doppelt so lang wie der Sirion, aber weniger breit und wasserreich.

Vgl. BELERIAND, OSSIRIAND, THARGELION; Karte S. 34.

S, XIV.

GEMEINSAME SPRACHE
Vgl. WESTRON.

GERADER WEG

Der Weg, auf dem die Schiffe der Eldar in den Alten Westen fahren. Er führt hinaus aus der Krummen Welt und durch die hohen Lüfte des Ilmen zu den Ufern von Aman. Sterbliche Seefahrer, die sich dorthin verirren, kostet es das Leben. In der Gegenrichtung ist der Weg nie befahren worden – außer vielleicht von den Sendboten der Götter.

Vgl. AMAN, ARDA, ELBEN, ILMEN, NÚMENOR.

S, Akallabêth.

GETREUE

Während der Regierungszeit Tar-Ancalimons (2221-2386 Z.Z.) spaltete sich das Volk von Númenor in zwei Parteien: die Gefolgsleute des Königs und eine religiös-traditionalistische Opposition derer, die mit den Elben Freundschaft halten und die Valar respektieren wollten. Diese bezeichneten sich selbst als „die Getreuen", wurden aber auch die *Elendili* (Q. „Elbenfreunde") genannt. Wegen der bald einsetzenden Repressalien hatte diese Partei nur wenige öffentliche Verfechter, aber viele heimliche Anhänger, besonders in Andúnië und Eldalonde, auch unter Mitgliedern der königlichen Familie. Weil die Schiffe der Númenórer den Schutz der Meeresgöttin Uinen genossen, hatten die Getreuen viel Einfluß unter den Seefahrern. Sie unterhielten Schiffsverkehr mit den Elben von Lindon und schufen sich einen Stützpunkt in dem Hafen Pelargir (2350 Z.Z.). Unter Ar-Gimilzôr wurden alle mutmaßlichen Getreuen zur Übersiedlung in den Osten des Landes gezwungen; sie sammelten sich in Rómenna. Als Tar-Palantir die Verfolgung der Getreuen einstellte, kam es zu bürgerkriegsähnlichen Unruhen. Unter Ar-Pharazôn verloren die Getreuen allen Einfluß, und einige von ihnen wurden im Tempel Melkors geopfert.

Der Bann der Valar war auch unter den Getreuen umstritten. Manche wahrten bis zuletzt die Loyalität gegen das Königshaus, andere leisteten aktiven Widerstand oder emigrierten frühzeitig in den Norden von Mittelerde. Der Streit zwischen den Getreuen und der Königspartei setzte sich fort in den Kriegen der von Elendil in Mittelerde begründeten Königreiche mit den Númenórern in Umbar.

Vgl. AMANDIL, ANDÚNIË, BANN DER VALAR, ELENDIL, ISILDUR, NÚMENOR, PELARGIR, PHARAZÔN, UMBAR.

S, Akallabêth; *R*, Anhänge A und B, *Nachrichten*, II, iii.

Ghân-buri-Ghân

Der Häuptling der Wasa im Drúadan-Wald: „ein untersetzter Mann, knorrig wie ein alter Stein … die Haare seines schütteren Barts lagen wie trockenes Moos auf seinem klobigen Kinn. Er war kurzbeinig und hatte fette Arme, dick und stämmig, und seine Kleidung bestand nur aus Gras um die Körpermitte". Merry fiel seine Ähnlichkeit mit den Steinfiguren von Dunharg auf. Er und seine Leute führten die Rohirrim auf einem alten Karrenweg durch die Berge bis zum Amon Dîn; dadurch wurden die Straßensperren der Orks und Ostlinge umgangen. Ghân-buri-Ghân rechnete nach einem Zwanziger-System und konnte darin die Heeresstärke der Rohirrim (sechstausend) korrekt angeben. (Nur in der deutschen Ausgabe der Geschichte rechnet er Unsinn.) Als er mit König Théoden sprach, scheint er dessen Tod in der Schlacht vorausgesehen zu haben.

Nach dem Ringkrieg ließ König Elessar verkünden, der Drúadan-Wald solle für immer Ghân-buri-Ghân und seinem Volk gehören.

Vgl. Drúadan-Wald, Drúedain, Dunharg, Pelennor.

R, V, 5; VI, 6.

Gil-galad

Der König der Elben von Lindon. Von Geburt hieß er *Ereinion*, Q. „Sprößling der Könige", denn sein Vater war Fingon, der Hohe König der Noldor; später wurde er unter seinem Beinamen bekannt: Gil-galad, S. „Strahlenstern" – wegen seiner mit Silber überzogenen und mit weißen Sternen bemalten Rüstung, die weithin sichtbar war. Als Kind wurde er von seinem Vater aus dem bedrohten Hithlum zu den Falas geschickt; von dort floh er mit Círdan zu der Insel Balar, als Morgoths Heere die Häfen eroberten. Nach Turgons Tod wurde er Hoher König derjenigen Noldor, die nach dem Untergang von Beleriand noch in Mittelerde zurückblieben. Er bemerkte frühzeitig, daß im Osten ein Gefolgsmann Morgoths wieder mächtig wurde, und bat die Númenórer um Hilfe. Als Sauron Eregion überfiel, schickte er ein Heer unter Elrond gegen ihn aus, aber es kam zu spät und war zu schwach, um Eregion zurückzuerobern. In den folgenden Jahren (1697-1700 Z.Z.) konnte er mit großer Mühe die Übergänge über den Lhûn verteidigen. Erst das Eingreifen der númenórischen Streitmacht unter dem Admiral (und späteren König) Ciryatur entschied den Krieg zu Gil-galads Gunsten. Bald darauf begannen die Númenórer in Mittelerde Tribute einzutreiben, und ihre Freundschaft mit den Elben kühlte sich ab.

Von Celebrimbor erhielt er kurz vor dessen Tod die beiden Elbenringe Narya und Vilya, die er später an Círdan und Elrond weitergab.

Als Sauron, aus Númenor zurückgekehrt, von neuem erstarkt war, schloß Gil-galad mit seinem Freund Elendil das sogenannte Letzte Bündnis der Elben und Menschen. Sie sammelten ein starkes, prachtvoll ausgerüstetes Heer in Arnor und führten es über die Pässe des Nebelgebirges und dann weiter den Anduin hinunter bis zur Dagorlad. Dort kam es zur Schlacht (3434 Z.Z.). Es heißt, alle Lebewesen von Mittelerde, auch die Vögel und Tiere, hätten dort mitgekämpft, und zwar auf beiden Seiten; nur die Elben waren einig und folgten Gil-galad (aber auch er hatte Schwierigkeiten mit der Kampfdisziplin bei den Waldelben). Das Heer der Verbündeten siegte, aber nach sieben weiteren Jahren, in denen sie Barad-dûr belagerten, fielen Gil-galad und Elendil auf den Hängen des Orodruin, als sie gemeinsam Sauron niederwarfen.

Gil-galads Taten wurden im Dritten Zeitalter in einem elbischen Heldenlied besungen. (Drei Strophen daraus sind in einer Übersetzung von Bilbo Beutlin erhalten.)

Gil-galad hatte keine Erben, und nur noch wenige Elben blieben nach seinem Tod mit Círdan in Lindon zurück.

Vgl. Aeglos, Elendil, Letztes Bündnis, Lindon, Noldor, Ringe der Macht.

S, XVIII, XX; Von den Ringen …; *R*, I, 11; II, 2; Anhang B; *Nachrichten*, II, ii-iv.

Gimilkhâd

Der jüngere Sohn Ar-Gimilzôrs, dem sein Vater gern das Szepter von Númenor vererbt hätte. Als sein älterer Bruder Tar-Palantir den Thron bestieg und von der elbenfeindlichen Politik seines Vaters abwich, wurde Gimilkhâd zum Anführer der Königspartei und widersetzte sich ihm bald offen, bald insgeheim. Gimilkhâds Leben war ungewöhnlich kurz (3044-3243 Z.Z.), doch sein Sohn Pharazôn setzte seine Bestrebungen fort.

Vgl. Getreue, Gimilzôr, Númenor, Palantír, Pharazôn.

S, Akallabêth; *Nachrichten*, II, iii.

Gimilzôr

(Ar-Gimilzôr; Q. Tar-Telemnar): Dreiundzwanzigster König von Númenor, regierte von 3102 bis

3177 Z.Z.. Er ließ die Elben nicht mehr ins Land und verbot den Gebrauch ihrer Sprachen. Seine Gattin Inzilbêth und sein ältester Sohn Inziladûn hielten es insgeheim mit den Getreuen. Vgl. GETREUE, GIMILKHÂD, PALANTIR.

S, Akallabêth; *Nachrichten*, II, iii.

GIMLI

Ein Zwerg aus Durins Volk, Glóins Sohn, wurde zusammen mit seinem Vater von Dáin Eisenfuß als Bote zu Elrond entsandt und nahm als Vertreter der Zwerge an Frodos Fahrt teil. Noch in Lothlórien bewies er den gefürchteten Starrsinn der Naugrim und war voll Mißtrauen gegen die Elben; doch nach der Begegnung mit Galadriel war er wie verwandelt. Er erbat und erhielt eine Strähne von ihrem Haar, zum Zeichen unverbrüchlicher Freundschaft „zwischen Wald und Berg". Fortan hatte jeder Gimlis Axt zu fürchten, der auch nur den Schatten eines Vorbehalts gegen die Elbenkönigin äußerte.

Nach der Trennung der Gemeinschaft an den Rauros-Fällen nahm Gimli mit Aragorn und Legolas am Krieg in Rohan und dann an dem Ritt über die Pfade der Toten teil. Bei der Verteidigung der Hornburg köpfte er mit seiner zweischneidigen Axt zweiundvierzig Feinde.

Gimli ließ sich in den Jahren nach dem Ringkrieg mit einer Gruppe Zwerge vom Erebor in Aglarond nieder; seither galt er als „Herr der glitzernden Grotten". Die Schmiede und Steinmetzen von Aglarond verrichteten viele Arbeiten für die Könige von Rohan und Gondor.

Als einziger von allen Zwergen soll Gimli zusammen mit seinem Freund Legolas in den Alten Westen gefahren sein.

Vgl. AGLAROND, HORNBURG, LEGOLAS.

R, II, 6-8, VI, 6, Anhänge A III und B.

GLAMDRING

Sindarin „Feindhammer": Gandalfs Schwert, das er und seine Gefährten auf der Fahrt zum Erebor in einer Trollhöhle fanden, zusammen mit Orkrist und Stich, aber auch mit Brot, Käse, Speck und einem vollen Faß Bier. Elrond entzifferte die auf dem Schwert eingravierten Runen und behauptete, es habe einst dem König von Gondolin gehört. Jedenfalls war es eine von den guten Elbenklingen, die einen fahlen Lichtschein abgaben, sobald Orks in der Nähe waren. Gandalf gebrauchte es während des Ringkriegs (aber seine Hauptwaffe war der Zauberstab).

Vgl. GANDALF, TROLLE.

H, 2, 3.

GLAURUNG

S. „Der Goldene": ein Name, der sich auf die Glut aus seinem Innern bezieht, aus dem aber auch die Bewunderung spricht, die ihm die Elben und Menschen entgegenbrachten. Die elbische Nostalgie schließt in die Verherrlichung der entschwundenen Zeiten auch deren Ungeheuer mit ein. Die Drachen von einst waren majestätischer in ihrer Abscheulichkeit, und das Feuer brannte heißer in ihnen als in ihren jämmerlichen Nachkommen von heute. Glaurung, der *Urulóki* (Q. „Feuerschlange"), war ihr Ahnherr.

Morgoth mag wissen, aus welchen Tieren er gezüchtet war. Obwohl als „Wurm" oder „Schlange" bezeichnet, hatte er Füße und war sehr beweglich. Mit dem Feuer und den giftigen Dünsten, die er um sich verbreitete, konnte er ganze Landstriche verwüsten. Zum erstenmal zeigte er sich im zweihundertsechzigsten Jahr nach dem Aufgang des Mondes in der Ebene von Ard-galen, offenbar eigenmächtig und aus jugendlichem Übermut. Damals war sein Panzer noch nicht ganz geschlossen, und Fingon konnte ihn mit berittenen Bogenschützen vertreiben. Erst zweihundert Jahre später kam er wieder hervor und entschied flammenwerfend die Dagor Bragollach. In der nächsten großen Schlacht, der Nirnaeth Arnoediad, erschien er an der Spitze seiner Söhne. Inzwischen hatten sich die Zwerge auf ihn vorbereitet, und er machte mit ihren Äxten und mit Azaghâls Messer Bekanntschaft. Bei dem Feldzug gegen Nargothrond bewies er außer seiner allgemeinen Kampftüchtigkeit auch die Qualitäten eines Feldherrn. Morgoth hielt ihn für das intelligenteste Geschöpf in seiner Umgebung und hatte ihm nicht nur den Oberbefehl über die Orks, sondern auch eine schwierige Behexungs-Aufgabe übertragen, die er bravourös erfüllte: Er faßte Túrin mit dem bannenden Blick seiner lidlosen Augen und suggerierte ihm einige Lügen, die um so schicksalsbestimmender wirkten, als sie von der Wahrheit kaum zu unterscheiden waren. Von Morgoth hatte er die Genüsse der verfeinerten Bosheit zu schätzen gelernt, aber seine urtümlichen Dracheninstinkte waren von schlichterer Art: Nach der Eroberung von Nargothrond tollte er feuerschnaubend umher, verbrannte, was ihm in die Quere kam, warf alle Schätze

Felagunds auf einen Haufen und legte sich drauf.

Einige Jahre später tötete ihn Túrin an der Schlucht Cabed-en-Aras. Túrin wurde dafür in dem *Lied von Húrins Kindern* gefeiert, aber für den Krieg gegen Morgoth war seine Tat ohne große Bedeutung. Drachentöter kämpfen jenseits aller Strategie. Glaurung starb voll Stolz auf das verrichtete Unheil.

Vgl. DRACHEN, DRACHENTÖTER, NARN I HÎN HÚRIN.

S, XIII, XVIII, XX, XXI; *Nachrichten*, I, ii; *HME 3*, I.

GLÓIN

Ein Zwerg aus Durins Volk, Gróins Sohn, Gimlis Vater, nahm zusammen mit seinem älteren Bruder Óin an Thorin Eichenschilds Fahrt zum Erebor teil. Als Abgesandter König Dáins II. kam er mit Gimli zu Elronds Rat nach Bruchtal.

R, II, 1, 2; Anhang A III.

GLORFINDEL

S. „Der Goldhaarige": ein Elb aus Bruchtal, vermutlich ein Noldo, auf dessen weißem Pferd Asfaloth sich Frodo vor den Schwarzen Reitern über die Bruinen-Furt rettete. Glorfindel hatte im Jahre 1975 D.Z. ein Heer aus Bruchtal geführt, das Earnur zu Hilfe kam, als er den Hexenkönig von Angmar aus dem Norden vertrieb. Glorfindel weissagte damals, daß der Hexenkönig „von keines Mannes Hand" fallen werde.

Es ist nicht bekannt, ob Glorfindel mit dem gleichnamigen Edlen von Gondolin verwandt war, der im Ersten Zeitalter auf der Cirith Thoronath im Kampf mit einem Balrog fiel.

Vgl. EARNUR, LAUTWASSER, SCHWARZER HEERMEISTER.

R, I, 12; Anhang A I, 4; *S*, XXIII.

GOLLUM

Der erste und letzte Besitzer des wiedergefundenen Herrscherrings. Ursprünglich war er ein Hobbit vom Stamm der Starren, die eine Zeitlang in der Gegend um die Schwertelfelder wohnten. Aber der Ring hatte ihn sehr verändert. Als Bilbo Beutlin ihm in den Stollen unter dem Nebelgebirge begegnete, konnte er ihm seine Herkunft nicht anmerken und wußte nicht, was für eine Art Geschöpf dies war: schwarz – ob von Kleidung, Dreck oder Hautfarbe, ließ sich nicht feststellen –, mit fahl schimmernden Stielaugen und großen nackten Füßen, möglicherweise mit Schwimmhäuten zwischen den Zehen. Er stank nach Fischen und anderen Lebewesen, die er roh verzehrte; vor ein paar Stunden erst hatte er einen kleinen Ork gefressen. Immerhin konnte er sprechen und hatte Freude an Rätseln. Als er den Ring verlor, hatte er ihn seit etwa 480 Jahren in Besitz und war über 500 Jahre alt.

Gollum hieß eigentlich *Trahald* („graben, sich einschleichen" in den Sprachen der Nordmenschen), wiedergegeben durch die altenglische Entsprechung *Sméagol*. Sein Vetter Déagol hatte den Ring beim Fischen im Anduin gefunden. Sméagol, der an diesem Tag Geburtstag hatte, behauptete, er stünde ihm als Geburtstagsgeschenk zu, und erwürgte Déagol, als der ihn nicht hergeben wollte. Er war schon vorher kein sehr liebenswerter Charakter, und der Ring machte ihn vollends unausstehlich. Bald wurde er aus der Hobbit-Sippe verstoßen. Da hieß er schon Gollum, nach einem schmatzenden Gaumenlaut, mit dem er Freßlust, Wehleid oder Entrüstung zu äußern pflegte.

Er wanderte den Anduin aufwärts, und weil er Sonnen- und Mondlicht haßte, verkroch er sich in die Höhlen unter dem Nebelgebirge. Über vierhundert Jahre hauste er dort. Daß er die Sprache nicht verlernte, verdankte er nur seiner Angewohnheit, laut mit sich selbst zu reden. Den Stil dieser Selbstgespräche behielt er bei, auch wenn er später mit anderen sprach. Mit der Anrede „mein Schatzzz", die er oft gebrauchte, meinte er sich selbst und den Ring, der längst ein bestimmender Teil seiner Persönlichkeit geworden war.

Der Verlust des Ringes gab Gollums Leben einen neuen Sinn: Er mußte ihn wiedergewinnen. Er wußte, der Dieb hieß Beutlin. In Thal und Esgaroth erfuhr er auch, wo Beutlin herkam. Durch den Düsterwald zog er nach Westen. Er ernährte sich von Diebereien aller Art, fing Fische und kleine Tiere, plünderte Vogelnester oder holte Babies aus ihren Wiegen. Als er ins Tal des Anduin kam, bog er nach Süden ab und blieb viele Jahre lang verschollen. Gandalf preßte später einige vage Angaben aus ihm heraus: Das Böse in Mordor hatte ihn angezogen, er war lange an den Grenzen des Schwarzen Landes herumgeschlichen und schließlich, ungefähr zehn Jahre vor dem Ringkrieg, erwischt worden. Im Verhör hatte er Sauron alles gestanden, was er über den Ring und seinen Verbleib wußte. So hatte Sauron angeblich von „Beutlin aus dem Auenland" erfahren, nicht aber, wo das Auenland lag. Dies nämlich verriet Gollum nicht. Vielmehr lenkte er Saurons Augenmerk in die falsche Richtung, nämlich auf die Gegend um die Schwertelfelder. Sauron ließ ihn im

Glaurung verläßt Nargothrond.
Pictures, 38.

Jahre 3017 laufen. Die Nazgûl mußten lange suchen, bis sie das Auenland fanden. (Die ganze Geschichte klingt nicht sehr glaubhaft. Sicher hatte er Gandalf manches verschwiegen. Wir wissen nicht, was er in den 76 Jahren seit seiner Begegnung mit Bilbo tatsächlich getrieben hatte.)

Bald nach seinem Fortgang aus Mordor wurde Gollum von Aragorn gefangengenommen und von Gandalf verhört. Die Waldelben im Düsterwald sollten ihn in Gewahrsam halten, aber er entkam ihnen ebenso wie den Orks, die ihn von neuem in Saurons Gewalt bringen sollten. Er versteckte sich in den Stollen von Moria und traf dort – rein zufällig – die Ringgemeinschaft, verfolgte und belauschte sie bis Parth Galen und ließ sich auch durch Frodos und Sams plötzliche Flucht über den Anduin nicht abschütteln. Als ihn die Hobbits in den Emyn Muil gefangennahmen, schwor er einen Eid, Frodo zu dienen und zu verhindern, daß der Ring in Saurons Hände fiele. Dann führte er die Hobbits nach Cirith Ungol, in der Hoffnung, daß Kankra sie verspeisen und den Ring übriglassen würde. Auf dem Schicksalsberg machte er seinen Verrat unfreiwillig wieder gut: Frodo konnte sich von

88

dem Ring nicht trennen, aber Gollum biß ihm den Finger mitsamt Ring von der Hand und stürzte damit in die Flammen. Vgl. BILBO BEUTLIN, FRODO BEUTLIN, HERRSCHERRING, SCHICKSALSBERG, STARRE.
H, 5; *R*, IV, passim; VI, 3; *Nachrichten*, III, iv, 1, 2.

GONDOLIN

Eine Stadt von blendender Pracht, mit weißen Marmortürmen auf der Kuppe eines schwarzen Felsens, und doch in strenger Heimlichkeit vor aller Welt verborgen; das Muster einer Elbenstadt, Ausdruck des Bestrebens, alle bedrohten Schönheiten dieser Welt an einem abgeschiedenen Ort um sich zu versammeln.

Mit seinem ganzen Volk war König Turgon im Jahre hundertvier nach dem Aufgang des Mondes aus Nevrast verschwunden: Das war ein Drittel der Noldor, die mit Fingolfin nach Mittelerde gekommen waren, und eine noch größere Anzahl Sindar, mit denen sie sich in Nevrast vermischt hatten. Sie alle blieben wie vom Erdboden verschluckt, bis Turgon dreihundertsiebzig Jahre später, zur Überraschung von Freund und Feind, an der Spitze von zehntausend wohlgerüsteten Kriegern auf dem Schlachtfeld von Anfauglith erschien. Darum nannte man Turgon „den Klugen", und sein Reich hielt sich von allen Elbenreichen des Ersten Zeitalters am längsten.

Schon als die anderen Noldorfürsten noch glaubten, Melkor in offenem Kampf standhalten zu können, waren Turgon und sein Freund Finrod gewarnt worden. Der Wassergott Ulmo riet ihnen im Traum, sich beizeiten nach sicheren und ver-

Gondolin und das Tal von Tumladen, vom Cristhorn gesehen.
Bleistift, 1928.
Künstler, 58.

steckten Plätzen umzusehen. Von Ulmo geleitet, fand Turgon in den Bergen östlich des oberen Sirion den Ort, den er suchte. Fünfzig Jahre lang ließ er unter strenger Geheimhaltung bauen, planen und transportieren; dann war alles bereit. Die neue Stadt nannte er *Ondolinde* in der Sprache der Noldor, „Felsen der Wassermusik", denn auf der Kuppe des Berges, auf der sie stand, des Amon Gwareth, entsprangen Quellen, die in wohllautende Springbrunnen gefaßt wurden; und im Sindarin wurde daraus Gondolin, „der verborgene Felsen".

Wenige Fremde haben Gondolin je erblickt, und noch weniger kehrten je zurück, um von dort zu berichten, denn Turgon schränkte den Verkehr mit der Außenwelt rigoros ein und ließ nur selten einen wieder fort, der einmal dorthin gelangt war. Erst durch die Erzählungen der Flüchtlinge, die nach der Zer-

störung der Stadt mit Tuor zu den Sirion-Mündungen kamen, wurde bekannt, wo Gondolin gelegen hatte.

Vom Amon Gwareth ließ sich das ganze flache grüne Tal von Tumladen überblicken, das ringsum von den steilen Felswänden der Echoriath umschlossen war. Das Tal war einmal ein See gewesen, und Ulmo hatte sein Wasser in den Sirion abgeleitet, durch ein nun trockenes Flußbett, das unter der Bergkette hindurch führte. Dieser unterirdische Weg war der wichtigste geheime Zugang. Das äußere Tor war getarnt und streng bewacht; nach dem Rückzug der Gondolindrim aus der Schlacht der ungezählten Tränen wurde es zugeschüttet. Wer den Tunnel durchschritten hatte, kam in die tiefe Schlucht Orfalch Echor, die mit sieben Toren versperrt war, und nach dem letzten, dem Großen Tor, sah man in der Ferne die weißen

Zinnen der Stadt. Gondolin war nach dem Vorbild Tirions angelegt, mit breiten, gepflasterten Straßen, Blumengärten und Brunnen, weiten Plätzen und hohen Türmen. Der einzige Weg in die Stadt führte über eine breite Treppe den Berghang hinauf; darum kam niemand anders als zu Fuß hinein. Vor dem Palast des Königs standen Belthil und Glingal, die Abbilder der Zwei Bäume von Valinor.

Daß Gondolin über vierhundert Jahre lang vor Morgoth verborgen blieb, war vor allem das Verdienst der Adler, die in den Crissaegrim nisteten, dem südlichen Teil der Echoriath; sie hielten feindliche Späher und alle suspekten Kreaturen fern. Außerdem überbrachten sie Nachrichten und trugen manchmal auch Personen durch die Luft wie z. B. Húrin und seinen Bruder Huor.

So sehr hing Turgon an Gondolin, daß er auch dann nicht bereit war, es zu verlassen, als Ulmo ihn durch Tuor warnen ließ, das Ende sei nahe. Zum Verhängnis wurde der Stadt ihr hoher Bedarf an Metallen. Das Bergwerk von Anghabar und Maeglins Suche nach immer neuen Erzadern, bis weit in den Norden des Gebirges, blieben auf die Dauer nicht unbemerkt. Maeglin wurde gefangengenommen; er verriet die Lage von Gondolin und die Zugangswege. Dann bereitete Morgoth den Angriff mehrere Jahre lang vor. Im Sommer des 511. Sonnenjahres gelang es Gothmog, dem Fürsten der Balrogs, seine Streitmacht überraschend von Norden über die Berge zu bringen: Sie bestand aus Orks, Balrogs, Drachen und flammenwerfenden Belagerungsmaschinen. Die Gondolindrim erschlugen

Dutzende von Balrogs, unter ihnen auch Gothmog, aber schließlich brannte die Stadt, die Mauern wurden durchbrochen, und alle Quellen und Brunnen verdampften. Turgon und die meisten seiner Edlen wollten ihre Stadt nicht lebend verlassen. Der König wurde vom einstürzenden Turm seines Palastes begraben.

Eine kleine Anzahl der Gondolindrim entkam unter Tuors Führung. Über die Cirith Thoronath gelangten sie ins Tal des Sirion und wanderten nach Süden, wo sie sich an den Sirion-Mündungen mit den Flüchtlingen aus Doriath und Nargothrond vereinigten.

Vgl. Cirith Thoronath, Crissaegrim, Idril, Maeglin, Nevrast, Nirnaeth Arnoediad, Tuor, Turgon; Karte S. 34.
S, XV, XVI, XX, XXIII; *Nachrichten*, I, i; *Verschollene Geschichten II*, iii.

GONDOR

Das Südliche Königreich der Dúnedain, Ende des Zweiten Zeitalters von Isildur und Anárion gegründet und später von Anárions Erben regiert. Der Name Gondor bedeutet im Sindarin „Steinland".

Das Kerngebiet des Reiches waren Ithilien, Anórien und das Land südlich des Weißen Gebirges. Seine größten Städte waren Osgiliath, Minas Ithil und Minas Anor und der alte Hafen Pelargir. Die Hauptstadt zur Zeit des Ringkrieges war Minas Tirith, das frühere Minas Anor. Das Klima in allen diesen Gebieten war milder als in Eriador oder Rhovanion. In der Blütezeit des Reiches erstreckte sich seine Macht nach Süden bis Harad, nach Nordwesten bis zur Grauflut und nach Nordosten über große Teile von Rhovanion.

Wie in Arnor waren die Dúnedain auch in Gondor ein schwindendes Volk: wenig vermehrungstüchtig, stolz auf die Reinheit ihres Blutes und zugleich unfähig, sich gegen die Vermischung mit Menschen minderer Rassen, die im Süden zahlreich waren, zu wehren. Zur ersten großen Schwächung ihres Reiches kam es im 15. Jahrhundert D. Z. durch den Sippenstreit zwischen Eldacar, der nicht ganz reinblütig war, und Castamir. Dann wurde die gesamte Bevölkerung von Gondor durch die Große Pest von 1636 D. Z. dezimiert. Im 19. Jahrhundert, unter den Königen Narmacil II. und Calimehtar, mußte sich das Reich, im Bündnis mit den Nordmenschen von Rhovanion, in mehreren Kriegen gegen das Andrängen der Wagenfahrer aus dem Osten verteidigen, während im Norden gleichzeitig Arthedain von Angmar zerschlagen wurde. König Arvedui, der eine Tochter des Königs von Gondor geheiratet hatte, forderte die Krone beider Reiche, wurde aber zurückgewiesen. Bald darauf erlosch in Gondor die Linie der Könige in Anárions Erbfolge. Earnur, ihr letzter, ließ sich vom Herrn der Nazgûl zu einem Zweikampf provozieren (2050 D. Z.). Er ritt mit einem kleinen Geleit vor die Tore von Minas Morgul und ward nicht wieder gesehen.

Von nun an regierten in Gondor die Truchsesse, deren Amt schon unter den Königen in einer vornehmen Dúnedain-Familie erblich geworden war. In dem folgenden Jahrtausend verlor das Reich alle Gebiete in Rhovanion und konnte nur noch mit Mühe den Anduin als Grenze gegen die Ostlinge behaupten. Mit Hilfe der Rohirrim vertrieb der zwölfte Truchseß Cirion ein großes Heer der Balchoth aus den Gebieten westlich des Anduin (2510 D. Z.); dafür überließ Cirion den Rohirrim die Ebene von Calenardhon. Die Festung Angrenost blieb jedoch unter der Hoheit von Gondor, obwohl sie im Jahre 2759 Saruman zu Lehen gegeben wurde.

Unter Denethor II., dem letzten Regierenden Truchseß, mußte Gondor alle Kräfte aufbieten, um wenigstens Minas Tirith gegen die Eroberung durch Saurons Armeen zu verteidigen. Wie schwach es geworden war, zeigte sich bei der Musterung der Hilfstruppen, die aus den südlichen Lehen Lossarnach, den Tälern des Ringló und des Morthond, aus Lamedon, von den Anduin-Mündungen, Pinnath Gelin und Dol Amroth in die Stadt kamen: alles in allem keine dreitausend Mann. Ohne die Hilfe Gandalfs, Aragorns und der Rohirrim wäre die Stadt verloren gewesen.

Nach dem Ringkrieg wurde Gondor von König Elessar wieder mit Arnor vereinigt. Durch Schutz- und Bündnisverträge, aber auch durch Kriege konnte es seine Macht erneut nach Osten und Süden ausdehnen.

Vgl. Anárion, Anórien, Denethor II., Eldacar, Elendil, Isildur, Ithilien, Minas Tirith, Osgiliath, Truchsesse, Weisses Gebirge; Karte S. 53.

R, V und VI passim; Anhänge A und B.

Gorbag

Anführer einer Ork-Streife aus Minas Morgul, die über den Paß von Cirith Ungol heraufkam und den bewußtlosen Frodo fand. Gorbags Leute trugen das Abzeichen des Totenkopfmondes, nicht das Auge von Barad-

dûr, und gerieten mit der Besatzung von Cirith Ungol in Streit: Gorbag wollte mit dem Gefangenen lieber seinen „Spaß" haben als ihn den Nazgûl ausliefern. Er war ein behäbiger alter Bandit, der sich nach Frieden sehnte und nach einem beschaulichen Räuberdasein auf dem Lande, fern von den arroganten Bonzen aus Lugbúrz. Aber er wußte, die Aussichten für die Zukunft waren nicht rosig. Sein alter Kumpel Schagrat erwürgte ihn im Streit um Frodos kostbaren Mithril-Panzer.

Vgl. Orks.

R., IV, 10; VI, 1.

Gorlim

Genannt der Unglückliche, einer der zwölf Gefährten, mit denen Barahir nach der Dagor Bragollach den Bandenkrieg in Dorthonion aufnahm. Sauron führte Gorlim ein Phantom seiner Gattin Eilinel vor Augen und bewog ihn damit, Barahirs Versteck am Aeluin-See zu verraten. In der Nacht vor dem Überfall erschien Gorlim (den Sauron inzwischen getötet hatte) Beren im Traum, um ihn zu warnen. Aber es war zu spät.

Vgl. Aeluin-See, Beren.

S, XIX.

Gothmog

Der Fürst der Balrogs von Angband, einer von Morgoths Feldherren in den Kriegen von Beleriand. Er erschlug Feanor und Fingon, doch beide nicht in fairem Zweikampf, sondern mit Hilfe seiner Leibgarde von Balrogs und Trollen. Im fünfhundertundelften Sonnenjahr leitete er den Angriff auf Gondolin und fiel auf dem Platz vor Turgons Palast im Kampf mit dem Elbenfürsten Ecthelion, der dabei gleichfalls fiel. In der Hier-

archie von Angband scheint er den höchsten Rang eingenommen zu haben, nachdem Sauron wegen des Verlusts von Tol Sirion in Ungnade gefallen war. Gothmog war auch der Name des Statthalters von Minas Morgul, der nach dem Ende des Schwarzen Heermeisters das Kommando über die Heere Mordors auf dem Pelennor übernahm. Er war vermutlich einer der Nazgûl.

Vgl. Angband, Balrog, Gondolin, Nazgûl.

S, XIII, XX, XXIII; *R*, V, 6.

Grabunholde

Da die Hobbits auf ihrem Weg nach Bree über die Hügelgräberhöhen kamen, mußten sie auch einem der Grabunholde begegnen, von denen man im Auenland Gruselgeschichten erzählte. Dies waren Geister, die nach der Großen Pest aus Angmar und Rhudaur gekommen waren, um die letzten Dúnedain von Cardolan noch in ihren Gräbern zu quälen. Sie lauerten Reisenden auf, um sie unter Kultgesängen dem Dunklen Herrscher zu opfern. Die Hobbits entgingen diesem Schicksal, weil sich Frodo in letzter Sekunde an die Verse erinnerte, die ihnen Tom Bombadil für einen solchen Fall eingeschärft hatte. Als Merry aus der Betäubung erwachte, kam er aus einem Traum, der ihn in die letzten Augenblicke eines der alten Krieger von Cardolan zurückversetzt hatte: „Ich erinnere mich! Die Männer von Carn Dûm kamen über uns in der Nacht, und wir wurden überwältigt. Ah, der Speer in meinem Herzen!"

Vgl. Cardolan, Hügelgräberhöhen.

R, I, 8; Anhang A I, 3.

GRAUE ANFURTEN
Vgl. MITHLOND.

GRAUELBEN
Vgl. SINDAR.

GRAUES GEBIRGE
Sindarin *Ered Mithrin*: Gebirgs-
kette nördlich des Düsterwalds
in west-östlicher Richtung ver-
laufend. Vermutlich war das
Graue Gebirge ein Überrest der
Ered Engrin, wo im Ersten Zeit-
alter Melkors Festungen lagen.
Nördlich davon gab es nur noch
Steppe und ewiges Eis. Gandalf
meinte, die Berge seien voller
Orks und Ungetier. Die Zwer-
ge vom Erebor versuchten hier
Fuß zu fassen (2190-2590
D. Z.), wurden aber von Dra-
chen vertrieben. Auf der West-
seite des Gebirges entsprang
der Waldfluß.
Vgl. ERED ENGRIN, ZWERGE;
Karte S. 142.
H, 7.

GRAUFLUT
Gwath-hîr, „Fluß des Schattens",
nannten die ersten númenórischen Abenteurer von Aldarions
Schiffen den Fluß, den sie in
leichten Booten von der Küste
hinauffuhren: zu beiden Seiten
war der Fluß mit dichten Wäldern von riesigen Bäumen bestanden. Später kamen sie zu
den großen Sümpfen am Zufluß
des Glanduin, dem Gebiet, das
wegen der vielen Wasservögel
bald *Nîn-in-Eilph* („Wasserland
der Schwäne", „Schwanfleet")
genannt wurde, und der Name
wurde zu *Gwathló* abgeändert,
der schattige Fluß aus den
Fenns.
Die großen Wälder von Minhiriath und Enedwaith ver-
schwanden im Zweiten Zeitalter: teils von den Númenórern
abgeholzt, teils auf Saurons Be-

treiben niedergebrannt von den
empörten Bewohnern dieser
Länder, denen die Númenórer
bald als Kolonialherren begegneten.
An der Stelle, wo der Fluß aufhörte, schiffbar zu sein, entstand der Binnenhafen Tharbad. Die größten Zuflüsse waren Weißquell, Lautwasser und
Glanduin („Grenzfluß").
Vgl. ENEDWAITH, LOND DAER,
MINHIRIATH, THARBAD; Karte
S. 53.
R, I, 12; *Nachrichten*, II, ii, ivD.

GRISCHNÁCH
Der Anführer der Orks mit dem
Zeichen des Lidlosen Auges, die
zusammen mit den Uruk-hai aus
Isengart das Lager bei Parth Galen überfallen, Boromir erschlagen und Merry und Pippin weg-
geschleppt hatten. Die meisten
seiner Leute waren aus Moria;
er selbst aber kam mit Sonder-
auftrag aus Lugbúrz und wurde
von einem Nazgûl auf dem
Ostufer des Anduin erwartet.
Er war nicht so groß wie sein
Gegenspieler Uglúk, sondern
krummbeinig, breitbrüstig und
langarmig. Für einen Ork sprach
er sehr gut Westron, und sein
Verhalten bewies Entschlossen-
heit und Intelligenz. Er schien
etwas von dem Ring zu wissen.
Als die Rohirrim die Orks umzingelt hatten, klemmte er sich
unter jeden seiner starken Arme
einen Hobbit und versuchte, in
der Nacht zu verschwinden.
Aber das Schicksal lenkte einen
Pfeil in seine Richtung, und der
Nazgûl wartete vergebens.
Nach der englischen Ausgabe
wird sein Name gewöhnlich
Grischnákh geschrieben. (*kh* ist
die englische Transskription für
den ch-Laut.)
Vgl. ORKS.
R, III, 3.

GROND
Die große Ramme, die langsam
und von Trommelwirbeln begleitet über den Pelennor auf
das Tor von Minas Tirith zu-
kroch. Sie bestand aus einem
30 m langen Pfahl, an Ketten in
einem Gerüst hängend, das von
großen Tieren einer unbekannten Art gezogen wurde. Die
Bedienungsmannschaft war ein
Trupp stämmiger Bergtrolle.
Die Spitze, aus schwarzem Stahl,
hatte die Form einer Wolfs-
schnauze und war mit mauerbrechenden Zauberformeln beschriftet. Bei jedem Schlag rief
der Schwarze Heermeister ein
Kraftwort, das einer altertümlichen Höllensprache entstamm-
te, und beim dritten Schlag bar-
sten die eisernen Pforten in
Stücke.
Grond („Unterwelthammer")
hatte man dieses Erzeugnis aus
Saurons Schmieden im Gedenken an die große Keule genannt,
mit der Morgoth seinen Zweikampf mit Fingolfin bestand.
Grond schlug so viele dampfen-
de Löcher in den Boden, daß
Fingolfin schließlich strauchelte
und Morgoth vor die Füße fiel.
Vgl. FINGOLFIN, MINAS TIRITH,
PELENNOR.
S, XVIII; *R*, V, 4.

GROSSE OSTSTRASSE
Während der Blütezeit der númenórischen Königreiche zu
Beginn des Dritten Zeitalters
herrschte in Mittelerde ein re-
ger Verkehr auf gut ausgebau-
ten Straßen, die später verfie-
len und wenig benutzt wurden.
Die wichtigste Ost-West-Straße
führte von den Grauen Anfurten
durch Eriador über die Baranduin-Brücke (erbaut von den
Königen von Arnor), Bree und
die Wetterspitze, an Imladris
vorüber zum Nebelgebirge. Sie

verband die Elben in Lindon mit denen in Imladris und mit König Thranduils Reich in Rhovanion, ebenso auch die Zwerge in den Blauen Bergen mit Moria und den nordöstlichen Zwergenreichen. (Schon im Ersten Zeitalter hatte die Zwergenstraße von Belegost und Nogrod nach Beleriand eine östliche Fortsetzung nach Moria, deren Verlauf sich in späterer Zeit nur wenig änderte.)

Nach dem Verfall der nördlichen Königreiche wurde die Straße unsicher. Allein der Abschnitt durch das Auenland, etwa bis Bree, war auch für unbewaffnete Reisende gefahrlos passierbar. In Bree kreuzte sich die Oststraße mit einer der großen Nord-Süd-Straßen, dem Grünweg. Zwischen Bree und Imladris verlief die Straße entlang der alten Grenze zwischen den drei Reichen von Arthedain, Rhudaur und Cardolan.

Östlich von Imladris setzte sich die Straße im Hohen Paß über das Nebelgebirge fort, der nur mit erfahrenen Führern und mit starkem bewaffnetem oder magischem Geleitschutz begehbar war. Jenseits des Gebirges führte sie zur Alten Furt über den Anduin und mündete dann in die Alte Waldstraße durch den Düsterwald nach Esgaroth, Thal und zum Erebor.

Vgl. BREE, GRÜNWEG, HOHER PASS, ZWERGENSTRASSE; Karte S. 53.

H, 4; *R*, I, 11, II, 2; *Nachrichten*, III, i.

GROSSE PEST

Während der Herrschaft König Telemnars in Gondor kam „mit dunklen Winden aus dem Osten" eine tödliche Pest. Viele Menschen in Ithilien, Gondor, Rhovanion und Calenardhon fielen ihr zum Opfer, auch der König selbst und alle seine Kinder (1636 D. Z.). Minhiriath und Cardolan wurden entvölkert; auch Arthedain und das Auenland waren betroffen, aber nach Norden hin schwächte die Seuche sich ab. Gondors Festungen und Wachtposten an den Grenzen nach Mordor konnten nicht mehr besetzt werden. Es wurde angenommen, Sauron habe die Pest ausgestreut, um ebendies zu erreichen. Dagegen sprach jedoch, daß die mit ihm verbündeten Völker in Khand und am Meer von Rhûn ebenso unter der Seuche zu leiden hatten wie seine Feinde im Westen.

Vgl. CARDOLAN, GONDOR, MINHIRIATH, VERFLUCHTER WIND.

R, Anhang A; *Nachrichten*, III, iv.

GROSSER GRÜNWALD

Älterer Name für DÜSTERWALD.

GRÜNBERGE

Gleich wenn man, von Hobbingen kommend, die Große Oststraße in südlicher Richtung überquert hatte, ging es in die Grünberge hinauf, einen niedrigen, bewaldeten Höhenzug, der sich vom Tukland im Westen bis Waldende und an den Rand des Bruchlandes im Ostviertel erstreckte. Eine Straße, von Buckelstadt nach Waldhof und Stock (wo es im „Goldenen Barsch" das beste Bier im Ostviertel gab), schlängelte sich durch die Höhen. Man war noch im Herzen des Auenlandes, eher in einem Ausflugsgebiet als in der Wildnis. Aber schon hier war plötzlich ein großer schwarzer Kapuzenmann auf einem schwarzen Pferd hinter den Hobbits her, und obwohl man seine Nase nicht sehen konnte, hörte man, wie er schnüffelte. Aber zum Glück kamen manchmal noch Elben in diese Wälder,

und zur rechten Zeit erschien Gildor Inglorion, ein Noldo aus Finrod Felagunds Geschlecht. Als Scharrers Leute das Auenland beherrschten, konnten die wehrhaften Tuks sie vom westlichen Teil der Grünberge fernhalten. Aber am Waldende hatten sie einen Stützpunkt und richteten einige Verwüstungen an.

Vgl. AUENLAND, BUCKELSTADT, NAZGÛL, TUK; Karte S. 25.

R, I, 3; VI, 8, 9.

GRÜNWEG

Der nördliche Abschnitt der alten Nord-Südstraße von Fornost über Tharbad zur Pforte von Rohan und nach Gondor. In Bree kreuzte der Grünweg die Große Oststraße. In früherer Zeit eine wichtige Verbindung zwischen den Reichen von Arnor und Gondor, wurde er später nur noch selten benutzt und wurde allmählich „grün", d. h. mit Gras überwachsen. Dreißig Wegstunden südlich von Bree vereinigte er sich mit der Straße, die über die Sarnfurt aus dem Westviertel des Auenlands kam. Auf dem Grünweg begegneten sich vor dem Ringkrieg die beiden Zauberer Gandalf und Radagast.

Vgl. BREE, ERIADOR, GROSSE OSTSTRASSE, THARBAD; Karte S. 53.

R, II, 2; VI, 8; *Nachrichten*, III, iv, 2.

GUNDABAD

Die Hauptstadt der Orks im nördlichen Nebelgebirge, bestand aus Höhlen und Stollen unter dem Gundabadberg. Die Orks, die hier lebten, waren von der kleinen, krummbeinigen und lichtscheuen Rasse; beherrscht und geführt wurden sie von einer Kaste der in Dol Guldur gezüchteten und gedrillten

Uruks. Im Rachekrieg der Zwerge (2793-99 D. Z.) wurde Gundabad gebrandschatzt, aber hundertfünfzig Jahre später war seine Bevölkerung schon wieder sehr zahlreich. In Gundabad versammelte Bolg seine Truppen vor der Schlacht der fünf Heere.
Vgl. Azog, Bolg, Orks; Karte S. 142.
H, 17; R, Anhang A III.

GURTHANG

Sindarin „Todeseisen": Túrins Schwert, von Eol, dem Dunkelelben, aus schwarzem Meteoreisen geschmiedet und als Steuer an Thingol entrichtet; „es spaltete alles Eisen, das aus der Erde kam." Sein Name war zuerst *Anglachel* („Eisenflamme"); das Schwesterschwert Anguirel war Eol von seinem Sohn Maeglin gestohlen worden. Beleg bekam Anglachel aus Thingols Rüstkammer. Die weise Königin Melian sah gleich, daß dieses Ding nicht geheuer war: „Das dunkle Herz des Schmiedes wohnt noch darinnen." In der Tat erwies es sich bald als eine eigenmächtige Waffe, die bei besonderen Gelegenheiten auch sprechen konnte. Beleg fand damit den Tod von der Hand seines Freundes Túrin. Später wurde Túrin in Nargothrond als *Mormegil*, das Schwarze Schwert, berühmt. Mit Gurthang tötete er Glaurung, aber auch Brandir von den Haladin. Als er sich selbst in des Schwert stürzte, zerbrach es, und die Hälften wurden ihm ins Grab gelegt.
Vgl. Beleg, Drachentöter, Eol, Túrin.
S, XXI.

GWAIHIR

Sindarin „Herr der Winde", der Fürst der Adler aus dem Nebelgebirge. Er war ein Freund von Gandalf, der ihn einmal von einer Pfeilwunde geheilt hatte, und seitdem immer bereit, Gandalf und seinen Freunden aus der Klemme zu helfen. An der Spitze eines großen Adlerschwarms griff er in die Schlacht der fünf Heere und die Schlacht vor dem Morannon ein. Er war wesentlich kleiner als sein gewaltiger Vorfahr Thorondor, aber stark genug, um Gandalf von Isengart bis Edoras auf dem Rücken zu tragen. (Größer als er war sein Bruder Landroval, der ihn begleitete, als sie Frodo und Sam vor der Lava des Orodruin retteten.) Nach der Schlacht der fünf Heere schwor Dáin Eisenfuß ihm Freundschaft und schenkte ihm eine goldene Krone. Gwaihir stand auch mit Galadriel in Verbindung. In seinen Gesprächen mit Gandalf zeigte er sich über die politischen Verhältnisse in Mittelerde gut unterrichtet.
Vgl. Adler, Thorondor.
H, 6, 7, 18; R, II, 2; III, 5; VI, 4.

GWINDOR

Ein Noldo aus Nargothrond, der es nicht mit ansehen konnte, wie die Feinde vor den Außenbefestigungen von Barad Eithel hohnlachend seinen Bruder Gelmir zerhackten. Gwindor stürmte los, und bei diesem Anblick gab es für das ganze Heer von Hithlum kein Halten mehr. (Es hätte in seiner Wartestellung bleiben sollen, bis Maedhros herangerückt war.) Fingon setzte seinen weißen Helm auf und ließ die Trompeten blasen. Die Orks wurden bis vor die Mauern von Angband gejagt. Doch dort erst hielt Morgoth sein Haupteer in Bereitschaft. So begann die Schlacht der ungezählten Tränen.

Gwindor, mit seinem kleinen Gefolge aus Nargothrond allen anderen voraus, schlug sich bis auf die Treppen von Angband durch, aber dort wurde er gefangen. Jahrelang mußte er in Morgoths Bergwerken schuften, dann gelang es ihm zu fliehen. In Taur-nu-Fuin begegnete er Beleg und Túrin, und zusammen mit Túrin kam er wieder nach Nargothrond. Flüchtlinge aus Angband wurden dort mißtrauisch angesehen, und Gwindor war kaum wiederzuerkennen: ein gebrochener Mann, dem die Angst im Nacken saß. Seine frühere Geliebte Finduilas, König Orodreths Tochter, wandte sich von ihm ab und verliebte sich in Túrin. Darauf verriet ihr Gwindor, wer Túrin war und was sie von der Verbindung mit einem solchen Menschen zu erwarten hatte, denn aus Angband wußte er manches über Morgoths Fluch gegen Húrins Kinder. Seine Sorgen erwiesen sich bald als wohlbegründet, aber weder Túrin noch Finduilas konnte er damit helfen, daß er sie ihnen mitteilte.
Gwindor fiel in der Schlacht von Tumhalad, die der Eroberung von Nargothrond voranging.
Vgl. Beleg, Nargothrond, Nirnaeth Arnoediad, Túrin.
S, XX, XXI.

N

HADOR

Das dritte Menschenvolk, das über die Ered Luin nach Beleriand kam, wurde von Marach angeführt. Nachdem es sich in Estolad niedergelassen hatte, zogen manche junge Männer nach Hithlum und traten in König Fingolfins Dienst, unter ihnen Marachs Sohn Malach, der den Sindarin-Namen *Aradan* („edler Mensch") erhielt. Ein Urenkel Malachs war Hador, den Fingolfin so hoch schätzte, daß er ihm die Herrschaft über Dor-lómin übertrug. Hador zog viele Menschen seines Volkes nach sich und wurde der reichste und mächtigste Fürst der Edain im Ersten Zeitalter. In seinem Hause wurde Sindarin gesprochen, doch wurde auch die eigene Sprache nicht völlig aufgegeben, und aus ihr entwickelte sich später das Adûnaïsche, die Sprache von Númenor. Hadors Sindarin-Name lautete *Lórindol*, „Goldscheitel". (Wie die meisten Menschen dieses Stammes war er groß und blond.) Hador fiel in der Dagor Bragollach, als er beim Rückzug auf Eithel Sirion die Nachhut befehligte. Die Menschen dieses Stammes nannte man später das *Haus Hador* oder das Dritte Haus der Edain. Hadors Kinder Galdor und Glóredhel heirateten Hareth und Haldir, die Kinder der Halmirs von den Haladin. Galdors Sohn war Húrin, sein Enkel Túrin. Das berühmteste Erbstück des Hauses Hador war der Drachenhelm von Dor-lómin.
Vgl. DOR-LÓMIN, DRACHENHELM VON DOR-LÓMIN, EDAIN.
S, XVII, XVIII; *Nachrichten*, II, i.

HÄUSER DER HEILUNG

Das Krankenhaus von Minas Tirith, wo Eowyn, Faramir, Merry und die anderen Verwundeten nach der Schlacht auf dem Pelennor behandelt wurden. Der Chefarzt trug den Titel *Kräutermeister*. Er war ein gelehrter Mann und kannte auch die Quenya-Namen seiner Medikamente. An Altweibersprüche glaubte er nicht. In der Behandlung aller gewöhnlichen Wunden und Krankheiten leistete die Anstalt Vortreffliches, aber die Weisheit der Heilkundigen von Númenor war nicht in ihrer ganzen Fülle erhalten geblieben, und gegen den Schwarzen Schatten, der die von den Nazgûl Verwundeten befiel, kannte man keine Therapie.
Vgl. ATHELAS, MINAS TIRITH, MORGUL-MESSER.
R, V, 8.

HALADIN

Das zweite Volk der Edain, das über die Ered Luin nach Beleriand kam, später nach seiner Anführerin oft das *Volk Haleths* genannt. Tatsächlich waren die Haladin nur durch Verwandtschaft und Nachbarschaft miteinander verbunden und kannten keine Fürsten oder Amtsträger. Sie lebten gewöhnlich in vereinzelten Gehöften und folgten nur im Krieg oder auf Wanderungen einem besonders geeigneten Führer. Ein solcher war Haldad, Haleths Vater. Im Süden von Thargelion, wo sich die Haladin zuerst niedergelassen hatten, wurden sie von Orks angegriffen, und Haldad trommelte die Leute zur Verteidigung hinter einem Palisadenzaun im Winkel zwischen den Flüssen Gelion und Ascar zusammen. Als Haldad und sein Sohn Haldar gefallen waren, übernahm Haleth das Kommando. Im letzten Augenblick kam Caranthir den Haladin zu Hilfe; sein Angebot aber, in den besser geschützten Norden zu ziehen, lehnten sie höflich ab: Sie wollten ihre eigenen Herren bleiben. Von Haleth geführt, wanderten sie nach Estolad und wohnten dort eine Weile, ohne mit den anderen Edainvölkern sehr viele Beziehungen anzuknüpfen. Auf Drängen Haleths zogen sie bald weiter nach Westen: durch Himlad und Nan Dungortheb, wo nicht wenige von ihnen eine Beute der Spinnen wurden, bis in das Land zwischen Sirion und Narog. Auf Finrods Bitte erlaubte ihnen Thingol, sich im Wald von Brethil niederzulassen, unter der Bedingung, daß sie die Übergänge über den Teiglin bewachten.
Nach Haleths Tod übernahmen die Nachkommen ihres Bruders Haldar die Führung im Kriege. Bis zur Dagor Bragollach lebten die Haladin in Frieden; dann kamen die Orks durch das Sirion-Tal nach Süden. Die Haladin verteidigten gemeinsam mit den Grenzwachen von Doriath die Teiglin-Übergänge; aber in der Nirnaeth Arnoediad, in der sie Fingons Herr verstärkten, verloren sie viele waffenfähige Männer unter der Führung von Haldir, und zwanzig Jahre später fiel Handir, als er versuchte die Orks aufzuhalten, die sich

den Weg nach Nargothrond freimachten. In die Wälder zurückgedrängt, konnten sie nur noch einen Kleinkrieg führen. Als Túrin zu ihnen kam, bestärkte er die Kriegspartei unter Dorlas gegen den friedliebenden Brandir.

Die Haladin waren meist dunkelhaarig und etwas kleiner als die anderen Edain. Ihre Sprache war mit denen der anderen nicht verwandt. Sie blieben gern für sich und hielten auch zu den Eldar Distanz: Weniger als Beors und Hadors Völker waren sie bereit, sich von ihnen beschützen, regieren oder belehren zu lassen.

Mit dem Volk Hadors kamen sich die Haladin in den Jahren vor der Dagor Bragollach durch ein gemeinsames Fest näher, bei dem eine Doppelhochzeit stattfand: Galdor und Glóredhel, Hadors Kinder, heirateten Hareth und Haldir, die Kinder Halmirs von den Haladin. Galdor und Hareth waren Húrins Eltern.

Zusammen mit den Haladin lebte eine Anzahl Menschen aus dem kleinen, mit ihnen nicht verwandten Volk der Drúedain.

Vgl. Brandir, Brethil, Edain, Haleth, Húrin, Thargelion, Túrin.

S, XVII, XVIII, XXI; *Nachrichten*, IV, i.

HALBARAD

Ein Dúnadan aus dem Norden, Aragorns Vetter, stieß während des Ringkriegs mit dreißig Mann zu ihm und brachte ihm sein Pferd Roheryn und Elendils Banner, das Arwen gestickt hatte. Er folgte Aragorn auf den Pfaden der Toten und fiel als Bannerträger in der Schlacht auf dem Pelennor.

Die Dúnedain des Nordens waren zumeist Halbarad (und Ara-

gorn) ähnlich: große, schweigsame Männer mit grimmigen Gesichtern, „zerfurcht wie verwitterter Fels"; neben ihnen sahen die Rohirrim wie kleine Jungen aus.

Vgl. Aragorn, Dúnedain, Waldläufer.

R, V, 2.

HALBELBEN

Elben und Menschen waren durch Unterschiede in Lebensdauer, Geistesart und Jenseitserwartung getrennt, doch gab es mehrere Fälle, in denen die Anziehung zwischen den Geschlechtern diese Grenze übersprang (z. B. Aegnor, Dol Amroth). Aber nur zwei solcher Verbindungen geschahen mit Billigung der Valar: zwischen Beren und Lúthien, sowie zwischen Tuor und Idril. Elwing, die Enkelin Berens und Lúthiens, heiratete Earendil, Tuors und Idrils Sohn. Nur die Nachkommen aus dieser Verbindung, nämlich Elrond und Elros, sowie Elronds Kinder Arwen, Elladan und Elrohir wurden als Halbelben (Sindarin: *Peredhil)* bezeichnet. Die Halbelben mußten sich entscheiden, ob sie das Schicksal der Elben oder der Menschen teilen, d. h. kurz- oder langlebig sein wollten. Elrond entschied sich für die Elben, Elros für die Menschen; Arwen, aus Liebe zu Aragorn, traf dieselbe Entscheidung wie Lúthien, nämlich sterblich zu werden. (Aragorn, ebenso wie Beren, hatte keine Wahl; Earendil, der eigentlich lieber ein Mensch sein wollte, hatte die Entscheidung seiner Frau überlassen und wurde zu den Elben gezählt.)

Über Lúthien, Melians Tochter, waren die Halbelben auch mit den Maiar verwandt. So kam ein Tröpfchen elbischen und gött-

lichen Blutes unter die Menschen.

Vgl. Edain, Kinder Ilúvatars, Menschen, Zwei Geschlechter.

S, XXIV; *R*, Anhang A; *Briefe*, 153, 154.

HALETH

Die Tochter Haldads von den Haladin. Als ihr Vater und ihr Bruder Haldar bei einem Angriff der Orks in Thargelion erschlagen (und verspeist) worden waren, übernahm sie selbst die Verteidigung. Vor dem Aufbruch des Volkes nach Estolad wurde Haleth zur Anführerin gewählt. Sie ist das einzige Beispiel echter demokratischer Herrschaft, das aus Mittelerde bekannt ist. In Estolad war die Mehrheit der Haladin gegen Haleths Plan, nach Westen weiterzuziehen. Dennoch folgte man ihr, weil Haleth sonst allein gegangen wäre und weil man sich von ihr nicht trennen wollte. Bei Verhandlungen mit den Elbenfürsten bewies sie diplomatisches Geschick, Beharrlichkeit und eine unnachahmliche Würde.

Kriegerische Frauen waren unter den Haladin nichts Ungewöhnliches; Haleth umgab sich mit einer weiblichen Leibgarde. Allerdings heirateten diese Frauen nicht und hatten keine Kinder; darum blieben die Haladin immer ein kleines Volk. In die Kriege, sofern sie nicht der unmittelbaren Selbstverteidigung dienten, zogen nur Männer.

Über Haleths Grab in Brethil wurde der Hügel *Tûr Haretha* aufgeworfen, „das Grab der Frau" in der Haladinsprache, *Haudh-en-Arwen* im Sindarin.

Vgl. Brethil, Edain, Haladin.

S, XVII; *Nachrichten*, IV, i.

HALFAST GAMDSCHIE

Ein Vetter von Sam Gamdschie aus Oberbühl im Westviertel, der auf der Jagd in den Nordmooren einmal einen Ent gesehen hatte.

Vgl. AUENLAND, ENTS.

R, I, 1.

HALIFIRIEN

Der am weitesten westlich gelegene der sieben Leuchtfeuerberge von Gondor. Der Name stammt aus der Sprache der Rohirrim, wiedergegeben durch Altenglisch (von *hálig-firgen*, „heiliger Bergwald"); in Sindarin lautete er *Amon Anwar*, Berg der Ehrfurcht. Auf dem Gipfel – doch an einer anderen Stelle als das Leuchtfeuer – befand sich die geheime Grabstätte Elendils, ziemlich exakt im Mittelpunkt des südlichen Königreichs: ein schwarzer Stein mit drei Buchstaben in Tengwarschrift – Elendils Name unter Weglassung der Vokale, wie er Schriftstücke zu unterzeichnen pflegte. Hier beschworen Cirion und Eorl die ewige Freundschaft und gegenseitige Beistandspflicht der Völker von Gondor und Rohan. Elendils Gebeine allerdings brachte Cirion nach Minas Tirith, denn nach der Abtretung von Calenardhon war der Berg nicht mehr geographischer Mittelpunkt des Reiches. Elessar und Éomer sollen den Schwur an derselben Stelle nach dem Ringkrieg erneuert haben. Der Bergwald lag an der Grenze zwischen beiden Ländern und galt als gemeinsames Heiligtum beider Völker. Die Wachmannschaften stellten die Rohirrim.

Vgl. CIRION, ELENDIL, EORL, GONDOR, LEUCHTFEUERBERGE, ROHAN.

Nachrichten, III, ii, 3.

HAMFAST GAMDSCHIE

„Elben und Drachen!" sagte er zu seinem Sohn Sam. „Kohl und Kartoffeln sind besser für dich und für mich." Hamfast war der Gärtner von Beutelsend und wurde meist „der Ohm" genannt. Er wohnte in einem kleinen Smial am Beutelhaldenweg Nr. 3 und beriet Bilbo beim Gemüseanbau. Er lebte von 1326 bis 1428 A.Z. Sam war das fünfte seiner sechs Kinder.

Vgl. HOBBITS, SAM GAMDSCHIE.

R, I, 1; VI, 8; Anhang C.

HARAD

Sindarin „Südland": die weiten, heißen und zum großen Teil unbekannten Länder im Süden von Gondor und Mordor. Harad zerfiel in viele kleine Königreiche, die sich untereinander oft bekriegten. Manche von ihnen standen mit Sauron im Bunde. Das mächtigste und für Gondor gefährlichste dieser Reiche war Umbar, wo sich schon während des Zweiten Zeitalters viele Númenórer der Königspartei niedergelassen hatten.

Die Grenze zwischen Gondor und Harad war zur Zeit des Ringkriegs der Fluß Harnen („Südwasser"), doch auch das Land nördlich davon bis zum Poros war umstrittenes Niemandsland. Die Harad-Straße, die von Ithilien her dieses Gebiet durchquerte, führte nicht nach Umbar, sondern ins Landesinnere.

Solange Gondor den Hafen Umbar beherrschte (993-1448 D. Z.), kontrollierte es gewöhnlich auch Harad. Später verbündeten sich die *Haradrim* („Leute aus Harad") oft mit Gondors Feinden im Osten, so daß Gondor von zwei Seiten zugleich angegriffen wurde. Im Krieg gegen die Wagenfahrer (1944

D. Z.) mußte Earnil zuerst in Süd-Ithilien die Haradrim besiegen, ehe er sich gegen die Feinde im Nordosten wenden konnte, denen König Ondoher inzwischen unterlegen war.

Am Ringkrieg war Harad mit einer starken Kriegsflotte aus Umbar, die Pelargir und Lebennin angriff, und mit einem großen Landheer beteiligt, das in der Schlacht auf dem Pelennor kämpfte. Die Krieger aus Nah- (oder Nord-)Harad waren groß und dunkelhäutig. Sie trugen grellfarbige, meist rote Gewänder, manchmal auch Goldschmuck, und setzten im Kampf Kriegselefanten ein. Die Fahne ihres Fürsten (den Théoden niedermachte) zeigte eine schwarze Schlange im scharlachroten Feld. Die aus Fern- (Süd-)Harad waren schwarz, „Menschen wie halbe Trolle mit weißen Augen und roten Zungen". Viele Haradrim kämpften auch vor dem Morannon und leisteten angesichts der Niederlage erbitterten Widerstand.

Vgl. OLIFANTEN, PELARGIR, PELENNOR, UMBAR, WAGENFAHRER; Karte S. 53.

R, IV, 4; V, 6; Anhang A I, 4.

HARFÜSSE

Der älteste und zahlreichste der drei Hobbitstämme, der an den Osthängen der Nebelberge gelebt hatte und um 1050 D. Z. als erster nach Eriador hineinwanderte. Sie waren dunkelhäutiger, kleiner und rundlicher als die anderen Hobbits, neigten zur Seßhaftigkeit und wohnten am liebsten an Berghängen und auf Hochebenen. Sie waren geschickte Handwerker und hatten in alten Zeiten viel Umgang mit den Zwergen gehabt.

Vgl. AUENLAND, HOBBITS.

R, Prolog.

HELCARAXE

Q. „Eisrachen", auch das *Malm-Eis* genannt: die Meerenge im Norden zwischen Mittelerde und Aman, wo Ekkaia und Belegaer zusammenflossen. Weil Feanor nach seiner Landung in Drengist die Schiffe verbrannte, statt sie zurückzuschicken, mußte Fingolfin mit dem größeren Teil der Noldor die Treibeisfelder durchqueren. Viele kamen dabei um; die meisten gelangten hinüber, denn unmittelbar nach dem Fortgang aus Aman hatten die Noldor noch eine sehr robuste körperliche Verfassung. Außerdem hatten sie genug Lembas mit auf die Reise genommen.

Vgl. AMAN, ARDA, FINGOLFIN, NOLDOR.

S, IX; *Nachrichten*, I, i.

HELLUIN

S. „Der Eisblaue", ein Stern, vermutlich Sirius, der am Himmel stand, als die Elben in Cuiviénen erwachten. Er gehörte nicht zu den Sternen, die Varda zu diesem Anlaß neu erschaffen hatte, sondern zu den alten, die sie als Zeichen am Himmel versammelt hatten. Anscheinend wurde er als zum Sternbild Menelmacar (Orion) gehörig aufgefaßt.

Vgl. MENELMACAR, VARDA.

S, III; *Verschollene Geschichten I*, viii.

HELM HAMMERHAND

Der neunte König der Mark, regierte von 2741 bis 2759 D. Z. Seine Kraftprotzerei wäre den Rohirrim beinah zum Verhängnis geworden: Er tötete den Fürsten Freca aus Dunland, der für seinen Sohn um die Hand der Königstochter anzuhalten wagte, mit einem Fausthieb. Vier Jahre später hatte er einen Zweifrontenkrieg nach Westen und Osten zu führen, während seine Verbündeten in Gondor mit den Korsaren von Umbar beschäftigt waren. Die Dunländer eroberten Edoras, und Frecas Sohn Wulf rief sich zum König aus. Helm wurde während des Langen Winters von 2758/59 in der Hornburg und der hinter ihr liegenden Schlucht („Helms Klamm") eingeschlossen. Dort fand man ihn eines Tages, vom Hunger geschwächt und erfroren. Die Feinde sagten, er habe mangels anderer Nahrung Menschen gefressen.

Auch Helms Söhne Haleth und Háma waren in dem Krieg umgekommen, und damit endete die erste Linie der Könige aus Eorls Geschlecht. Helms Nachfolger wurde sein Neffe Fréaláf Hildeson (2759-2798), der die Dunländer wieder vertrieb.

Vgl. DUNLÄNDER, FRECA, HORNBURG, ROHAN.

R, Anhang A II.

HENNETH ANNÛN

S. „Das Fenster nach Westen": die hinter einem Wasserfall versteckte Festung der Waldläufer von Ithilien, wo Frodo und Sam von Faramir bewirtet wurden und eine Nacht in Betten schlafen konnten. Der Truchseß Túrin II. von Gondor hatte um 2960 D. Z. eine Anzahl solcher Vorposten einrichten lassen, als Sauron nach Mordor zurückgekehrt war und Ithilien fester in den Griff nahm. Henneth Annûn, die letzte dieser Festungen, die sich gehalten hatte, lag fünfundzwanzig Wegstunden nordöstlich von Minas Tirith und fünfzehn Wegstunden nördlich des Morgul-Tals. Es wurde erst zu Beginn des Angriffs auf den Pelennor am 9. März 3019 geräumt.

Vgl. GONDOR, ITHILIEN.

R, IV, 5; V, 4; Anhang A.

HERRSCHERRING

Der Ring, den Sauron im Feuer des Schicksalsbergs schmiedete, um die anderen Ringe der Macht damit zu beherrschen. Wenn er ihn auf den Finger steckte, konnte er die Gedanken derer, die einen der schwächeren Ringe trugen, lesen und ihre Handlungen lenken. In dem Ring steckte Saurons Wille aber auch dann noch, als er in andere Hände gelangt war; deshalb übte er auf den jeweiligen Besitzer einen unheilvollen Einfluß aus: Er zehrte ihn langsam auf und zog ihn mit der Zeit ins Reich der körperlosen Schatten hinüber. Schon sein Anblick weckte heftige Begehrlichkeit, auch bei Leuten, die gar nicht wußten, was es mit ihm auf sich hatte. Isildur schrieb, er sei von allen Werken Saurons das einzig schöne. Und nützlich war er außerdem: Er konnte seinen Träger unsichtbar machen. Aber solcher Gebrauch verstärkte noch die Macht des Ringes über den Träger, und die Unsichtbarkeit bedeutete nur, daß man aus der Welt der Körper in die Welt der Schatten hinübertrat, die Sauron am besten überblickte. Die Besitzer des Ringes nach Sauron waren Isildur, Gollum, Bilbo und Frodo Beutlin. Bilbo war der erste (und einzige), der den Ring freiwillig hergab. Boromir, Denethor und Saruman glaubten, daß der Ring auch gegen Sauron eingesetzt werden könne. Gandalf, Galadriel und Elrond meinten, jeder, der dies versuche, werde vom Machtwillen, der in dem Ring stecke, überwältigt und seinerseits zu einem Dunklen Herrscher werden. Daher bleibe keine andere Wahl, als den Ring zu vernichten. (Aber auf Bilbo und Frodo wirkte der Ring nur mäßig.)

Der Ring, so wie ihn Frodo sah, als ihn Gandalf mit seiner Geschichte bekannt machte, war glatt und schmal, aus einem Metall, das wie Gold aussah, aber um vieles härter war. In Frodos Kaminfeuer wurde der Ring nicht merklich erhitzt, doch wurde nun die eingeritzte Schrift sichtbar, die auch Isildur schon bemerkt hatte: In der Transskription: *Ash nazg durbatulûk, ash nazg gimbatul,/ash nazg thrakatulûk agh burzum-ishi krimpatul.* Und in der englischen Wiedergabe: *One Ring to rule them all, One Ring to find them/One Ring to bring them all and in the darkness bind them.* In der Schwarzen Sprache hieß der Ring also *ash nazg*, der „Eine Ring", eine Bezeichnung, die in die anderen Sprachen übertragen wurde. Gewicht und Dicke des Ringes schienen veränderlich zu sein; Frodo fand ihn fast unerträglich schwer, als er sich Mordor näherte. Der Träger mußte vor eigenwilligen Bewegungen des Ringes auf der Hut sein: Isildur glitt er vom Finger, als er den Anduin durchschwamm; Gollum „verlor" ihn in einem Moment, den sich der Ring ausgesucht zu haben schien; Bilbo und Frodo hatten ihn manchmal plötzlich am Finger, ohne zu wissen, wie er dorthin gekommen war.

Nur das Feuer des Schicksalsbergs war heiß genug, den Ring zu vernichten. Als dies geschah, stürzte Barad-dûr ein, Saurons Festung in Mordor: Ihre Grundmauern waren mit der Macht des Ringes befestigt. Sauron hatte zuviel von seinen Kräften in dieses eine Werk gesteckt. Mit der Zerstörung des Herrscherrings erlosch auch die Macht der drei Elbenringe, die er mitgetragen hatte.

Vgl. Barad-dûr, Bilbo Beutlin, Frodo Beutlin, Gollum, Isildur, Magie, Ringe der Macht, Sauron, Schicksalsberg, Schwarze Sprache.
R, passim, besonders I, 2; II, 2; *S,* Von den Ringen…; *Briefe,* 131, 246.

Himlad

Die „kalte Ebene" südlich von Himring, zwischen den Flüssen Aros und Celon, das Hinterland von Celegorms und Curufins Befestigungen am Aglon-Paß. Nach der Dagor Bragollach wurde Himlad vorübergehend von den Orks eingenommen.
Vgl. Karte S. 34.
S, XIV, XVIII.

Himmelsrichtungen

Mittelerde war in allen drei Zeitaltern Schauplatz eines Kampfes, den die Elben, Menschen, Zwerge, Orks, Wölfe und Drachen stellvertretend für höhere, göttliche oder teuflische Mächte austrugen, die von außen in dieses Feld hineinwirkten. Die Himmelsrichtungen dienten, von hier aus gesehen, nicht nur zur geographischen, sondern auch zur moralischen Orientierung. Der Westen (Quenya *númen*) stand für alles, was gut, heilig oder verheißungsvoll war. Als die ersten Menschen aus Hildórien nach Eriador oder Beleriand wanderten, folgten sie dem Licht, d. h. sie nahmen die gleiche Richtung wie die Sonne. Von Osten (*rómen*) dagegen kam nichts Gutes (es sei denn Menschen, die von dort flüchteten): drückende Wolken, Seuchen, barbarische Völker. Der Norden (*formen*) war umstritten: Hier hatte Melkor seine Festungen erbaut, mit der Region des ewigen Eises im Rücken; aber hier hatten auch die Eldar und die

Edain ihn bekriegt. Der Süden (*hyarmen*) war über Harad hinaus wenig bekannt: Dort lebten wilde dunkelhäutige Völker und seltsame Tiere.
Bei allen Völkern von Mittelerde, gleich welcher Sprache, waren die Anfangsbuchstaben (Tengwar) der Quenya-Wörter für die vier Himmelsrichtungen als Symbole geläufig: ᛗ für *númen*, Westen; ᚴ für *hyarmen*, Süden; ᚤ für *rómen*, Osten; ᚻ für *formen*, Norden.
R, Anhang D.

Himring

„Der Ewig-Kalte": die größte Erhebung in dem Hügelland zwischen Dorthonion und den Ered Luin, südlich von Lothlann. Hier stand Maedhros' Burg, „auf einem breitschultrigen, baumlosen Berg mit flachem Gipfel", die wichtigste Festung der Noldor im Nordosten. Das Grenzgebiet wurde daher auch *Maedhros' Mark* genannt. Hier sammelten sich Feanors Söhne nach ihrer Niederlage in der Schlacht des jähen Feuers und gewannen einen Teil der verlorenen Gebiete wieder zurück.
Vgl. Dagor Bragollach, Maedhros; Karte S. 34.
S, XIV, XVIII.

Hírilorn

Sindarin „Frauenbaum": Die große dreistämmige Buche im Wald von Neldoreth, unweit von Menegroth, in der Thingol für Lúthien ein Flett bauen und sie streng bewachen ließ, um sie von dem törichten Abenteuer mit Beren abzuhalten. (Er kannte seine und Melians Tochter schlecht, wenn er glaubte, daß sie so leicht zu bezähmen wäre.)
Vgl. Lúthien.
S, XIX.

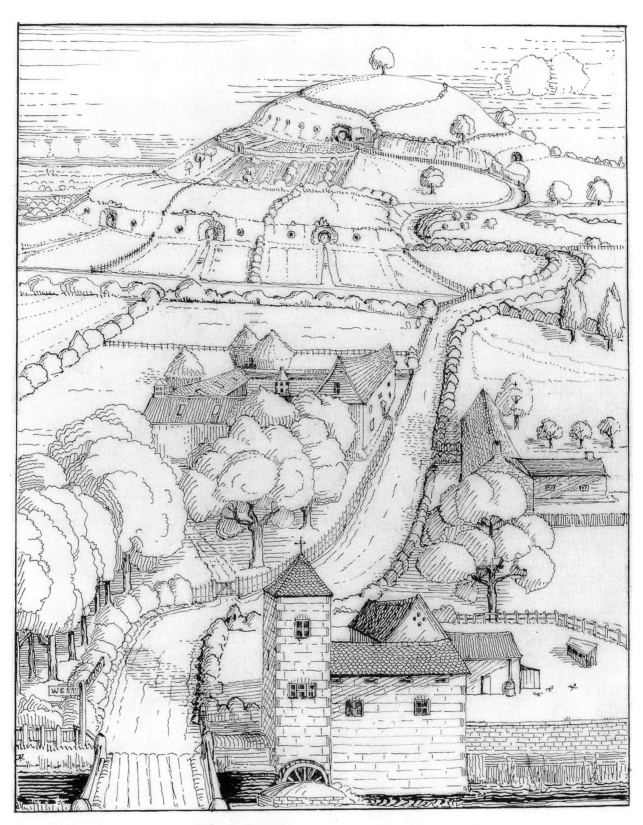

The Hill: Hobbiton across the Water.

Der Bühl: Hobbingen nördlich der Wässer. Bleistift, schwarze Tinte, weiße Grundierung.
Künstler, 97.

HITHLAIN

„Vergiß nie ein Seil mitzunehmen, wenn du lange unterwegs bist!" sagte ein Elb zu Sam, als sich die Gefährten in Lórien zum Aufbruch bereitmachten. Und das Seil, das Sam in seinen Rucksack steckte, war aus Hithlain (Sindarin „Nebelfaden"), einem grauen, seidigen Stoff, dünn, leicht und reißfest. Beim Herumklettern in den Emyn Muil bewies es echt elbische Qualität: Nachdem Frodo und Sam daran eine Felswand herabgestiegen waren, löste sich der Knoten, mit dem es oben befestigt war, auf Zuruf.

Vgl. MAGIE.

R, II, 8; IV, 1.

HITHLUM

„Nebelland" (Quenya *Hísilóme*): Das Land westlich von Ard-galen, zwischen den Ered Lómin im Westen und den Ered Wethrin im Osten. Es war kühl und windig, und Nebel waren selten; aber die Noldor hatten das Land zuerst in tiefen Wolken gesehen, die Morgoth dorthin getrieben hatte. Hier gründeten Fingolfin und Fingon ihr Reich. Bewohnt waren vor allem Dor-lómin im Südwesten und Mithrim im Südosten. Die Osthänge der Ered Wethrin wurden scharf bewacht und befestigt. Die meisten waffenfähigen Männer aus Hithlum, sowohl Eldar wie Edain, fielen in der Nirnaeth Arnoediad. Daraufhin überließ Morgoth das Land den Ostlingen.

Vgl. DOR-LÓMIN, ERED WETHRIN, FINGOLFIN, FINGON, MITHRIM; Karte S. 34.

S, XIII, XIV, XX.

HOBBINGEN

Dorf im Westviertel des Auenlands, nördlich der Großen Oststraße an der Wässer. Am Fluß lag die Mühle der Sandigmanns, die unter der Herrschaft Scharrers und der Sackheim-Beutlins auf Dampfbetrieb umgestellt wurde. An der Straße zum dicht benachbarten Wasserau lag das Wirtshaus „Zum Efeubusch". Die komfortabelsten Höhlen waren in Beutelsend auf dem Bühl, einer Anhöhe ein wenig nordwestlich des Ortskerns. Dort wohnten Bilbo und Frodo Beutlin, später die Sackheim-Beutlins.

Vgl. AUENLAND, BILBO BEUTLIN, FRODO BEUTLIN, TIMM SANDIGMANN; Karte S. 25.

R, I, 1-3; VI, 8, 9; *H*, 1.

HOBBITS

Als Saurons gefährlichste Feinde im Ringkrieg erwiesen sich die unscheinbaren kleinen Leute aus dem Auenland. Sie nannten sich Hobbits *(kuduk* in ihrer eigenen Sprache). Sie waren weder sehr kriegerisch noch zauberkräftig, und in den Ringkrieg hatte sie nur ein Zufall verwickelt: Einer von ihnen, Bilbo Beutlin, fand den Herrscherring, nach dem Sauron suchte. Sauron wußte zuerst nicht einmal, wer oder was Hobbits waren und wo es sie gab. Kleiner als Zwerge, sehr flink und ohne Schuhe an ihren behaarten Füßen, verstanden sich die Hobbits auf die Kunst des geräuschlosen Verschwindens.

Sie benutzten sie, um anderen Völkern aus dem Weg zu gehen. In älteren Zeiten hatten sie am Oberlauf des Anduin gelebt, zwischen dem Nebelgebirge und dem Großen Grünwald; dann waren sie den dort zunehmenden Gefahren nach Westen ausgewichen, zuerst in die Gegend um Bree (etwa 1300 D. Z.), dreihundert Jahre später in das Wiesen- und Hügelland westlich des Baranduin, das ihnen König Argeleb II. von Arthedain überließ. Die wenigen Verpflichtungen, die der König ihnen auferlegt hatte (Pflege der Straßen und Brücken), hielten sie getreulich ein, auch als das Reich von Arthedain schon lange nicht mehr bestand. Ihre drei Stämme, die Falbhäute, Harfüße und die Starren, wuchsen zu einem Volk von kleinen Bauern, Gärtnern und Handwerkern zusammen. Unter den Falbhäuten waren einige unruhigere Geister, besonders in den Familien Tuk und Brandybock, aber im übrigen neigten die Hobbits fast ausnahmslos zu einer beschaulichen und seßhaften Lebensweise, ohne viel Interesse für anderes als Essen und Trinken und Familienangelegenheiten. Der Sippenzusammenhalt war sehr stark, und die komplizierte Etikette in den Verwandtschaftsbeziehungen regelte vieles, womit in anderen Ländern Gesetzgeber, Richter und Behörden beschäftigt sind. Als einzige Wissenschaft erfreute die Ahnenkunde sich großer Beliebtheit.

Eine Regierung gab es im Auenland kaum. Das Amt des Thain, des Kriegshauptmanns, das in der Familie Tuk erblich war, blieb in den langen Friedenszeiten ohne jede Bedeutung. Dem Bürgermeister von Michelbinge unterstanden die zwölf Landbüttel und die etwas zahlreicheren Grenzwachen. Außerdem hatte er für den Postbetrieb zu sorgen, der im Leben der Hobbits eine wichtige Rolle spielte: Sie wechselten Unmengen von Briefen, Glückwunschkarten und Einladungen zu Festmählern. Daß sie ihr friedliches Leben nur zum Teil der eigenen

Selbstgenügsamkeit und zum anderen auch den Dúnedain verdankten, die ihr Land nach außen hin gegen die Gefahren von Mittelerde abschirmten, wußten die Hobbits nicht. Zu Begegnungen mit den Zwergen und Elben, die das Land manchmal durchwanderten, kam es nur selten.

Die Wohnbauten der Hobbits waren nach alter Tradition keine Häuser, sondern Smials: in einen Hügel gegrabene und vielfach verzweigte Stollen. In flachem Gelände bauten sie auch niedrige, langgestreckte Häuser aus Holz oder Stein. Gemeinsames Wahrzeichen sowohl ihrer Häuser wie der Smials waren die runden Türen und Fenster.

Der wichtigste Beitrag der Hobbits zur Zivilisation von Mittelerde war die Entdeckung des Pfeifenkrauts, das bis zum Ringkrieg fast nur im Auenland und in Bree bekannt war.

Die Sprache der Hobbits scheint zu allen Zeiten die der benachbarten Menschenvölker gewesen zu sein; zur Zeit des Ringkrieges war es eine ländliche Mundart des Westron, die in den Ohren der Bewohner von Minas Tirith komisch und ungehobelt klang. Sie hatte manche älteren Wörter, in denen sie mit der Sprache der Rohirrim verwandt war. Ein solches war auch die Entsprechung zu *Hobbit*, die ursprünglich „Höhlenbewohner" bedeutete. Von den anderen Völkern wurden die Hobbits wegen ihrer geringen Körpergröße (knapp ein Meter zwanzig) auch als „Halblinge" (Westron) oder *Periannath* (Sindarin) bezeichnet.

Als Schrift benutzten die Hobbits die Cirth. Die Jahre zählten sie nach der Auenland-Zeitrechnung (A.Z.), die mit dem Jahr 1601 des Dritten Zeitalters als dem Jahr 1 nach der Besiedlung des Auenlandes beginnt. Ihr Auenland-Kalender war eine Abwandlung des in Gondor gebräuchlichen Truchsessen-Kalenders.

Vgl. Arthedain, Auenland, Bilbo Beutlin, Brandybock, Bree, Bürgermeister von Michelbinge, Falbhäute, Harfüsse, Pfeifenkraut, Smials, Starre, Thain, Tuk.

R, Prolog, Anhänge.

Hoher Pass

Ein Paß über das Nebelgebirge östlich von Bruchtal, in den Jahren vor dem Ringkrieg die wichtigste Verbindung zwischen den Völkern in Eriador und den Elben, Zwergen und Menschen östlich des Anduin. Nicht weit nördlich des Passes lagen mehrere Orkfestungen. Hier wurden Thorin Eichenschild und seine Gefährten von den Orks gefangengenommen. Daß der Paß weiterhin offengehalten werden konnte, war das Verdienst der Beorninger.

Im Sindarin hieß der Paß *Cirith Forn en Andrath*, „Spalte des langen nördlichen Aufstiegs".

Vgl. Grosse Oststrasse, Nebelgebirge; Karte S. 142.

H, 4; *R*, II, 1; *Nachrichten*, II, 1.

Hornburg

Die alte gondorische Festung bei Aglarond, erbaut in den Tagen Isildurs und Anárions, von den Rohirrim zuerst *Sûthburg* (altenglisch „Südburg"), seit der Zeit Helm Hammerhands Hornburg genannt. Sie stand auf einem Felsvorsprung, dem Hornfelsen, am Eingang einer tiefen Schlucht, die in den nördlichen Ausläufer des Weißen Gebirges hineinführte. Wenn König Helm auf dem Turm in sein Horn stieß, hallte es in der Schlucht wider, „als ob aus den Höhlen unter den Bergen längst vergessene Heere in den Krieg zögen". Helm war während des langen Winters von 2758/59 D. Z. hier eingeschlossen. Die Schlucht wurde nach ihm Helms Klamm genannt. Im hinteren Teil der Schlucht befand sich der ebenfalls befestigte Eingang zu den Grotten von Aglarond, in denen die Rohirrim ihre Vorratslager hatten.

Die Hornburg war der wichtigste feste Platz in der Westfold von Rohan; Erkenbrand, ihr Kommandant, war zugleich Fürst der Westfold. Von hier aus wurden die Wachen an den Furten des Isen unterhalten, die das Land gegen die Dunländer sicherten. Dieser Schutz versagte, als die Dunländer sich mit Saruman verbündeten, denn in der Nähe von Isengart konnten sie den Fluß an vielen Stellen überschreiten. Im Krieg zwischen Isengart und Rohan im Februar und März 3019 konnten daher die Furten nicht gehalten werden. Die Feinde (Dunländer, Uruks und Halb-Orks, alle mit Sarumans Wappen, der Weißen Hand, auf Helmen und Schilden) rückten gegen die Hornburg vor, deren Besatzung von König Théoden mit einem Heer aus Edoras verstärkt wurde.

Der etwa zwanzig Fuß hohe Klammwall, der den Zugang zur Schlucht versperrte, wurde von dem überwölbten Kanal für einen Bach durchbrochen, der ins Tal hinausfloß. Hier sprengten die Orks eine Bresche in den Wall. Bald war die Klamm in ihrer Hand, und die Verteidiger mußten sich teils in die Burg, teils in die Grotten zurückziehen. Aber als die Huorns aus

𝕿𝖍𝖊 𝕸𝖔𝖚𝖓𝖙𝖆𝖎𝖓-𝖕𝖆𝖙𝖍

Der Hohe Paß. Illustration zum Hobbit, 1937.
Pictures, 7.

dem Wald von Fangorn den Belagerten zu Hilfe kamen, er-
gaben sich die meisten Dunländer, und die Orks ver-
schwanden auf Nimmerwieder-
sehen zwischen den mordlusti-
gen Bäumen.
Vgl. Aglarond, Dunländer,
Helm Hammerhand, Isen, Rohan, Théoden; Karte S. 53.
R, III, 7; Anhang A II; *S,* Von den
Ringen ...; *Nachrichten,* III, v.

HUAN
Der große Kampf- und Jagdhund, den Orome dem Noldor-
prinzen Celegorm geschenkt
hatte. Er verstand Quenya und
Sindarin und durfte dreimal in
seinem Leben selbst das Wort
ergreifen; er schlief niemals,
kannte sich mit Heilkräutern
aus und war unempfindlich gegen alle Zauberei. Aus Treue zu
seinem Herrn war er mit den

Noldor nach Mittelerde gegangen und wurde von Mandos
mitverurteilt. Sein persönlicher
Schicksalsspruch lautete, daß er
den Tod finden sollte, wenn er
dem mächtigsten aller Wölfe begegnete. Sauron (der davon
wußte) überschätzte sich, als er
glaubte, das Urteil vollstrecken
zu können, wenn er sich in einen solchen Wolf verwandelte:
Huan packte ihn an der Kehle,
und Sauron mußte seine
Festung Tol-in-Gaurhoth preisgeben. Huan kündigte Celegorm den Gehorsam auf und
half Lúthien und Beren. Sein
Schicksal erfüllte sich bei der
großen Wolfshatz am Ufer des
Esgalduin, als er auf Carcharoth
traf und sie sich gegenseitig tot-
bissen.
Vgl. Beren, Carcharoth, Lúthien, Tol Sirion.
S, XIX; *HME 10,* 410 ff.

HÜGELGRÄBERHÖHEN
(Sindarin *Tyrn Gorthad):* Ein
graugrünes, baumloses Grasland östlich des Alten Waldes,
wo die Hobbits plötzlich von
dichtem Nebel umfangen wurden und mit einem Grabunhold
Bekanntschaft machten (28.
September 3018 D. Z.). Hierher
hatten sich die letzten Dúnedain
von Cardolan geflüchtet, nachdem Angmar den größten Teil
ihres Landes eingenommen hatte (1409 D. Z.). Auf den Hügel-
kuppen waren viele Gräber aus
dem Ersten Zeitalter, meist
durch Steinkreise oder große
aufrechtstehende Steinblöcke
gekennzeichnet. Die Vorfahren
der Edain hatten hier ihre Toten
begraben, bevor sie über die
Ered Luin nach Beleriand zogen.
Vgl. Cardolan, Edain, Grabunholde.
R, I, 8; Anhang A I, 3.

HÜTTINGER

Eine Bauernfamilie aus Hobbingen, mehrfach verschwägert mit den Gamdschies. Tolman („Tom") Hüttinger war ein Anführer der Hobbits in der Schlacht von Wasserau. Seine Tochter Rosie war eine Jugendgespielin von Sam Gamdschie und wurde seine Frau, nachdem er von seinen Abenteuern heimgekehrt war. Rosie und Sam hatten dreizehn Kinder.

Vgl. HOBBINGEN, SAM GAMDSCHIE.

R, VI, 8, 9; Anhang C.

HULSTEN

Vgl. EREGION.

HUORNS

Baumgeister wie der Alte Weidenmann: Sie konnten aus ihrem Pflanzendasein „erwachen" und sich auf die Widerstandskräfte besinnen, die ihnen als den Fürsprechern der *Olvar* innewohnten. Ohnehin waren die Bäume in gewissem Grade der Sprache mächtig (gegenüber den Ents und manchmal auch den Elben), viele waren „astgeschmeidig", und manche konnten sich sogar von der Stelle bewegen. Die Huorns des Fangorn-Waldes marschierten während des Krieges zwischen Rohan und Isengart zur Hornburg und halfen den Rohirrim, die Orks niederzumachen. Dabei legten sie einen „Schatten" um sich, so daß ihre Bewegungen, wenn man hinsah, kaum zu erkennen waren; dennoch kamen sie sehr schnell voran. Sie haßten vor allem die Orks, doch waren auch die baumfällenden Zwerge und Menschen bei ihnen nicht beliebt. Die Ents konnten sich den Huorns angleichen, wenn sie „einschliefen" und „baumisch" wurden. („Ihre Rolle in der Erzählung ist bedingt durch meine bittere Enttäuschung und meinen Widerwillen gegen den kümmerlichen Sinn, in dem Shakespeare Birnams Wald gegen Dunsinan anrücken läßt: Ich hatte Lust, eine Handlung zu erfinden, in der die Bäume wirklich in den Krieg zögen" – Tolkien, *Briefe*.)

Vgl. ENTS, FANGORN, HORNBURG, OLVAR.

R, III, 4, 7-9; *Briefe*, 163.

HÚRIN

Genannt Thalion, der Standhafte, Fürst von Dor-lómin, deckte in der Nirnaeth Arnoediad mit den Kriegern aus Hadors Volk Turgons Rückzug nach Gondolin. Am Bach Rivil bezogen sie ihre letzte Stellung. Als um ihn her alle gefallen waren, auch sein Bruder Huor, „warf Húrin den Schild fort und schwang die Axt beidhändig; und im Liede heißt es, die Axt habe im schwarzen Blut von Gothmogs Trollgarde so sehr gequalmt, daß sie schließlich verbrannt sei, und bei jedem Schlag rief Húrin: *Aure entuluva!* Es soll wieder Tag werden!'"

Húrin fiel nicht, denn Morgoth wollte ihn lebendig haben. Es gab Gerüchte, Húrin und Huor seien einmal im verborgenen Königreich Gondolin gewesen. Tatsächlich waren sie in ihrer Jugend, als sie sich in Dimbar verirrt hatten, von den Adlern dort hingetragen worden. Turgon hatte sie freundlich aufgenommen und sie nach einem Jahr wieder entlassen; sie schworen, niemandem zu verraten, wo sie gewesen waren und was sie dort gesehen hatten.

Húrin hielt seinen Eid auch in der Gefangenschaft; Morgoth erfuhr von ihm nichts als Spott. Dafür setzte er Húrin auf einen Gipfel der Thangorodrim, verfluchte ihn und sorgte dafür, daß er alles Nachteilige über die Schicksale seiner Kinder Túrin und Niënor und seiner Gattin Morwen erfuhr.

In dem Jahr nach Túrins und Niënors Tod ließ Morgoth ihn frei. Húrins Herz und Verstand waren vom Kummer eingeschwärzt. Verbittert irrte er in der Nähe der Crissaegrim herum, weil er Gondolin gern wiedergesehen hätte (dessen Lage er damit beinah verriet, denn er wurde beobachtet); dann suchte er den Gedenkstein seiner Kinder an der Cabed Naeramarth auf und fand dort Morwen, doch sie lag im Sterben. Er ging nach Nargothrond, traf dort Mîm und schlug ihn tot. Von Felagunds Schätzen, die noch so auf einem Haufen lagen, wie sie der Drache verlassen hatte, nahm er das Nauglamír mit. In Menegroth warf er es Thingol vor die Füße, mit bitteren Worten, weil Thingol, als der Nutznießer so vieler mutiger Taten, so wenig für Húrins Familie getan habe. Erst Melian belehrte ihn mit einem langen telepathischen Blick über die Wahrheit. Húrin ging fort; wie es hieß, hat er sich ins Westmeer gestürzt.

Húrin stammte aus dem Haus Hador und war mit vielen anderen Helden aus den Drei Häusern der Edain verwandt.

Vgl. GONDOLIN, NARN I HÎN HÚRIN, NAUGLAMÍR, NIËNOR, NIRNAETH ARNOEDIAD, TÚRIN.

S, XVIII, XX-XXII.

I

IDRIL

König Turgons einziges Kind,
mit dem Beinamen *Celebrindal*,
S. „Silberfuß" (sie ging fast immer barfuß). Ihre Mutter Elen-
we, eine Vanya, war beim Übergang über die Helcaraxe umgekommen. Idril hatte seherische
Fähigkeiten; sie konnte sogar in
Maeglins verschlossenes Herz
ein Stück weit hineinblicken
und ahnte das Ende von Gondolin voraus. Als einzige Elbin
nach Lúthien heiratete sie einen
Menschen, Tuor, den Ulmo mit
einer Botschaft für Turgon nach
Gondolin gesandt hatte. Ihr
Sohn war Earendil, dem Ulmo
für die Zukunft schon eine
wichtige Mission zugedacht hatte. Dank ihren Vorahnungen
ließ Idril einen geheimen
Fluchttunnel graben, der aus
der Stadt hinaus bis weit in die
Ebene von Tumladen führte, in
Richtung auf den Paßweg der
Cirith Thoronath. Bei den
Kämpfen in der Stadt und auf
der Flucht verteidigte sie ihren
kleinen Sohn mit dem Schwert.
Zusammen mit Tuor führte Idril
die Flüchtlinge aus Gondolin
nach Nan-tathren und später zu
den Sirion-Mündungen. Als
Tuor sein Alter spürte, fuhr sie
mit ihm gen Westen.
Vgl. GONDOLIN, MAEGLIN, TUOR.
S, XVI, XXIII; *Verschollene Geschich-
ten II*, iii.

ILMEN

Quenya: „hoch oben", der Him-
mel, „die hohen Lüfte über den
Nebeln der Welt", wo Varda die
Sterne aufgehängt hat; auch
Tinwe-malle, die Sternenstraße.
Dort wandern Sonne und
Mond, und dort segeln die El-
benschiffe, wenn sie auf dem
Geraden Weg in den Alten We-
sten heimkehren. Ilmen ist die
Luft, die die Götter atmen: in
Valinor reicht der Ilmen bis zum
Boden herab. In Mittelerde lag
er hoch über der unteren Luft-
schicht *(Vista)*, in der die Wol-
ken ziehen und die Vögel flie-
gen.
Vgl. ARDA, GERADER WEG.
S, XI, Akallabêth; *HME 4*, V (236).

ILÚVATAR

Unter den vielen Wissenschaften der Elben war für die Theo-
logie kein Platz. Die Valar als
Hüter der Welt und Lenker der
Naturkräfte waren den Eldar
bekannt, sogar von persönlichen Begegnungen; doch die
höchste Gottheit Ilúvatar
(Quenya „Vater des Alls"; auch
Eru, „der Eine") wurde als der
Weltschöpfer, dessen Absichten
unerforschlich sind, weder be-
zweifelt noch besonders verehrt. Erst unter den Menschen
entstanden Ansätze zu einer Religion und, in ihrem Gefolge,
zum Atheismus. In Númenor
gab es ein Heiligtum, wo dem
Ilúvatar Ernteopfer dargebracht
wurden, und bei den Númenórern fand Sauron Glauben für
die freche Lüge, dieser Ilúvatar
sei ein Phantom, hinter dessen
angeblichem Willen die Valar
eigennützige Kasteninteressen
versteckten.
Ilúvatar, wie ihn die Elben sich
vorstellten, wohnt außerhalb
der Welt, deren Schicksale er in
allen Einzelheiten vorbedacht
hat und in die er nur selten
eingreift. Er vermag aus Gedanken akustische oder visuelle Gestalten („Visionen") und aus
diesen wiederum Wirklichkeit
hervorgehen zu lassen. So hat er
die Ainur und dann mit ihnen
zusammen Ea erschaffen: „die
Welt, die ist". Als göttlicher Alleinherrscher ist er dem jüdisch-
christlichen Jehovah ähnlich,
doch weniger auf den eigenen
Ruhm bedacht. Er duldet andere Götter zwar nicht neben, aber
wenigstens unter sich. An einem
Kult hat er kein Interesse. Er
freut sich an seinen Geschöpfen,
weil sie anders sind als er selbst.
Mit der Unverlöschlichen Flamme, über die er verfügt, gibt er
ihnen eigenes Leben, so daß sie
nicht von ihm gelenkt und überwacht werden müssen. Wie ein
Künstler ist er stolz auf sein
Werk, besonders auf die darin
enthaltenen Überraschungen:
In jedem Zeitalter geschehen
Dinge, die neu und selbst für
die Valar unvorhergesehen sind,
denn sie gehen nicht aus früheren Entwicklungen hervor.
Elben und Menschen heißen die
„Kinder Ilúvatars", und den
Menschen hat Ilúvatar die
schwer verständliche „Gabe"
der Sterblichkeit verliehen –
der wichtigste Grund dafür, daß
er von ihnen eher gefürchtet als
geliebt wird und daß manche
von ihnen die Vollkommenheit
seiner Schöpfung bezweifeln.
Vgl. AINUR, EA, KINDER ILÚVA-
TARS, UNVERLÖSCHLICHE FLAM-
ME, VALAR.
S, Ainulindale, Akallabêth.

IMLADRIS (BRUCHTAL)

Elronds Festung in einem tiefeingeschnittenen Tal im westlichen Vorland des Nebelgebirges, über dem Fluß Lautwasser.
Oft als Elronds Haus oder Letz-

Imladris (Bruchtal), von Westen gesehen. Bleistift und Buntstift.
Künstler, 107.

dem nördlichen Düsterwald, die Hobbits aus dem Auenland, die Zwerge vom Erebor, die Waldläufer des Nordens und die Menschen von Gondor.

Auch nach Elronds Fortgang am Ende des Dritten Zeitalters war Imladris noch nicht ganz verödet. Seine Söhne Elladan und Elrohir blieben dort zurück, und zu ihnen gesellte sich Celeborn, Galadriels verlassener Gatte.

Vgl. ELBEN, ELROND, ERIADOR; Karte S. 142.

H, 3; *R*, II, 1-3; Anhang B; *Nachrichten*, II, iv.

IORETH

Die Oberschwester in den Häusern der Heilung, dem Krankenhaus von Minas Tirith. Ihr unermüdliches Geplapper enthielt auch Weissagungen, die aus den alten Büchern der heilkundigen Númenórer stammten: *„Die Hände des Königs sind Hände eines Heilers.* Und Mithrandir sagte zu mir: 'Ioreth, lange werden sich die Menschen Eurer Worte erinnern.'"

Vgl. HÄUSER DER HEILUNG.

R, V, 8; VI, 5.

ISEN

Der Grenzfluß zwischen Rohan und Dunland entsprang am Fuß des Methedras bei Isengart, floß in südlicher Richtung durch die Pforte von Rohan und bog dann nach Westen ab. Kurz vor der Biegung wurde der Fluß breit und flach und teilte sich um ein großes Sandwerder. Dies waren die Furten des Isen, ein wichtiger Übergang auf der Nord-Südstraße; um sie zu sichern, hatten Isildur und Anárion die beiden Festungen Aglarond und Angrenost erbaut. In späterer Zeit wurden die Furten von den Rohirrim bewacht, um die Dun-

tes Heimeliges Haus bezeichnet, war es tatsächlich, obwohl von außen unscheinbar und schwer zu finden, eher eine kleine Stadt oder Siedlung, in der eine beträchtliche Anzahl Elben (Noldor und Sindar) lebte und die außerdem eine große Anzahl Gäste aufnehmen konnte. Elrond hatte sich hier nach dem Krieg um Eregion mit einem Elbenheer verschanzt (1697 Z.Z.) und einer jahrelangen Belagerung standgehalten, während Sauron die Hauptmasse seines Heeres gegen Lindon vorrücken ließ. Nachdem Sauron mit Hilfe der Númenórer vertrieben war, beschlossen die Elbenfürsten, Imladris als weit in den Osten vorgeschobene Festung beizubehalten. Gil-galad ernannte Elrond zum Vize-Regenten von Eriador und übergab ihm Vilya, den Blauen Ring der Luft, der viel dazu beitrug, daß Imladris ohne großen militärischen Aufwand gehalten werden konnte. In den folgenden

Jahrtausenden wurde es zu einer Zuflucht für umherirrende Helden, die ein paar Nächte in einem warmen Bett schlafen oder von einer Wunde kuriert werden wollten. Hier wuchsen die Söhne der Dúnedain-Könige auf, nachdem ihre Reiche im Norden zerschlagen waren, und hier wurden wertvolle Erbstücke ihres Hauses wie Elendils Schwert Narsil verwahrt; hier trafen sich die Weisen zu ihren Beratungen; und hierhin zog sich Bilbo Beutlin zurück, um sein Buch zu schreiben und die Lieder und Sagen der Elben zu übersetzen.

Nach Imladris gelangten Nachrichten aus allen Gegenden von Mittelerde. Besonders eng waren die Verbindungen zu Lindon (über die Große Oststraße) und Lórien (über den Rothornpaß). Bei der großen Versammlung vor dem Aufbruch der Ringgemeinschaft waren daher fast alle freien Völker vertreten: die Elben von Lindon und aus länder von ihrer früheren Heimat fernzuhalten.

Das Gebiet zwischen Isen und Adorn, seinem größten Nebenfluß, gehörte nominell zu Rohan, war aber hauptsächlich von Dunländern bewohnt.

Im Krieg zwischen Isengart und Rohan erzwang das Heer aus Isengart in zwei Schlachten (am 25. Februar und 2. März) den Übergang über die Furten. Da ein Teil des Heeres schon auf dem Ostufer herangerückt war, konnten beide Ufer zugleich angegriffen werden. In der ersten Schlacht fiel Théodens Sohn Théodred. Dabei verzögerte sich der Anmarsch der Feinde auf die Hornburg, bis Théoden mit dem Heer aus Edoras zur Stelle war.

Der Name Isen ist die Übersetzung von Sindarin *Angren* in die Sprache der Rohirrim (altenglisch für „Eisen").

Vgl. Dunländer, Hornburg, Isengart, Rohan; Karte S. 53.
R, III, 8; *Nachrichten,* III, 5.

Isengart

Sarumans Festung im „Tal des Zauberers" *(Nan Curunír)* zwischen den südlichen Ausläufern des Nebelgebirges. Der Name ist die Wiedergabe von Sindarin *Angrenost* in der Sprache der Rohirrim („Eisenhof"; von altenglisch *isengeard*).

Isengart war eine kreisrunde Ebene von etwa einer Meile Durchmesser, umgeben von einem Ringwall aus schwarzem Naturgestein, der nach Norden an einen Berghang anschloß. Auf der Südseite, wo eine Straße zu den Furten des Isen führte, lag das einzige Tor. Die Ebene, in früheren Zeiten grün, mit Bächen und einem kleinen See, war in Sarumans letzten Jahren mit Steinplatten gepflastert.

Isengart und Orthanc. Bleistift.
Künstler, 164.

Straßen, die alle zur Mitte hinführten, waren früher von Bäumen umsäumt gewesen, nun von Stein- und Metallpfeilern, zwischen denen Ketten hingen. In den Umfassungswall waren von innen Durchgänge, Unterkünfte und Lagerhallen eingehauen; auch Häuser standen längs des Walles. Auf der inneren Fläche waren die Eingänge zu unterirdischen Schächten. Dort befanden sich Schmieden, Schmelzöfen, Maschinenräume, Wolfsställe, Schatz- und Warenkammern. „Eiserne Räder drehten sich dort ununterbrochen, und Hämmer dröhnten. Dampfwolken, auf die von unten rotes, blaues oder giftgrünes Licht fiel, strömten des Nachts aus den Abzugsschächten." (Als Gandalf und Théoden am 5. März hierherkamen, war dieser Betrieb zum Erliegen gekommen, denn die Ents hatten den Isen abgeleitet und die ganze Ebene unter Wasser gesetzt.)

In der Mitte der Ebene stand, etwa 150 m hoch, der Turm *Orthanc.* Der Name hatte eine doppelte Bedeutung: im Sindarin

„Gabelhöhe" (wegen seiner vier in spitze Zacken auslaufenden Pfeiler), „raffinierter Aufbau" in der Sprache der Rohirrim. Der Turm war aus überaus hartem Fels und sah aus wie ein Gebilde, „das nicht von Menschenhand gefertigt, sondern einst bei der Folterung der Berge aus dem Gebein der Erde herausgerissen worden war". Dies war Sarumans Wohnsitz, und niemand konnte ihn dort herausholen. Er verließ ihn erst nach dem Ende des Ringkriegs, als ihm die Ents freien Abzug gewährten.

Die Festung war zur Zeit Isildurs und Anárions erbaut worden, um den Übergang über den Isen zu sichern. Unter den Truchsessen schwand das Interesse an den westlichen Gebieten des Reiches, und die Wachmannschaften blieben sich selbst überlassen. Bei der Abtretung von Calenardhon an das Volk Eorls blieb die Festung jedoch – anders als die Hornburg – im Besitz von Gondor. Der Turm von Orthanc allerdings wurde verschlossen und von den Wachen nicht mehr benutzt. Der Palantír, der sich darin befand, fiel in Vergessenheit. Die Wachmannschaft vermischte sich mit den Dunländern, und etwa von 2700 bis 2759 D. Z. war die Festung völlig in dunländischer Hand. Nachdem König Fréaláf von Rohan die Dunländer vertrieben hatte, nahm Saruman dort seinen Wohnsitz – mit Erlaubnis des Truchsessen Beren. Zweihundert Jahre lang respektierte Saruman die Oberhoheit der Truchsesse und verhielt sich wie ein loyaler Verbündeter. Erst als Sauron nach Mordor zurückgekehrt war, begann sich Saruman als souveräner Gebieter aufzuführen. Insgeheim warb er Orks und Dunländer an und rüstete sie aus. Er benutzte den Palantír, sah voll Bewunderung die Industrieanlagen von Barad-dûr und versuchte sie nachzuahmen.

Gegenüber den Orks wurden Menschen in Isengart bevorzugt behandelt. In einer Vorratskammer fanden Merry und Pippin Schinken, Pökelfleisch, Brot, Butter, Honig, Bier und Wein. Sie fanden auch zwei Fässer Pfeifenkraut: Langgrund-Blatt aus dem Südviertel. Dies alles war sicher nicht für die Orks.

Nach Sarumans Abzug nahm König Elessar die Schlüssel von Orthanc in Besitz.

Vgl. Barad-dûr, Dunländer, Gondor, Hornburg, Isen, Palantíri, Rohan, Saruman; Karte S. 143.

R, III, 8-11; Anhang A I, 4; Tinkler, *Old English in Rohan* (167).

ISILDUR

Ältester Sohn Elendils, stahl in seiner Jugend eine Frucht des Weißen Baumes aus den Königsgärten in Armenelos, bevor Sauron den Baum abhauen ließ, und brachte einen Schößling mit nach Mittelerde. Dem Untergang von Númenor entkam er mit drei Schiffen. Zusammen mit den zwei Schiffen seines Bruders Anárion erreichte er den Hafen Pelargir. Isildur und Anárion begründeten das Südliche Königreich und regierten es gemeinsam von Osgiliath aus. Isildurs befestigte Stadt war Minas Ithil („Mondturm"). Als Sauron das Dúnedain-Königreich angriff (3429 Z.Z.), mußte Isildur seine Stadt aufgeben. Er floh zu Schiff den Anduin hinunter; dabei rettete er abermals einen Schößling des Weißen Baums. Auf dem Seeweg erreichte er Arnor und holte Elendil und Gil-galad zu Hilfe, während Anárion Osgiliath und Minas Anor verteidigte. Als Elendil mit Sauron kämpfte, stand Isildur bei ihm, und als beide gefallen waren, schnitt er den Herrscherring von Saurons Hand. Gegen Círdans und Elronds Rat behielt er den Ring – „als Wergeld für meines Vaters und meines Bruders Tod" –, statt ihn ins Feuer des nahen Orodruin zu werfen.

Nach dem Krieg des Letzten Bündnisses blieb er noch zwei Jahre im Süden, um Anárions Sohn Meneldil in die Regierungsgeschäfte einzuführen, dann brach er auf nach Norden, um Elendils Erbe anzutreten. Für sich und seine Söhne nahm er die Oberhoheit über *beide* Königreiche in Anspruch. (Er war ein eigensinniger Herrscher, und Meneldil war erleichtert über seine Abreise.) In der Nähe der Schwertelfelder, östlich des Anduin, wurde er mit seinem kleinen Begleittrupp von einem Orkheer angegriffen. Beim Durchschwimmen des Anduin verlor er den Ring und wurde von den Orks erschossen. Einer seiner Schildknappen erreichte Imladris und brachte die Bruchstücke von Narsil, Elendils Schwert, mit zurück, die Isildur ihm anvertraut hatte. Später fand man Isildurs Rüstung, die er am Flußufer abgelegt hatte. Nach dem Ringkrieg kamen in Sarumans Schatzkammern in Orthanc auch der Elendilmir zum Vorschein, ein Stirnreif aus Mithril mit einem weißleuchtenden Edelstein als Zeichen der Königswürde, und die goldene Kapsel, in der Isildur den Ring aufbewahrt hatte. Vermutlich hatten Sarumans Trupps diese Dinge an den Schwertelfeldern gefunden, als sie nach dem Ring suchten.

Die Herrschaft über das Nördliche Königreich übernahm Isildurs jüngster Sohn Valandil, der in Imladris zurückgeblieben war.

Vgl. Anárion, Arnor, Elendil, Gondor, Herrscherring, Osgiliath, Schwertelfelder, Weisse Bäume.

R, I, 2; II, 2; Anhänge A und B; *Nachrichten*, III, i.

ISTARI

Quenya für Zauberer.

ITHILDIN

Sindarin „Sternmond", ein dem Silber ähnlicher Stoff, mit dem die Noldor von Eregion und die Zwerge von Khazad-dûm geheime Zeichen und Inschriften auftrugen: eine Mithril-Verbindung. Solche Zeichen, wie etwa auf Thrórs Karte vom Erebor oder am Westtor von Khazad-dûm, leuchteten auf, sobald ein ganz bestimmtes Mond-, Sternen- oder Sonnenlicht darauf fiel, und waren zu anderen Zeiten unsichtbar („Mondbuchstaben").

Vgl. Mithril, Thrór.

H, 3; *R*, II, 4; *S*, Anhang.

ITHILIEN

S. Das „Mondland" oder auch „Isildurs Land": Das Gebiet zwischen dem Anduin und dem Schattengebirge; ein sanft zum Flußufer hin abfallendes waldiges Hügelland mit mildem Klima, in dem vielerlei wohlriechende Küchenkräuter gediehen. Weil es im Osten an Mordor und im Süden an Harad grenzte, war Ithilien vielen Angriffen ausgesetzt, doch blieb es immer ein Teil von Gondor. Hier stand die von Isildur erbaute Festung Minas Ithil (später Minas Morgul). Von Ithilien aus wurden bis zur Zeit der Großen Pest die Pässe nach Mordor überwacht. Nach der Eroberung von Minas Ithil durch die Nazgûl wurde das Land von den meisten menschlichen Bewohnern verlassen. Solange aber Osgiliath gehalten wurde, gab Gondor auch Ithilien nicht auf. Von versteckten Festungen wie Henneth Annûn aus führten die Waldläufer von Ithilien einen beharrlichen Kleinkrieg. Die Straße, an der entlang Frodo und seine Gefährten nach Cirith Ungol zogen, führte vom Morannon nach Süden und war die wichtigste Verbindung zwischen Mordor und seinen Bundesgenossen in Harad.

Hauptmann der Waldläufer war zur Zeit des Ringkrieges Faramir. Nach dem Sieg wurde er von König Elessar zum Fürsten von Ithilien ernannt. Er nahm seinen Wohnsitz bei den Emyn Arnen, einer Hügelgruppe südlich von Osgiliath.

Im Norden des Landes lag das Feld von Cormallen, wo die große Siegesfeier nach dem Krieg stattfand.

Vgl. Henneth Annûn, Minas Morgul, Osgiliath; Karte S. 53. *R,* VI, 4-7; VI, 4.

Ivrin

Am Südhang der Ered Wethrin entsprang der Fluß Narog in der Quelle von Ivrin *(Eithel Ivrin),* einer Gruppe von baumumsäumten Weihern in steinernen, von den herabstürzenden Wasserfällen ausgewaschenen Beken. Dies war eines der lieblichsten Fleckchen Erde in ganz Beleriand, und es stand unter Ulmos besonderem Schutz. Hierher lud Fingolfin die Elbenfürsten zum Mereth Aderthad ein, und dank dem Genius loci wurde es ein Fest, das man in guter Erinnerung behielt.

Túrin, der seinen Freund Beleg erschlagen hatte, wurde von seiner Gemütsverfinsterung geheilt, als er das Wasser von Ivrin trank. Aber als Glaurung auf dem Weg nach Nargothrond vorüberkam, wurden die Weiher besudelt und vergiftet und ihre steinernen Becken zertrümmert.

Vgl. Mereth Aderthad, Langer Winter; Karte S. 34. *S,* XIII, XXI; *Nachrichten,* I, i.

Y

KANKRA

Die große Spinne am Paß von Cirith Ungol, durch deren stockfinstere und stinkende Höhle Frodo und Sam hindurch mußten, als sie das Schattengebirge überschritten. Wie ihre Mutter Ungoliant war Kankra eine Lichtfresserin. Sie verbreitete einen Dunst, „der, wenn er eingeatmet wurde, nicht nur die Augen, sondern auch den Geist mit Blindheit schlug, so daß selbst die Erinnerung an Farben und Formen und Licht überhaupt aus den Gedanken verschwand". Ihre Spinnengestalt konnte Sam erst erkennen, als er sich bei Tageslicht mit ihr auseinandersetzen mußte. Sie war etwa nashorngroß, mit bösartig funkelnden Facettenaugen, Hörnern auf dem Kopf, einem sackförmigen, zwischen den Beinen durchhängenden Leib, an der Oberseite mit bläulichen Malen bedeckt, unten fahl schimmernd; die Beine, mit großen, knotigen Gelenken und stark behaart, hatten je eine Klaue. Die Anrufung Earendils *(Aiya Earendil Elenion Ancalima* – „Heil Earendil, hellster der Sterne!")* machte ihr keinen Eindruck, denn das hatten schon viele Elben gesagt, bevor sie von ihr gefressen wurden; aber vor Galadriels Phiole hatte sie Respekt, und als ihr das Elben-

schwert Stich in den Unterleib drang, flüchtete sie, eine grüngelbe Schleimspur hinterlassend.

Kankra war uralt. In Nan Dungortheb zur Welt gekommen, war sie schon Beren und manchem anderen berühmten Krieger begegnet. Im Dritten Zeitalter war sie die Königin aller Spinnen, und ihre Brut hatte sich vor allem über das Schattengebirge und den Düsterwald verteilt. Mit Sauron war sie nicht im Bunde, hatte aber, weil sie den Paß bewachte, sein belustigtes Wohlwollen und wurde ab und zu mit Gefangenen ge-

füttert. Auch Gollum führte ihr gelegentlich frisches Fleisch zu. Kankra ist kein Sindarin-Name, sondern ein deutscher Ersatz für englisch *Shelob (she + lob:* weibliche Spinne). Wie sie wirklich hieß, wissen wir nicht.

Vgl. CIRITH UNGOL, NAN DUNGORTHEB, RIESENSPINNEN, UNGOLIANT.

R, IV, 9/10.

KHAND

(Sprich: *Ch*and). Ein Land südöstlich von Mordor, aus dem keine Nachrichten nach Westen gelangten. Die Völker dort waren meistens untereinander und

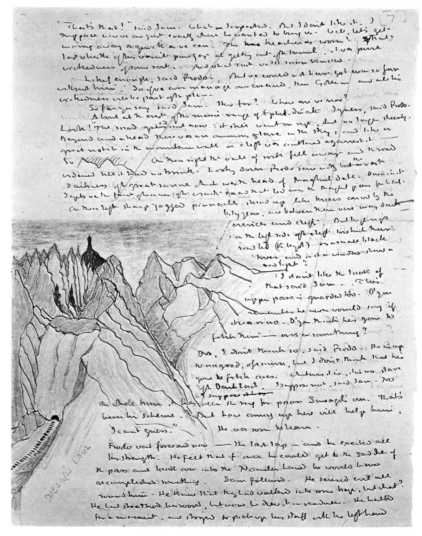

Die Treppe über dem Morgul-Tal und der Eingang zu Kankras Lauer. Skizze im Manuskript. *Pictures,* 28.

110

mit ihren Nachbarn in Rhûn und Harad zerstritten, aber manchmal gelang es Sauron, sie gegen Gondor zu vereinen. (Wieviel Einfluß Sauron dort wirklich hatte, ist unklar.) Eines dieser Völker waren die Variags, die in der Schlacht auf dem Pelennor kämpften. Sie waren entfernt menschenähnlich, aber nicht allzu verschieden von Orks und Trollmenschen.
Vgl. Ostlinge; Karte S. 53.
R, V, 6.

KHAZÂD
Khuzdul für Zwerge.

KHAZAD-DÛM
Khuzdul für Moria.

KHELED-ZÂRAM
Khuzdul „Spiegelsee": Ein langer, ovaler und sehr tiefer See an der Westseite des Schattenbachtals. Wer bei Tag und klarem Himmel hineinblickte, sah die Sterne; sein eigenes Spiegelbild sah er nicht. Als die Gefährten auf der Flucht aus Moria an dem See vorüberkamen, zeigte Gimli ihnen *Durins Stein*: eine abgebrochene Säule an der Stelle, wo Durin, der Stammvater der Zwerge, zuerst in den See geblickt und eine Krone aus sieben Sternen gesehen hatte.
Vgl. Azanulbizar, Durin.
R, II, 6.

KHUZDUL
Die geheime Sprache der Zwerge, die im Dritten Zeitalter auch unter ihnen selber schon zu einer Gelehrtensprache zu werden begann. Wir kennen daraus nur einige Ortsnamen wie *Khazad-dûm* (Moria) oder *Gabilgathol* (Belegost) und den Schlachtruf, mit dem Gimli vor dem Tor der Hornburg zwi-

schen die Orks fuhr: *Baruk Khazâd! Khazâd aimênu!* „Äxte der Zwerge! Zwerge über euch!" Auch Balins Grabinschrift (vgl. Cirth) ist wohl authentisches Khuzdul, obwohl die Namen Balin und Fundin keine echten Zwergennamen sind: Die Zwerge legten sich für den Verkehr mit Fremden Namen bei, die gewöhnlich aus den Sprachen der benachbarten Menschenvölker entlehnt waren: Ihre „wirklichen" Namen hielten sie geheim und ließen sie nicht mal auf ihren Grabstein setzen.
Kh und *th* sind im Khuzdul behauchte Explosivlaute, keine Reibelaute wie im Sindarin.
Vgl. Zwerge.
R, Anhang F.

KINDER ILÚVATARS
Quenya *Híni Ilúvataro* oder *Eruhíni*: die Geschöpfe, die Ilúvatar (Eru) allein, ohne Mithilfe der Ainur erdacht hat. Obgleich jünger und schwächer als die Valar, sind sie doch deren Geschwister, d.h. ihrem Willen nicht unterworfen, sondern frei. Die Elben hießen die Erstgeborenen oder die Älteren Kinder, die Menschen die Jüngeren oder die Nachkömmlinge. Beiden ist Arda als Wohnstätte bestimmt, doch zu je anderen Bedingungen: Die Elben sind mit Unsterblichkeit begabt, mit der Liebe zur Schönheit der Welt in allen Einzelheiten, die Menschen mit der Sterblichkeit – die nicht als Strafe aufzufassen ist, sondern als Freiheit, die Kreise der Welt zu verlassen.
Die Elben sind die „Kinder des Sternenlichts", weil sie die Welt zuerst vor dem Aufgang von Mond und Sonne erblickt haben, die Menschen dagegen „Kinder der Sonne", in deren

starkem Licht die Elben schwinden und verblassen. Durch einige wenige Verbindungen zwischen den Zwei Geschlechtern (Halbelben) kam ein schwaches Erbteil elbischer Schönheit auch unter die Menschen.
Vgl. Halbelben, Ilúvatar, Zwei Geschlechter.
S, Ainulindale, I; *Briefe*, 131, 144.

KRÄHEN
Sindarin *Crebain* (Singular *Craban*): die verdächtigen Vögel, die in Schwärmen über Hulsten geflogen kamen, um für Saruman oder die Orks zu spionieren. Aragorn meinte, sie kämen aus Dunland oder aus dem Wald von Fangorn. Nach der Beschreibung waren es Rabenkrähen *(corvus corone)*. Sie sammelten sich auf allen Schlachtfeldern von Mittelerde (oft schon *vor* der Schlacht), fraßen die Leichen und verhöhnten die Überlebenden.
Mit den großen Raben vom Erebor waren die Krähen nicht verwandt.
Vgl. Roac.
H, 11, 15; *S*, XIX; *R*, II, 3.

KRUMME WELT
Der Erdball, wie er uns durch Wissenschaft und Sternkunde bekannt ist: die Welt, nachdem Ilúvatar beim Untergang von Númenor in die Ordnung der Dinge eingegriffen hat. Valinor ist nicht mehr jenseits des Westmeeres, sondern entrückt und nur auf dem Geraden Weg noch zu erreichen, der den Menschen nicht offensteht.
Vgl. Arda, Ilmen, Zwei Geschlechter.
S, Akallabêth.

L

LAMEDON

Das Gebiet um die Quellen des Flusses Ciril in Gondor, unter den Südhängen des Weißen Gebirges. Von Erech ritt Aragorn mit dem Schattenheer durch eine Schlucht, Tarlangs Hals genannt, nach Lamedon hinein. Die größte Ortschaft, Calembel an den Furten des Ciril, fanden sie verlassen, denn die Bewohner waren in die Berge geflohen oder kämpften bei Linhir mit den Korsaren, die in die Flußmündung des Gilrain einzulaufen versuchten. Zur Verteidigung von Minas Tirith waren daher nur ein paar Bergbewohner gekommen. Aber nach der Schlacht auf dem Pelennor führte Angbor, der Fürst von Lamedon, viertausend Mann von Pelargir zur Verstärkung heran.
Vgl. ERECH, GONDOR, PFADE DER TOTEN.
R, V, 1, 9.

LAMMOTH

„Das große Echo": der Küstenstreifen zwischen den Ered Lómin und dem Westmeer, nördlich des Fjords von Drengist. Hier soll Melkor bei seinem Kampf mit der Riesenspinne Ungoliant einen erderschütternden Schrei ausgestoßen haben, und die Ered Lómin (Echoberge) nahmen den Ton auf, so daß von nun an jedes Geräusch in dieser Gegend weithin zu hören war. Feanor und seine Söhne landeten hier und verbrannten ihre Schiffe.
Vgl. ERED LÓMIN; Karte S. 34.
S, IX, XIII.

LANDBÜTTEL

Die einzige Polizeigewalt im Auenland: Sie waren insgesamt zwölf, drei in jedem Viertel, und trugen eine Feder an der Mütze. Meistens kümmerten sie sich um streunende Hunde und entlaufene Haustiere. Eine etwas größere Anzahl empfing die einreisenden Fremden an den Grenzen. Alle unterstanden dem Bürgermeister von Michelbinge. Als Sarumans Leute die Macht an sich rissen, versuchten sie mit geringem Erfolg, die Landbüttel in eine moderne Polizeitruppe zu verwandeln.
Vgl. AUENLAND, BÜRGERMEISTER VON MICHELBINGE.
R, Prolog, VI, 8.

LANGBÄRTE

Bezeichnung der Elben für die Zwerge, ursprünglich besonders für die von Belegost, deren Bärte bis zum Boden reichten – daher der spöttische Segenswunsch: „Mögest du dir nie auf den Bart treten!" Tatsächlich waren die Zwerge auf ihre Bärte sehr stolz und stutzten sie selten oder nie; viele der unter ihnen gebräuchlichen Höflichkeitsformeln beriefen sich auf den Bart als Zeichen von Wohlstand und Lebenskraft. Bilbos Abschiedsgruß: „Mögen eure Bärte sich niemals lichten!" war einer solchen Formel nachgebildet.
Die Bärte wurden oft gegabelt oder zu Zöpfen geflochten; im Krieg wurden sie unter dem Gürtel festgesteckt.
Vgl. ZWERGE.
H, 17, 18; *HME 4*, III (104).

LANGER SEE

Östlich vom Düsterwald; nahm die Wasser des Eilend und des Waldflusses auf. Nahe beim sumpfigen südwestlichen Ufer stand die Stadt Esgaroth, auf Pfählen im See erbaut. Nicht weit davon lagen die Überreste einer älteren und größeren Stadt. Von dort bis zum nördlichen Ende des Sees waren es zwei Tagesreisen mit dem Ruderboot. Südlich des Sees floß der Eilend über einen Wasserfall ab.
Bei einer Untiefe war noch lange das Gerippe des Drachen Smaug zu sehen, der im Jahr 2941 Esgaroth zerstörte, und dann, von Bards Pfeil getroffen, in den See stürzte.
Vgl. ESGAROTH, RHOVANION, SMAUG; Karte S. 158.
H, 10, 14.

LANGE WINTER

Melkor war der Herr der extremen Temperaturen, und darum schrieben die Elben seinem Einfluß auch den bösartigen Winter zu, der im Herbst des vierhundertsechsundneunzigsten Sonnenjahres begann und bis weit ins nächste Frühjahr anhielt. Eben hatten die Orks mit Glaurungs Hilfe Nargothrond erobert, und viele Flüchtlinge irrten in Beleriand umher. Als Túrin auf seinem Gewaltmarsch nach Dor-lómin an den Teichen von Ivrin vorüberkam, die unter Ulmos besonderem Schutz standen, waren sie zugefroren, (Ulmo hatte über das Eis weniger Macht als über das Wasser.) Zwei weitere ungewöhnlich lange und harte Winter wurden im Dritten Zeitalter vermerkt. Der erste (2758/59) dezimierte die Rohirrim und ebenso die Dunländer, mit denen sie sich gerade im Krieg befanden. Der zweite (2911/12) traf das Auenland besonders hart, denn der Baranduin und viele Flüsse im Norden waren zugefroren, und über das Eis drangen Rudel weißer Wölfe nach Eriador ein. Auf den Winter folgte eine Hungersnot. Weiter im Süden führte die Schneeschmelze zu großen Überschwemmungen, die Enedwaith und Minhiriath verwüsteten. In beiden Fällen war Sauron sicherlich nicht der direkte Urheber: Die Orks hatten mindestens ebenso darunter zu leiden wie seine Feinde; außerdem hatte er nicht so viel Macht über die Elemente wie Melkor.

Vgl. GROSSE PEST, TAG OHNE MORGEN, VERFLUCHTER WIND.

S, XXI; *R*, Anhänge A und B.

LÁR

Größte númenórische Längeneinheit, in ähnlicher Abmessung wahrscheinlich auch bei den Sindar des Ersten Zeitalters gebräuchlich. Ein Lár entsprach etwa einer englischen *League* (4.828 m) oder drei englischen Meilen; in den deutschen Übersetzungen teils mit „Meile" *(Silmarillion)*, teils mit „Wegstunde" *(Herr der Ringe)* wiedergegeben. Lár (Sindarin *Daur*) bedeutete ursprünglich „Pause": Nach einer solchen Strecke wurde meist kurz Rast gemacht. Bei den númenórischen Fußsoldaten galten acht Lár als ein durchschnittlicher Tagesmarsch. Ein Lár hatte 5000 *Rangar* (Schritte). Ein RANGA wird auf 0,965 m geschätzt.

Nachrichten, III, i.

LAURELIN

Der jüngere der Zwei Bäume von Valinor, auf dem Hügel Ezellohar in Valmar. Der Name bedeutet im Quenya „Goldregen"; andere Namen waren *Cu-lúrien* („der rotgolden Glühende") und *Malinalda* („Goldbaum"). Seine Blätter waren von frischem Grün wie die einer knospenden Buche, an den Rändern golden schimmernd, die Blüten feuriggelb, in Büscheln, „deren jedes wie ein glühendes Horn geformt war, aus dem ein goldener Regen zu Boden fiel". Aus einer Frucht Laurelins machte Varda die Sonne. Laurelin gab ein helleres und heißeres Licht ab als Telperion und wurde von den Eldar weniger geschätzt; doch erinnerten an ihn die Mallorn-Bäume von Lórien (Laurelindórinan). In den Gärten von Gondolin stand *Glingal* („singendes Gold"), ein von Turgon geschmiedetes goldenes Abbild von Laurelin.

Vgl. NARSILION, ZWEI BÄUME.

S, I, III, XI, XV; *R*, III, 4; *HME 4*, VI.

LAUTWASSER

Schon als sie den Weißquell überschritten, sahen Streicher und die Hobbits in der Ferne einen zweiten Fluß in einem felsigen, halb vom Nebel verschleierten Tal. Das war die Lautwasser (Sindarin *Bruinen*), und bis dahin mußten sie noch durch die Trollhöhen, und es dauerte eine ganze Woche, bis sie zur Bruinen-Furt kamen, wo die Schwarzen Reiter schon warteten – aber zum Glück auch Glorfindel mit einem weißen Pferd von elbischer Schnelligkeit –, und an der Furt hatten Gandalf und Elrond ihr magisch-technisches Potential vereinigt, um sie für die Verfolger unpassierbar zu machen.

Die Lautwasser entsprang im Nebelgebirge nordöstlich von Bruchtal und floß in südwestlicher Richtung mit dem Weißquell zusammen. Das Gebiet zwischen den beiden Flüssen

hieß *der Winkel;* hier lebte von etwa 1150 bis 1350 D. Z. derjenige Teil der Starren, der später an den Schwertelfluß zurückkehrte (Gollums Vorfahren).

Vgl. IMLADRIS, RHUDAUR; Karte S. 142/43.

R, I, 12; Anhang B.

LEBENNIN

Das Land der „fünf Flüsse" *(Erui, Sirith, Celos, Serni* und *Gilrain),* zwischen dem Weißen Gebirge und dem Anduin-Delta; eines der südlichen Lehen von Gondor. Die Menschen dort, klein und dunkelhäutig, waren von nicht-númenórischer Art. An der Mündung von Gilrain und Serni lag der Ort Linhir, wo Aragorns Graue Schar Freund und Feind in die Flucht schlug.

Vgl. GONDOR, PFADE DER TOTEN; Karte S. 53.

R, V, 1, 9; *Nachrichten*, II, iv.

LEGOLAS

Sohn Thranduils, des Königs der Waldelben, kam im Jahre 3018 D. Z. mit einer Botschaft seines Vaters nach Bruchtal. Warum gerade er dort zu einem der acht Gefährten bestimmt wurde, die Frodo helfen sollten, den Ring ans Ziel zu bringen, bleibt Elronds Geheimnis, denn Legolas war nur ein blasser Nachkömmling der alten Krieger und Gelehrten aus den heroischen Zeiten des Elbentums. Schon sein Name, der im Sindarin „Grünblatt" bedeutet, gibt ihn eher als naturliebenden Kleinstädter denn als einen echten Waldbewohner zu erkennen. Er hatte scharfe Augen und war ein guter Bogenschütze, wußte ein paar Strophen aus den alten Heldenliedern auswendig und konnte auf einem gespannten Seil freihändig über einen Fluß laufen (aber das konnten die Waldelben alle). Gab es in Bruchtal wirklich keinen besseren Mann?

Während ihrer gemeinsamen Fahrt wurde der Zwerg Gimli sein Freund. Seite an Seite bestanden sie die großen Schlachten des Ringkrieges und teilten sich in den Kampfpausen die Kopfzahlen der jeweils getöteten Feinde mit. Nach dem Krieg besichtigten sie zusammen den urzeitlichen Wald von Fangorn – auf Legolas' Wunsch, der sich als Gegenleistung die Grotten von Aglarond ansehen mußte.

Nach dem Tod König Elessars soll Legolas als letzter aus der Gemeinschaft des Ringes in den Alten Westen gefahren sein und seinen Freund Gimli mitgenommen haben.

Vgl. GIMLI, WALDELBEN.

R, passim, bes. II, 2, 6; III, 7/8, VI, 6; Anhang B.

LEITHIAN-LIED

Das berühmteste und zweitlängste unter den Heldenliedern aus dem Ersten Zeitalter; erzählt die Geschichte von Beren und Lúthien. Es war in vielen Versionen und Kurzfassungen verbreitet; eine davon sang Aragorn den Hobbits im Lager unter der Wetterspitze vor. Welches die ursprüngliche oder authentische Fassung ist und wer sie gedichtet hat, ist nicht bekannt. Das ausführlichste erhaltene Fragment, *The Gest of Beren and Lúthien*, besteht aus 4222 englischen Versen (jambische Vierheber in Reimpaaren), in 14 Gesängen, abbrechend bei der Flucht aus Angband, als Carcharoth nach Berens Hand mit dem Silmaril schnappt. Der Wortlaut kommt der bekannten Prosafassung aus dem *Silmarillion* an vielen Stellen sehr nahe.

Leithian soll nach einer wenig einleuchtenden Erklärung Professor Tolkiens „Erlösung aus den Banden" bedeuten.

Vgl. BEREN, LÚTHIEN.

S, XIX; *HME 3*, III.

LEMBAS

Sindarin „Reisebrot": die Wegzehrung der Elben, ein Waffelgebäck aus weißem Mehl mit hellbrauner Kruste, schmackhafter als Cram, lange haltbar (eingewickelt in Mallorn-Blätter) und sehr nahrhaft. Mit dem Vorrat, den Galadriel ihnen in Lórien mit auf den Weg gegeben hatte, hielten Frodo und Sam sich wochenlang auf den Beinen. Allerdings waren Käsebrot und Pökelfleisch eine willkommene Abwechslung.

Bei den Elben war Lembas kein alltägliches Nahrungsmittel. Nur Königinnen und kundige Frauen konnten es backen und austeilen, und nicht jeder bekam davon. Im alten Doriath war es eine hohe Auszeichnung, als Melian dem Bogenschützen Beleg ein versiegeltes Päckchen Lembas für seinen Freund Túrin anvertraute. Menschen und Zwergen wurde der Genuß des Lembas normalerweise nicht gestattet; unreine Geschöpfe wie Gollum und die Orks fanden es ungenießbar.

Vgl. CRAM, MAGIE.

S, XXI; *R*, II, 8; IV-VI passim.

LETZTES BÜNDNIS

Gil-galads Bündnis mit Elendil dem Langen, geschlossen im Jahre 3430 Z.Z. Im Krieg des Letzten Bündnisses (3431-3441) wurde Sauron zuerst auf der Dagorlad besiegt (3434) und dann sieben Jahre lang in Barad-dûr belagert. Schließlich mußte er sich Gil-galad und Elendil persönlich zum Kampf

stellen. Er schlug beide tot, wurde aber auch selbst niedergeworfen, verlor den Herrscherring und suchte als körperloser Schatten das Weite.

Nach dem Sieg der Verbündeten wurde Barad-dûr nur oberflächlich geschleift. Zu einer gründlichen Zerstörung der Festung hätte Isildur den Ring hergeben müssen.

Elrond, der den Krieg als Gilgalads Herold mitmachte, erinnerte sich dreitausend Jahre später noch mit Stolz und Wehmut an das prächtige Heer, mit dem sie von Eriador über die Pässe des Nebelgebirges zogen. Gil-galad vereinigte nicht nur die Elben von Lindon und Imladris unter seiner Führung, sondern auch die Tawarwaith aus dem Grünwald und die Galadhrim von Lórien. Elendil und seine Söhne führten die Dúnedain und manche anderen menschlichen Hilfstruppen ins Feld. Die Zwerge von Moria kämpften auf seiten der Verbündeten (aber andere Zwerge standen auf der Gegenseite).

Auch die Sieger erlitten schwere Verluste. Oropher, der König der Tawarwaith fiel, ebenso Amdír, der Fürst von Lórien, und Elendils Sohn Anárion.

Elrond nannte dieses Bündnis zwischen Elben und Menschen „das letzte", weil die Elben im Schwinden waren und die Zwei Geschlechter einander fremd wurden. (Dennoch traten die Elben von Lindon und Imladris auch in den Kriegen des Dritten Zeitalters noch mehrmals als Verbündete der Dúnedain auf.)

Vgl. BARAD-DÛR, DAGORLAD, ELENDIL, GIL-GALAD, HERRSCHERRING, ZWEI GESCHLECHTER.

S, Von den Ringen …; *R*, II, 2; Anhang B; *Nachrichten*, II, iv, Anhang B.

LEUCHTFEUERBERGE

Sieben Berge an der Straße von Minas Tirith nach Rohan, auf denen in Kriegszeiten Feuer entzündet wurden, zum Zeichen, daß Gondor Hilfe brauchte. Sie hießen von Ost nach West: Amon Dîn, Eilenach, Nardol, Erelas, Min-Rimmon, Calenhad und Halifirien. Der am weitesten westliche, Halifirien, stand an der Grenze zu Rohan. Jeder Berg war in Sichtweite des nächsten, und auf jedem wurde eine ständige Wache unterhalten, so daß die Signale binnen Minuten über eine Entfernung von etwa 150 Meilen weitergegeben werden konnten. Als Gandalf mit Pippin vorüberkam, brannten die Feuer; fünf Tage später, während des Ritts der Rohirrim, waren sie erloschen.

Vgl. GONDOR, HALIFIRIEN, ROHAN.

R, V, 1, 5; *Nachrichten*, III, ii.

LHÛN

(Auch *Lune*): Fluß westlich von Arnor, bildete die Grenze zu Lindon. Er nahm Zuflüsse aus den nördlichen Ered Luin und

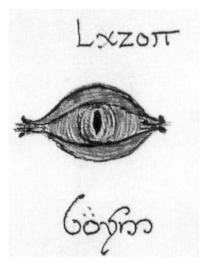

Das Lidlose Auge. Darunter in Tengwar „Sauron", darüber dasselbe in einem anderen Alphabet.
Künstler, 185.

den Abendrotbergen auf und floß in südlicher Richtung; mündete in den Golf von Lhûn. Hier erbaute Círdan die Häfen von Mithlond. An den Übergängen über den Fluß lieferten die Elben von Lindon den vordringenden Heeren Saurons im Zweiten Zeitalter (1697-1700) einen erbitterten Verteidigungskrieg, bis ihnen die Flotte des númenórischen Admirals Ciryatur zu Hilfe kam. Den Lhûn aufwärts zog Elendil, als er nach dem Untergang von Númenor in Lindon gelandet war, und von hier aus begann er sein nördliches Königreich aufzubauen.

Vgl. ARNOR, LINDON, MITHLOND; Karte S. 53.

S, Von den Ringen …; Nachrichten, II, iv.

LIDLOSES AUGE

„Das Auge war von Feuer umrandet, aber es selbst war glasig, gelb wie ein Katzenauge, wachsam und angespannt, und der schwarze Schlitz seiner Pupille öffnete sich über einem Abgrund wie ein Fenster zum Nichts." So erschien Sauron, als Frodo in Galadriels Spiegel blickte, und so sah ihn wohl auch, wer in einen Palantír blickte. Als Emblem des Schreckens und der ständigen Überwachung wurde das Auge von den Orks mit roter Farbe auf Mauern gemalt oder den Köpfen der Erschlagenen eingebrannt, die man in die belagerte Stadt Minas Tirith katapultierte.

Vgl. BARAD-DÛR, SAURON.

R, II, 7; IV, 7; V, 4.

LINDON

Das Reich Gil-galads, das spärlich bewaldete Gebiet zwischen dem Meer und den Ered Luin. Lindon war ein Rest des alten

Ossiriand, das am Ende des Ersten Zeitalters im Meer versunken war. Die Noldor hatten auch Ossiriand schon Lindon genannt, das „Land der Musik", weil über den Gelion hinweg manchmal der Gesang der Grünelben aus den Wäldern zu hören war. Hier sammelten sich die überlebenden Noldor und Sindar um Gil-galad und Círdan. Viele von ihnen waren unentschlossen, ob sie in Mittelerde bleiben oder in den Alten Westen fahren sollten. Die Grünelben (und mit ihnen manche Sindar) zogen in den Osten von Eriador und schließlich, als die Noldor sich auch dort, in Eregion, festsetzten, weiter bis über das Nebelgebirge.

Der tief ins Land einschneidende und die Bergkette der Ered Luin durchbrechende Golf von Lhûn trennte den nördlichen *(Forlindon)* vom südlichen Teil *(Harlindon)*. In dieser Bucht lag Mithlond, im Zweiten Zeitalter ein großer Hafen, den auch Schiffe aus Númenor anliefen. 1697 bis 1701 konnte Lindon mit Unterstützung aus Númenor heftige Angriffe von Saurons Heeren zurückschlagen. 3431 Z.Z. brach ein großes Elbenheer von Lindon auf, vereinigte sich mit Elendils Streitmacht aus dem nördlichen Königreich und zog gegen Mordor. Sauron wurde überwunden, aber Gil-galad und Elendil fielen. Die Elben von Lindon, die nun auf Círdans Befehle hörten, unterstützten noch eine Zeitlang die zerbröckelnden Dúnedain-Reiche im Norden, waren aber für größere Unternehmungen nun zu schwach und zu pessimistisch. Zur Zeit des Ringkrieges beschränkten sie sich im wesentlichen darauf, ihre Häfen für die nach Westen abfahrenden und nicht wiederkehrenden weißen Schiffe offenzuhalten.

Vgl. Círdan, Gil-galad, Lhûn, Mithlond, Ossiriand; Karte S. 53.

S, XIV; Von den Ringen; *R*, II, 2; Anhang B; *Nachrichten*, II, iv.

Lond Daer

Sindarin „Großer Hafen"; der im Zweiten Zeitalter von Aldarion gegründete Holz- und Werfthafen der Númenórer in Mittelerde, an der Mündung des Flusses Grauflut (Gwathló). Der ursprüngliche Name war *Vinyalonde* (Q. „neuer Hafen"). Von hier aus begannen die Númenórer die großen Wälder beiderseits der Grauflut bis tief ins Landesinnere abzuholzen. Um das Jahr 1700 Z.Z. landete hier die Flotte, die Tar-Minastir dem Elbenkönig Gil-galad im Krieg gegen Sauron zu Hilfe schickte. Im Dritten Zeitalter behielt Lond Daer nur als Seehafen für das weiter flußaufwärts gelegene Tharbad eine geringe Bedeutung. Nach der Entvölkerung von Minhiriath und Enedwaith durch die Große Pest (1636 D. Z.) verfiel es und wurde verlassen.

Vgl. Aldarion, Enedwaith, Grauflut, Minhiriath; Karte S. 53.

Nachrichten, II, ii und iv.

Lórien (1)

Die Gärten in Valinor, wo die ermatteten Seelen der Unsterblichen von Zeit zu Zeit Ruhe und Erholung finden. Die Patienten werden von dem Vala Irmo (Quenya: „der Wünscher") mit dem Wasser heilkräftiger Quellen getränkt. Irmo wird auch selbst Lórien genannt. Er ist „der Herr der Gesichte und Träume"; einer sei-

ner Ratgeber war der Maia Olórin (Gandalf).

Inmitten der Gärten liegt der baumbeschattete See von Lórellin, wo Irmos Gattin tagsüber schläft: „die sanfte Este, die von den Wunden und von der Müdigkeit heilt".

Irmo und sein Bruder Námo (Mandos) wurden auch die *Feanturi*, Q. „Herren der Geister", genannt.

Vgl. Valar, Valinor.

S, Valaquenta.

Lórien (2)

Das Waldgebiet zwischen dem Anduin und dem Celebrant, in dem die Galadhrim wohnten, ein Waldelbenvolk, bei dem sich im Laufe des Zweiten Zeitalters Galadriel und Celeborn mit einem Gefolge von Noldor und Sindar niederließen. Der Name Lórien wurde von Galadriel in Erinnerung an die Gärten Irmos in Valinor gewählt; der ältere, waldelbische Name war *Lórinand*; bei den Noldor hieß es *Laurelindórinan*, „Tal des singenden Goldes"; später auch *Lothlórien*, „blühender Traumgarten". In allen Namen wird auf die goldgelb blühenden Mallorn-Bäume angespielt; diese sollen aber erst von Galadriel mit Samen, die sie aus Númenor erhalten hatte, angepflanzt worden sein.

Das Gelände fiel zum Anduin hin sanft ab. Nahe beim südöstlichen Rand des Waldes lag Cerin Amroth, von wo man bis nach Dol Guldur blicken konnte. In früherer Zeit reichte das Gebiet von Lórien bis weit über den Anduin und in den Großen Grünwald hinein. Etwas weiter südlich, im Winkel zwischen den beiden Flußläufen, lag Caras Galadhon, die Stadt der Galadhrim, auf einem mit hohen

Mallorn-Bäumen bewachsenen Hügel. Die Bewohner lebten nicht in Häusern, sondern in Fletts auf den Bäumen. Die Stadt war von einem Graben und einer grünen Mauer umgeben, deren Tore nach Südwesten hin lagen. In der Krone des höchsten Baumes war das Flett, wo Celeborn und Galadriel ihre Gäste empfingen. Es war überdacht und reich geschmückt, fast so groß wie eine Königshalle.

Galadriels Macht und die Macht des Elbenrings Nenya beschirmten Lórien vor allen Übeln, schlossen es aber auch so streng von der Außenwelt ab, daß es den Menschen in Gondor und Rohan unheimlich wurde. Die Rohirrim nannten es den Goldenen Wald, aber auch *Dwimordene* (altenglisch „Geistertal"). Nicht ohne Grund sagten sie der Herrin des Goldenen Waldes Zauberei nach und vermieden es, ihrem Land zu nahe zu kommen. Ein Besucher wie Frodo, der Lórien zum ersten Mal betrat, hatte das seltsame Gefühl, „über eine Brücke der Zeit einen Winkel der Altvorderenzeit zu betreten und sich in einer Welt zu ergehen, die nicht mehr war. In Bruchtal lebte die Erinnerung an die alten Dinge; in Lórien lebten die alten Dinge noch in der lebendigen Welt."

Vgl. Amroth und Nimrodel, Celeborn, Cerin Amroth, Galadriel, Flett, Mallorn, Waldelben; Karte S. 142/43.

S, Von den Ringen …; *R*, II, 6/7; *Nachrichten*, II, iv.

Lossarnach

Die Täler am Südhang des Mindolluin, westlich von Minas Tirith im Quellgebiet des Erui. Der Name bedeutet „blühendes Arnach" (Arnach: ein Name aus vornúmenórischer Zeit). Aus diesem blumenreichen Wald- und Wiesenland kam vor der Schlacht auf dem Pelennor Forlong der Dicke nach Minas Tirith, an der Spitze von zweihundert grimmigen Männern mit Streitäxten. Die Menschen von Lossarnach waren gedrungen und dunkelhäutig. Morwen von Lossarnach, König Théodens Mutter, stammte jedoch aus dem edlen Geschlecht der Herren von Dol Amroth.

In den Tagen vor der Belagerung wurden Frauen, Kinder und alte Leute aus Minas Tirith nach Lossarnach evakuiert.
Vgl. Gondor, Pelennor; Karte S. 53.
R, V, 1; *Nachrichten*, III, i.

LOSSOTH
Sindarin „Schneehorde": die Schneemenschen, die hauptsächlich am Kap von Forochel lebten, im Nordwesten der Bucht von Forochel. Sie waren ein Überrest der Forodwaith, eines kleinen Stammes von Menschen, die sich seit dem Ersten Zeitalter daran gewöhnt hatten, in der Eiseskälte der Nördlichen Öde zu leben. „Die Lossoth hausen im Schnee, und es heißt, daß sie mit Knochen an den Füßen auf dem Eis laufen und Wagen ohne Räder haben." Zu ihnen flüchtete König Arvedui nach seiner Niederlage im Krieg gegen Angmar. Sie bauten Schneehütten für den König und seine wenigen Begleiter und gaben ihnen zu essen, obwohl sie an Nahrung keinen Überfluß hatten. Mit den Edelsteinen, die er ihnen als Entgelt bot, konnten sie nichts anfangen; aber Barahirs Ring nahmen sie an, weil Arvedui versprach, ihn später gegen brauchbare Dinge einzulösen. Als das Elbenschiff kam, um Arvedui zu holen, warnten sie ihn, dieses „Seeungeheuer" zu besteigen. Sie konnten Gefahren im Wind wittern. Sie glaubten, daß der Hexenkönig im Winter über Frost und Tauwetter gebot.
Vgl. Arvedui, Barahirs Ring, Forochel.
R, Anhang A I, 3.

LOTHLANN
„Die Weite und Leere": die große Ebene östlich von Ard-galen, in der die Reiter aus dem Volk von Feanors Söhnen patrouillierten. In der Dagor Bragollach wurden sie von Glaurung und den Orks vertrieben, die von Norden in das Land zwischen den Quellflüssen des Gelion einfielen.
Vgl. Karte S. 34.
S, XIV; XVIII.

LOTHLÓRIEN
Vgl. Lórien (2).

LUGBÚRZ
Der „dunkle Turm" in der Schwarzen Sprache; vgl. Barad-dûr.

The Forest of Lothlorien in Spring

Lothlórien im Frühling: die Mellyrn. *Pictures*, 25.

LUMBAR

Einer der neuen Sterne, die Varda zum Erwachen der Elben an den Himmel setzte; vermutlich Saturn.

S, III; *HME 10*, V (Index).

LÚTHIEN

„Blau wie der wolkenlose Himmel war ihr Gewand, ihre Augen aber waren grau wie der Abend unter den Sternen; ihr Mantel war mit goldenen Blumen bestickt, ihr Haar aber war dunkel wie die Schatten der Dämmerung. Wie Licht auf dem Laub der Bäume, wie die Stimme klarer Gewässer, wie die Sterne über den Nebeln der Welt …" – so oder ähnlich (aber in elbischen Versen) schwärmte Daeron, der größte Sänger des Ersten Zeitalters, von dem Spiel der Schattierungen und Kontraste zwischen Sternenschimmer und Sonnenlicht. Lúthien, die er besang, Thingols und Melians Tochter, gehörte zwei Epochen an: Sie war im sternbeschienen Beleriand geboren und aufgewachsen, aber die große Liebe ihres Lebens vereinte sie mit den Menschen, den Kindern der Sonne.

Sie konnte auch selbst steiner-weichend schön singen; darum nannte Beren sie *Tinúviel*, „Nachtigall", als er ihr auf den Wiesen am Esgalduin zum ersten Mal begegnete. Ihr Gesang raubte ihm den Verstand, sonst hätte er sich kaum bereit erklärt, den Brautpreis zu zahlen, den Thingol für sie verlangte: einen Silmaril aus Morgoths Krone. Den freilich mußte Beren erst herbeischaffen. Sein Mut allein hätte dazu nicht ausgereicht, wäre nicht Lúthien ebenso unerschrocken gewesen wie er. Sie konnte Kräfte und Künste aufbieten, die sie ihrer göttlichen Mutter verdankte: Sie vermochte mit ihrem Haar einen unwiderstehlichen Schlafzauber zu legen; sie fand die gebieterischen und zugleich einfühlsamen Worte, mit denen die Ungeheuer und Dämonen auf ihrem Wege anzureden waren; und beim Klang ihrer Nachtigallenstimme kam sogar Morgoth ins Träumen.

Als Beren in Erfüllung seines Auftrags den Tod gefunden hatte, ging sie nach Valinor, und dem Klagelied, das sie dort anstimmte, konnte selbst der eisige Schicksalsrichter Mandos nicht standhalten. Lúthien und Beren wurde ein zweites Leben gewährt; allerdings mußte auch Lúthien sterblich werden und das Schicksal der Menschen teilen. Durch sie wurden die Zwei Geschlechter miteinander verbunden. Auch die Spur eines göttlichen Erbes kam so durch Melians Tochter unter die Menschen.

Lúthien lebte danach noch eine Weile mit Beren auf der Insel Tol Galen im Adurant. Ihr Sohn Dior trat nach Thingols Tod das Erbe von Doriath an.

Vgl. BEREN, DAERON, HUAN, LEITHIAN-LIED, MELIAN, THINGOL, ZWEI GESCHLECHTER.

S, XIX; *HME 3*, III.

LUTZ FARNING

Ein Mensch aus Bree, Zuträger Sarumans und der Schwarzen Reiter. Bei ihm kauften die Hobbits das halbverhungerte Pony Lutz, das sie bis zum Westtor von Moria begleitete. Bei der Heimkehr der Gefährten ins Auenland führte er für den Oberst die Aufsicht über die Wachen an der Brandywein-Brücke und wurde von Merry davongejagt.

Vgl. BREE, OBERST.

R, I, 9, 10; VI, 7, 8.

Mablung

„Der von der schweren Hand", König Thingols Kriegshauptmann und Diplomat; begleitete Morwen und Niënor, als sie gegen seinen Rat nach Nargothrond ritten, um Túrin zu suchen, und übernahm die Verantwortung, als alles so schiefging, wie er erwartet hatte. Er überbrachte Túrins letzte Flüche nach Doriath. Ihm gab Melian den Silmaril in Verwahrung, ehe sie aus Mittelerde verschwand. Er fiel beim Angriff der Zwerge vor der Schatzkammer von Menegroth.
Vgl. Doriath, Niënor, Túrin.
S, XIII, XIX-XXII; *Nachrichten*, I, ii.

Maedhros

Auch *Maedhros der Lange* genannt, der älteste von Feanors Söhnen; nach dem Tod ihres Vaters das Oberhaupt ihrer Sippe. Nach der Schlacht unter den Sternen geriet er in Gefangenschaft und wurde mit der rechten Hand an einen Felsen der Thangorodrim gehängt. Fingon befreite ihn mit Thorondors Hilfe, mußte ihm dazu aber die Hand abschneiden.
An Feanors Eid fühlte Maedhros sich unbedingt gebunden. Während manche seiner Brüder (Caranthir, Celegorm und Curufin) zu glauben schienen, daß die Silmaril mit hochfahrenden Worten zurückzugewinnen wären, bemühte sich Maedhros, ein möglichst breites Bündnis gegen Morgoth zustande zu bringen. Seine Brüder verteilte er über den Nordosten von Beleriand, um die Anlässe zum Streit mit Fingolfins und Finarfins Söhnen zu vermindern. Er selbst nahm seinen Sitz auf dem Berg von Himring. Er unterhielt freundschaftliche Beziehungen mit den Naugrim und zog auch manche Völker der Ostlinge unter den Häuptlingen Bór und Ulfang heran. In der Dagor Bragollach verteidigte er sich erfolgreich, aber in der Schlacht der ungezählten Tränen, für die er eine Absprache mit Fingon und vielen anderen Fürsten getroffen hatte (*Maedhros' Bund* genannt), erlitt er eine vernichtende Niederlage und mußte mit seinen Brüdern nach Ossiriand flüchten. Nun war nur noch an die Rückerlangung des einen Silmaril zu denken, den Beren nach Doriath gebracht hatte. Maedhros wollte mit Thingols Erben Dior verhandeln, aber der ließ seine Botschaft unbeantwortet, und Celegorm drängte die Brüder zum Krieg. Doriath wurde verwüstet und Dior erschlagen, aber Elwing rettete sich mit dem Silmaril zu den Sirion-Mündungen. Zu dieser Zeit schwankte Maedhros zwischen dem Wunsch, den Eid zu erfüllen, und der Scham über die Blutbäder, die er dazu anrichten mußte. Wiederum machte er ein Verhandlungsangebot. Als Elwing es zurückwies, griffen die Brüder an. Nach diesem letzten Gemetzel an den Sirion-Mündungen waren von Feanors Söhnen nur er und Maglor noch am Leben. Beide hatten sie das Morden satt, aber Maedhros ließ der Eid keine Ruhe. Nach der Niederwerfung Morgoths durch das Heer der Valar überredete er Maglor zu einem Überfall auf Eonwes Heerlager. Dort erbeuteten sie die beiden Silmaril, die Morgoth bis zuletzt an seiner Krone getragen hatte. Eonwe hätte sie aufhalten können, zog es aber vor, sie laufen zu lassen. Jeder der Brüder nahm einen Stein mit sich fort. Aber ihr Recht darauf war nichtig geworden, und die Steine versengten ihnen die Hände. Maedhros stürzte sich vor Verzweiflung in einen glühenden Vulkan; „und der Silmaril, den er trug, wurde in den Busen der Erde genommen."
Vgl. Feanor, Fingon, Himring, Maglor, Nirnaeth Arnoediad, Ostlinge, Silmaril.
S, XIII-XV, XX, XXIV.

Maeglin

Der Sohn Eols, des Dunkelelben, und der Noldor-Prinzessin Aredhel Ar-Feiniel. Der Name Maeglin, den ihm sein Vater gab, bedeutet „der scharfe Blick"; seine Mutter gab ihm insgeheim den Quenya-Namen *Lómion*, „Kind der Dämmerung", denn er war im dunklen Wald von Nan Elmoth geboren. Bald überredete Maeglin seine Mutter, ihn gegen Eols Willen nach Gondolin zu bringen: Als König Turgons Neffen erwartete ihn dort eine glänzende Zukunft. Als man seinen Vater vom Caragdûr stürzte, tat er, als ob es ihn nichts anginge. Eol gab ihm einen Fluch und die Weissagung eines ähnlichen Todes mit auf den Weg.
Mit seinem verschlossenen Wesen und seinem klaren Verstand gewann Maeglin in Gondolin nicht viele Freunde; aber dank seinen Kenntnissen im Bergbau und in der Schmiedekunst, die

er von seinem Vater und von den Zwergen erworben hatte, wurde er einer der höchstgeachteten unter Turgons Ratgebern. Allerdings blieb seine Liebe zu der blonden Königstochter Idril unerwidert; Idril blickte ihm tief ins Herz, und was sie sah, war ihr nicht geheuer. Außerdem galt eine Verbindung zwischen Vettern ersten Grades bei den Eldar als bedenklich.

Bei der Suche nach neuen Erzadern in der Umgebung des Bergwerks von Anghabar zwischen den nördlichsten Ausläufern der Echoriath wurde Maeglin von Orks gefangengenommen und nach Angband gebracht. Dort verriet er Morgoth die Lage von Gondolin; dann durfte er in die Stadt zurückkehren, so daß sein Verrat unbemerkt blieb. Als Gondolin einige Jahre später angegriffen und vernichtet wurde, konnte er die Feinde nicht offen unterstützen, denn selbst seine persönlichen Anhänger waren in seine geheimen Absichten nicht eingeweiht. Aber er versuchte die Verwirrung zu nutzen, um Earendil zu töten und sich Idrils zu bemächtigen, doch Tuor stellte ihn zum Kampf und warf ihn von der Stadtmauer.

Vgl. CARAGDÛR, EOL, GONDOLIN, IDRIL, TURGON.
S, XVI, XXIII; *Verschollene Geschichten II*, iii.

MAGGOT

Ein angesehener Bauer im Bruchland am Baranduin, im südlichen Ostviertel des Auenlands. Er hielt drei scharfe Hunde gegen Landstreicher und Pilzdiebe, aber gegen Frodo und seine Gefährten erwies er sich als hilfsbereit. Daß er gegen „Ausländer" noch mißtrauischer

war als die anderen Hobbits, war in seinem Fall keine Folge fremdenfeindlicher Beschränktheit: Von seinem Freund Tom Bombadil wußte er manches über die Vorgänge außerhalb des Auenlandes, von denen die meisten Hobbits nichts ahnten. *R*, I, 4, 7.

MAGIE

Die Istari waren in Mittelerde nicht die einzigen Zauberer. Bei vielen Völkern waren Praktiken bekannt, die wir als „magisch" bezeichnen könnten; und bei den Elben war sogar in ganz alltäglichen Dingen immer ein bißchen Zauberei mit im Spiel: beim Brotbacken, Weben, Säen, Seilflechten, erst recht natürlich bei so wichtigen Geschäften wie Namensgebung, Liebeswerbung, Heilen von Wunden oder Schmieden beschrifteter Waffen. Von den Elben hatten die Númenórer am meisten gelernt; aber auch andere Menschenvölker wie die Drúedain und die Beorninger hatten eigentümliche Geheimkenntnisse über Pflanzen, Tiere, Berge, Flüsse oder Ereignisse der Zukunft. Am wenigsten von alledem verstanden die Zwerge; deshalb waren sie besonders mißtrauisch und hielten vorsichtigerweise ihre Namen, ihre Sprache und manchmal sogar ihr Geschlecht geheim.

Die Hobbits beherrschten die Kunst des geräuschlosen Verschwindens, was den Menschen als Zauberei, ihnen selbst aber ganz natürlich erschien. Ähnlich fanden die Elben an ihren eigenen Künsten nichts Wunderbares. Für Magie oder Zauberei hatten sie in ihren Sprachen zunächst kein Wort. Die beiden Wörter, die später unter dem Einfluß menschlicher Denkwei-

sen solche Bedeutungen annahmen, Quenya *istar* und *nóle*, hießen ursprünglich nur soviel wie „wissend, kundig". Ein *istar* (Sindarin *ithron*) war ein Angehöriger des *Heren Istarion*, des Ordens der (göttlichen) Weisen; *nóle* hingegen (verwandt mit *Noldor*) bezeichnete das durch Lernen, Forschung oder Erfahrung erlangte Wissen und Können, in den Übersetzungen meist mit „Kunde" oder „Wissenschaft" wiedergegeben. Beide Arten des Wissens waren nicht scharf getrennt. Aber aus *nóle* wurde im Sindarin *gûl*, das in der häufigen Verbindung *morgul*, „schwarze Kunst", auf die bösartigen Bedeutungen festgelegt wurde.

Einen grundsätzlichen Unterschied zwischen „weißer" und „schwarzer" Magie gab es nicht; und auch die Grenzen zwischen Zauberei und gewöhnlicher Geschicklichkeit oder Technik waren kaum zu sehen. Sauron und Saruman waren nicht nur Hexenmeister, sondern auch Technologen, die Sprengstoffe und Wurfmaschinen herstellten; und wenn Gandalf aus seinem Zauberstab Blitze gegen die Nazgûl schleudert, nimmt er die Laser-Pistolen der späten Zeitalter vorweg. Doch der Zauberstab ist noch individuelle, an die Person gebundene Waffe, kein serienweise herstellbares Gerät. Die elbische Zauberei mündet nicht in Technik; sie ist beschützend und bewahrend: „ihr Zweck ist Kunst und nicht Macht, Zweitschöpfung und nicht Bezwingen und tyrannisches Re-Formieren der Schöpfung ... Dem Feinde in der Folge seiner wechselnden Erscheinungen geht es dagegen immer um die pure Herrschaft, und darum ist er der Herr der Magie und der Maschinen."

Vgl. Elben, Galadriel, Gandalf, Herrscherring, Hithlain, Lembas, Palantíri, Ringe der Macht, Sauron, Zauberer.
R, II, 7; *Nachrichten*, IV, ii; *Briefe*, 131, 155.

Maglor

Der zweite Sohn Feanors, der am meisten nach seiner Mutter Nerdanel kam. Er war ein gewaltiger Sänger, „dessen Stimme weit über Land und Meer schallte". In seinem (nicht erhaltenen) *Noldolante*, einem stolzen und elegischen Heldenlied, besang er die Taten und Untaten der Noldor. Während der Belagerung von Angband bewachte er Lothlann und das flache Gelände zwischen dem Himring und den Ered Luin, wo den Heeren Morgoths kein natürliches Hindernis den Weg versperrte *(Maglors Lücke)*.
In der Dagor Bragollach konnte er die von Glaurung angeführten Feinde nicht aufhalten und flüchtete zu Maedhros auf den Himring. Ebenso wie seine Brüder war er durch Feanors Eid gebunden, der sie verpflichtete, um jeden Preis nach dem Rückgewinn der Silmaril zu streben; ihm jedoch kamen in manchen Augenblicken Bedenken. Nach dem Angriff auf Elwings und Earendils Volk an den Sirion-Mündungen nahm er die Knaben Elros und Elrond in Obhut und sorgte für sie. Maedhros und Maglor waren als einzige von Feanors Söhnen noch am Leben, als sie nach der Niederwerfung Morgoths endlich die Möglichkeit sahen, sich der zwei zurückgewonnenen Silmaril zu bemächtigen. Maglor wollte den Eid, der Unheil genug gestiftet hatte, nun auf sich beruhen lassen, aber Maedhros gab keinen Frieden. Also schlichen sich die Brüder in Eonwes Lager, raubten die Silmaril und nahmen jeder einen mit sich fort. Maglor soll den seinen zuletzt ins Meer geworfen haben, weil er den Schmerz, den der Stein ihm zufügte, nicht ertragen konnte. „Hernach wanderte er immer an den Küsten entlang, am Wasser singend von Schmerz und Trauer." Unter den Elben sah man ihn nicht wieder.
Vgl. Feanor, Lothlann, Maedhros, Silmaril.
S, V, XVIII, XXIV.

Maiar

Quenya „die Schönen" (Singular *Maia*): Ainur minderen Ranges. In Valinor bildeten sie das Gefolge und die Dienerschaft der Valar. Sie waren zahlreich und nach Rang und Aufgaben sehr verschieden. Nur wenige von ihnen waren den Eldar namentlich bekannt: die Meeresgötter Osse und Uinen, Vardas Zofe Ilmare, Manwes Herold Eonwe, die Sonnenlenkerin Ariën und der Mondfährmann Tilion, Melian und Olórin (Gandalf). Die Istari, die im Dritten Zeitalter im Auftrag der Valar nach Mittelerde gingen, bildeten unter den Maiar einen Orden für sich. Manche Maiar wie z. B. Osse waren fast ebenso mächtig wie die Valar; andere waren dienstbare Geister von der schlichtesten Art. Diese bekleideten sich oft mit einer tierischen Gestalt, z. B. als Adler, Hunde oder Pferde. Beim langen Tragen dieser Gestalt wurden die Maiar „irdisch", d. h. sie konnten die Gestalt nicht nach Belieben wechseln und mußten auch körperliche Nöte ertragen (Hunger, Durst, Müdigkeit, Schmerzen, Fortpflanzung und Schwangerschaft).
Viele Maiar dienten Melkor. Unter ihnen war Sauron der mächtigste. Von niedrigerem Rang waren die Balrogs.
Vgl. Ainur, Balrog, Gandalf, Melian, Osse, Sauron, Uinen, Valar, Zauberer.
S, Valaquenta; *HME 10*, II (49); V (410-12).

Mallorn

Sindarin „goldener Baum" (Plural *Mellyrn*), eine Baumart, die von dem Lichtbaum Laurelin abstammte. Im Frühling und den ganzen Sommer über hatte der Baum goldgelbe Blütendolden. Die Rinde war glatt und silbergrau, der Stamm gerade und ungeteilt, mit leicht gekrümmten Ästen. Die Blätter, ähnlich denen einer Buche, doch größer, auf der Oberseite mattgrün, von unten silbrig, färbten sich im Herbst mattgolden und fielen erst im Frühjahr ab, wenn die neuen Blüten kamen. Aus Tol Eressea war der Baum nach Númenor gebracht worden, wo er besonders an der Westküste, in Nísimaldar, zu gewaltiger Höhe aufwuchs. In Mittelerde wuchsen Mellyrn einzig in Lórien: Gil-galad hatte die Samennüsse, ein Geschenk Tar-Aldarions, an Galadriel weitergegeben, weil sie in Lindon nicht aufgingen. Die höchsten Bäume standen auf der Anhöhe von Caras Galadhon, der Baumstadt der Galadhrim
Ob die Bäume Galadriels Fortgang aus Lórien lange überdauerten, ist ungewiß. Jedenfalls pflanzte Sam Gamdschie mit Galadriels Segen einen Mallorn auf der Festwiese von Hobbingen, der zu Beginn des Vierten Zeitalters prächtig gedieh sein soll.
Vgl. Eldalonde, Galadriel, Laurelin, Lórien.
R, II, 6; VI, 9; *Nachrichten*, II, i, iv.

MANDOS

Der Schicksalsrichter der Valar und Hüter der Totenhäuser im Westen von Valinor, an den Ufern des Außenmeeres. Eigentlich war Mandos (Quenya für „Festung des Gewahrsams") nur der Name seines Wohnsitzes, doch wurde meist der Vala selbst so genannt; sein echter Name war *Námo* („Verkünder, Richter"). In *Mandos' Hallen* sitzen die erschlagenen Elben und warten auf ihre Wiedergeburt oder auf das Weltende; getrennt von ihnen versammeln sich die Seelen der toten Menschen, bevor sie die Kreise der Welt verlassen.

Als *Mandos' Fluch* (oder Spruch) bezeichnete man die Weissagung, in der den Noldor, als sie aus Valinor fortzogen, an der Grenze des Ödlands von Araman verheißen wurde, was sie in Mittelerde erwartete: Mord und Totschlag, gegenseitiger Verrat, Versperrung jedes Rückwegs nach Aman und die Ermüdung durch die Zeit. Ob Mandos selbst der Bote war, der den Spruch überbrachte, ist ungewiß. Mandos hatte mehr Einblick in die Zukunft als die anderen Valar, verkündete seine Urteile aber nur auf Manwes Ersuchen.

Mandos und sein jüngerer Bruder Irmo oder Lórien hießen auch die *Feanturi*, „Herren der Geister". Mandos' Gemahlin war Vaire, die Weberin, die alles, was je geschehen war, in die Wandteppiche wirkte, die in Mandos' Hallen hingen.

Vgl. NOLDOR, VALAR.

S, Valaquenta, IX; *HME 10*, IV (350).

MANWE

Der höchste der Valar, Statthalter Ilúvatars, dessen Absichten er am besten versteht. In einem blauen Mantel, ein saphirblaues Szepter in der Hand, sitzt er auf dem Oiolosse, dem höchsten Gipfel des Taniquetil, welcher der höchste von allen Bergen der Welt ist. Neben ihm sitzt Varda, die Sternentfacherin, und zusammen blicken und horchen sie bis weit nach Mittelerde hinüber. Manwe ist der Herr der Lüfte, der Winde und Wolken, von den zartesten Schleiern der Stratosphäre bis zu den Brisen, die durchs Gras wehen, und dem Atem, der der Kehle des Sängers entströmt. Ihm gehorchen die Adler und Falken, und sie tragen ihm Nachrichten zu. Unter den Elben sind die Vanyar seine Lieblinge, die im Lande Aman an den Hängen des Taniquetil wohnen; von ihm haben sie Gesang und Dichtkunst erlernt. Er ist nicht der tatkräftigste oder weiseste unter den Göttern, verliert aber Mittelerde nie aus den Augen, während die andern Valar sich bisweilen mehr um ihre eigenen Angelegenheiten kümmern. (Seine nimmermüde Fürsorge für die Kinder Ilúvatars wurde von den Noldor als Bevormundung mißverstanden.) Sein Name bedeutet im Quenya „der Gute". Manwe strebt nicht nach Macht und Ruhm für sich selbst, sondern regiert zur Zufriedenheit aller. Das Böse, das ihm selbst fremd ist, kann er nicht verstehen, und darum ist er nur ein blasser Widerpart seines Bruders Melkor. In allem, was die Gestaltung von Arda angeht, legt er es darauf an, sie für Elben und Menschen wohnlich zu machen: Nirgendwo soll es zu heiß oder zu kalt, zu naß oder zu trocken sein; alles Wilde und Gewaltsame ist ihm zuwider; er will König der heilen Welt sein, oberster Hüter einer gezähmten und befriedeten Natur. Bei den zahlreichen Streitigkeiten unter den Valar ist er der Schlichter und Kompromißfinder. Seine Hallen auf dem Taniquetil verläßt er nur selten. Im Krieg gegen Morgoth am Ende des Ersten Zeitalters ließ er sich von seinem Herold Eonwe vertreten; im Dritten Zeitalter entsandte er den Maia Olórin nach Mittelerde.

Súlimo, „der Atmer", lautet sein Beiname bei den Elben; oft wird er auch als der „Älteste König" bezeichnet.

Vgl. ARDA, ILÚVATAR, MELKOR, VALAR, VALINOR, VARDA.

S, Valaquenta, I; *Nachrichten* IV, ii.

MARDIL

Der erste der Herrschenden Truchsesse von Gondor, auch *Mardil Voronwe*, der Standhafte, genannt. Er diente seit 2029 D.Z. König Earnil II., seit 2043 dessen Sohn Earnur. Er gab sich alle Mühe, Earnur von seinem Zweikampf mit dem Nazgûl-Fürsten abzuhalten, aber im Jahre 2050 setzte der König seinen Willen durch und blieb für immer verschwunden. Da Earnur keine Kinder hatte und ein Nachfolger nicht ohne Streit hätte bestimmt werden können, ließ Mardil den Thron unbesetzt und regierte „bis zur Rückkehr des Königs" allein weiter. Er starb 2080.

Mardil war der letzte der Truchsesse, der bei der Amtseinführung einen Namen in Quenya annahm. Mardil bedeutet „dem Hause (der Könige) ergeben". Er führte einen neuen, verbesserten Kalender ein, den sogenannten TRUCHSESSEN-KALENDER.

Vgl. EARNUR, GONDOR, TRUCHSESSE.

R, Anhang A; *S*, Anhang.

MATHOM

Ein Hobbitwort für Dinge, die man nicht mehr gebrauchen konnte, aber auch nicht wegwerfen wollte. In ihren Smials oder Höhlen hoben die Hobbits viele solcher Mathoms auf, aber manche gaben sie auch ins Museum von Michelbinge, das Mathom-Haus. Dort ließ Bilbo bis zu seinem Weggang nach Bruchtal sein Mithril-Panzerhemd aufbewahren.

Vgl. HOBBITS, MICHELBINGE.

R, Prolog.

MEARAS

Altenglisch „Rösser" (Singular *mearh*), die edelsten Pferde von Rohan, auf denen nur die Könige der Mark und ihre Söhne ritten. Sie stammten von Oromes Hengst Nahar ab. In Éothéod hatte Eorls Vater Léod einst ein weißes Wildfohlen eingefangen, aber als es herangewachsen war und er es zum ersten Mal bestieg, warf es ihn ab, und er starb, als er mit dem Kopf gegen einen Felsen prallte. Eorl hatte Achtung vor dem Freiheitsdrang des Tieres und verzichtete darauf, es zu töten. Er gab ihm den Namen *Felaróf* („der sehr Starke"), und es ließ sich fortan von ihm reiten – aber von niemand anderem, und ohne Sattel und Zaumzeug. Felaróf war der Vorfahr aller anderen Mearas. Sein edelster Nachkomme war Gandalfs silbergrauer Hengst Schattenfell. Die Mearas konnten stundenlang galoppieren, verstanden die Sprache der Menschen und erreichten ein sehr hohes Alter. Schneemähne, König Théodens Hengst, war kein reinblütiger Mearh, denn er ließ sich gesattelt reiten.

Vgl. EORL, SCHATTENFELL.

R, V, 5/6; Anhang A 2; *Briefe*, 268.

MEDUSELD

Altenglisch „Methalle": der Palast der Könige der Mark auf der Anhöhe von Edoras, erbaut von Eorls Sohn und Nachfolger Brego. Beim Einweihungsgelage (2569 D.Z.) blickte Bregos Sohn Baldor zu tief ins Methorn und gelobte, er wolle die Pfade der Toten betreten. Er tat es, und Aragorns Stoßtrupp fand vierhundertfünfzig Jahre später sein Gerippe.

Der Palast hieß auch die Goldene Halle, weil sein Dach wie Gold schimmerte. Im Innern war es warm und düster: „Als sich die Augen der Reisenden an das Dämmerlicht gewöhnt hatten, bemerkten sie, daß der Fußboden mit vielfarbigen Steinen gepflastert war; verästelte Runen und seltsame Sinnbilder verflochten sich unter ihren Füßen. Jetzt sahen sie auch, daß die Säulen reich geschnitzt waren und matt glänzten in Gold und nur halb erkennbaren Farben. Viele gewebte Decken waren an den Wänden aufgehängt, und auf ihren weiten Flächen ergingen sich Gestalten der Sage …"

Vgl. EDORAS, PFADE DER TOTEN, THÉODEN.

R, III, 6; V, 2; Anhang A II.

MEISTERDIEB

Für die Zwerge waren die Hobbits ein strohdummes, kulturloses Bauernvolk. Sie davon zu überzeugen, daß es nützlich sein könnte, einen Hobbit auf die Fahrt zum Einsamen Berg mitzunehmen, kostete den Zauberer Gandalf viel Mühe. Um Bilbo Beutlins Ansehen ein wenig zu heben, wies er sie darauf hin, daß dieser Hobbit immerhin Goldschmuck, Kristallbecher und silberne Eßbestecke besaß. „Aha", sagte Balin, „dann ist er also ein Dieb!" (Solche Dinge konnte er ja nur von den Zwergen gestohlen haben.) Also ging Gandalf auf diese Idee ein: „Natürlich, ein professioneller Dieb", sagte er. „Wie sonst würde ein Hobbit zu einem silbernen Löffel kommen?"

Vgl. BILBO BEUTLIN, HOBBITS, ZWERGE.

H, 1; *Nachrichten*, III, iii.

MELIAN

Eine Maia aus den Gärten Lóriens, verwandt mit Yavanna. Von ihr sollen die Nachtigallen singen gelernt haben. Ihr Name (von Quenya *Melyanna*) bedeutet „Liebesgabe".

Zur Zeit des Erwachens der Elben kam Melian nach Mittelerde, um dort den Vogelsang verbreiten zu helfen. Als sie im Wald von Nan Elmoth mit ihren Nachtigallen übte, kam der Teleri-Fürst Elwe (Thingol) in Hörweite und erlitt eine Art erotischer Amnesie. Erst nach einem langen und stummen Liebesrausch unter den Sternen – „und die Bäume von Nan Elmoth wurden dicht und dunkel, ehe ein Wort fiel" – kam das Paar wieder zum Vorschein. Gemeinsam herrschten sie über die Sindar von Beleriand.

Natürlich konnte Melian nicht nur singen: Sie hatte Einblicke in die Zukunft und gab Thingol viele Ratschläge, die der eigensinnige König nicht immer befolgte. Doch sie bewog ihn, Menegroth zu bauen und sich aus den Kriegen der Noldor herauszuhalten. Nach der ersten Schlacht von Beleriand umgab sie das Gebiet von Egladior (später Doriath) mit einem Banngürtel, *Melians Gürtel* genannt, den niemand ohne ihre Erlaubnis von außen nach innen durchschreiten konnte. Er bestand aus einem Waldstreifen, in dem ein Netz von Sinnestäuschungen den Eindringling festhielt, so daß er in keiner Richtung hinausfand. Nur einen Helden wie Beren, mit dem das Schicksal große Dinge vorhatte, oder ein Untier wie Carcharoth, das einen Silmaril im Leib trug, hielt der Gürtel nicht auf.

Auf das Schicksal ihrer Tochter Lúthien hatte Melian wenig Einfluß. Sie hätte den Silmaril überall lieber gesehen als in Doriath, denn sie sah die Folgen voraus. Durch Lúthien kam jedoch ein Erbteil der Maiar unter die Zwei Geschlechter.

Nach Thingols Tod kehrte Melian nach Valinor zurück, und der Gürtel um Doriath wurde aufgehoben.

Melians Freunde waren Galadriel, die viel von ihr lernte, und Ulmo, der ebenso wie sie Mittelerde nicht sich selbst überlassen mochte.

Vgl. Doriath, Lúthien, Maiar, Nan Elmoth, Silmaril, Thingol.

S, IV, X, XIX, XXII.

Melkor

Q. *Melkóre*, der „machtvolle Aufrührer" unter den Ainur, Manwes Bruder. Von Anfang an hatte er sich gegen Ilúvatars Willen aufgelehnt und sich eigener Gedanken erkühnt. Als Arda erschaffen wurde, wollte er sie nach seinen Wünschen vollenden und sich von niemandem dreinreden lassen. Er entfachte die großen Brände und verordnete den strengen Frost. An allen Talenten der anderen Valar hatte er Anteil; er war schöpferischer als Manwe, hatte aber keine Geduld und keinen Sinn für die kleinen, fein durchgebildeten Werke, sondern eine Vorliebe fürs Grelle, Große und Gewaltige. Auch er wollte die Erde für die Elben und Menschen einrichten, doch mußten sie dann seine Anbeter und Untertanen werden. Eines hatte er besser begriffen als die anderen Valar: Die Welt durfte nicht von schönen und freundlichen Geschöpfen allein bevölkert werden. Ohne Ungeheuer war die Schöpfung nicht vollständig.

Als die Ainur sich an die Arbeit machten, legte auch Melkor eine sichtbare Gestalt an: „dunkel und schrecklich wie sein Gemüt … wie ein Berg, der im Meere watet, das Haupt über den Wolken, in Kleidern von Eis und mit einer Krone von Qualm und Feuer …" In diesem Kostüm lehrte er die anderen Valar das Fürchten, schmiß ihre Berge um, verspritzte ihre Meere und ließ kein Ding in Frieden. Endlich kam ihnen Tulkas, der große Faustkämpfer, zu Hilfe und vertrieb Melkor für eine Weile. Aber bald schlich er sich im Norden wieder ein, baute seine Festung Utumno und fing an, Ungeheuer zu züchten. Mit ihm kam ein ganzer Troß von Maiar und niederen Dämonen, unter ihnen die Valaraukar (Balrogs). Er überfiel die Valar auf der Insel Almaren, zerstörte die großen Lampen Illuin und Ormal, die sie im Norden und Süden aufgestellt hatten, und brachte Länder und Meere in Unordnung. Die Valar zogen sich in den fernsten Westen zurück und bauten das Gebirge der Pelóri als Schutzwall gegen ihn auf. Manwe zitterte vor Melkor und verfolgte das Geschehen in Mittelerde lieber von weitem.

Nach dem Erwachen der Elben begann Melkor mit der Züchtung der Orks. Nun besannen sich die Valar auf ihre Verantwortung für die Kinder Ilúvatars und zogen gegen Melkor in den Krieg. Er wurde besiegt und mit der Kette Angainor gefesselt nach Valinor gebracht. Dort mußte er drei Zeitalter in Mandos' Festung absitzen, dann durfte er Reue und Besserung geloben. Es wurde ihm gestattet, sich innerhalb der Mauern von Valmar frei zu bewegen. Durch die aufgezwungene Heuchelei wuchs sein Haß auf die Welt ins Unermeßliche. Es gelang ihm, den Noldor manche unerlaubten Gedanken einzuflüstern. Sie erfuhren einiges von seinem göttlichen Geheimwissen, und es ist nicht ausgeschlossen, daß auch Feanor, obwohl er die Silmaril ganz allein schuf, ein wenig von ihm profitierte. Melkor raubte die Silmaril, vernichtete mit Ungoliants Hilfe die zwei lichtspendenden Bäume und floh in den Norden von Mittelerde. Alle Dämonen, die der Vertreibung im letzten Krieg entgangen waren, und alles Ungetier in der Fülle seines Artenreichtums harrten dort der Rückkehr des Herrn und Meisters. Aber Melkor war nicht mehr der alte. Er war nun der *Morgoth*, zu dem ihn Feanors Fluch gestempelt hatte: der Weltfeind, dessen ursprünglich naiver Eigensinn sich in Tücke und Zerstörungslust verwandelt hatte. Auch das eigene Gefolge war vor seinen Gemeinheiten nicht mehr sicher. Er baute die Festung Angband wieder auf, schmiedete die Silmaril in eine eiserne Krone, die er nie abnahm, und nannte sich den König der Welt.

Vgl. Ainulindale, Angband, Drachen, Maiar, Manwe, Morgoth, Orks, Silmaril, Valar.

S, passim, besonders Ainulindale und Valaquenta; *HME 10* (350, 390 ff.).

MENEGROTH

Die „tausend Grotten", König Thingols Höhlenpalast am Süd-ufer des Esgalduin in Doriath. Schon vor dem Aufgang von Mond und Sonne sah Melian eine unfriedliche Zukunft vor-aus, und auf ihr Anraten ließ sich Thingol eine befestigte Burg bauen. Dazu rief er die Zwerge von Belegost zu Hilfe, und sie schufen ihm eine kleine Stadt nach dem Vorbild ihrer eigenen, tief eingegraben in ei-nen felsigen Berg und dennoch luftig, mit weiten Gängen, zahl-losen Kammern und geräumi-gen Hallen. Unter den Sindar fand der Bau keinen ungeteilten Beifall: Viele von ihnen mißbil-ligten steinerne Behausungen jeder Art und betraten Mene-groth niemals. Sogar der König und die Königin verbrachten die Sommermonate lieber in den Wäldern. Aber im Innern kam auch elbischer Geschmack zur Geltung: „Die Säulen von Menegroth wurden nach dem Bilde von Oromes Buchen ge-meißelt, mit Stamm, Ast und Blatt, und sie wurden von gol-denen Laternen erhellt. Nachti-gallen sangen wie in den Gärten von Lórien, und es gab silberne Brunnen, Marmorbecken und gekachelte Böden aus vielfarbi-gen Steinen. Steinfiguren von Tieren und Vögeln zogen sich an den Wänden entlang, kletter-ten die Säulen empor oder lug-ten durch die mit Blumen um-flochtenen Zweige. Und im Lauf der Jahre schmückten Melian und ihre Mägde die Hallen mit gewebten Wandbehängen, auf denen die Taten der Valar zu sehen waren und vieles, was in Arda seit den Anfängen gesche-hen war, und Schatten der Din-ge, die noch kommen sollten." Die große Halle, wo der König und die Königin nebeneinander thronten (und wo Beren emp-fangen wurde), war sicherlich nicht dieselbe wie die Tafelhal-le, wo Thingol abends mit sei-nen Getreuen zu zechen pflegte (und wo Túrin mit Saeros Streit bekam). Menschen hatten in ganz Doriath und daher auch in Menegroth keinen Zutritt, doch nach Berens Heldentat wurde diese Regel gelockert.

Menegroth war ursprünglich als Festung angelegt, mit einer stei-nernen Brücke über den Esgal-duin als einzigem Zugang, brauchte aber dank Melians Gürtel nie einer Belagerung standzuhalten. Dennoch wurde es zweimal durch überfallarti-ge Angriffe eingenommen, das erste Mal von den Zwergen aus Nogrod, das zweite Mal von Feanors Söhnen. Von diesem zweiten Schlag erholte das Königreich Doriath sich nicht mehr, und Menegroth wurde verlassen.

Vgl. DORIATH, MELIAN, SINDAR, THINGOL; Karte S. 34

S, X, XII; *Nachrichten* I, ii.

MENELDUR

Tar-Meneldur (Quenya „der Himmelskundige"), so genannt wegen seiner astronomischen Interessen, mit Geburtsnamen Írimon, bestieg 740 Z.Z. als fünfter König den Thron von Númenor. Er mißbilligte die Ausweitung der Seefahrt, die sein Sohn Aldarion betrieb, dankte aber zugunsten Alda-rions frühzeitig ab (883), weil er voraussah, daß Númenor un-vermeidlich in die Kriege von Mittelerde hineingezogen wur-de. Tar-Meneldur erbaute eine Sternwarte im nördlichen Vor-gebirge.

Vgl. ALDARION, NÚMENOR.

Nachrichten, II, i-iii.

MENELMACAR

(Quenya: „Himmels-Schwert-träger"), das Sternbild Orion, im Sindarin gewöhnlich *Menel-vagor* oder *Tehumehtar* genannt; eines der von Varda zum Erwa-chen der Elben aus den alten Sternen neu zusammengesetz-ten Sternbilder. Sein leuch-tender Gürtel soll auf die Letzte Schlacht am Ende aller Tage vorausdeuten. Frodo und seine Gefährten sahen ihn zu Beginn ihrer Fahrt in der Nacht vom 24. auf den 25. September 3018 D.Z. während ihrer Begegnung mit Gildor in den Grünbergen. Vgl. VARDA.

S, III; *R*, I, 3; Anhang E.

MENELTARMA

(Quenya: „Himmelspfeiler"), ein zum Gipfel hin steil aufra-gender Berg in der Mitte der Insel Númenor. Auf dem abge-platteten Gipfel, wo viele Men-schen Platz hatten, befand sich das Heiligtum Ilúvatars, die ein-zige Kultstätte des Landes. Sie wies keinerlei Bauten oder Arte-fakte auf; niemand durfte dort Waffen oder Werkzeuge tragen; niemand durfte sprechen, aus-genommen der König. Zu *Eru-kyerme* (Frühlingsanfang), *Eru-laitale* (Mittsommer) und *Eru-hantale* (Spätherbst) verrichtete der König dort Gebete. Drei Adler, die „Zeugen Manwes", schwebten währenddessen über der versammelten Menge. Weit-sichtige Menschen konnten bei klarem Wetter vom Meneltarma in der Ferne den weißen Turm von Avallóne auf Tol Eressea er-kennen. Beim Untergang von Númenor erwies sich der Me-neltarma überraschend als ein Vulkan.

Vgl. ILÚVATAR, NÚMENOR; Karte S. 146.

S, Akàllabêth; *Nachrichten*, II, i.

Menschen

Die Zweitgeborenen oder Jüngeren Kinder Ilúvatars (Quenya *Atani*, Sindarin *Edain*). Die Elben nannten sie auch die *Hildor*, die Nachkömmlinge; *Apanónar*, Nachzügler; *Engwar*, die Kränklichen; *Fírimar*, die Sterblichen; auch die Usurpatoren, die Fremden, die Gäste, die Unbegreiflichen, die Selbst-Verfluchten, die Tolpatsche, die Nachtfürchtigen und die Kinder der Sonne. Ein „Mensch" zu sein, hieß in Mittelerde, einer eher minderwertigen oder zumindest suspekten Gattung anzugehören; darum war zum Beispiel die Frage, ob die Hobbits oder die Druédain ebenfalls Menschen seien, niemals sehr umstritten. Von König Thingol wissen wir, was ein vornehmer Elb des Ersten Zeitalters über die Menschen dachte: „Unselige Menschen, Kinder von kleinen Fürsten und kurzlebigen Königen!" Solche hätte er nicht mal unter seinen Stallburschen geduldet. Nur die Menschen aus den Drei Häusern der Edain (Beor, Haleth und Hador), die als erste über die Ered Luin nach Beleriand gekommen waren, wurden halbwegs anerkannt; alle anderen, besonders wenn sie dunkelhäutig, krummbeinig und plattnasig waren, standen im Verdacht, mit Morgoth im Bunde, wenn nicht gar wie die Orks von ihm gezüchtet zu sein.

Im Ersten Zeitalter leisteten die Edain den Elbenkönigen im Krieg gegen Morgoth gute Dienste, und zum Lohn wurde ihnen die große Insel Númenor zum Wohnsitz gegeben, fast in Sichtweite von Eressea und Aman. Die Númenórer oder Dúnedain waren nach elbischer (und nach ihrer eigenen) Auffassung die edelste Menschenart, weil sie am meisten von den Elben gelernt hatten und durch die Vermählungen zwischen den Zwei Geschlechtern sogar mit ihnen verwandt waren. Sie waren größer, schöner, klüger und langlebiger als alle anderen Menschen. Aber die Artverwandtschaft mit den Völkern von Gondor, Eriador und Rhovanion ließ sich nicht leugnen. Weil die Dúnedain weder zahlreich noch vermehrungstüchtig genug waren, um Mittelerde allein zu bevölkern, entstanden hier Mischrassen. Mit ihnen gewöhnlich verfeindet waren die halbwilden, zum Teil dunkelhäutigen Völker im Osten und Süden sowie die Dunländer.

Elben und Menschen des Ersten und Zweiten Zeitalters dachten viel über die Verschiedenheit ihrer Schicksale nach. Aus dieser Verschiedenheit und ihren unbefriedigenden Erklärungen erwuchs die Katastrophe von Númenor. Nach dem elbischen Schöpfungsmythos war der Tod der Menschen eine „Gabe" Ilúvatars, um die sie zu beneiden wären; doch kein Mensch vermochte dies ganz zu glauben.

Gegenüber den Elben waren die Menschen als „Kinder der Sonne" das lebenskräftigere Volk. Schon im Dritten Zeitalter zogen sich die Elben, sofern sie Mittelerde nicht ganz verließen, in Randgebiete zurück. Das Vierte Zeitalter gehörte vollends dem Reich der Menschen, in dem bald auch für Hobbits und Zwerge der Raum eng wurde.

Vgl. Drúedain, Edain, Kinder Ilúvatars, Númenor, Ostlinge, Zwei Geschlechter.

S, I, XII, Akallabêth; *R*, Prolog; *HME 10*, IV.

Mereth Aderthad

Zwanzig Jahre nach der Rückkehr der Noldor, im Hochgefühl ihrer ersten Siege über Morgoth, lud Fingolfin alle Elbenvölker Beleriands zu einem großen Fest (Sindarin *mereth*) der Wiedervereinigung an den Weihern von Ivrin ein. Die meisten Noldor-Fürsten nahmen teil, Círdan und viele Sindar-Häuptlinge, sogar Grünelben aus Ossiriand. Aus Doriath jedoch kamen nur Mablung und Daeron mit einer Grußbotschaft ihres Königs. Die Noldor versuchten ihre Familienstreitigkeiten beizulegen und die anderen Elben für ihre Sache zu gewinnen. Die beiden großen Sänger Daeron und Maglor stellten sich dem direkten Vergleich. Es fiel auf, daß auch die Noldor bei diesem Fest zumeist Sindarin sprachen, während die Sindar sich mit Quenya schwertaten (obwohl es zu dieser Zeit noch nicht von Thingol geächtet war).

Vgl. Ivrin, Noldor, Sindar.

S, XIII.

Meriadoc Brandybock

Ein Hobbit aus dem Brandyschloß, kurz *Merry* genannt; Sohn von Saradoc und Esmeralda Brandybock (geborene Tuk), einer von Frodos Gefährten. Bei der Auflösung der Gemeinschaft wurde er zusammen mit seinem Vetter Pippin von Orks aus Isengart gefangengenommen und verschleppt. Am Fangorn-Wald konnten sie sich befreien, trafen Baumbart, den Ent, und waren dabei, als Isengart zerstört wurde. Als Knappe König Théodens von Rohan ritt Merry mit den Rohirrim nach Minas Tirith. In der Schlacht auf dem Pelennor vollbrachte er eine Tat, für die er später zum Ritter der Mark geschlagen wurde: Zusammen mit Éowyn überwand er den Schwarzen Heermeister. (Er stach ihm von hinten ins Knie, während Éowyn ihn frontal angriff.)

Bei der Befreiung des Auenlandes war er einer der Anführer in der Schlacht von Wasserau. Er wurde nach dem Tod seines Vaters der Herr von Bockland und ging als „Meriadoc der Prächtige" in die Chroniken ein (wegen der Kleidung, die er von seinen Reisen mitgebracht hatte, und wegen der vielen Feste, die er gab). König Elessar ernannte ihn zum Ratsherrn des Nördlichen Königreichs.

In hohem Alter ging er mit Pippin auf eine Reise, besuchte Edoras und nahm Abschied von seinem Freund Éomer. Die letzten Jahre seines Lebens verbrachte er in Gondor.

Merry war ein gelehrter Hobbit und verfaßte Schriften zu einigen im Auenland geschätzten Wissenschaften: *Kräuterkunde des Auenlands; Jahreszählung* und *Alte Wörter und Namen im Auenland.*

Vgl. BRANDYBOCK, ÉOWYN, PEREGRIN TUK, PFEIFENKRAUT, SCHWARZER HEERMEISTER.
R, passim; Anhänge B und C.

MERRY
Vgl. MERIADOC BRANDYBOCK.

METHEDRAS
Südlichster Gipfel des Nebelgebirges, nördlich von Isengart, nach Osten in den Fangorn-Wald abfallend. Der Name bedeutet im Sindarin „letzter Gipfel".
Vgl. Karte S. 142/43.
R, III, 4, 5.

MICHELBINGE
Der bedeutendste Ort des Auenlandes, auf den Weißen Höhen im Westviertel. Alle sieben Jahre wurde dort auf dem Freimarkt am Mittsommertag der Bürgermeister gewählt, der zugleich der oberste Amtsträger im ganzen Land war und seinen Sitz in der Ratshöhle hatte. In Michelbinge stand auch das Mathom-Haus oder Museum.
Vgl. AUENLAND, BÜRGERMEISTER VON MICHELBINGE; Karte S. 25.
R, Prolog; VI, 8.

MÎM
Lange bevor Finrod Felagund in den Höhlen am Westufer des Narog seine Festung Nargothrond erbaute, hatten dort schon die *Noegyth Nibin*, die „Kleinzwerge", gegraben. Sie waren in den Zeiten vor Aufgang des Mondes aus den Zwergenstädten des Ostens verbannt worden und nach Beleriand eingewandert, wo sie ein kümmerliches Dasein fristeten. Von den Elben wurden sie anfangs wie Tiere gejagt, später gemieden. Beim Bau von Nargothrond nahm Finrod die Zwerge von Nogrod und Belegost zu Hilfe; die Kleinzwerge wurden vertrieben. Ihr letzter Wohnsitz waren die Hallen im Amon Rûdh, und die letzten Überlebenden ihrer Sippe waren der uralte Mîm und seine Söhne Khîm und Ibun. Khîm wurde von Túrins Banditen getötet, und um nicht das gleiche Schicksal zu erleiden, überließ ihnen Mîm sein Quartier gleichsam als Lösegeld (*Bar-en-Danwedh*, S. „Haus der Auslöse"). Mîm verriet sie an die Orks und wurde dafür später in Nargothrond von Húrin erschlagen. Über das Schicksal seines zweiten Sohnes Ibun ist nichts bekannt.
Vgl. AMON RÛDH, NARGOTHROND, TÚRIN.
S, XXI; *Nachrichten*, I, ii.

MINAS MORGUL
„Wir sind nicht in anständigen Gegenden", wurde Sam von Gollum zurechtgewiesen, als er seinen Fünfuhrtee vermißte. Denn es war der späte Nachmittag des 9. März 3019, und sie näherten sich *Imlad Morgul*, dem Morgul-Tal. Schöne weiße Blumen von befremdlicher Form, wie Wahngebilde in einem Albtraum, strömten einen schwachen Verwesungsgeruch aus, und von den Höhen des Schattengebirges floß der Morgulduin herab, ein giftiger, stinkender Bach. An der Paßstraße, die nach Osten in die Berge hinaufführte, standen Steinfiguren von Menschen und Tieren, kunstvoll entstellt. Der Ring schien Frodo geradewegs zum Tor von Minas Morgul hinzuziehen, der Stadt der Ringgeister, die auf einem Felsen am Rande des Tals stand. Inzwischen war es dunkel, aber die Stadt schimmerte in einem fahlen Leichenlicht. Der Kopf des Turms drehte sich langsam hin und her.

Wenig später ging das Tor auf, und sie sahen den Schwarzen Heermeister, wie er an der Spitze einer gewaltigen Streitmacht gegen Gondor auszog. Hätte Gollum nicht die geheimen Treppen gekannt, die an dem Tal vorüberführten, wären sie geschnappt worden, denn ihre Annäherung war nicht unbemerkt geblieben. Minas Morgul hatte vorzügliche magische Warnsysteme; doch weil die Nazgûl im Augenblick nur an den Krieg dachten, wurde Gorbag mit seiner Streife erst einen Tag später die Treppen hinaufgeschickt.

Den Namen Minas Morgul, Turm der schwarzen Magie, hatten die Menschen von Gondor der Stadt erst nach dem Jahr 2002

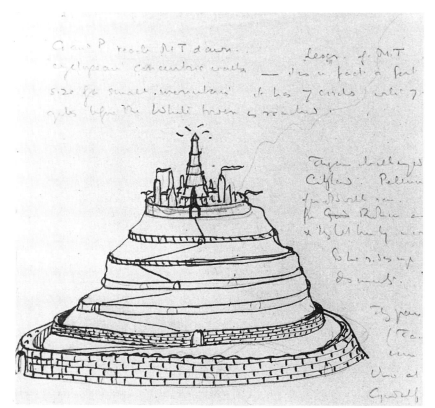

Minas Morgul must be made more horrible. The usual 'golden' stuff is not good enough here.

The Gate shaped like a gaping mouth with teeth and a window like an eye on each side. As S. passes through he feels a horrible shudder. ... Then are two silent shapes sitting on either side as sentinels.

D. Z. beigelegt, in dem sie von den Nazgûl erobert worden war. Vormals hatte sie Minas Ithil, Turm des Mondes, geheißen: Isildurs Stadt und Festung, die er an dieser Stelle erbaut hatte, um den Paß zu sichern. Schon Isildur hatte sie einmal den Feinden preisgeben müssen. Nach dem Krieg des Letzten Bündnisses wurde sie von neuem besiedelt, erlangte aber ihre frühere Bedeutung nicht wieder, denn Isildurs Erben wohnten nun in Annúminas. Bevor Sauron nach Barad-dûr zurückkehrte (2950 D. Z.), war Minas Morgul sein wichtigster Stützpunkt im Süden. Hier regierte der Nazgûl-Fürst, und die Orks, die ihm dienten, trugen nicht das Lidlose Auge, sondern den Totenkopfmond auf den Schilden.

Vgl. Isildur, Ithilien, Nazgûl; Karte S. 53.

R, IV, 7, 8; Anhang A; *S*, Von den Ringen …

Minas Tirith

Das frühere *Minas Anor*, Anárions Festung, die nach dem Niedergang von Minas Ithil und Osgiliath zur Hauptstadt des Südlichen Königreichs geworden war. Nach der Eroberung von Minas Ithil durch die Nazgûl (2002 D. Z.) wurde Minas Anor in Minas Tirith umbe-

nannt (S. „Wachtturm"). Bei den Rohirrim hieß die Stadt *Mundburg*.

Die Stadt war in sieben Stufen auf einem Felsvorsprung des Mindolluin erbaut. Jede Stufe war mit einer starken Mauer aus hellem Gestein umgeben. Das große Außentor und das Tor der obersten Stufe, der Zitadelle, blickten nach Osten, doch die Tore dazwischen waren nach Süden und Norden versetzt, so

daß der Weg im Zickzack zwischen ihnen hinaufführte. Die siebente Stufe lag etwa zweihundert Meter über der Ebene des Pelennor. Dort stand, nicht ganz hundert Meter hoch, der Weiße Turm, um das Jahr 1900 D. Z. von König Calimehtar erbaut; auch *Ecthelions Turm* genannt, nach dem Truchseß Ecthelion I., der ihn etwa 800 Jahre später erneuerte. Der untere Teil des Turms war der Palast

Minas Tirith. Erste Skizze im Manuskript.
Künstler, 167.

der Könige und später der Truchsessen. Auf dem Hof vor dem Palast stand an einem Springbrunnen der Weiße Baum, der zur Zeit des Ringkrieges verdorrt war.

In ihrer langen Geschichte war die Stadt noch nie erobert oder auch nur belagert worden. Aber seit langem litt sie an Bevölkerungsschwund. Als Pippin sich am 9. März 3019, am Tag seiner Ankunft, dort umsah, fand er viele Häuser unbewohnt; besonders schmerzlich vermißte er ein Wirtshaus.

Vgl. Anárion, Gondor, Pelennor, Truchsesse, Weisser Baum; Karte S. 53.

R, V, passim; Anhänge A und B.

Minastir

(Tar-Minastir, Quenya „Turmwärter"), elfter König von Númenor, lebte von 1474 bis 1873, regierte offiziell von 1731 (tatsächlich aber schon vor 1700) bis 1869 Z.Z. Er schickte Gilgalad eine große Flotte für den Krieg gegen Sauron zu Hilfe (1700). Auf dem Hügel Oromet bei Andúnië erbaute er einen hohen Turm, von dem er oft nach Westen ausschaute.

S, Akallabêth; *Nachrichten*, II, iii.

Mindolluin

Der Berg am Ostende des Weißen Gebirges, in dessen Hang die sieben Stufen von Minas Tirith eingefügt waren. An der Ostflanke des Berges befanden sich die Heiligtümer, wo die Könige von Gondor begraben lagen. Als Pippin mit Gandalf nach Minas Tirith kam, sah er „einen düsteren Gebirgsstock und die dunkelvioletten Schatten seiner hohen Schluchten und den im aufgehenden Tag weißschimmernden Steilhang". Nach Aragorns Krönung stieg

Gandalf mit ihm bis zur Schneegrenze hinauf und zeigte ihm einen Sämling des weißen Baums Nimloth, der dort wuchs, während der Baum im Hof des Weißen Turms verdorrt war. Mindolluin bedeutet im Sindarin „ragender Blaugipfel".

Vgl. Gondor, Minas Tirith, Weisse Bäume.

R, V, 1; VI, 5.

Minhiriath

Das Land „zwischen den Flüssen" (S.) im Westen von Eriador, zwischen dem Baranduin im Norden und der Grauflut im Süden, nach Osten etwa bis zum Grünweg. Es war seit dem Zweiten Zeitalter durch Holzeinschlag und Waldbrände versteppt und seit der Überschwemmung von 2912 D.Z. entvölkert. Nur auf der Halbinsel Eryn Vorn („Dunkler Wald") lebten noch die Reste der von den Númenórern vertriebenen Urbevölkerung. Zu Anfang des Dritten Zeitalters gehörte Minhiriath zum Königreich Arnor, später zu Cardolan.

Vgl. Eriador, Grauflut, Lond Daer; Karte S. 53.

R, Anhang B; *Nachrichten*, II, Anhang D.

Míriel

(Tar-Míriel), die letzte Königin von Númenor. Als einziges Kind Tar-Palantirs war sie zur Thronfolge berechtigt, wurde aber von ihrem Vetter Pharazôn gegen ihren Willen geheiratet und entmachtet. Er gab ihr den adûnaischen Namen Ar-Zimraphel. Beim Untergang Númenors versuchte sie auf den Gipfel des Meneltarma zu flüchten und wurde von den Wellen eingeholt.

Vgl. Pharazôn.

S, Akallabêth.

Miruvor

Der Stärkungstrank aus Imladris, ein elbisches, mit Quenya-Worten besprochenes Alkoholikum. Elrond gab Gandalf ein Fläschchen davon mit auf die Reise. Vom Caradhras bis Moria ließen die neun Gefährten es dreimal reihumgehen. Es tat gut gegen Kälte und Müdigkeit und nach einem überstandenen Schrecken.

Mit *Miruvóre*, dem Blütennektar, der bei den Festen der Valar in Valmar ausgeschenkt wurde, hatte Elronds Trank sicherlich nur den Namen gemein.

R, II, 3/4; *The Road Goes Ever On* (61).

Mithlond (Graue Anfurten)

Als Beleriand nach den Erschütterungen am Ende des Ersten Zeitalters unterging, blieb ein Stück des alten Landes von Ossiriand (oder Lindon) erhalten, und an einer Stelle, wo das Meer eine tiefe, geschützte Bucht bildete, den Golf von Lhûn, fand Círdan seinen neuen Hafen, den er Mithlond, „grauer Hafen", nannte. Weil es sich dabei um eine Vielzahl über die ganze Bucht verteilter Anlegestellen handelte, teils auf dem nördlichen (Forlond), teils auf dem südlichen Ufer (Harlond), sprach man auch von „den Häfen" oder „Anfurten". Die weißen Schiffe, die den Geraden Weg in den alten Westen nahmen, lagen auf dem Südufer, im Innersten der Bucht, an der Mündung des Flusses Lhûn.

Im Zweiten Zeitalter war Mithlond lange ein normaler Handels- und Verkehrshafen, den auch Schiffe aus Númenor anliefen. Aldarion, der große Seefahrerkönig von Númenor, soll in seiner Jugend hier sein Wissen über den Schiffbau vervoll-

Mithrim.
Wasserfarben, 1927.
Pictures, 32.

kommnet haben. Aber nach dem Tod Gil-galads fuhren die meisten Elben von Lindon in den Westen; und mit dem Zusammenbruch der nördlichen Königreiche kam der Schiffsverkehr der Menschen an dieser Küste zum Erliegen. Nur wenige Elben blieben noch bei Círdan zurück.

Vgl. CÍRDAN, GERADER WEG, LHÛN, LINDON; Karte S. 53.
S, Von den Ringen ...; *R*, VI, 9; *Nachrichten*, II, ii.

MITHRANDIR

Sindarin für „Grauer Wanderer", vgl. GANDALF.

MITHRIL

Das einzigartige Metall, das die Zwerge nur in Khazad-dûm unter dem Caradhras fanden, auch Moria-Silber oder Wahrsilber genannt. Es war sehr leicht und trotzdem härter als Stahl; es ließ sich hämmern wie Kupfer, und sein Silberglanz blieb ungetrübt. Ein Kettenhemd aus Mithril, wie Bilbo es von seiner Fahrt zum Erebor mit zurückbrachte, war ungeheuer kostbar: wertvoller, meinte Gandalf, als das ganze Auenland mit al-

lem, was darinnen war. Trotzdem ließ Bilbo es langezeit im Mathom-Haus zu Michelbinge verstauben, ehe er es Frodo schenkte.

Das Mithril war der Grund für den Reichtum von Khazad-dûm; Gold und Edelsteine waren nur „Spielzeug der Zwerge". Auch von den Elbenschmieden wurde es hoch geschätzt. Der Name Mithril ist Sindarin und bedeutet „grauer Schimmer". Den Khuzdul-Namen hielten die Zwerge geheim.

Den Númenórern war Mithril seit frühester Zeit bekannt; es muß also schon im Ersten Zeitalter in Mittelerde entdeckt worden sein. Tar-Telemmaite ließ um 2400 Z.Z. in Númenor danach suchen; ob mit Erfolg, ist nicht bekannt.

Vgl. MORIA, ZWERGE.
R, II, 3/4; *H*, 13, 19; *Nachrichten*, II, iii; III, i.

MITHRIM

Der Südosten von Hithlum, von Dor-lómin im Westen durch die Berge von Mithrim getrennt. Hier begegneten die Noldor nach ihrer Rückkehr aus Valinor erstmals den Grauelben. Der-

Name Mithrim, „graues Volk", bezeichnete zunächst die Bewohner, dann auch das Land und den großen See, an dessen Ufern sie lebten. Hier schlug Feanors Volk sein erstes befestigtes Lager auf, und hier wurde die zweite Schlacht in den Kriegen von Beleriand geschlagen. In der Umgebung des Sees lebte später der größte Teil von Fingolfins Volk. Kleinere Gruppen von Sindar hielten sich in den Bergen von Mithrim auch noch nach der Schlacht der ungezählten Tränen und der Besetzung durch die Ostlinge.

Vgl. DAGOR-NUIN-GILIATH, HITHLUM, NIRNAETH ARNOEDIAD; Karte S. 34.
S, XIII.

MORANNON

„Das Schwarze Tor", das den Eingang nach Mordor versperrte. An der nordwestlichen Ecke des Landes, wo das Aschen- und das Schattengebirge zusammentrafen, führte eine Paßstraße durch eine tiefe Schlucht, *Cirith Gorgor* (Sindarin: „Geisterspalte"), ins Tal von Udûn. Das Tor zu dieser Straße hatte drei eiserne Flügel und war eingefaßt in einen steinernen Wall, der von Felswand zu Felswand reichte. Links und rechts davon, auf zwei steilen schwarzen Hügeln, standen die Wehrtürme *Narchost* und *Carchost*, die Zähne von Mordor genannt. Sie waren von den Gondorern erbaut worden, wurden aber seit der Großen Pest nicht mehr bemannt und später von Saurons Getreuen besetzt.

Zu beiden Seiten des Tores gab es viele geheime Wege und Tunnel, durch die große Truppenmassen schnell hinausgeschickt werden konnten. Dies mußte das Heer des Westens erfahren, als es sich am 25. März 3019 D.Z. auf zwei großen Schuttbergen vor dem Tor aufstellte, um Sauron zur Schlacht herauszufordern. Aragorn und Gandalf mit ihren knapp sechstausend Mann aus Gondor und Rohan sahen sich binnen kurzem von einer mehrfachen Übermacht umzingelt: Orks, Bergtrolle, Ostlinge, Variags aus Khand, Mohren aus dem fernsten Süden von Harad und über allem die Nazgûl auf ihren Riesenfledermäusen. Zwar kamen die Adler dem Heer des Westens zu Hilfe, aber auch ihnen wären die Krallen bald einmal stumpf geworden, und die Schlacht am Morannon hätte ein Tausendjähriges Reich der Finsternis eingeleitet, hätte da nicht der Schicksalsberg sich aufgebäumt und Saurons Burgen in Schutt gelegt. „Die Türme der Wehr wankten, neigten sich und stürzten ein; der mächtige Festungswall zerbarst; das Schwarze Tor wurde herausgeschleudert und brach auseinander ...“

Vgl. Barad-dûr, Mordor, Ringkrieg, Udûn; Karte S. 53. *R*, IV, 3; V, 10, Anhang A.

Mordor

S. Das „schwarze Land“ im Südosten von Mittelerde, wo Sauron etwa seit dem Jahr 1000 Z.Z. seine Kräfte sammelte. Es war im Norden, Westen und Süden von steil aufragenden Bergketten umschlossen. Der Nordwesten, die Ebene von Gorgoroth, war das Kerngebiet und der Machtmittelpunkt des Landes: eine kahle, mit Schlackenhügeln und Asche bedeckte Industriewüste unter den riesigen Qualmwolken, die der Schicksalsberg ausstieß. Die wichtigsten militärischen Anlagen befanden sich bei Minas Morgul und im Tal von Udûn, hinter dem Morannon, im Winkel zwischen Aschen- und Schattengebirge. Auf einem südlichen Vorsprung des Aschengebirges stand Barad-dûr, Saurons Festung, aus der er selten hervorkam.

Dies war der Teil von Mordor, den Frodo und Sam auf ihrem Marsch zum Schicksalsberg zu Gesicht bekamen. Über die anderen Landesteile wissen wir wenig. Der Nordosten war ein ödes Steppenland und hieß Lithlad (Sindarin für „Aschenfeld“). Der Süden hieß Nurn und mußte Saurons Heere mit Lebensmitteln versorgen. Auf riesigen Plantagen um das salzige Núrnen-Meer schufteten versklavte (und numerierte) Menschen unter Aufsicht von Orks. Saurons Niederlage im Ringkrieg brachte ihnen die Befreiung: König Elessar gab ihnen das Land zu eigen.

Im übrigen hatte Mordor nur wenige Bewohner im gewöhnlichen Sinne. Es war eher ein Heerlager als ein Gemeinwesen. Menschen, Orks und allerlei kriegstaugliches Getier aus dem Norden, Osten und Süden der Welt wurden hier zusammengezogen, gezüchtet, gedrillt und auf den Umgang mit neuartigen Waffen vorbereitet. Die administrative Gewalt lag in den Händen des Kommandanten von Barad-dûr („Saurons Mund“); Sauron selbst und die Nazgûl standen über allen Gesetzen und Hierarchien.

Mit der Vernichtung des Herrscherrings stürzte Barad-dûr ein, und mit ihm Saurons gesamtes Machtgefüge. Es ist jedoch gewiß, daß manche von Saurons Getreuen den Untergang seines Reiches überdauerten und den von Gondor veranstalteten Säuberungsmaßnahmen entgingen.

Vgl. Barad-dûr, Sauron, Schicksalsberg; Karte S. 53. *R*, VI, 1-3; Anhang B.

Morgoth

Melkors Diener mußten auf Höllenfoltern gefaßt sein, wenn sie ihren Herrn aus Versehen mit *Morgoth* anredeten. Denn dies war der Fluchname, den Feanor ihm angeheftet hatte (ursprünglich in der Quenya-Form *Moringotho*), und bedeutete soviel wie „schwarzer Feind der Welt“. Der Name wurde unter den Eldar und Edain gebräuchlich; auch die Menschenvölker aus dem Osten, die nicht Sindarin sprachen und die Bedeutung nicht kannten, übernahmen ihn manchmal, und darum war Melkor selbst in Angband vor dieser Anrede nicht sicher. Oft wurde die Nennung seines Namens überhaupt vermieden; daher die vielen Paraphrasen und Ersatzbezeichnungen wie *Bauglir* (Bedrücker), Dunkler König, Vater der Lügen, Fürst der Finsternis etc. Der Name Morgoth traf aber Melkor nicht nur in seiner Reputation – darüber hätte der stolze Vala sich hinwegsetzen können –; er bannte ihn auch in eine eindeutige und unersetzliche irdische Gestalt. Seine ursprüngliche Schöpferkraft hatte er verausgabt und war nun selbst nicht mehr allzu verschieden von seinen Geschöpfen. Er wurde furchtsam und besorgt um sein Äußeres. Nach den Wunden, die Fingolfin und Thorondor ihm beigebracht hatten, setzte er sich nie wieder einer leiblichen Gefahr aus. Zugleich haßte er die Welt, in der sein Wille überall von dem Willen anderer durchkreuzt worden war. Sein titanischer Eigensinn, der immerhin eine gewisse Redlichkeit im Bösen bewahrte, war während der langen Gefangenschaft in Valinor, wo er den reuigen Sünder spielte, durch die erzwungene Heuchelei pervertiert worden. Nun hatte er nur noch eines im Sinn: „die Vernichtung und Annullierung einer Welt, an der er nur einen *Anteil* hatte.“

Dazu reichte die physische Vernichtung seiner Gegner nicht aus: Sie mußten zuvor entehrt, geschändet und korrumpiert werden, damit auch kein Andenken an sie blieb; die verpfuschte Welt mußte in sich zusammenstürzen, ohne in der Leere eine Spur zu hinterlassen. Etwas von seinem nihilistischen Geist gab er an Sauron weiter, der es jedoch nur in der verwässerten Form einer Religion aufnahm: Er baute Tempel wie den in Armenelos, in denen Melkor als dem Herrn des Alten Dunkels Menschenopfer dargebracht wurden. Daran wiederum knüpften die Schwarzen Kulte des Vierten Zeitalters an. Bis in die Instinkte hinein von seinem Geist erfüllt waren die

Orks, denen er „die Lust an Tod und Trümmern“ eingepflanzt hatte.
Vgl. Feanor, Melkor, Orks, Sauron.
S, passim; *HME 10*, V, vii (394 ff.).

Morgul-Messer
Ein langes, schmales Messer mit gezackter Schneide, das der Hexenkönig am 6. Oktober an der Wetterspitze Frodo in die linke Schulter stieß. Er wollte das Herz treffen; dann wäre Frodo „geschwunden“, d. h. zu einem Geist ähnlich den Ringgeistern geworden. Im Sonnenlicht löste die Klinge sich in Rauch auf; die Spitze war abgebrochen. Aragorn behandelte die Wunde notdürftig mit Athelas und Enthexungsgesängen in Quenya. Aber ein Splitter von der Spitze steckte noch tief in der Schulter und wirkte nach innen fort. Frodo konnte den Arm nicht mehr bewegen und spürte einen eiskalten Schmerz über die ganze linke Seite. Siebzehn Tage später operierte Elrond den Splitter heraus. Frodo war vorläufig geheilt. Aber jedes Jahr am 6. Oktober kehrte der Schmerz wieder. Ähnliche Schäden trugen alle davon, die während des Ringkriegs von den Waffen der Nazgûl verwundet wurden.
Vgl. Magie, Nazgûl.
R, I, 12; II, 1; VI, 9.

Moria
Die alte Zwergenstadt unter dem Nebelgebirge, *Khazad-dûm* in der Sprache der Zwerge. Die neutrale Übersetzung ins Sindarin: *Hadhodrond*, „Zwergengrube“ oder „Zwergenbinge“, konnte sich bei den Elben und besonders den Sindar nie durchsetzen. Ihr Grauen vor diesem Ort – lange bevor er von dem Balrog besetzt war – drück-

Moria,
Westtor.
Herr der Ringe, II, 4.

te sich in dem Namen *Moria* aus: „schwarze Kluft“ oder „Abgrund“. Es war ein Name, den selbst unerschrockene Männer wie Aragorn nicht gern aussprachen. Als sich die Gefährten durch das Westtor hineinwagten, lagen zwei Tagesmärsche durch ein dunkles Labyrinth von Gängen, Schächten, Treppen, Hallen und Kammern voller unbekannter Gefahren vor ihnen. Nur mit einem Führer wie Gandalf, der jedem erst mal einen stärkenden Schluck Miruvor spendete, konnten sie ein solches Abenteuer bestehen.
Schon Durin, der sagenhafte Vorvater der Zwerge, soll in den Höhlen oberhalb des Azanulbizar (Schattenbachtal) und des Kheled-zâram (Spiegelsee) seinen Wohnsitz genommen haben. Im Lauf der Jahrtausende breitete sich Khazad-dûm in vielen übereinandergelagerten Schichten fast über das ganze Massiv der Berge Barazinbar, Zirak-Zigil und Bundushathûr aus.

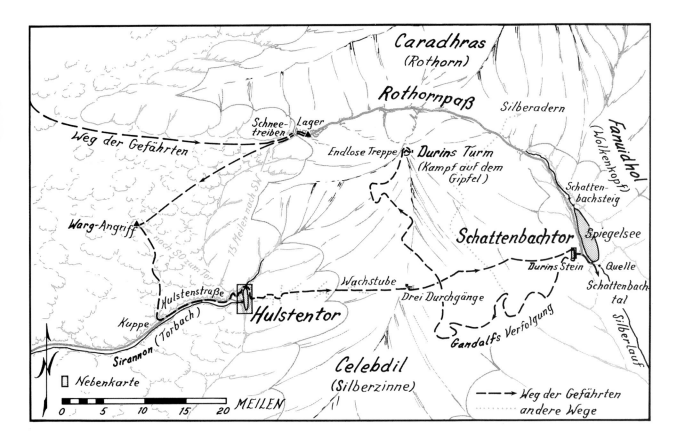

Den Höhepunkt seines Reichtums erreichte Khazad-dûm im Zweiten Zeitalter, als viele Zwerge aus den zerstörten Städten Nogrod und Belegost sich zum Stammsitz von Durins Volk zurückzogen. Außerdem wurde hier Mithril abgebaut, ein Metall, das sich nirgendwo anders fand und das bald auch von den großen Schmieden der Noldor hoch geschätzt wurde. Diese sammelten sich daher unter Celebrimbors Führung im benachbarten Eregion. Sie arbeiteten mit den Schmieden von Khazad-dûm eng zusammen. Das Westtor wurde zu dieser Zeit angelegt, um den Verkehr mit Eregion zu erleichtern. Die in Gestalt von Bäumen gemeißelten Säulen, die Frodo und seine Gefährten in der zweiten Halle vor dem Osttor sahen, verrieten den Einfluß elbischen Geschmacks, denn vegetabilische Ornamente wurden von den Zwergen nur auf ausdrücklichen Wunsch elbischer oder menschlicher Auftraggeber ausgeführt. Wieweit die Zwerge damals auch mit Sauron in Berührung kamen, ist unbekannt; jedenfalls erhielt ihr König Durin III. einen der Sieben Ringe der Macht. Im Krieg mit Sauron leisteten sie den Elben Beistand und verschlossen vor Sauron die Tore.

Im Dritten Zeitalter gruben die Zwerge auf der Suche nach Mithril immer tiefer unter das Gebirge hinab und stießen dabei unversehens auf einen Balrog, der sich seit dem Fall der Thangorodrim hier verborgen gehalten hatte. Nachdem König Durin VI. und sein Sohn Náin I. von ihm erschlagen worden waren (1981 D.Z.), flüchteten die Zwerge, und Khazad-dûm begann sich mit Saurons Geschöpfen zu bevölkern.

Zumindest zweimal versuchten die Zwerge von ihren Zufluchtstätten im Norden und Westen nach Khazad-dûm zurückzukehren. Der erste Versuch, bei dem Thrór umkam, führte zu einem großen Rachefeldzug gegen die Orks. Zwar wurden die Orks in der Schlacht im Schattenbachtal (2799 D.Z.) vernichtend geschlagen, aber auf eine weitere Auseinandersetzung mit dem Balrog wollte man es nicht ankommen lassen. 2899 D.Z. unternahm Balin mit einer Schar der Zwerge vom Erebor einen neuen Versuch, der ebenfalls fehlschlug. (Die Aufzeichnungen über Balins Unternehmen fand Gimli 3019 im Buch von Mazarbul.)

Auf der Brücke am Osttor kam es 3019 zum Zweikampf Gandalfs mit dem Balrog, bei dem beide Seiten beträchtliche paranormale Machtmittel einsetzten. Durins Turm im Gipfel des Zirak-Zigil wurde dabei zerstört. Beide kamen um, aber Gandalf wurde – durch Eingreifen höherer Mächte – wieder ins Getümmel von Mittelerde zurückgeschickt. Daß die Zwerge Khazad-dûm später wieder in Besitz nahmen, ist wahrscheinlich: bei der Erneuerung der Stadttore von Minas Tirith nach dem Ringkrieg verfügten sie wieder über große Mengen Mithril.

Vgl. BALIN, BALROG, DURIN I., EREGION, MITHRIL, THRÓR; Karte S. 133.

R, II, 2-5; III, 5; Anhänge A und B; *S*, Von den Ringen; *Nachrichten*, II, iv.

MORTHOND

„Wo in Mittelerde sind wir?" fragte Gimli, als sie auf der andern Seite des Weißen Gebirges aus den Pfaden der Toten herauskamen und ein Bach neben ihnen mit einem kalten Ton über viele Wasserfälle hinabsprang. „An der Quelle des Morthond, der bei Dol Amroth ins Meer fließt", antwortete ihm Elladan. Kurz vor seiner Mündung in die Bucht von Belfalas vereinigte sich der Morthond mit dem Ringló. Das Tal abwärts ritten Aragorn und seine Begleiter zum Stein von Erech. Währenddessen kamen fünfhundert Bogenschützen aus dem Morthond-Tal nach Minas Tirith, geführt von dem langen Duinhir. Seine Söhne Duilin und Derufin wurden von den Kriegselefanten der Haradrim zertrampelt, als sie in der Schlacht auf dem Pelennor ihre Bogenschützen nah an die Tiere heranführten, um ihnen in die Augen zu schießen.

Der Name Morthond (Sindarin) bedeutet „Schwarzgrund".

Vgl. GONDOR, LAMEDON, WEISSES GEBIRGE; Karte S. 53.

R, V, 1, 2, 6.

MÜCKENWASSERMOORE

Ein Sumpfgebiet östlich des Chet-Waldes, das die Hobbits auf dem Weg zwischen Bree und der Wetterspitze durchquerten. Die Gegend war, wie der Name erwarten ließ, und beherbergte außerdem eine besonders nervtötende Art Grillen.

Vgl. Karte S. 53.

R, I, 11.

Ψ

NÁIN
Grórs Sohn, Fürst der Zwerge aus den Eisenbergen (2665-2799 D.Z.), entschied durch sein Eingreifen die Schlacht von Azanulbizar und wurde im Zweikampf von dem Ork-Häuptling Azog erschagen.
Vgl. AZANULBIZAR, AZOG, DÁIN II.
R, Anhang A III.

NAN DUNGORTHEB
Sindarin „Tal des abscheulichen Todes“: der Landstrich zwischen den Ered Gorgoroth und der Nordgrenze von Doriath mit dem Gürtel Melians. Die Zwergenstraße führte hindurch, dicht am Rand des Waldes von Neldoreth entlang, doch seit Ungoliant hier gehaust hatte, gab es auf dieser Straße wenig Verkehr. Auf mindestens vier Arten konnte der Reisende zu Schaden kommen: 1) Er konnte im Magen eines der vorzeitlichen Ungeheuer enden, die hier ihr Jagdrevier hatten. 2) Wenn er das Wasser aus den vergifteten Quellen trank, die von den Bergen herabflossen, konnte er wahnsinnig werden. 3) Nachdem der Belagerungsring um Angband durchbrochen war, sorgte Sauron für weitere Überraschungen. 4) Melians Banngürtel hielt zwar die drei erstgenannten Gefahren von Doriath fern, konnte aber dem Reisen-

den ebenfalls zum Verhängnis werden, wenn er in die Irrgärten geriet und darin verhungern mußte.
Um die Mitte des Ersten Zeitalters führte Haleth ihr Volk auf diesem Weg nach Westen. Sie brauchte ihre ganze Energie, um die Leute beisammen zu halten. Die meisten kamen durch.
Vgl. DORIATH, ERED GORGOROTH, HALADIN, RIESENSPINNEN; Karte S. 34.
S, IX, XIV, XVII, XIX.

NAN ELMOTH
S. das „Sternendämmertal“ am Südufer des Flusses Celon, der dichteste Wald von ganz Beleriand, ein Ort des Liebeszaubers, wo der Dunkelelb Eol die Noldorprinzessin Aredhel umgarnte. Hier war Melian dem Teleri-Fürsten Elwe (Thingol) begegnet, als Beleriand noch von den Sternen allein beschienen wurde.
Nan Elmoth lag nicht innerhalb von Melians Gürtel, gehörte aber zum Machtbereich Thingols. (Eol entrichtete ihm Tribut.)
Vgl. EOL, MELIAN, Karte S. 34.
S, IV, XVI.

NAN-TATHREN
„Ich ging durch die Fluren von Tasarinan im Frühling.
Ah! Der Duft und die Farben des Frühlings in Nan-tasarion!
Und ich sagte: Dieses ist gut.“
So sang Baumbart den Hobbits vor, eines freundlichen Winkels gedenkend, wo keine großen Ereignisse stattgefunden hatten und der von allen Schrecknissen Beleriands wenig berührt worden war. Nan-tathren (Quenya: *Tasarinan* oder *Nan-tasarion*; das Weidental oder Land der Weidenbäume) lag an

der Mündung des Narog in den Sirion, und viele gehetzte Flüchtlinge, die zu den Sirion-Mündungen unterwegs waren, fanden dort für ein paar Wochen Rast und Erholung. Tuors Begleiter Voronwe beschrieb es als ein Land voller Blumen, Bienengesumm, Vogelgezwitscher und melodisch rauschender Bäume, ein Land, wo Ulmo nur Yavannas Diener sei und wo der Seefahrer von der Meeressehnsucht geheilt werden könne.
Galadriel grüßte Baumbart zum Abschied mit dem Wunsch, ihn auf den Wiesen von Tasarinan wiederzusehen, wenn am Ende der Zeiten die versunkenen Lande aus dem Meer wieder auftauchen würden.
Vgl. Karte S. 34.
S, XIV, XX, XXIII; *R*, III, 4; VI, 6; *Nachrichten*, I, i.

NANDOR
Als die Teleri auf der Wanderung von Cuiviénen nach Westen an das Nebelgebirge kamen, das damals noch höher und schroffer war als zur Zeit des Ringkrieges, hatten sie keinen Führer, der ihnen die Paßwege zeigte. Ohnehin gefielen ihnen die Länder, durch die sie zogen, und sie hatten es nicht eilig, nach Aman zu kommen. Ein Teil von ihnen wandte sich nach Süden und zog das Tal des Anduin hinunter, geführt von einem Mann namens Lenwe, der zum Volk Olwes, des späteren Fürsten von Alqualonde, gehörte. Diese nannte man die *Nandor* (Quenya für „die sich abwenden“). Sie zogen bis an die Küste, von dort über das Weiße Gebirge nordwärts und in die Wildnisse von Eriador. Da sie keine Waffen aus Stahl hatten, waren sie leichte Beute für die Geschöpfe aus Melkors Me-

nagerie. Später kam ein Teil von ihnen über die Ered Luin und ließ sich in Ossiriand nieder. Unter Denethor, Lenwes Sohn, kamen sie Thingol in der ersten großen Schlacht von Beleriand zu Hilfe. Wegen ihrer leichten Bewaffnung erlitten sie gegen die eisenbeladenen Orks schwere Verluste, und Denethor fiel auf dem Amon Ereb.

Danach vermieden die Elben von Ossiriand jede Beteiligung an offenen Feldschlachten; sie verließen sich ganz auf Tarnung und Heimlichkeit. Wegen der Farbe ihrer Kleidung nannte man sie die Grünelben (*Laiquendi*). Sie wohnten am liebsten an Wildbächen, in inniger Symbiose mit der Flora und Fauna der Wälder. Den ersten Menschen, die über die Berge kamen, bezeigten sie „Unfreundschaft", weil es „Baumfäller und Tierjäger" waren. (Doch ist zweifelhaft, ob die Grünelben selbst vegetarisch lebten.) Von ihnen stammten die Waldelben des Zweiten und Dritten Zeitalters ab.

Viele Nandor zogen auch in die geschützten Grenzen von Doriath oder nach Arthórien und verschmolzen mit den Sindar. Ihre Sprache wurde von Sindarin-Mundarten verdrängt.

Vgl. ELBEN, OSSIRIAND, SINDAR, TELERI, WALDELBEN.

S, III, X; *Nachrichten*, II, iv.

NÁR

Ein Zwerg aus Durins Volk, König Thrórs einziger Begleiter auf seiner letzten Wanderung nach Moria. Nár brachte die Nachricht von Thrórs Abschlachtung, die Thráin zu einem Rachekrieg gegen die Orks bewog.

Vgl. MORIA, THRÁIN II., THRÓR.

R, Anhang A.

Nargothrond.
Felagunds Tore und Túrins Brücke.
Künstler, 57.

NARGOTHROND

S. „befestigte Höhlen am Narog"; Finrod Felagunds Stadt auf der Westseite der Narog-Schlucht, südlich der Einmündung des Bergbachs Ringwil. Wie sein Freund Turgon hatte auch Finrod von Ulmo den Rat erhalten, sich nach einem sicheren und verborgenen Platz umzusehen, und er fand ihn dank einem Hinweis Thingols. Die Höhlen waren zuvor von den Kleinzwergen bewohnt und ausgebaut worden und hießen in der Zwergensprache *Nulukkizdîn*.

Wie beim Bau von Menegroth halfen auch hier die Zwerge aus den Ered Luin; allerdings war ihr Einfluß auf die technisch selbständigeren Noldor weitaus geringer. Obwohl sich Finrod nicht aus ästhetischen Gründen für den Höhlenbau entschieden hatte (eine Stadt auf einem Berg wie Gondolin war eher nach dem Geschmack der Noldor), ließ er bei der Ausgestaltung der Gänge, Hallen und Kammern dem elbischen Kunstsinn freien Lauf. Bei den äußeren Anlagen hatte Sicherheit den Vorrang. Das große dreiflügelige Tor, Felagunds Tore genannt, führte auf eine Terrasse über dem Narog hinaus, aber der reißende Fluß war unpassierbar, und der nächste Übergang lag weit nördlich an der Mündung des Ginglith.

Unter Finrod wurde Nargothrond zum mächtigsten Noldor-Königreich von Mittelerde. Es reichte vom Sirion und Teiglin im Osten bis zum Nenning im Westen. Zu Doriath und den Falas bestanden freundschaftliche Beziehungen; im Norden wurde der Zugang über den Teiglin von den Haladin gesichert. Die Festung Minas Tirith auf Tol Sirion, die Finrod erbaut hatte, war mit Elben aus Nargothrond unter seinem Bruder Orodreth bemannt. Im übrigen beteiligte sich Nargothrond an den Kriegen von Beleriand nur wenig; die Verteidigung des Reichsgebiets geschah durch viele kleine versteckte Posten in Talath Dirnen, der „bewachten Ebene" zwischen Sirion und Narog. Besonders nach Finrods Aufbruch zu seiner Fahrt mit Beren verlegte man sich auf eine Art der Buschkriegführung, die von Curufin angestiftet war. Erst Túrin konnte Finrods schwachen Nachfolger Orodreth dazu bewegen, wieder zu offener Kriegführung überzugehen, als die Orks nach der Dagor Bragollach und dem Fall von Tol Sirion immer zahlreicher von Norden her eindrangen. Um seine Truppen schneller über den Narog bringen zu können, ließ Túrin erstmals eine steinerne Brücke über den Fluß bauen. Im Jahr 496 schickte Morgoth ein großes Heer unter Führung des Drachen Glaurung gegen Nargothrond, dem Túrins Heer auf dem Feld von Tumhalad (zwischen Narog und Ginglith) nicht standhalten konnte. Die Höhlenstadt wurde eingenommen, wobei die Brücke dem Drachen einen leichten Zugang gewährte. Die Bewohner, soweit nicht getötet oder in die Sklaverei verschleppt, flüchteten nach Doriath oder zu den Sirion-Mündungen.

In der verwüsteten Stadt scharrte Glaurung alle Schätze auf einen Haufen und ließ sich für einige Jahre darauf nieder. Mablung, der dort im nächsten Jahr rekognoszierte, fand nur Gestank und verkohlte Leichen. Nach Glaurungs Tod blieb die Stadt verlassen, abgesehen von den Besuchen Mîms und Húrins.

Vgl. BELERIAND, CURUFIN, FINROD, GLAURUNG, MÎM, NAROG, TALATH DIRNEN, TÚRIN; Karte S. 34.

S, XIII, XIV, XIX, XXI; *Nachrichten,* I, ii; *Briefe,* 211.

NARN I HÎN HÚRIN

„Lied von Húrins Kindern": eine lange Verserzählung, ursprünglich in Sindarin verfaßt von Dírhavel, einem Menschen, der zur Zeit Earendils an den Sirion-Mündungen lebte und beim Angriff der Söhne Feanors dort umgekommen sein soll. Mit *Narn* bezeichnete man eine Form epischer Gedichte für den gesprochenen (nicht gesungenen) Vortrag. Erhalten ist eine fragmentarische Übersetzung in englischen Stabreimversen, die mit einer Beschwörung des Drachen Glórund (Glaurung) beginnt: *Lo! the golden dragon of the God of Hell,/ the gloom of the woods of the world now gone …* Vgl. GLAURUNG, HÚRIN, NIËNOR, TÚRIN

S, XX-XXII; *Nachrichten,* I, ii; *HME 3,* I.

NAROG

Ein schnellfließender Fluß in West-Beleriand, entsprang in den Weihern von Ivrin und mündete bei Nan-tathren in den Sirion. Wo er in einer tiefen Schlucht durch das Gebirge von Taur-en-Faroth brach, lag am westlichen Ufer Finrod Felagunds Höhlenfestung Nargothrond. Mablung, bei seinem Erkundungsgang in die verwüstete Stadt, konnte den Fluß an dieser Stelle nur passieren, weil die Trümmer der von Túrin erbauten Brücke im Wasser lagen. Der wichtigste Flußübergang war einige Wegstunden weiter nördlich, an der Einmündung des Ginglith.

Vgl. NARGOTHROND, Karte S. 34.

S, XIX, XXI; *Nachrichten,* I, ii.

NARSIL

Q. „Sonne-und-Mond"-Schwert; Elendils Schwert, das unter ihm zerbrach, als er im Kampf mit Sauron fiel. Mit dem Heftstück schnitt Isildur den Herrscherring von Saurons Hand. Ein Schildknappe Isildurs rettete die Bruchstücke aus dem Gemetzel an den Schwertelfeldern und brachte sie nach Imladris, wo sie für Isildurs Erben aufbewahrt wurden. Die Dúnedain glaubten an Elronds Prophezeihung, das Schwert solle neu geschmiedet werden, sobald „Isildurs Fluch" (der Ring) wiedergefunden werde. Es war von Telchar geschmiedet, dem berühmten Schmied aus Nogrod, von dem auch Berens Messer Angrist stammte. Nachdem die Noldor von Imladris die Bruchstücke wieder zusammengeschmiedet hatten, nannte Aragorn das Schwert ANDÚRIL.

Vgl. ELENDIL, TELCHAR.

R, II, 2, 3; III, 6.

NARSILION

Quenya „Das Lied von Sonne und Mond", ein vermutlich von den Vanyar stammendes Gedicht, das nur in einer Prosa-Wiedergabe erhalten ist. Darin wird erzählt, wie Yavanna den abgestorbenen Zwei Bäumen je einen letzten Funken ihres Lichtes abgewann und wie die Valar daraus die beiden großen Himmelslichter schufen. Aus einer Blüte Telperions machte Varda zuerst *Isil* (Sindarin: *Ithil*), den Mond, und ließ ihn auf einem von dem Jäger Tilion gelenkten Schiff den Himmel *(Ilmen)* befahren. Aus einer Frucht von Laurelin machte sie *Anar,* die Sonne, deren Schiff von der Gärtnerin Ariën gesteuert wurde. Als Ariën zum ersten Mal im Westen aufstieg, hatte Tilion schon siebenmal den Himmel überquert und befand sich gerade im Osten. Zuerst fuhren beide Schiffe unablässig von West nach Ost und wieder zurück, so daß sie sich in der Mitte begegneten, aber bald mußte Varda ihren Plan ändern: Tilion trödelte launisch herum und konnte seine Bahn nicht einhalten; außerdem verdeckte das ständige grelle Licht die Sterne und vertrieb Ruhe und Schlaf von der Erde. Darum wurden beide Schiffe nun vom westlichen Rand des Außenmeeres unter die Erde hinabgezogen und durch die tiefen Höhlen (wo Ulmo regierte) in den Osten gebracht. Anar hatte noch Zeit, im Westen eine Weile im Meer zu ruhen, und deshalb war der Abend in Aman die Zeit des hellsten Lichtes. Nach Anars Kommen und Gehen zählten die Valar die Tage. So begann die Messung der Zeit. Die Tage wurden kürzer und knapper, das Wachsen und Vergehen aller Dinge beschleunigte sich, und das kurzlebige Geschlecht der Menschen begann die Welt in Besitz zu nehmen.

Melkor haßte und fürchtete die neuen Lichter, konnte sie aber nicht vom Himmel vertreiben; darum verkroch er sich tief unter den Eisenbergen und umgab sein Reich, wo er nur konnte, mit Qualm und Wolken.

Die Sonne, in vielen anderen Religionen ein göttliches Symbol oder selber Gottheit, ist hier also nur etwas Zweitbestes, ein Ersatz. „Das Licht der Sonne (oder des Mondes) wird von den Bäumen erst abgezweigt, nachdem sie vom Bösen besudelt worden sind" (Tolkien).

Die Geschichte, die das *Narsilion* erzählt, wurde indes von manchen Noldor nicht geglaubt. Nach manchen (von den Valar mißbilligten) Erzählungen war die Sonne das Herzstück von Ea und trug etwas von der Unver-

löschlichen Flamme in sich; aber sie war einst von Melkor, der Ariën vergewaltigte, besudelt worden. Daher wurde sie vom Himmel ausgesperrt und die Zwei Bäume blieben die einzigen Spender des reinen, von Melkor nicht befleckten Lichts.
Vgl. Arda, Ilmen, Varda, Yavanna, Zwei Bäume.
S, XI; *Briefe,* 131; *HME 10* (375 ff.).

Narya

Der Ring des Feuers oder der Rote Ring (weil er mit einem Rubin besetzt war). Círdan gab ihn Gandalf gleich nach dessen Ankunft in Mittelerde. Es war ein Ring der Ermutigung: „Vielleicht wirst du mit ihm die Herzen wieder zur alten Kühnheit entflammen, in einer Welt, die kalt wird." Círdan hatte den Ring von Gil-galad, und der hatte ihn von Celebrimbor. Es war einer der drei Elbenringe, die Celebrimbor vor Sauron gerettet hatte.
Vgl. Gandalf, Ringe der Macht.
S, Von den Ringen…; *R,* VI, 9; Anhang B.

Nauglamír

Das Halsband der Zwerge, ihre berühmteste Arbeit aus dem Ersten Zeitalter, gefertigt für Finrod Felagund während des Ausbaus der Höhlen von Nargothrond. Es war von Gold und mit vielen Gemmen aus Valinor besetzt; dennoch hing es jedem, der es trug, leicht und zierlich um den Hals. Húrin fand es in dem Drachenhort in der verwüsteten Stadt und brachte es Thingol. Als Thingol den Silmaril darin einfassen ließ, kam es zu dem verhängnisvollen Streit mit den Zwergen: Die Juwelenschmiede aus Nogrod behaupteten, das Halsband gehöre ih-

nen. Nach Thingols Tod und nach der Schlacht bei Sarn Athrad soll Lúthien das Nauglamír getragen haben. In den letzten Erzählungen über das Schicksal des Silmaril ist von dem Halsband nicht mehr die Rede; Earendil soll den Stein nicht um den Hals, sondern an der Stirn getragen haben, als er damit nach Aman fuhr.
Vgl. Doriath, Silmaril, Thingol, Zwerge.
S, XV, XXII, XXIV.

Naugrim

Sindarin: „die Kurzgewachsenen", die Zwerge.

Nazgûl

Als die Schwarzen Reiter im Auenland erschienen, wußte niemand, was dies für Leute waren: große Kerle auf schwarzen Pferden, die Gesichter unter schwarzen Kapuzen verhüllt. Bei näherer Bekanntschaft wurden sie immer unheimlicher. Es war zweifelhaft, ob sie unter ihren schwarzen Mänteln überhaupt so etwas wie einen Körper hatten. Immerhin müssen Muskeln und Sehnen vorhanden gewesen sein, denn sie konnten Waffen handhaben. Obwohl sie bei Tage halb blind herumtappten, hatten sie doch Augen. Aragorn, der über sie Bescheid wußte, meinte: „Sie sehen die Welt des Lichts nicht so wie wir, aber unsere Gestalten werfen in ihrem Geist Schatten, die nur die Mittagssonne zerstört; und in der Dunkelheit nehmen sie viele Zeichen und Formen wahr, die uns verborgen sind … Und zu jeder Zeit riechen sie das Blut von lebenden Wesen, begehren und hassen es. Auch gibt es andere Sinneswahrnehmungen als Sehen und Riechen …"

Auf Pferden zeigten sie sich nur, wenn Sauron, ihr Gebieter, vermeiden wollte, daß sie unnötiges Aufsehen erregten; zu anderen Zeiten bedienten sie sich geflügelter Reittiere, einer Art Riesenfledermäuse. (Éowyn köpfte eine davon auf dem Pelennor.) Die Waffen, die sie gebrauchten, wie z. B. das Morgul-Messer, waren mit schwarzen Formeln präpariert; aber noch wirksamer war die unbezähmbare Furcht, die sie erweckten, wenn sie mit schrillen, nervenzerfetzenden Schreien durch die Lüfte sausten. Ihrerseits waren sie nicht unverwundbar. Mit Feuer und fließendem Wasser wurden sie an der Bruinen-Furt zu Paaren getrieben. Gewöhnliche Schwerter zersplitterten zwar an ihnen, aber beschriftete Klingen elbischer oder númenórischer Herkunft erzielten Wirkung. Am empfindlichsten waren sie gegen Willensstörungen, die von Sauron selbst ausgingen und sich auf sie übertrugen, denn sie wurden von ihm gelenkt, und ohne ihn waren sie nichts. Als Ar-Pharazôns Heer Sauron einschüchterte, versagte auch ihnen der Mut; und als ihr Gebieter nach dem Krieg des Letzten Bündnisses für tausend Jahre untertauchen mußte, ließen auch sie sich nicht mehr blicken.

Dies waren die Ringgeister, im Quenya *Úlairi*, meistens aber mit dem gleichbedeutenden Wort aus der Schwarzen Sprache die *Nazgûl* genannt. Sie hatten die Neun Ringe der Macht getragen, die Sauron an die Menschen ausgeteilt hatte. Sie waren „Mächtige ihrer Zeit, die Könige, Magier und Krieger von einst". Allmählich fielen sie unter die Herrschaft des Einen Rings und wurden zu Schat-

ten – als solche aber nahezu unsterblich. Wie sich ihr Verhältnis zu Sauron kompliziert haben muß, seit er den Herrscherring nicht mehr besaß, kann man nur ahnen. Wahrscheinlich hatte er ihnen die Neun Ringe wieder abgenommen. Ihr Oberster war der Schwarze Heermeister, der größer zu sein schien als die anderen acht und eine Krone auf dem Helm trug. Der Zweite in ihrer Hierarchie hieß Khamûl und wurde auch der schwarze Ostling oder der Schatten aus dem Osten genannt: Er soll derjenige gewesen sein, der in Hobbingen nach einem gewissen Beutlin fragte; zuvor war er der Befehlshaber von Dol Guldur, als Sauron nach Mordor zurückgekehrt war. Drei der Nazgûl sollen Fürsten aus edlem númenórischen Geschlecht gewesen sein.

Die Stadt der Ringgeister war Minas Morgul, das sie im Jahre 2002 D.Z. erobert hatten. Von hier aus bereiteten sie in Mordor Saurons Rückkehr vor. Als der Herrscherring vernichtet war und Barad-dûr einstürzte, verglühten die Nazgûl am Himmel wie Sternschnuppen.

Im Unterschied zu den Orks beherrschten die Nazgûl die Schwarze Sprache. Wenn sie Westron sprachen, machten sie immer nur wenige Worte, meist im Ton des Befehls: „Stirb und fluche vergebens!" sagte der Schwarze Heermeister, am Tor von Minas Tirith, als er gegen Gandalf die Waffe hob.

Vgl. Angmar, Herrscherring, Minas Morgul, Morgul-Messer, Ringe der Macht, Sauron, Schwarzer Heermeister.
R, passim, besonders I, 11; V, 6; *S*, Von den Ringen ...; *Nachrichten*, III, iv, 1.

Nebelgebirge

Das langgestreckte Hochgebirge, das Mittelerde von Norden nach Süden grob in eine westliche und eine östliche Hälfte teilte. Da es nur wenige Pässe gab (den Hohen Paß, den Schwertel-Paß und den Rothorn-Paß), bestand zwischen den Völkern zu beiden Seiten des Gebirges wenig Verbindung.

Im Norden, wo das Gebirge von Heide- und Steppenland umgeben war, lagen die Hochburgen und Höhlen der Orks, besonders am Gundabadberg und am Gramberg. (Hier bestand zwischen 1300 und 2000 D.Z. das Reich von Angmar.)

Nach Süden wurden die Berge höher. Die höchsten Gipfel waren die drei über der Zwergenstadt Moria: Caradhras, Celebdil und Fanuidhol, außerdem der auf Fangorn herabblickende Methedras. Der südliche Ausläufer des Gebirges wurde durch die Pforte von Rohan von der in westöstlicher Richtung verlaufenden Kette des Weißen Gebirges getrennt.

Westlich des Nebelgebirges erstreckten sich die im Dritten Zeitalter nur noch dünn bewaldeten Ebenen von Eriador; im Osten lag das Tal des großen Anduin-Stroms, der seine Wassermassen aus mehreren von den Bergen herabkommenden Zuflüssen empfing.

Der Name Nebelgebirge (oder Nebelberge) steht für Sindarin *Hithaeglir*, „Kette der nebligen Gipfel". Nach den Sagen der Eldar sollen diese Berge ursprünglich von Melkor weit im Osten von Mittelerde aufgetürmt worden sein, um den Vala Orome an seinen Jagdritten zu hindern; in den Ältesten Tagen seien sie so gewaltig gewesen, daß manche Elben, die Vorfah-

The Misty Mountains looking West from the
Eyrie towards Goblin Gate

ren der Nandor oder Waldelben, sich gescheut hätten, sie nach Westen zu überqueren.
Vgl. Karte S. 142/43.
R, II, 3; *S*, III.

NELLAS

Ein Elbenmädchen in Doriath, das für Túrin schwärmte und auf einen Baum geklettert war, um ihn unbemerkt zu beobachten. Sie sah, wie er von Saeros überfallen wurde. Nellas lebte in den Wäldern und fürchtete sich vor steinernen Bauten; aber von Beleg ließ sie sich bewegen, nach Menegroth hineinzugehen und vor Thingol auszusagen, was sie gesehen hatte. Daraufhin wurde Túrin für schuldlos an Saeros' Tod erklärt. Aber er war schon fort, und Nellas sah ihn nicht wieder.
Vgl. SAEROS, TÚRIN.
Nachrichten, I, ii.

NENYA

Der Ring des Wassers, auch der Weiße Ring oder der Ring von Adamant: einer der drei Ringe der Macht, die Celebrimbor als letzte und ohne Saurons unmittelbaren Einfluß geschmiedet hatte. Galadriel war seine Hüterin. Der Ring war aus Mithril und mit einem Adamanten besetzt.
Vgl. GALADRIEL, LÓRIEN (2), RINGE DER MACHT.
R, II, 7, 9; VI, 9; *Nachrichten*, II, iv.

NEVRAST

Sindarin „Hinnenküste": das Tiefland zwischen dem Fjord von Drengist im Norden, dem Tarasberg im Südwesten und Ivrin im Südosten, auf allen drei Seiten von nach Westen hin flacher werdenden Bergketten umgeben. An der Küste fand Tuor weiße Sandstrände zwischen schwarzglänzenden Felsen, mit Überresten alter Elbenhäfen. Seit Turgon mit seinem Volk von Noldor und Sindar aus Vinyamar weggezogen war, lag das Land verlassen. In den sumpfigen Schilfwäldern um den Vogelsee *(Linaewen)* verspeiste der ausgehungerte Bandit Tuor einige fette Wildenten. Dann kamen sieben weiße Schwäne und zeigten ihm den Weg nach Vinyamar, wo er von

Ulmo schon ungeduldig erwartet wurde.
Vgl. TUOR, TURGON, ULMO, VINYAMAR; Karte S. 34.
S, XXIII; *Nachrichten*, I, i.

NIËNNA

Eine Valië, Mandos' und Lóriens Schwester. Sie beweint alles Leid der Welt, doch nicht aus Rührseligkeit, sondern um es zu überwinden. Ihre Hallen liegen im äußersten Westen, und ihre Fenster blicken durch die Mauern der Welt nach draußen. Oft geht sie zu den Hallen von Mandos, und alle, die dort warten, rufen sie an, „denn sie bringt dem Geiste Stärkung und wandelt Kummer in Weisheit". Olórin kam oft zu Niënna und lernte von ihr Mitleid und Geduld.
Vgl. VALAR.
S, Valaquenta.

NIËNOR

(Sindarin: „Trauer"), Húrins und Morwens Tochter, Túrins Schwester. Da Morwen ihren Sohn nach Doriath geschickt hatte, bevor Niënor geboren wurde, kannten die Geschwister sich nicht. Auf der Suche nach Túrin begegnete sie dem Drachen Glaurung und erlitt unter seinem hypnotischen Blick einen totalen Gedächtnisverlust. Túrin fand sie, wie sie nackt in der Wildnis herumirrte, und nannte sie Níniël, „Tränenmädchen", weil außer Tränen nichts aus ihr herauszubekommen war. Er heiratete sie; und als sie schwanger war, verriet ihr der sterbende Drache die schockierende Wahrheit. Niënor stürzte sich in die Schlucht Cabed-en-Aras.
Vgl. GLAURUNG, NARN I HÎN HÚRIN, TÚRIN.
S, XXI, *Nachrichten*, I, ii.

Nimphelos

Eine Perle von der Größe eines Taubeneis aus der Bucht von Balar. Mit ihr (und vielen anderen Perlen) bezahlte Thingol die Zwerge für ihre Hilfe beim Bau von Menegroth. Der Name bedeutete „weißer Stern", „denn sie schimmerte wie die Sterne auf der schäumenden See".
S, X.

Nimrodel

Ein melodisch plätschernder Gebirgsbach, der mit starkem Gefälle am Fuße der Silberzinne entsprang und in den Silberlauf einmündete. Er war nach einem Elbenmädchen benannt, das einst hier auf einem Flett in den Baumwipfeln lebte. Als Frodo und seine Gefährten nach der Flucht aus Moria dort rasteten, sang ihnen Legolas einige Strophen aus dem langen und traurigen Lied vor, in dem vom Schicksal Nimrodels und ihres Geliebten Amroth erzählt wurde.
Vgl. Amroth und Nimrodel, Lórien; Karte S. 143.
R, II, 6.

Niphredil

Eine grünlichweiße Blume, verwandt mit Schneeglöckchen. Sie wuchs in Lórien am Fuß des Cerin Amroth, aber auch im Wald von Neldoreth im alten Doriath, wo sie als eine der ersten Blumen aus dem Schlaf Yavannas erwachte, bevor noch die Sonne zum ersten Mal am Himmel erschien.
Vgl. Yavanna.
S, X; *R*, II, 6; *Briefe*, 312.

Nirnaeth Arnoediad

Sindarin „die Schlacht der ungezählten Tränen", die fünfte in den Kriegen von Beleriand, im vierhundertdreiundsiebzigsten Sonnenjahr. Maedhros hatte mit Fingon einen Bund geschlossen, dem auch die meisten anderen Fürsten der Eldar und Edain beitraten. Zweck war der Angriff auf Angband. Fingons Noldor wurden verstärkt durch Elben von den Falas, durch Húrin und die Männer aus Dor-lómin und die Haladin aus Brethil; aus Doriath waren nur Beleg und Mablung gekommen, aus Nargothrond einige wenige, geführt von Gwindor. Maedhros hatte seine Brüder mit ihrer Gefolgschaft um sich versammelt, ein Heer der Zwerge aus Belegost und die Menschenvölker Bórs und Ulfangs aus dem Osten. Überraschend und unaufgefordert erschien am Morgen des verabredeten Tages, dem Mittsommertag, auch Turgon mit zehntausend Mann aus Gondolin auf dem Schlachtfeld.
Der Plan schlug fehl, weil Morgoth durch Spione vorgewarnt war. Zuerst gelang es ihm, Fingons Heer durch eine blutige Provokation aus seiner Wartestellung in die Ebene von Anfauglith hinauszulocken, bevor Maedhros im Osten aufmarschiert war. Als Maedhros endlich aufs Schlachtfeld kam, wurde er von Ulfangs Söhnen, seinen vermeintlichen Verbündeten, im Rücken angegriffen. Dann stieß Glaurung an der Spitze einer Drachenkolonne zwischen Fingons und Maedhros' Heere und drängte sie auseinander. Maedhros' Heer löste sich auf; er selbst und seine Brüder wurden verwundet, entkamen aber mit einem Rest der Noldor und der Naugrim nach Osten. Nur die Zwerge aus Belegost hielten länger stand; ihr Fürst Azaghâl fiel, als er Glaurung verwundete und ihn vom Schlachtfeld vertrieb. Im Westen wurde Fingons Heer von der Übermacht der Orks und Balrogs eingeschlossen und vernichtet; Turgon konnte sich geordnet zurückziehen, weil Húrin und die Männer von Dor-lómin den Eingang zum Sirion-Paß deckten.

In der Schlacht fielen Haldir und viele von den Haladin aus Brethil, Fingon und die meisten Noldor aus Hithlum, fast sämtliche waffenfähigen Männer aus Dor-lómin sowie zahllose Berühmte, Berüchtigte und Namenlose auf allen Seiten. Morgoth ließ die Leichen aller Erschlagenen mitsamt Waffen und Rüstungen auf einen Haufen werfen, und auf diesem Hügel, den die Elben *Haudh-en-Ndengin*, Hügel der Erschlagenen, nannten, wuchs wieder Gras, das einzige in der ganzen Wüste von Anfauglith.

Hithlum überließ Morgoth den Ostlingen; die Reste der Elben und der Edain wurden verschleppt und versklavt. Maedhros' Festungen waren gefallen; alle Wege nach Beleriand standen den Orks nun offen.
Vgl. Azaghâl, Belegost, Fingon, Glaurung, Gwindor, Haladin, Hithlum, Húrin, Maedhros, Ostlinge, Turgon.
S, XX.

Nogrod

S. „Hohlburg", Khuzdul *Tumunzahar*: die südliche der beiden großen Zwergenstädte am Osthang der Ered Luin, unter dem Berg Dolmed. Die Zwerge von Nogrod hielten zu den Elben von Beleriand mehr Distanz als die von Belegost. Ihre großen Schmiede standen in Erfahrungsaustausch mit dem Dunkelelben Eol. Als sie für König Thingol den Silmaril in das Nauglamír einfaßten, kam es

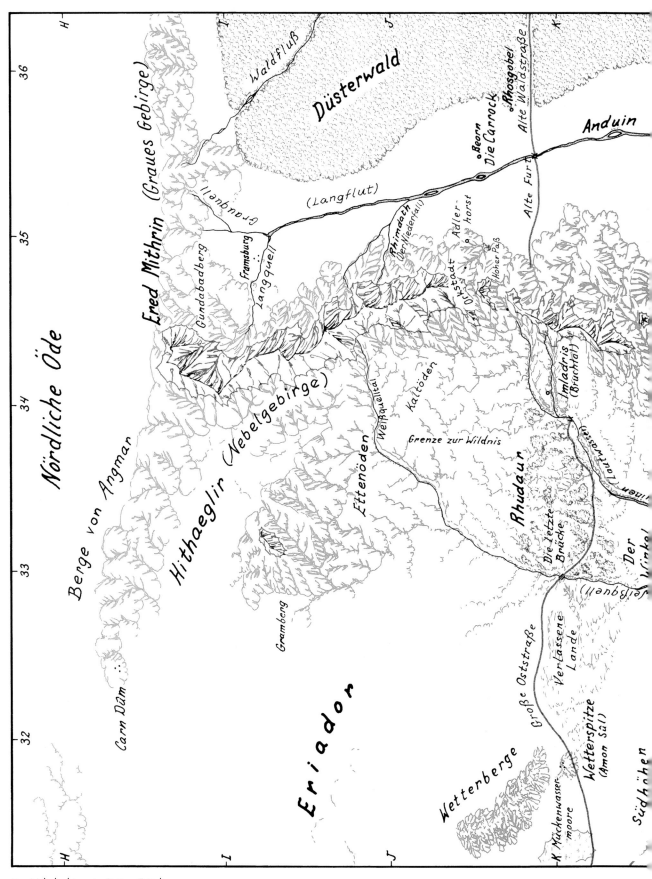

Das Nebelgebirge im Dritten Zeitalter

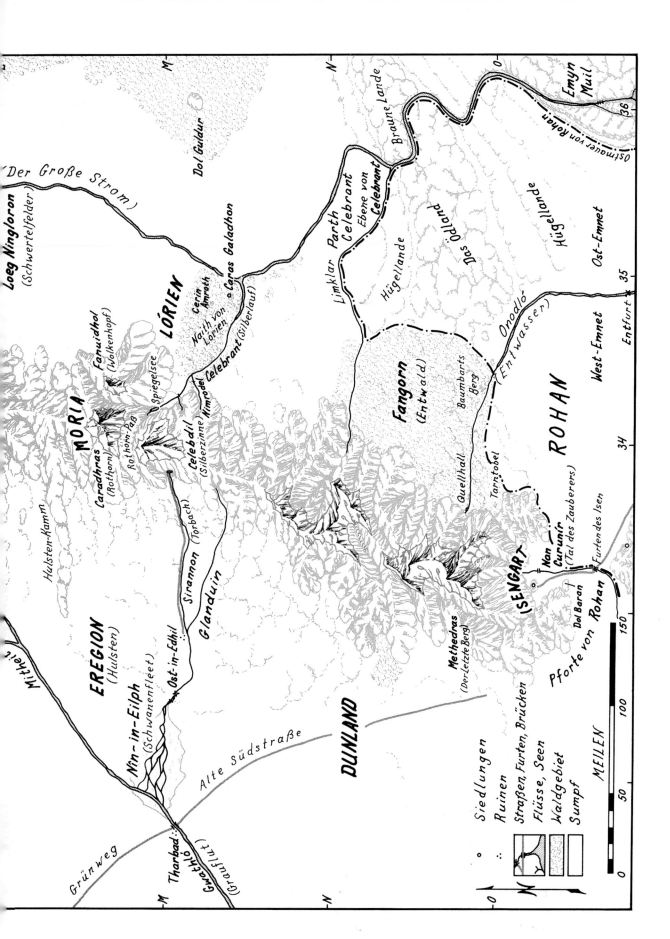

Loeg Ningloron
(Schwertelfelder)

(Der Große Strom)

Dol Guldur

Braune Lande

Emyn Muil

36

Ostmauer von Rohan

0

N

MORIA

Fanuidhol
(Wolkenkopf)

Caradhras
(Rothorn)

Rothorn-Paß

Spiegelsee

LÓRIEN

Cerin Amroth

Nath von Lórien

Caras Galadhon

Celebrant (Silberlauf)

Celebrant

Parth Celebrant

Limklar

Ebene von Celebrant

Hügellande

Hügellande

Das Ödland

Ost-Emnet

35

Onodló
(Entwasser)

West-Emnet

Entfurt

34

Hulsten-Kamm

Celebdil
(Silberzinne) Nimrodel

Sirannon
(Torbach)

Glanduin

Fangorn
(Entwald)

Baumbarts Berg

Quellhall

Tarntobel

ROHAN

Nan Curunír
(Tal des Zauberers)

Furten des Isen

EREGION
(Hulsten)

Nîn-in-Eilph
(Schwanenfleet)

Ost-in-Edhil

DUNLAND

Methedras
(Der letzte Berg)

(SENGART)

Dol Baran

Pforte von Rohan

150

Mitheit

Grünweg

Tharbad

Gwathló
(Grauflut)

Alte Südstraße

N

N

Siedlungen

Ruinen

Straßen, Furten, Brücken

Flüsse, Seen

Waldgebiet

Sumpf

MEILEN

100

50

0

N

0

zum Streit, weil die Zwerge Besitzansprüche erhoben. Thingol wurde erschlagen, Doriath von einem Zwergenheer verwüstet, das dann wiederum an der Furt der Steine von Beren, den Elben aus Ossiriand und den Ents vernichtet wurde. Die Erbitterung zwischen Elben und Zwergen überdauerte alle Zeitalter. Bei den großen Erschütterungen von Mittelerde am Ende des Ersten Zeitalters wurde Nogrod zerstört (und wahrscheinlich vom Meer überflutet). Viele von den Überlebenden wanderten nach Moria.

Vgl. Nauglamír, Thingol, Zwerge; Karte S. 34.

S, XVI, XXII.

Noirinan

Q. „Tal der Grabstätten", unter dem Südosthang des Meneltarma gelegen, wo Kammern in den Felsen geschlagen waren, in denen die Könige und Königinnen von Númenor ruhten. In späterer Zeit kamen prunkvolle Bauten hinzu, in denen die einbalsamierten Leichen auf goldenen Betten lagen.

Vgl. Númenor; Karte S. 146.

S, Akallebêth; *Nachrichten*, II, i.

Noldor

Die zweite Schar der Elben auf dem Weg von Cuiviénen nach Aman. Der Name bedeutet im Quenya „die Weisen, die Gelehrten" (Sindarin *Golodhrim*); manchmal wurden sie auch als die Hochelben oder die Verbannten bezeichnet.

Als Lieblingsschüler des Vala Aule sind die Noldor mythische Pioniere der technischen Intelligenz. Sie waren Bergleute und Baumeister, Metallurgen, Waffen- und Juwelenschmiede, Erfinder von Worten, Schriftzeichen und telepathischen Verständigungsformen. Praktischer Nutzen und Beherrschung der Naturkräfte waren nicht ihre höchsten Ziele: Sie wollten es dem Weltenschöpfer gleichtun und Dinge von eigenem Leben erschaffen, am liebsten solche aus Erz und Stein. Mit ihrem größten Werk, den Silmaril, fingen sie das unbesudelte Licht der ersten Schöpfungstage ein, um es in seiner Schönheit zu bewahren.

In Valinor wohnten sie in der Stadt Tirion. Eifrig lernten sie, was die Valar und Maiar sie wissen ließen; aber ihre Geistesart war zu rastlos, um das Leben in einem wohlgeordneten Paradies eine Ewigkeit lang zu ertragen. Bald fühlten sich manche eingeengt und bevormundet und dachten daran, nach Mittelerde zurückzukehren und dort ihre eigenen Wege zu gehen. Melkor hatte es leicht, sie aufzuwiegeln. Erster König der Noldor war Finwe, und sein Sohn Feanor wurde der gewaltige Künstler, dessen Empörung das ganze Erste Zeitalter erschütterte. Feanor machte die Valar mitverantwortlich, als Melkor ihm die Silmaril raubte, denn Melkor war einer von ihnen. Alle Bannflüche und prophetischen Drohungen der Valar in den Wind schlagend, führte Feanor die Noldor aus Valinor fort, um Melkor in Mittelerde zu bekriegen. Seine Halbbrüder Fingolfin und Finarfin widersetzten sich, doch Feanor, zu allem andern auch noch ein großer Demagoge, riß selbst ihre Söhne und Töchter mit sich fort. Nur Finarfin mit seinem persönlichen Gefolge blieb in Valinor. Der Streit zwischen Feanor und Fingolfin wurde von ihren Söhnen beigelegt, aber nie ganz vergessen.

Um die Silmaril zurückzuge-winnen, waren Feanor und seine Söhne zu allem bereit. Zuerst metzelten sie die Teleri in Alqualonde nieder und raubten ihnen die Schiffe, die sie für die Überfahrt brauchten. Dies war die erste Gewalttat von Elben gegen Elben, und es blieb nicht die letzte.

In Mittelerde erzwangen die Noldor in zwei großen Schlachten die Einschließung Melkors in seiner Festung Angband. Ihr Belagerungsgürtel – von Osten, Süden und Westen – hielt vierhundert Jahre lang stand. Sie gründeten Königreiche im Norden und in Beleriand: Fingolfin mit seinen und Finarfins Söhnen im Westen, Feanors Söhne im Osten. Am mächtigsten waren Fingolfin in Hithlum, Finrod in Nargothrond und Turgon in Gondolin. Hoher König der Noldor wurde nach Feanors Tod Fingolfin; ihm folgten seine Söhne Fingon und Turgon.

Die Sindar von Beleriand begegneten den Noldor mit gemischten Gefühlen: Sie unterstützten sie im Krieg, aber sie trauten ihnen nicht. Als das Blutbad von Alqualonde bekannt wurde, erklärte Thingol, der König von Doriath, die Sprache der Noldor für geächtet.

Die aus dem Osten zuwandernden Menschenvölker wurden von den Noldor als willkommene Verstärkung aufgenommen. Sie bekamen freies Land zugewiesen und leisteten dafür Kriegsdienste.

Feanors Söhne waren ihrem Ziel, die Silmaril zurückzuge-winnen, bei all dem nicht näher-gekommen; aber dafür hatten die Noldor ganz Beleriand ihre kriegerisch-ästhetische Zivilisation aufgeprägt. Als sich Morgoth nun in zwei weiteren großen Schlachten, der Dagor Bragollach und der Nirnaeth Arnoediad, aus der Umklammerung befreite, wurden ihre Reiche eines nach dem andern vernichtet. Zu allem Überfluß begannen Feanors Söhne, nachdem sie aus ihren Ländern vertrieben waren, einen Separatkrieg gegen Doriath, um wenigstens den einen Silmaril zu gewinnen, der durch Beren und Lúthien dorthin gelangt war.

Nach der Niederwerfung Morgoths am Ende des Ersten Zeitalters wurde den Noldor für ihre Untaten Verzeihung gewährt, und sie durften nach Aman zurückkehren. Manche blieben jedoch in Mittelerde: Gil-galad, Fingons Sohn, regierte bis zum Ende des Zweiten Zeitalters die Elben von Lindon; und Celebrimbor, Feanors Enkel, schuf in Eregion die drei Ringe der Elben, um die Wunden der Zeit abzuwehren. Im Dritten Zeitalter lebten manche der Noldor noch bei Elrond in Imladris. Die älteste Noldor-Fürstin, Galadriel, Finarfins Tochter, war weit in den Osten zu den Waldelben gegangen.

Die Sprache der Noldor, Quenya, wurde in ganz Mittelerde nur noch von Gelehrten und bei feierlichen Anlässen gebraucht.

Vgl. CELEBRIMBOR, ELBEN, FEANOR, FINGOLFIN, GALADRIEL, GIL-GALAD, GONDOLIN, HITHLUM, LINDON, NARGOTHROND, QUENYA, SILMARIL.

S, passim; *Briefe*, 153.

NORDMOORE

Ein wenig besiedeltes Gebiet im nordwestlichen Auenland, am Fuß der Abendrotberge. Sam Gamdschies Vetter Halfast von Oberbühl hatte hier einmal einen Ent gesehen.

Vgl. AUENLAND, ENTS.

R, I, 2.

NÚMENOR

Für die Menschen aus den drei Häusern der Edain hoben die Valar am Ende des Ersten Zeitalters ein großes Stück Land aus dem Meer zwischen Mittelerde und Aman, fast in Sichtweite von Eressea. *Andor*, Land der Gabe, nannten es die Valar (Adûnaïsch *Yôzâyan*); *Elenna*, Quenya „sternwärts", nannten es die Ankömmlinge, weil die Schiffe auf der Fahrt dorthin Earendils Stern gefolgt waren. Später, als sie die Verbindung mit Mittelerde wieder aufgenommen hatten, sprachen sie von *Númenóre* (Quenya) oder *Anadûnê* (Adûnaïsch), beides mit der Bedeutung „Westernis".

Die Insel (vgl. Karte) glich im Umriß einem fünfzackigen Stern: Fünf Vorgebirge schoben sich als Halbinseln ins Meer hinaus, mit tiefeingeschnittenen Buchten dazwischen. Klima und Landschaft waren vielfältig genug, um eine große Bevölkerung zu ernähren. Der Boden gab nicht viel an Metallen her, aber die Númenórer wußten sich zu helfen und wurden Meister in der Bearbeitung von Holz und Stein.

Die Schiffe, auf denen sie kamen, wurden von Elben geführt, denn sie selbst verstanden anfangs nichts von der Seefahrt. Aber bald wagten sie sich zum Fischfang aufs Meer hinaus und lernten von den Elben Schiffe zu bauen. Andúnië an der Westküste, wo die Elben von Eressea landeten, wenn sie Númenor besuchten, war die erste große Hafenstadt, verlor seine Bedeutung aber bald an Rómenna im Osten, das näher bei der Königsstadt Armenelos lag. Im Schiffbau übertrafen die Númenórer zuletzt ihre elbischen Lehrmeister. Allerdings hatten ihre Schiffe im Unterschied zu den Elbenschiffen außer Segeln auch Ruder, an denen Sklaven und Kriegsgefangene saßen.

Alle Küsten Númenors wurden von lärmenden Vogelschwärmen umflogen; die Seeleute sagten, daran erkenne man die Insel schon von weitem. Auch im Landesinnern gab es viele Arten von Vögeln; sie wurden nicht gejagt oder belästigt. Auf den Bergen im Norden horsteten Adler.

Der erste König von Númenor war der Halbelb Elros, der sich für das Leben der Menschen entschieden hatte. Anstelle der Unsterblichkeit erhielt er für sich und alle seine Nachkommen ein langes Leben gewährt. Er bestieg den Thron im Jahre 32 Z.Z. als Elros Tar-Minyatur, und wie er ließen alle Könige während der nächsten zweieinhalbtausend Jahre ihren Titel (*Tar-*) in Quenya in die Schriftrollen eintragen. Die ersten Könige nach Elros waren zumeist eher Gelehrte als Staatsmänner, und sie gebrauchten neben dem Adûnaïschen vornehmlich die Elbensprachen. Thronfolger wurde zunächst immer der älteste Sohn, doch seit Tar-Ancalime (1075-1280 Z.Z.), der Tochter Tar-Aldarions, der keine Söhne hatte, traten manchmal auch Töchter die Nachfolge an. Alle 25 Könige von Númenor waren Nachkommen von Elros; auch die späteren Könige von Gondor und Arnor stammten über Elendil von einer Nebenlinie der númenórischen Königsfamilie ab.

Mit der Zeit richteten sich die Interessen der Númenórer immer mehr auf die Seefahrt. Um das Jahr 600 Z.Z. erschien das erste númenórische Schiff unter dem Kapitän Veantur an den

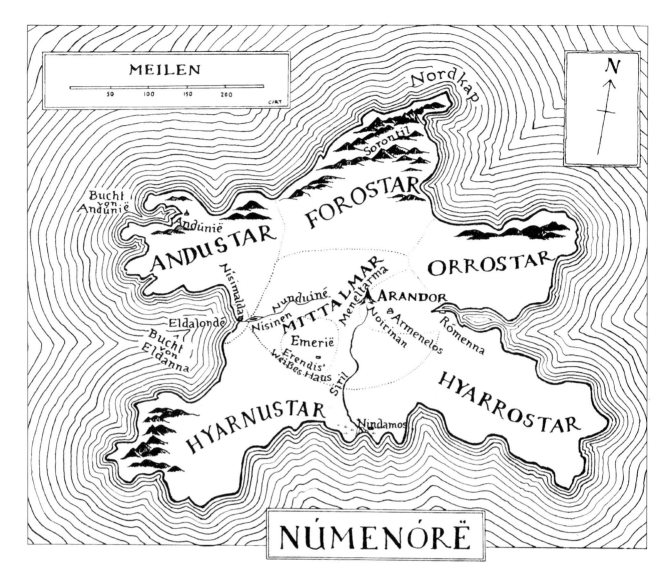

MEILEN

50   100   150   200

N

NÚMENÓRË

Númenor ist in sechs Regionen eingeteilt: die Gebiete um die fünf Vorgebirge, jeweils nach der Himmelsrichtung, in der sie liegen, benannt, und das Binnenland *Mittalmar*. Zu Mittalmar gehörte auch *Arandor*, das Königsland, mit der Hauptstadt *Armenelos* und dem Hafen *Rómenna*. *Noirinan*, ein Tal am Südosthang des *Meneltarma*, ist das „Tal der (königlichen) Grabstätten". In Arandor lebte der größte Teil der Bevölkerung. Im übrigen war Mittalmar hügeliges Grasland mit Schafweiden. In *Eme-*

rië befand sich der Landsitz der Königin Erendis. – *Orrostar* (Ostland) hatte ein kühles Klima; Getreideanbau im südwestlichen Teil. – *Forostar* (Nordland) war felsig und unfruchtbar, kaum bewaldet. Das Gebirge stieg zum Nordkap hin an, bis zu dem steil ins Meer abfallenden *Sorontil* („Adlerhorn"). Tar-Meneldur erbaute in dieser Gegend die Sternwarte *Elentirmo*. – *Andustar* (Westland) war im Norden ebenfalls unfruchtbar, aber stärker bewaldet. – In der Bucht von *Eldalonde* zwischen

Andustar und *Hyarnustar* (Südwestland) herrschte ein mildes und feuchtes Klima; das Hinterland hieß *Nísimaldar*, Land der duftenden Bäume. Das Landesinnere des Südwestteils war warm und fruchtbar, mit vielen Weinbergen. Die südliche Küste war flach und sandig, mit einigen Fischerdörfern und der größeren Siedlung *Nindamos*. – *Hyarrostar* (Südostland) hatte die größten Wälder, die nach umfangreichem Einschlag wieder aufgeforstet wurden.

146

Küsten von Mittelerde. Aldarion gründete die „Gilde der Wagemutigen", einen Seefahrer-Verband, der unter seiner Regierung viel Einfluß gewann. In Mittelerde wurden die Häfen Vinyalonde (später Lond Daer), Umbar und Pelargir angelegt. Bald war Númenor die beherrschende Seemacht des Zweiten Zeitalters und konnte auch in die Kriege von Mittelerde eingreifen. Tar-Minastir schickte Gil-galad eine starke Flotte zu Hilfe (1700 Z.Z.), um Sauron aus Eriador zu vertreiben. Unter seinem Nachfolger Tar-Ciryatan (1869-2029) begann Númenor in Mittelerde Tribute zu erheben und Kolonien zu gründen. Der Bann der Valar, der ihnen verbot, außer Sichtweite der eigenen Küsten nach Westen zu segeln, wurde für diese mächtigen Seefahrer immer unerträglicher. Tol Eressea und Aman, die Lande der Unsterblichen, durften sie nicht betreten. Hatte dieses Verbot nicht den Zweck, ihnen die Unsterblichkeit vorzuenthalten? Das lange Leben, das den meisten Númenórern beschieden war, machte den Gedanken an den Tod nur um so bedrückender. Die Erklärung, die sie von den Eldar hörten: daß der Tod eine „Gabe Ilúvatars" sei, die ihnen die Valar nicht nehmen dürften, leuchtete auch den gutgläubigsten unter ihnen nicht vollkommen ein. Viele kamen auf finstere Gedanken. Ein Totenkult breitete sich aus; Leichen wurden kunstvoll einbalsamiert und in großen steinernen Grabgewöl-

ben beigesetzt. Gesundheitsfanatiker, die vorgaben, das Leben verlängern zu können, fanden Zulauf. Das Heiligtum des Ilúvatar auf dem Meneltarma wurde seltener besucht, und bald versäumten es auch die Könige, die jahreszeitgemäßen Opfer dort darzubringen. Die Elbensprachen kamen außer Gebrauch und wurden schließlich verboten. Ar-Adûnakhôr nahm als erster König seinen Titel in der adûnaïschen Form an. Ar-Gimilzôr (3102-3177 Z.Z.) verbot den Elben, Númenor zu betreten. Darüber spaltete sich das Volk in eine Königspartei und eine konservative Opposition der „Getreuen", die den Bann der Valar beachten und die Freundschaft mit den Elben aufrechterhalten wollten. Die Kämpfe zwischen den Parteien gingen zeitweise bis zum Bürgerkrieg.

Der letzte König, Ar-Pharazôn, war kein traditioneller Herrscher, sondern ein Thronräuber mit dem Mut und Machthunger eines Welteroberers. Er landete mit einer gewaltigen Kriegsflotte in Umbar (3261), unterwarf Sauron und brachte ihn als Geisel nach Númenor. Dort schien alles auf Sauron nur noch gewartet zu haben. Der Stolz des Volkes auf die eigene Macht, die Todesfurcht und der Haß auf die Götter kannten keine Grenzen mehr. Binnen weniger Jahre wurde Sauron zum maßgeblichen Ratgeber des Königs. Er leugnete Ilúvatar und baute Melkor einen Tempel, dem Herrn der Äußeren Dunkelheit.

Dem König machte er weis, wenigstens er selbst könne sich in Aman die Unsterblichkeit sichern.

Darauf rüstete Ar-Pharazôn die größte Flotte aus, die je die Meere der Vorzeit befahren hat, und landete an der Küste von Aman (3319 Z.Z.). Auf Manwes Bitten zeigte nun Ilúvatar, wessen er fähig ist, und änderte den Bau der Welt: Ein Riß tat sich im Meer auf, der Númenor mitsamt seiner Kriegsflotte verschlang. Seither ist Arda rund, d. h. die Menschen sind in ihren Kreisen gefangen, und Valinor ist aus der Welt der sichtbaren Dinge entrückt.

Von den Númenórern überlebten nur diejenigen den Untergang, die sich zu der Zeit in Mittelerde befanden – unter ihnen viele „Schwarze Númenórer" (Anhänger Saurons) in Umbar und den südlichen Ländern. Von den Getreuen entkamen Elendil und seine Söhne mit neun Schiffen. Sie gründeten die Reiche der Dúnedain in Gondor und Arnor.

In Erinnerung an Númenor sprachen die Menschen in späteren Zeiten von *Atalante* (Quenya) oder *Akallabêth* (Adûnaïsch), der „Versunkenen" oder von *Mar-nu-Falmar*, dem Land unter den Wellen.

Vgl. Aldarion, Andúnië, Armenelos, Atanamir, Bann der Valar, Edain, Elros, Gerader Weg, Getreue, Krumme Welt, Meneltarma, Pharazôn, Rómenna; Karte S. 146.

R, Anhang B; *S*, Akallabêth; *Nachrichten*, II, i-iii.

Λ

OBERST

Lotho Sackheim-Beutlin, Lobelias Sohn, von den Hobbits „Pickel" genannt, ließ sich mit „Oberst" oder „Boss" anreden, nachdem er sich mit Sarumans Geld zum Herren über das Auenland aufgeschwungen hatte. Anfänglich nur Besitzer einiger Pfeifenkraut-Pflanzungen aus dem Erbe der Sackheims und Straffgürtels, kaufte er bald im ganzen Land Mühlen und Mälzereien, Wirtshäuser und Bauernhöfe zusammen, ließ im Namen des Fortschritts Bäume fällen und Häuser abreißen und holte sich eine Schutztruppe von Menschen ins Land, die scheinbar auf seine Befehle, tatsächlich aber auf „Scharrer" (Saruman) hörten. Den dicken Bürgermeister Willi Weißfuß sperrten sie als ersten ins Gefängnis zu Michelbinge. Große Mengen Waren wurden nach Isengart fortgeschafft, um Sarumans Truppen zu versorgen. Alle Wirtshäuser wurden geschlossen; im Auenland gab es kein Bier und kein Pfeifenkraut mehr. Als Scharrer selbst ins Auenland kam und Lotho nicht mehr gebraucht wurde, ließ Saruman ihn von Schlangenzunge umbringen.
Vgl. AUENLAND, SACKHEIM-BEUTLIN, SARUMAN.
R, VI, 8.

ODO STOLZFUSS

Ein Hobbit, der die Füße auf den Tisch legte, um zu beweisen, daß er zwei hatte. Und darum mußte man seine angesehene Familie immer mit „liebe Stolzfüße" – und nicht „Stolzfußens" – anreden.
R, I, 1.

ÓIN

Ein Zwerg aus Durins Volk, nahm zusammen mit seinem jüngeren Bruder Glóin an Thorin Eichenschilds Wanderung zum Erebor teil. Später folgte er Balin auf seinem Zug nach Moria, wo er am Westtor von dem Wächter im Wasser gepackt wurde.
Vgl. BALIN, GLÓIN, THORIN II.
R, II, 2 und 5.

OLIFANTEN

Als die Hobbits am Schwarzen Tor den Anmarsch der Südländer beobachteten, bedauerte Sam, daß die Feinde keine Olifanten bei sich hatten. Von diesen bösen, fremdartigen und trotzdem herrlichen Tieren, auf denen die Haradrim in den Kampf ritten, hatten manche weitgereisten Hobbits berichtet, denen man im Auenland nicht jedes Wort glaubte. „Sie stellen Häuser und Türme auf die Rücken der Olifanten und was nicht alles, und die Olifanten bewerfen sich gegenseitig mit Felsbrocken und Bäumen." Zwei Tage später sahen sie tatsächlich in Ithilien einen der großen Kriegselefanten; und Merry und Pippin sahen viele auf dem Pelennor. Die *Mûmakil* nannte man sie in Gondor, mit einem Lehnwort aus einer Sprache von Harad. Um sie scharte sich das Fußvolk der Haradrim, und die Rohirrim konnten sie nicht angreifen, weil ihre Pferde scheu-

ten. Der Mûmak von Harad war größer und majestätischer als die Elefanten, die wir heute kennen. Wie schade, daß die fabelhaften Tiere auf der Gegenseite kämpften und daß man ihnen Pfeile in die Augen schießen mußte, um ihnen irgendwie beizukommen! „Ich wünschte, wir hätten tausend Olifanten", seufzte Frodo, „mit Gandalf auf einem weißen an der Spitze."
Vgl. HARAD, PELENNOR.
R, IV, 3, 4; V, 6.

OLVAR

Quenya für die Pflanzen (im Gegensatz zu den beweglichen Geschöpfen, den *Kelvar*). Die Valië Yavanna sah voraus, was den „verwurzelten" Geschöpfen, die ihr teuer waren, bevorsteht, wenn den Elben, Menschen und Zwergen die Herrschaft über alles, was sie auf Erden vorfinden, eingeräumt wird: Man wird sie nach Belieben zertrampeln oder fällen oder sie nur, wo sie nützlich sind, wachsen lassen, einhegen oder umzüchten. Dagegen wollte sie den Bäumen eine Art Beschützer- und Fürsprechergewalt übertragen. Aule, der Gott der Technik, Yavannas Gatte, zuckte befremdet die Achseln: Seine Zwerge würden nun mal Holz brauchen. Manwe beschwichtigte Yavanna mit einem kleinen Zugeständnis: Die Ents, von fern herbeigerufene Geister, sollten unter den Olvar und Kelvar Aufsicht führen: „Ihr gerechter Zorn soll gefürchtet sein." Aber gegen Aules Schüler waren die Ents wehrlos; und Melkors Orks rotteten Bäume rein zum Vergnügen aus. Schon im Ersten und Zweiten Zeitalter wurden die dichten Wälder von Mittelerde weithin abgehauen oder – nach Art der Númenórer – in Holzplantagen oder deko-

rative Parks umgewandelt. Im Dritten Zeitalter hatten sich nur in Fangorn, Düsterwald und im Alten Wald noch Reste der echten Wälder gehalten.
Vgl. ENTS, HUORNS, YAVANNA.
S, II; *R*, I, 6, 7; III, 4.

ORI

Ein flötespielender Zwerg aus Durins Volk, gehörte mit seinen Brüdern Dori und Nori zu Thorin Eichenschilds Gefährten auf der Wanderung zum Erebor. Während seine Brüder dort blieben, ging Ori mit Balin nach Moria und fiel im Kampf gegen die Orks. Er war gewandt mit der Feder, und das Buch von Mazarbul war zum großen Teil von seiner Hand geschrieben.
Vgl. BALIN, BUCH VON MAZARBUL, THORIN II.
H, I; *R*, II, 2 und 5; Anhang A.

ORKS

Von allen sprechenden Völkern wurden die Orks aufs tiefste verachtet. Von den Elben, Menschen und Zwergen wurden sie gnadenlos verfolgt. Selbst von ihren Verbündeten, den Ostlingen, Haradrim und Dunländern wurden sie gemieden; deshalb gab es nicht viele Mischlinge oder Halb-Orks. Ihre Frauen und Kinder werden in den Erzählungen nicht erwähnt, doch was in den großen „Säuberungs"-Maßnahmen nach dem Ringkrieg mit ihnen geschah, kann man sich denken. Den Menschen, die für Sauron gekämpft hatten, gewährte König Elessar Frieden, und auch manchen „Sklaven von Mordor" schenkte er Land und Freiheit, aber damit waren nicht die Orks gemeint. Mochten auch die Weisen darüber spekulieren, ob die Orks von Natur böse oder nur vom Dunklen Herrscher ver-

derbt waren: praktisch befanden sie sich außer Reichweite allen Mitleids. Sie waren eine Lästerung, ein Hohn auf die Schöpfung, Karikaturen der Gotteskinder: klein, von dunkler bis schwarzer Hautfarbe, mit Schlitzaugen und platten Schnüffelnasen, krummen Beinen und langen Armen, die Mäuler voller Reißzähne. Sie haßten Wälder, Wiesen und Bäche; das Sonnenlicht schwächte sie, daher hausten sie am liebsten in Schächten und Stollen unter der Erde. Sie hatten keine Kultur und keine Hygiene (wohl aber kannten sie manche Heilmittel und scharfe alkoholische Getränke). Die Schwarze Sprache, die Sauron sich für sie ausgedacht hatte, war ihnen zu kompliziert; außerhalb der engsten Hordengemeinschaft verständigten sie sich daher in einem Pidgin-Westron, das in den Übersetzungen an den Ganovenslang aus schlechten Kriminalromanen erinnert. Obwohl von Natur zänkisch und aufmüpfig, gehorchten sie, wenn ein Mächtiger sie nur scharf genug anschnauzte, und ließen sich, jeder mit einer Kennummer versehen, in Saurons Heere einreihen. Sie waren Kannibalen und Teufelsanbeter – und Rassisten obendrein, denn zumindest die Uruks hielten sich für Geschöpfe einer höheren Art.
Die Weisen von Eressea glaubten, die Orks seien zu Beginn des Ersten Zeitalters von Melkor aus verwilderten Dunkelelben (Avari) gezüchtet worden, und tief in ihren dunklen Herzen würden sie den Meister hassen, der sie zu solcher Abscheulichkeit geschaffen habe. Wie aber die Orks selbst darüber dachten, wissen wir nicht. Nur

wenige sind uns namentlich bekannt, und unter ihnen lassen sich nur zwei Typen unterscheiden:
1) Die *Snaga*. Dies waren die kleinen Orks, die zumeist aus dem Nebelgebirge und aus dem Norden kamen. (*Snaga* war keine Selbstbezeichnung, sondern noch die höflichste Anrede, deren sie von den Uruks manchmal gewürdigt wurden; es bedeutete in der Schwarzen Sprache soviel wie „Sklave".) Sie stammten von den ältesten Ork-Rassen des Ersten Zeitalters ab. Seit der Vernichtung des Reiches von Angmar und dem Rachekrieg der Zwerge (2793-99 D.Z.) hatten sie schwere Zeiten durchgemacht, aber sie vermehrten sich schneller, als ihre Feinde sie totschlagen konnten. Sie stellten das Gros der Fußtruppen und der Wolfsreiter in den Heeren Mordors und trugen das Zeichen des Lidlosen Auges oder des Totenkopfmondes. Mit einer Rotte dieser Art marschierten Frodo und Sam nach Isenmünde: Es waren arme Teufel, die sich widerwillig zum Kriegsdienst pressen ließen und nur von den Peitschen der Aufseher zusammengehalten wurden.
2) Die *Uruk-hai* („Orkvolk"). *Uruk* war das Wort für „Ork" in der Schwarzen Sprache, doch wurden im allgemeinen nur die großen Kampf-Orks so bezeichnet, die Sauron im Dritten Zeitalter gezüchtet hatte. Sie waren fast so groß wie Menschen, flink, ausdauernd und unempfindlich gegen Sonnenlicht. Unter ihnen finden wir diensteifrige Karrieresoldaten wie Uglúk, Grischnách und Schagrat, mutige Haudegen wie den Häuptling in Moria, der Frodos Panzerhemd mit dem Speer prüfte,

und desillusionierte alte Landsknechte wie Gorbag. Viele Orkvölker der niederen Rassen wurden von einer Uruk-Kaste beherrscht, so z. B. die Orks aus Gundabad von Bolg und seiner Leibwache. Im Krieg setzten aber sowohl Saruman wie Sauron auch ganze Uruk-Trupps ein, die im Kampf einen starken Korpsgeist bewiesen: „Wir sind die Uruk-hai. Wir kämpfen bei Tag und bei Nacht und bei jedem Wetter. Wir töten euch, egal ob die Sonne oder der Mond scheint."

Das Wort *Ork* stammt aus der Sprache der Rohirrim, die oft durch altenglische Wörter wiedergegeben wird (altenglisch *orc*, „Dämon"). Der entsprechende Sindarin-Ausdruck war *orch*, Plural *yrch*; daneben sprachen die Elben auch von den *Glamhoth*, der „lärmenden Horde". Von den Hobbits wurden die Orks manchmal als „Bilwisse" (engl. *goblins*) bezeichnet.
Vgl. Bolg, Gorbag, Grischnách, Kinder Ilúvatars, Melkor, Sauron, Schwarze Sprache, Snaga, Uglúk.
R, passim, besonders III, 3; VI, 1-3; *S*, III; *H*, 4, 17.

Orodruin
„Berg des roten Feuers": ein älterer Sindarin-Name des Amon Amarth; vgl. Schicksalsberg.

Orome
Der große Jäger unter den Valar, der auf seinem weißen Roß Nahar bis weit in den Osten von Mittelerde ritt und dort sein großes Jagdhorn blies, das Valaróma. Sein Name bedeutet im Quenya „Hörnerschall". Er wurde auch Aldaron, „Herr der Wälder", genannt (Sindarin *Tauron*). Bei einem seiner Jagdritte fand Orome die Elben am See von Cuiviénen und führte sie nach Aman.
Oromes Gattin ist Vána, die alle Blumen zum Blühen und alle Vögel zum Singen bringt: eine jüngere Schwester Yavannas.
In der Gegend um das Meer von Rhûn wurden noch im Dritten Zeitalter die wilden weißen Rinder gejagt, die man *Araws Rinder* nannte, weil sie von Orome (Sindarin *Araw*) gezüchtet oder dort ausgesetzt wurden. Von ihnen stammte Boromirs Horn.
Vgl. Elben, Valar.
S, Valaquenta, III; *R*, V, 1.

Osgiliath
S. „Sternenfestung", die alte Hauptstadt des Südlichen Königreiches, von Isildur und Anárion zu beiden Seiten des Anduin erbaut, mit einer großen steinernen Brücke über den Fluß. Hochseeschiffe kamen den Anduin hinaufgefahren und legten mitten in der Stadt an. In der Großen Halle von Osgiliath standen die Throne der beiden Könige Seite an Seite. Die erste große Zerstörung erlebte die Stadt im Jahr 1437 D.Z., als König Eldacar während des Sippenstreits dort von seinen Feinden belagert wurde. Osgiliath brannte, die Sternenkuppel mit dem Turm des Palantír wurde zerstört, und der Stein ging verloren. 1640, nach der Großen Pest, von der die Stadt entvölkert wurde, verlegte König Tarondor den Regierungssitz nach Minas Anor (später Minas Tirith). Bei einer Besetzung der Stadt durch die Uruk-hai wurde die große Brücke zerstört und die Stadt in Trümmer gelegt (2475 D.Z.). Nach der Rückeroberung wurde sie nicht wieder aufgebaut. Die neuen, scharf bewachten Brücken dienten nur zur Sicherung des Flußüber-
gangs nach Ithilien. Im Sommer 3018, zu Anfang des Ringkrieges, wurde Ithilien von Saurons Heeren überrannt; Boromir und Faramir, die den letzten Brückenkopf auf dem Ostufer verteidigten, mußten sich vor den Nazgûl zurückziehen und die Brücken abbrechen. Beim Angriff auf Minas Tirith im März des nächsten Jahres ließ der Schwarze Heermeister seine Truppen hier mit Booten und Flößen übersetzen.
Vgl. Gondor, Pelennor, Ringkrieg.
R, II, 2; V, 4; Anhänge A und B; *S*, Von den Ringen …

Osse
(Sindarin *Gaerys*), ein Maia im Dienste Ulmos, aber eigenwillig und aufsässig, der Herr der Stürme und der Küstengewässer von Belegaer. Er war der Freund der Teleri und überredete die Falathrim, in Mittelerde zu bleiben; von ihm lernten sie, Schiffe zu bauen. Wer ihn um gut Wetter bitten wollte, wendete sich an seine Gattin Uinen, die ihn besänftigen konnte.
Vgl. Belegaer, Maiar, Uinen, Ulmo.
S, Valaquenta, V.

Ossiriand
„Das Land der sieben Flüsse": des Gelion, welcher die Westgrenze bildete, und seiner sechs von den Blauen Bergen herabströmenden Nebenflüsse: Ascar, Thalos, Legolin, Brilthor, Duilwen und Adurant. Ossiriand wurde von den Noldor auch Lindon genannt. In seinen dichten Wäldern lebten kleine Völker der Grünelben (Nandor) und die Ents. Menschen („Tierjäger und Baumfäller") waren unerwünscht. Im Süden des Landes, auf Tol Galen, einer In-

sel im Fluß Adurant, lebten Beren und Lúthien nach Berens Rückkehr von den Toten. Die Grünelben und die Ents halfen Beren bei Sarn Athrad, das Heer der Zwerge von Nogrod zu vernichten.

Vgl. Adurant, Lindon, Nandor; Karte S. 34.

S, XVII, XXII.

Ostlinge

Die Menschen, die im Ersten Zeitalter, doch später als die drei Völker der Edain nach Beleriand kamen, gehörten suspekten Rassen an: Sie waren „klein und stämmig, mit starken, langen Armen, die Haut dunkel oder gelblich und das Haar dunkel wie ihre Augen". Die Edain mieden den Umgang mit ihnen. Maedhros, der die Völker Bórs und Ulfangs in seinen Dienst nahm, wurde in der Nirnaeth Arnoediad von Ulfangs Söhnen verraten. Bórs Söhne hielten zu ihm und fielen für die Sache der Noldor.

Die Ostlinge waren also nicht sämtlich mit Morgoth im Bunde. Auch diejenigen, die ihm dienten, waren ihm nicht unbedingt ergeben. Sie wollten mit seiner Hilfe das reiche Beleriand für sich erobern und wurden bitter enttäuscht: Er überließ ihnen das kalte, windige Hithlum und sonst nichts.

Was aus dem Volk Bórs wurde oder aus denjenigen Edain, die von Estolad zurück in den Osten oder nach Süden gingen, ist nicht überliefert.

Als die Númenórer im Zweiten Zeitalter nach Mittelerde zurückkehrten, trafen sie dort Menschenvölker an, von denen manche fremdartig, andere aber offenkundig mit ihnen verwandt waren. Die Menschen in Rhovanion nahmen die Zivilisation der Dúnedain am leichtesten auf, und seit der Herrschaft Eldacars in Gondor galten sie als fast gleichwertig mit den Edlen von númenórischer Abkunft.

Die Völkerwanderung von Osten nach Westen setzte sich im Dritten Zeitalter fort. Über die Gründe ist wenig bekannt. (Angeblich herrschte Sauron im Osten nahezu unumschränkt und hetzte die wilden Völker immer wieder gegen das verhaßte Gondor auf.) Als „Ostlinge" wurden in Gondor nun alle bezeichnet, die aus Rhûn kamen, d. h. aus den geographisch unbekannten Gebieten jenseits des Flusses Carnen und des Meers von Rhûn. Dies waren sehr verschiedenartige Völker, die meisten kriegerisch und wenig zivilisiert, aber mit den Menschen in Gondor näher verwandt als die Völker von Khand und Harad. Sie vermehrten sich sehr schnell, während die Länder westlich des Anduin an chronischem Bevölkerungsschwund litten.

Am gefährlichsten für Gondor wurden die Vorstöße der Wagenfahrer und der Balchoth. Die Ostlinge, die im Ringkrieg für Sauron kämpften, waren kleine, bärtige Männer mit Äxten. Sie waren sehr stark und tapfer und baten in der Niederlage nicht um Schonung. König Elessar hatte im Vierten Zeitalter mit ihnen noch manchen Strauß auszufechten.

Vgl. Balchoth, Edain, Eldacar, Estolad, Hithlum, Khand, Maedhros, Menschen, Rhovanion, Rhûn, Turmberge, Wagenfahrer.

S, XVII, XX, XXI; *R*, V, 6; Anhang A I, 4; *Nachrichten*, III, ii.

Þ

PALANTIR

(*Tar-Palantir*, „der Weitsichtige"), vierundzwanzigster König von Númenor, hieß zunächst adûnaïsch *Inziladûn*, nahm aber bei der Thronbesteigung wieder einen Titel in Quenya an, weil er das Verhalten seiner Vorgänger bedauerte und die Freundschaft mit den Elben erneuern wollte. Er ging wieder zu den Zeremonien auf dem Meneltarma und ließ den Weißen Baum pflegen. Er prophezeite, wenn der Baum sterbe, werde auch die Linie der Könige vergehen.

Gegen den Widerstand seines Bruders Gimilkhâd konnte er sich nur mühsam behaupten. Vgl. GETREUE, GIMILKHÂD, NÚMENOR, WEISSE BÄUME.

S, Akallabêth; *R*, Anhänge A und B; *Nachrichten*, II, iii.

PALANTÍRI

Quenya „die von weitem sehen": die sieben Steine, die Elendil und seine Söhne aus Númenor mitbrachten. Die Eldar von Tol Eressea hatten sie Elendils Vater Amandil geschenkt. Gandalf glaubte, sie seien von Feanor selbst in Aman geschaffen worden; aber in den Erzählungen aus dem Ersten Zeitalter werden sie nicht erwähnt.

Die Palantíri waren vollkommen glatte Kugeln aus einem schwarzen, sehr schweren und unzerbrechlichen Kristall. Die kleinsten waren von etwa einem Fuß Durchmesser; die von Osgiliath und der Wetterspitze waren wesentlich größer. Sie nahmen Bilder aus der Blickrichtung des Betrachters auf, ungeachtet materieller Hindernisse (Mauern, Berge), über sehr große räumliche (und manchmal auch zeitliche) Entfernungen hinweg. Es erforderte jedoch viel Übung, Willensstärke und Konzentration, ihren Blick auf einen bestimmten Punkt zu lenken. Traten zwei Palantíri miteinander in Verbindung, so wurden die beiden Benutzer füreinander sichtbar, und eine Art „Gespräch" wurde möglich, doch nicht mit Worten (die Steine übertrugen keine Töne), sondern durch Austausch von Bildern und Gedanken. Dabei konnte der Stärkere oder Geschicktere das Bild, das der andere empfing, beschränken oder verschleiern. Die Weisen (Elrond, Galadriel) verstanden auch, sich der Beobachtung durch einen Palantír zu entziehen.

Elendil verteilte die Palantíri auf die wichtigsten Türme im Nördlichen und Südlichen Königreich (sie wurden immer an hochgelegenen Orten verwahrt): In Annúminas, auf den Turmbergen, auf der Wetterspitze, in Minas Ithil, Osgiliath, Minas Anor und Orthanc. Der Stein auf den Turmbergen stand mit den anderen nicht in Verbindung. Er blickte nur nach Westen aufs Meer hinaus; Elendil soll ihn benutzt haben, um nach der Insel des Meneltarma zu suchen oder um nach Avallóne zu blicken, wo ein Meisterstein stand. Er blieb in Círdans Obhut während des ganzen Dritten Zeitalters; dann wurde er mit dem Schiff der Ringträger in den Westen gebracht. Die Steine von Annúminas und der Wetterspitze kamen nach Fornost, in den Gewahrsam der Könige von Arthedain, und beide gingen mit Arvedui bei Kap Forochel im Meer unter. Der Stein von Osgiliath konnte als einziger in den Austausch zwischen den anderen Steinen eingreifen und sie „belauschen". Bei der Zerstörung des Sternenturms während des Sippenstreits in Gondor ging er 1437 D.Z. im Anduin verloren.

Bei der Eroberung von Minas Ithil durch die Nazgûl (2002 D.Z.) fiel der dortige Palantír in Saurons Hände (was aber erst während des Ringkriegs deutlich wurde). Wahrscheinlich bediente Sauron sich dieses Steins, wenn er sein lidloses Auge über die Länder von Mittelerde schweifen ließ. Die beiden restlichen Steine in Minas Tirith und Orthanc wurden unter den Truchsessen von Gondor nicht mehr benutzt und fielen nahezu in Vergessenheit. Erst um das Jahr 3000 begannen Denethor und Saruman sie von neuem zu gebrauchen, beide zunächst aus reiner Informationsgier und in Überschätzung der eigenen Kräfte. Beide gerieten dabei unter Saurons Einfluß. Denethor hielt den Palantír in den Händen, als er sich verbrannte, und später waren auf dem Stein nur noch seine brennenden Hände zu sehen. Den Orthanc-Stein nahm Aragorn in Besitz. Da er Elendils rechtmäßiger Erbe war, gehorchte ihm der Stein bereitwilliger als einem anderen Benutzer.

Der Ithil-Stein aus Saurons Besitz wurde in den Trümmern

von Barad-dûr nicht wiedergefunden.
Vgl. ANNÚMINAS, ARAGORN, DENETHOR II., ELENDIL, ISENGART, MAGIE, MINAS MORGUL, OSGILIATH, SARUMAN, TURMBERGE, WETTERSPITZE.
S, Von den Ringen ...; *R*, III, 11; Anhang A I, 3; *Nachrichten*, IV, iii.

PARTH GALEN
Eine grüne Wiese am südwestlichen Ufer von Nen Hithoel, zu Füßen des Amon Hen. Hier rasteten die Gefährten des Ringträgers zum letzten Mal, ehe sie getrennt wurden.
Vgl. Karte S. 53.
R, II, 9.

PELARGIR
„Dort in Pelargir lag die Hauptflotte von Umbar, fünfzig große Schiffe und unzählige kleinere ... Die Haradrim, die wir bis ans Ufer getrieben hatten, stellten sich nun zum Kampf ... Und plötzlich wogte das Schattenheer wie eine graue Flut heran und fegte alles vor sich weg. Schwache Schreie hörte ich und undeutlichen Hörnerschall und ein Murmeln wie von vielen fernen Stimmen: wie das Echo einer vergessenen Schlacht aus den Dunklen Jahren vor langer Zeit. Bleiche Schwerter wurden gezogen; und ich weiß nicht, ob ihre Klingen noch scharf waren, denn die Toten brauchen keine andere Waffe mehr als die Furcht." So eroberte Aragorn mit seinem Gespensterheer am 13. März die Flotte der Korsaren. Pelargir (Sindarin: „Hof der königlichen Schiffe") war die älteste númenórische Niederlassung in Gondor. Es lag etwa sechzig Meilen stromaufwärts von den Mündungen des Anduin, oberhalb der Einmündung des Sirith. Die Hafenanlagen wurden seit 2350 Z.Z. gebaut und zweitausend Jahre später unter König Earnil I. (913-936 D.Z.) gründlich erneuert. Im Zweiten Zeitalter war der Hafen der wichtigste Stützpunkt der Getreuen von Númenor, schon damals in Rivalität mit Umbar, dem Hafen der Königspartei. Nach dem Untergang von Númenor erreichten Isildur und Anárion mit fünf Schiffen die Bucht von Belfalas und landeten in Pelargir. Von hier aus nahmen sie die angrenzenden Länder in Besitz und gründeten das Südliche Königreich. Zum Gipfel seiner Macht gelangte Pelargir unter den Schiffskönigen von Gondor (830-1149 D.Z.), die Umbar besetzten und Harad tributpflichtig machten. Umgekehrt wurde es später, als Gondors Macht verfiel, einigemal von Flotten aus Umbar angegriffen und bisweilen auch erobert. So auch im Ringkrieg (wie Aragorn durch den Palantír von Sauron persönlich erfahren hatte).
Vgl. ANÁRION, ERECH, GONDOR, ISILDUR, NÚMENOR, UMBAR.
R, V, 2, 9; Anhänge A und B; *S*, Von den Ringen ...

PELENNOR
S. „umzäuntes Land": das fruchtbare Ackerland vor den Toren von Minas Tirith, zum Anduin hin abfallend und nach Norden, Süden und Osten von einer Mauer, der *Rammas Echor* („große Umfassungsmauer") umgeben, die im Westen an das Gebirgsmassiv des Mindolluin anschloß. Im Südosten reichte sie bis zum Flußhafen Harlond; im Nordosten war sie am weitesten vom Stadttor entfernt. Ihre Gesamtlänge betrug etwa dreißig Meilen. Durch ein mit Wehrtürmen befestigtes Tor führte ein Dammweg zu den Brücken und Furten von Osgiliath.
Bei der Belagerung von Minas Tirith vom 12. bis 15. März 3019 erwies sich die Außenmauer als nutzlos: Um sie zu verteidigen, wäre ein viel stärkeres Heer nötig gewesen, als es Gondor zur Verfügung stand. Die Truppen aus Udûn und Minas Morgul sprengten Breschen hinein, und Grond machte kurzen Prozeß mit dem eisernen Stadttor. Schon wollte der Schwarze Heermeister in die Stadt einreiten, da hörte man von fern die Hörner der Rohirrim. Und nun begann die größte Schlacht des Ringkrieges, die Schlacht auf dem Pelennor.
Théodens sechstausend Reiter drängten zunächst die Orks und Ostlinge im Norden der Ebene zum Fluß hin zurück. Dann wendeten sie sich gegen die dreifach zahlreicheren Haradrim südlich des Dammwegs. Deren Reiterei konnte ihnen nicht standhalten, aber mit dem Fußvolk, das sich um die Mûmakil scharte, hatten sie Schwierigkeiten. Der Schwarze Heermeister stieß aus der Luft herab, und König Théoden fiel; aber Éowyn und Merry rächten ihn auf der Stelle. Gothmog, wahrscheinlich ein Nazgûl, übernahm das Kommando und führte Verstärkungen von Osgiliath heran. Die knapp dreitausend Mann aus der belagerten Stadt unter Imrahil von Dol Amroth kamen den eingekeilten Rohirrim zu Hilfe. Aber die Übermacht der Feinde wurde erdrückend. Und nun sah man auch noch die schwarzen Segel der Korsarenschiffe den Fluß heraufkommen. Éomers Schlachtgesänge stimmten sich auf das Thema „Heldentod" ein. Aber dann entrollte das vorder-

ste Schiff die Fahne mit dem weißen Baum und den sieben Sternen, die man tausend Jahre nicht mehr gesehen hatte und die doch alle kannten. Schwärzester Pessimismus befiel die Scharen der Orks, Variags, Trollmenschen, Ostlinge und Haradrim, die Rohirrim aber lachten und metzelten die Feinde nieder. Die Verstärkung, die Aragorn auf den Schiffen mitbrachte, war an Zahl nicht groß, aber mit ihm kamen die gefürchteten Kopfjäger Gimli und Legolas, Elronds Söhne Elladan und Elrohir und der grimmige Dúnadan Halbarad mit dreißig Recken aus den Nordlanden.

Die Sänger hatten nachher eine lange Totenliste zu beklagen. Die edelsten Gefallenen wurden in den Heiligtümern von Minas Tirith begraben, nahe bei den Gräbern der Könige und Truchsesse von Gondor. Théodens Leichnam wurde nach Edoras überführt.

Saurons Feinden brachte der Sieg auf dem Pelennor vor allem einen Zeitgewinn. Frodo und Sam waren eben erst aus Cirith Ungol entkommen und hatten bis zum Schicksalsberg noch zehn Tagesmärsche vor sich.

Vgl. Éowyn, Gondor, Grond, Harad, Meriadoc Brandybock, Minas Tirith, Ringkrieg, Rohirrim, Schwarzer Heermeister, Théoden.

R, V, 4-6.

Peregrin Tuk

Ein Hobbit aus den Groß-Smials, von seinen Freunden Pippin genannt, Sohn des Thain Paladin Tuk, der jüngste (geboren 1390 A.Z.) der drei Hobbits, die Frodo Beutlin auf seiner Fahrt begleiteten. Nach der Auflösung der Gemeinschaft bei Parth Galen wurde er mit Merry

von Orks aus Isengart gefangengenommen und verschleppt. Am Rande des Fangorn-Waldes konnten sie sich befreien. Pippin sah in den Palantír, den Schlangenzunge vom Orthanc herabwarf, und geriet in den Blick des Lidlosen Auges. Um ihn vor weiterer Selbstgefährdung durch die eigene Neugier zu bewahren, nahm Gandalf ihn mit nach Minas Tirith, wo er in den Dienst des Truchsessen Denethor trat. Er nahm an der Schlacht vor dem Morannon teil und wurde nach dem Sieg zum Ritter von Gondor und Boten des Königs ernannt.

Bei der Befreiung des Auenlandes holte Pippin für die Hobbits von Wasserau die Tuks aus Bukkelstadt und den Grünbergen zu Hilfe. Im Jahre 1434 A.Z. wurde er Thain des Auenlands. König Elessar ernannte ihn zum Ratsherrn des Nördlichen Königreichs.

1464 A.Z. ritt er mit seinem Freund Merry nach Süden, besuchte Edoras und ließ sich für die letzten Jahre seines Lebens in Gondor nieder.

Vgl. Buckelstadt, Denethor II., Meriadoc Brandybock, Palantíri, Thain, Tuk.

R, passim, Anhänge B und C.

Periannath

(Singular *Perian*): Sindarin für „Halblinge", vgl. Hobbits.

Pfade der Toten

Von Dunharg führte ein Tunnel unter dem Dwimorberg hindurch ins Morthond-Tal auf der Südseite des Weißen Gebirges. Gimli stockte das Blut, als sie zum Tor kamen. Zeichen und Figuren waren darüber in den Fels gemeißelt, die nicht deutlich zu erkennen waren, aber kaum etwas Gutes verhießen.

Die Rohirrim benutzten diesen Tunnel nie, denn es hieß, die schlaflosen Toten bewachten ihn und ließen keinen Lebenden durch. Doch Aragorn wußte, daß er als Isildurs Erbe hier Sonderrechte genoß; der Seher Malbeth hatte es zur Zeit König Arveduis in Stabreimversen geweissagt. Deshalb wählte er diesen Weg, um möglichst schnell zum Stein von Erech zu gelangen und dort unter den Toten Heerschau zu halten. (Gimli bezweifelte ihre Kampfkraft, aber gegen ihren psychologischen Effekt war er selbst nicht gefeit.) Unterwegs fanden sie das Gerippe Baldors, eines Königssohns aus Rohan, der es einst gewagt hatte, diesen Pfad zu betreten. Er lag vor der verschlossenen Tür zu einer Kammer, in der die Menschen in den Dunklen Jahren irgendwelche Schätze oder Geheimnisse verborgen hatten. Aragorn und sein Gefolge gingen weiter, und hinter ihnen sammelten sich flüsternde Scharen von bewaffneten Gespenstern.

Vgl. Dunharg, Erech, Meduseld.

R, V, 2.

Pfeifenkraut

Die Postämter und Zeitungen der Hobbits fanden jenseits der Grenzen des Auenlandes keine Nachahmung, doch das Rauchen von Pfeifenkraut wurde bald als ihr großer Beitrag zur Zivilisation von Mittelerde gewürdigt. König Elessar, selbst ein Liebhaber des Krautes, trug nicht wenig zu seiner Verbreitung unter den Menschen bei. Die Zwerge waren durch ihr Wanderleben seit langem damit bekannt; es trifft jedoch nicht zu, daß sie Prunkpfeifen aus Mithril und anderen edlen Metallen verfertigten. Die Elben, die besten Kräuterkenner unter den Völkern von Mittelerde, scheinen dem Kraut wenig Beachtung geschenkt zu haben. In ihren Überlieferungen aus Valinor wird es nicht erwähnt. Unter den Gefährten, die sich in Bruchtal mit Frodo auf den Weg machten, waren Legolas und Boromir die einzigen Nichtraucher. Wie wir aus M. Brandybocks *Kräuterkunde des Auenlands* erfahren, war Pfeifenkraut, eine Art der Nicotiana, gegen Ende des Zweiten Zeitalters von den Númenórern nach Mittelerde gebracht worden. In Gondor hatte es sich wildwüchsig verbreitet; es hieß dort „süßes Galenas" und wurde um seiner duftenden Blüten willen geschätzt. Den Rauch der getrockneten Blätter zu inhalieren, war eine Erfindung der Hobbits, zunächst derer von Bree. Seinen Siegeszug konnte das Kraut erst antreten, nachdem Tobold Hornbläser um das Jahr 1070 A.Z. im warmen Klima des Südviertels einige vorzügliche Sorten gezogen hatte, die bald den heimischen Markt eroberten: das *Langgrundblatt*, ein blondes und süßes Kraut, das der Zauberer Saruman liebte; *Alter Tobi*, würzig und von dunkelrötlichem Farbton; und *Südstern*, eine wohlfeile Mischung aus Blättern der zweitbesten Qualität.

M. Brandybock hält es nicht für Großsprecherei, wenn man das Rauchen als eine Kunst bezeichnet. Nach dem Urteil Gandalfs befreit es den Kopf von inneren Schatten und verleiht die Geduld, Dummheiten ruhig anzuhören. Gandalf war unübertroffen in der Kunst, Rauchringe jeder Form, Größe und Farbe zu blasen und ihren Schwebeflug zu lenken.

Die Weisen von Mittelerde beschäftigte das „Kraut der Halblinge" zum ersten Mal bei einer Sitzung des Weißen Rats im Jahr 2851 D.Z. Nach einer Spöttelei Sarumans, der sich durch Gandalfs Rauchwolken belästigt fühlte, blies Gandalf, statt zu antworten, einen großen Ring in die Luft und viele kleinere hinterdrein; dann griff er mit der Hand danach, und die Ringe verschwanden. Saruman grübelte lange, ob diese Rauchringe wohl etwas mit den Ringen der Macht zu tun hätten. In aller Heimlichkeit verschaffte er sich das Kraut und probierte es selbst. Später ließ er es in großen Mengen aufkaufen, und zuletzt wurde fast die ganze Ernte des Auenlandes von seinen Gefolgsleuten konfisziert. Was wollte er nur mit all dem Kraut? Hatte er darin eine Quelle der Inspiration und der seelischen Stärkung erkannt, die er seinen Feinden nicht gönnte?

Vgl. Auenland, Gandalf, Meriadoc Brandybock, Saruman, Théoden, Tobold Hornbläser. *H*, 1; *R*, I, Prolog; III, 9; *Nachrichten*, III, iv, 3.

PHARAZÔN

(Ar-Pharazôn, „der Goldene"; Quenya: *Tar-Calion*), der letzte und mächtigste König von Númenor. Er machte sich als Heer- und Flottenführer der Númenórer in den Kriegen von Mittelerde frühzeitig einen Namen und erbeutete große Reichtümer, die er dann in Númenor freigebig verteilte. Nach dem Tod seines Vaters Gimilkhâd wurde er zum Führer der chauvinistischen Königspartei, die sich der gemäßigten Politik Tar-Palantirs widersetzte. Weil Tar-Palantir keinen Sohn hatte, folgte ihm seine Tochter Míriel nach; doch

Pharazôn zwang sie, ihn zu heiraten (wider die Sitte, denn sie war seine Cousine ersten Grades), und riß die Macht an sich (3255 Z.Z.). Als er im Jahre 3261 mit einer mächtigen Flotte in Umbar landete, Sauron zur Unterwerfung zwang und ihn als Geisel nach Númenor brachte, gingen selbst von den Getreuen viele zu ihm über. (Die Könige von Gondor stellten ihm später für diesen Sieg eine Gedenksäule auf einen Berg in der Nähe des Hafens von Umbar.) Dann aber ließ er sich von Sauron zu immer schärferen Herausforderungen der Valar aufreizen: Er verbot alle Besuche des Heiligtums auf dem Meneltarma; er ließ Sauron den Weißen Baum abhauen und an der Stelle, wo er gestanden hatte, einen Tempel Melkors errichten. Je älter er wurde, desto schwerer bedrückte ihn der Gedanke an den Tod, und Sauron konnte ihm einflüstern, in Valinor könne er sich die persönliche Unsterblichkeit sichern. Also rüstete Ar-Pharazôn die gewaltigste Kriegsflotte der alten Welt aus und fuhr, den Bann der Valar brechend, nach Westen (3319). Er setzte den Fuß auf das Land Aman und erklärte es als sein eigen, wenn niemand darum kämpfen wolle. Daraufhin wurde der Bau der Welt geändert: Númenor und seine Flotten versanken im Meer, er selbst wurde mit seinem Gefolge unter herabstürzenden Bergen begraben, und Valinor wurde aus den Kreisen der Welt (die seither rund ist) entrückt.

Vgl. Armenelos, Getreue, Gimilkhâd, Krumme Welt, Númenor, Palantir. *S*, Akallabêth; *R*, Anhänge A und B; *Nachrichten* II, iii.

PINNATH GELIN
„Die grünen Hänge", eine Hügelkette im Südwesten von Gondor. Von dort kam Hirluin der Schöne nach Minas Tirith, mit dreihundert tapferen grüngekleideten Mannen. Hirluin fiel in der Schlacht auf dem Pelennor.
Vgl. GONDOR, PELENNOR.
R, V, 1, 6.

PIPPIN
Vgl. PEREGRIN TUK.

POROS
Nebenfluß des Anduin, floß vom Schattengebirge herab und bildete die südliche Grenze von Ithilien. Die Furten des Poros, an der Stelle, wo die Harad-Straße den Fluß überquerte, waren in den Kriegen zwischen Gondor und Harad oft heiß umkämpft. Im Jahr 2885 D.Z. fielen dort die beiden Söhne König Folcwines von Rohan.
Vgl. GONDOR, HARAD, ITHILIEN; Karte S. 53.
R, Anhang A II.

QUENYA
Die Sprache der Vanyar, Noldor und Teleri, die zu Beginn des Ersten Zeitalters dem Aufruf der Valar gefolgt und nach Aman gezogen waren; daher auch als Sprache von Valinor oder Hochelbisch bezeichnet. Als die Noldor nach Mittelerde zurückkehrten und dort den Sindar begegneten, stellte sich heraus, daß sich ihre Sprachen in der langen Zeit der Trennung weit auseinander entwickelt hatten. Ihre gemeinsame Vorgängerin, das Urelbische, konnte in manchen Formen zwar erschlossen werden, war aber nicht schriftlich überliefert. Die Langlebigkeit der Sprecher trug dazu bei, daß der Sprachwandel langsamer verlief, als es in der menschlichen Sprachgeschichte zu erwarten wäre.
Quenya, dem Urelbischen näherstehend als das Sindarin, wurde nach seiner Ächtung durch Thingol in Mittelerde mehr und mehr zur Sprache der Gelehrten und der Überlieferung. Selbst die Noldorfürsten gaben ihren Namen die Sindarin-Form. Doch die Namen der Könige von Númenor wurden langezeit noch in der Quenya-Form in die Schriftrollen eingetragen, eine Tradition, die von den Erben Elendils wieder aufgenommen wurde.
„Ich bin nach dem eigenen Wohlgefallen gegangen. Die archaische Sprache der Überlieferung soll eine Art ‚Elben-Latein' sein... Im Grunde könnte man sagen, daß es auf einer lateinischen Basis komponiert ist, mit noch zwei anderen (Haupt-)Ingredienzen, die mir nun einmal ein ‚phonästhetisches' Vergnügen bereiten: Finnisch und Griechisch. Es ist jedoch weniger konsonantisch als jede dieser drei" (Tolkien).
Zu Einblicken in die Grammatik dieser Sprache reicht unsere Kenntnis nicht aus. Doch bot sie wie das Lateinische gewiß viel Freiheit in der Wortstellung, ermöglicht durch eine reiche Morphologie von Endungen und Präfixen. Worterfindungen und Komposita scheinen in ihrer Stilistik eine große Rolle gespielt zu haben. Schriftlich aufgezeichnet wurde Quenya zumeist in TENGWAR. Einen Vergleich von Quenya- und Sindarin-Wörtern bietet die Übersicht ELBENSPRACHEN.
In Quenya singt Galadriel ihr Abschiedslied in *R,* II, 8.
Vgl. NOLDOR, SINDARIN.
S, XIII-XV; *R,* Anhang F I; *Briefe,* 144, 347.

RADAGAST

Ein Istar, genannt Radagast der Braune. Er war der Maia *Aiwendil* (Quenya „Vogelfreund"), den Curumo (Saruman) zu seinem Ärger nach Mittelerde mitnehmen mußte, weil Yavanna es so wünschte. Ihn interessierte die Vogelwelt und sonst gar nichts. Saruman mißbrauchte sein ehrliches Gesicht, um Gandalf nach Isengart zu locken. Von Sarumans dunklen Plänen wußte er nichts, aber er ließ die Vögel, besonders die Krähen, für ihn spionieren. Immerhin alarmierte er auch die Adler.

Sein Wohnsitz war Rhosgobel, zwischen der Carrock-Furt und dem Düsterwald. Westlich des Nebelgebirges kannte er sich nicht aus. Das Auenland war für ihn eine wilde Gegend mit einem wunderlichen Namen. Sein späteres Schicksal ist nicht bekannt.

Vgl. MAIAR, ZAUBERER.

R, II, 2; *Nachrichten*, IV, ii.

RANGA

Númenórisches Längenmaß, ein „Schritt", entsprach ungefähr der Schrittlänge eines erwachsenen Mannes. Da die Númenórer sehr groß waren, wurde ein Ranga auf 38 englische Inches (0.965 m) geschätzt. Elendil der Lange, der selbst für einen Númenórer außergewöhnlich groß war, soll zweieinhalb Rangar gemessen haben. Zwei Rangar galten als normale Mannsgröße. Da der lange Aufenthalt in der Nähe von Aman das Größenwachstum gefördert hatte, müssen die Vorfahren der Númenórer, die Edain des Ersten Zeitalters, kleiner gewesen sein; aber auch sie galten mit Ausnahme der Haladin als groß, etwa ebenso groß wie die Noldor (die größten unter den Elben), aber schwerer und kräftiger gebaut. Die Dúnedain des Dritten Zeitalters, bei denen die Größe wieder abnahm, dürften ungefähr die gleichen Maße gehabt haben wie die Edain.

5000 Rangar waren ein LÁR oder eine númenórische Meile.

Vgl. DÚNEDAIN, EDAIN, LÁR.

S, XII, XVII; *Nachrichten*, III, i.

RÄTSEL

Rätselsprüche und Rätselspiele waren ein alter und bei allen halbwegs zivilisierten Völkern von Mittelerde hoch geachteter Brauch. Selbst Unholde wie Smaug und Gollum besannen sich auf höfliche Umgangsformen, sobald man ihnen Rätsel aufgab.

Ein Rätselspiel allerdings, wie es Bilbo und Gollum austrugen, als sie sich in den Orkstollen unterm Nebelgebirge begegneten, war eine gefährliche Sache: Der Einsatz war hoch und konnte nicht zurückgenommen werden. Es ging darum, ob Gollum den Hobbit entweder verspeiste oder ihn zum Ausgang führte. Bilbo gewann, doch nicht auf redliche Art. Seine letzte Frage: „Was habe ich in der Tasche?" war kein echtes Rätsel. Gollum konnte nicht wissen, daß es der Zauberring war, den er eben erst verloren hatte. Darum fühlte Gollum sich von Bilbo betrogen und bestohlen. Bilbo selbst hatte kein reines Gewissen: Mogeln beim Rätselwettstreit war kein Kavaliersdelikt. Außerdem fehlte ihm ein Rechtsanspruch auf den gefundenen Ring. In seinem ersten Bericht von diesem Abenteuer verdrehte er daher die Wahrheit. Er behauptete, den Ring im Rätselspiel gewonnen zu haben.

Die Rätsel, die Bilbo und Gollum sich aufgaben, waren anspruchslose Übersetzungen alter Elbenrätsel. In den elbischen Fassungen hatten die Verse die Kraft, die Erinnerung an die Lösung, die man vielleicht schon mal gehört hatte, nach einer gewissen Zeit auszulöschen. Das Rätsel konnte so immer wieder von neuem aufgegeben und gelöst werden.

Vgl. BILBO BEUTLIN, GOLLUM, MAGIE.

H, 5, 12; *R*, I, 2; Tolkien, Über Märchen (153 ff.).

Die Rauros-Fälle mit der Insel Zinnenfels. *Künstler*, 159.

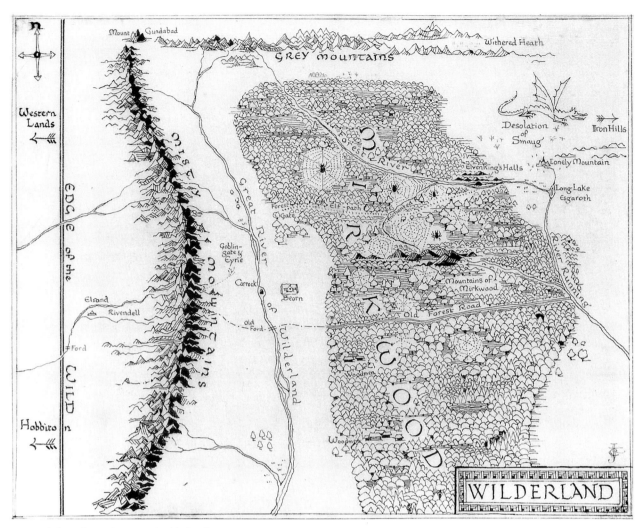

Der westliche Teil von Rhovanion (Wilderland).
Künstler, 87.

RAUROS-FÄLLE

Die Wasserfälle des Anduin beim Austritt aus den Emyn Muil. Kurz vorher erweiterte sich der Strom zu dem See von Nen Hithoel mit der Insel Zinnenfels (Tol Brandir). Rauros bedeutet im Sindarin „tosender Schaum".
R, II, 9.

REMMIRATH

(Sindarin: „Juwelennetz von Sternen"), ein Sternbild, das Frodo und seine Gefährten in der Nacht vom 24. auf den 25. September 3018 D.Z. im Osten aufsteigen sahen, etwas vor

Menelvagor (Orion), also die Plejaden oder das Siebengestirn.
R, I, 3; Anhang E.

RERIR

Ein nach Westen vorspringender Berg im Norden der Ered Luin. Dort entsprang der größere der beiden Quellflüsse des Gelion. Unter dem Südhang lag der Helevorn-See, an dessen Ufern Caranthirs Volk wohnte. Am Westhang stand Caranthirs Festung, die nach der Dagor Bragollach von den Orks eingenommen wurde. Vgl. CARANTHIR, THARGELION; Karte S. 34.
S, XIV, XVIII.

RHOVANION

Das Gebiet zwischen dem Anduin und den Flüssen Eilend und Rotwasser, vom Grauen Gebirge im Norden bis zu den Braunen Landen südlich des Düsterwalds; im Westron *Wilderland* genannt. Die Menschen von Rhovanion waren offenbar mit den Edain des Ersten Zeitalters verwandt und wurden von den Dúnedain-Königen als Verbündete respektiert. Am dichtesten bevölkert waren die Ränder des Düsterwalds, besonders im Südosten, wo durch den Holzeinschlag die sogenannte „Ostbucht" entstand. Mehrere

158

kleine Fürsten und Stammeshäuptlinge suchten Rückhalt bei Gondor, dem mächtigen Nachbarn im Südwesten. Mit ihrer Hilfe besiegte Minalcar (der spätere König Rómendacil II. von Gondor) im Jahre 1248 D.Z. ein großes Heer der Ostlinge und drang sengend und mordend nach Rhûn hinein. Rómendacil begünstigte den Fürsten Vidugavia, der sich bald König von Rhovanion nannte. Rómendacils Sohn Valacar heiratete eine Tochter Vidugavias, was in Gondor zu einem Bürgerkrieg führte, weil es einen Menschen von unreiner Abkunft auf den Thron brachte (Eldacar).

Während der Großen Pest von 1635/36, die mit einem sehr strengen Winter zusammentraf, ging mehr als die Hälfte der Bewohner von Rhovanion zugrunde. Kaum hatte das Land sich von diesen Verlusten erholt, da wurde es in den Kriegen gegen die Wagenfahrer (1851-1944 D.Z.) von neuem aufgerieben. Ein Teil der Bewohner zog sich ins nördliche Anduin-Tal zurück, manche flüchteten nach Gondor, andere wurden versklavt oder führten aus den Wäldern einen Bandenkrieg gegen die Eindringlinge. Auch nachdem Earnil die Wagenfahrer entscheidend geschlagen und vertrieben hatte, kehrten die früheren Bewohner nicht zurück.

Reste der Menschen von Rhovanion waren die Éothéod, die Beorninger und die Menschen im Königreich Thal.

Vgl. Beorn, Düsterwald, Edain, Eldacar, Éothéod, Gondor, Grosse Pest, Thal, Wagenfahrer; Karte S. 158.

H, 6, 7, 10, 14; *R*, Anhang A, I, 4; *Nachrichten*, II, ii, 1.

Rhudaur

Das nordöstliche der drei Königreiche, in die Arnor im Jahre 861 D.Z. auseinanderfiel, zwischen den Wetterbergen im Westen, dem Nebelgebirge im Osten und den Ettenöden im Norden, mitsamt dem Winkel zwischen den Flüssen Weißquell und Lautwasser. Da sich nur wenige Dúnedain dort befanden, geriet Rhudaur im Streit mit Arthedain und Cardolan schon bald unter den Einfluß von Angmar. Später war es ein verlassenes Land. Dort lagen die Trollhöhen, an denen die Reisenden vorüberkamen, wenn sie vom Auenland über die Große Oststraße nach Bruchtal wollten. Auf manchen Bergen standen noch die verfallenen Burgen, „denen man ansah, daß sie zu bösen Zwecken erbaut worden waren". Und natürlich gab es auf den Trollhöhen auch Trolle.

Vgl. Angmar, Arnor, Trolle, Trollhöhen, Wetterspitze; Karte S. 142.

H, 2; *R*, I, 12; Anhang A I, 3.

Rhûn

Sindarin „Osten": das Land östlich des Binnenmeers von Rhûn; die Grenze zu Rhovanion bildete der Fluß Carnen. Die Geschichtsschreiber von Gondor behaupteten, über die Länder und Völker dort nichts zu wissen, außer daß sie Sauron untertan seien. Aber in früherer Zeit, seit König Rómendacil II. („Ostsieger"; 1240-1366 D.Z.), reichte der Einfluß Gondors bis über das Binnenmeer hinaus. Noch um das Jahr 2000 jagte der Truchseß Vorondil in Rhûn Auerochsen (daher stammte Boromirs Horn). Esgaroth, Thal und die Zwerge vom Erebor trieben mit Rhûn Handel. Von den Völkern der „Ostlinge", die zu verschiedenen Zeiten von dort nach Westen vordrangen, wußte man, daß sie untereinander und mit ihren Nachbarn in Khand ebenso verfeindet waren wie mit Gondor.

Vgl. Balchoth, Esgaroth, Ostlinge, Rhovanion, Thal, Wagenfahrer; Karte S. 53.

H, 10; *R*, Anhang A I, 4.

Riesenspinnen

Die Spinnen, mit denen es Bilbo und die Zwerge im Düsterwald zu tun bekamen, waren zwar ungemein groß und giftig, dabei aber nur verkümmerte Nachkommen der großen Lichtfresserin Ungoliant, vor der selbst Melkor sich gefürchtet hatte. Sie und die anderen Geschöpfe in Nan Dungortheb, mit denen sie sich paarte, waren dämonische Wesen, die aus der Äußeren Dunkelheit nach Arda gekommen waren: Die mächtigen Spinnen dieser Art waren weiblich; die Männchen wurden nach Erfüllung ihres biologischen Zwecks von ihnen gefressen. Die Spinnengestalt, ursprünglich nur die ihrer Geistesart gemäße Einkleidung, wurde allmählich zur nicht mehr ablegbaren Erscheinungsform und verkleinerte sich im Laufe vieler Zeitalter bis auf ihr heutiges unscheinbares Maß.

Kankra, die Frodo und Sam in Cirith Ungol auflauerte, war das letzte Kind von Ungoliant, und schon Beren war ihr auf der Flucht aus Dorthonion begegnet. Alle Riesenspinnen lebten an dunklen Orten, am liebsten in Gebirgsschluchten, teils weil sie sich verbergen mußten, teils weil sie das wenige Licht, das dort einfiel, auffraßen. Sie dienten niemandem als sich selbst, ließen sich jedoch für die

Zwecke der Dunklen Herrscher verwenden, wenn dabei Futter für sie abfiel. Sie waren nicht sehr intelligent, verstanden aber ein wenig Sindarin oder Westron.

Vgl. Kankra, Nan Dungortheb, Ungoliant.

H, 8; *R*, IV, 9; *S*, VIII.

RINGE DER MACHT

In den ersten Jahrhunderten des Zweiten Zeitalters wanderte ein stattlicher und liebenswürdiger Herr von ungeheurem Wissen in Mittelerde umher, der mit Ratschlägen und Reichtümern nicht geizte. Bei den Menschen genoß er bald göttliche Verehrung, für die Zwerge war er ein interessanter Geschäftspartner, und nur unter den Elben trauten ihm nicht alle. Sie aber umwarb er am eifrigsten. Die Noldor von Eregion, bei denen er sich *Annatar*, der Herr der Geschenke, nannte, nahmen begierig seine Kenntnisse in der magischen Schmiedekunst auf (er behauptete, ein Schüler Aules zu sein), und ihre Juwelenschmiede, allen voran Feanors Enkel Celebrimbor, verfertigten eine Anzahl Ringe aus Gold oder Mithril, mit diversen magischen Eigenschaften, deren wichtigste die war, daß sie alle einem Herrscherring untertan waren, den Annatar heimlich für den eigenen Gebrauch schmiedete. Im übrigen bewirkten die Ringe bei ihren Besitzern viel Erfreuliches: Sie vermehrten den Reichtum der Zwerge, verlängerten das Leben der Menschen und halfen den Elben, die Wunden der Zeit abzuwehren. Die Schmiede (oder Annatar, der sie anleitete) verfolgten mit ihnen keine durchaus bösartigen, sondern zivilisatorische Absichten, und gerade dies

machte die Ringe für ihre Besitzer so wertvoll.

Als Annatar allerdings den Herrscherring gebrauchte, bemerkte es Celebrimbor und brachte die drei Elbenringe Vilya, Nenya und Narya in Sicherheit. Er erkannte nun auch, daß Annatar niemand anders was als Sauron, Morgoths mächtigster Vasall, den die Elben aus dem Ersten Zeitalter in böser Erinnerung hatten. Alle Ringe forderte Sauron für sich, da sie ohne seine Hilfe nicht hätten verfertigt werden können. Die Elben gaben die ihrigen nicht heraus, aber die anderen erbeutete Sauron, als er Eregion mit Krieg überzog (1697 Z.Z.).

Im späteren Verlauf des Zweiten Zeitalters verteilte er die Ringe unter die Zwergen- und Menschenfürsten, die er sich untertan machen wollte. Sieben Ringe gab er den Zwergen, doch mit geringem Erfolg: Sie füllten ihre Schatzkammern und wurden noch habgieriger, als sie ohnehin gewesen waren; im übrigen aber prallten alle schwarzen Künste an ihrer Dickköpfigkeit ab. Neun Ringe gab er den Menschen, und die Träger wurden die Großen ihrer Zeit: Könige, Magier, Feldherren. Sie lebten sehr lange, wurden aber allmählich zu Schatten oder Geistern und fielen unter die Macht des Herrscherrings. Man nannte sie die Nazgûl.

Im Dritten Zeitalter, als er den Herrscherring nicht mehr besaß, war Sauron bemüht, die Ringe zurückzugewinnen: Sie hätten *gegen* ihn verwendet werden können, wenn der Eine Ring seinen Feinden in die Hände fiel. Manche Zwergenringe hatten inzwischen die Drachen gefressen, andere, wie den Ring Thráins II., konnte er den Be-

sitzern wieder abnehmen. Auf welche Weise er die Nazgûl beherrschte, wissen wir nicht. Ihre Ringe trugen sie nicht mehr.

Mit der Vernichtung des Herrscherrings im Feuer des Schicksalsbergs erlosch auch die Kraft aller anderen Ringe.

Vgl. Celebrimbor, Herrscherring, Narya, Nazgûl, Nenya, Sauron, Schicksalsberg, Vilya.

S, Von den Ringen …; *R*, I, 2, II, 2.

RINGGEISTER

Vgl. Nazgûl.

RINGKRIEG

Der große Krieg am Ende des Dritten Zeitalters, in dem Sauron besiegt und Barad-dûr zerstört wurde. Gandalf nahm an, daß Sauron den Krieg im Jahre 3019 vom Zaun brach, um seine Feinde zu überwältigen, bevor sie sich darüber einigen konnten, was mit dem Herrscherring anzufangen wäre. Die Verbündeten, unter Gandalfs und Aragorns Führung, suchten ebenfalls die kriegerische Auseinandersetzung, um Sauron von ihrem wichtigsten Vorhaben abzulenken: der Vernichtung des Herrscherrings. Daß dies letztlich gelang, war für den Ausgang des Krieges entscheidend. Der Krieg spielte sich an fünf Fronten ab, im wesentlichen in den zwei Wochen vom 10. bis 25. März 3019.

1) Der Angriff zweier großer Heere aus Udûn und Minas Morgul auf Anórien und den Pelennor. Soweit sie in der Schlacht auf dem Pelennor nicht vernichtet oder vertrieben wurden, erlagen sie der Verfolgung durch Elfhelms Reiter in Anórien oder liefen den Ents von Fangorn in die Arme. Die Schlacht auf dem Pelennor fand

ihre Fortsetzung in der Schlacht vor dem Morannon.

2) Der Angriff der Korsaren von Umbar und Harad auf Pelargir und Lebennin, der damit endete, daß Aragorn die feindliche Flotte aufbrachte (11.–13. März).

3) Drei Angriffe von Dol Guldur auf Lórien (am 11., 15. und 22. März), die jeweils zurückgeschlagen wurden. Nach dem Einsturz von Barad-dûr eroberten die Elben von Lórien die Festung Dol Guldur und zerstörten sie.

4) Die „Schlacht unter den Bäumen" im nördlichen Düsterwald, wo Thranduil einen Angriff aus Dol Guldur abwehrte (15. März).

5) Die Schlacht von Thal, wo König Brand und Dáin Eisenfuß beim Angriff der Ostlinge aus Rhûn fielen (17. März). Die Festung unterm Erebor wurde jedoch gehalten und konnte sich befreien, nachdem Saurons Niederlage bekannt geworden war.

Ergebnisse des Krieges waren die Vernichtung von Saurons Reich in Mordor, die Wiederherstellung des Vereinigten Königreichs von Arnor und Gondor und das beschleunigte „Schwinden" (oder Abwandern) der Elben.

Vgl. BARAD-DÛR, DOL GULDUR, DÜSTERWALD, EREBOR, HERRSCHERRING, LÓRIEN (2), MORANNON, PELARGIR, PELENNOR, THAL, THRANDUIL, UMBAR.

R, Anhang B.

ROAC

Der Älteste der Raben vom Rabenberg, einer Anhöhe am Erebor. Er war sehr groß, vermutlich ein Kolkrabe *(corvus corax)*, kahlköpfig, fast blind und hundertdreiundfünfzig Jahre alt. Schon sein Vater Carc hatte mit den Zwergen vom Erebor in gutem Einvernehmen gelebt. Roac sprach ein gepflegtes Westron und gab Thorin Eichenschild kluge und maßvolle Ratschläge, die der Zwerg nicht befolgte. Trotzdem holten die Raben für ihn Nachrichten ein und schickten Boten zu den Zwergen in den Eisenbergen. Sie ließen sich gern mit Schmuckstücken belohnen.

Mit den Krähen, die Roac voll Verachtung als „Aaskrähen" bezeichnete, waren die Raben vom Erebor nicht verwandt.

Vgl. EREBOR, KRÄHEN, THORIN II.

H, 15.

ROHAN

Als Aragorn, Gimli und Legolas von den westlichen Ausläufern der Emyn Muil herabgestiegen kamen, standen sie plötzlich in dem Gras von Rohan. Wie ein grünes Meer erstreckte es sich vor ihnen, und im Südwesten, in etwa 90 Meilen Entfernung, erhob sich das Weiße Gebirge.

Im Norden grenzte das Land an den Wald von Fangorn, nach Osten wurde es vom Anduin begrenzt. Die Westgrenze bildete die enge Pforte von Rohan mit dem Fluß Isen. Das ganze Land war flach und wenig gegliedert, in den Niederungen der Entwasser sumpfig, besonders an ihrer verästelten Mündung in den Anduin. Der nordöstliche Teil hieß Ost-Emnet, der nordwestliche West-Emnet. Am dichtesten besiedelt war der Süden, zu Füßen des Weißen Gebirges, der sich in die Westfold (vom Isen bis zum Schneeborn) und die Ostfold gliederte, mit der Hauptstadt Edoras in der Mitte. Die Bewohner des Landes hießen die Rohirrim. Der am weitesten nordöstliche Landesteil, das Wold oder Ödland zwischen Fangorn und dem Anduin, war nahezu unbewohnt.

Rohan war bis zu seiner Abtretung an Eorl im Jahre 2510 D.Z. ein Teil von Gondor gewesen, unter dem Namen Calenardhon („Grüne Provinz"). Die frühere Bevölkerung war durch die Große Pest und den Krieg mit den Ostlingen stark dezimiert worden; die Reste hatten die Rohirrim nach Süden und Westen vertrieben, darunter auch die später so genannten Dunländer. 2758 D.Z. wurde Rohan von Westen und Osten zugleich angegriffen und bis auf die Festung Hornburg erobert; im Jahre darauf wurde es jedoch mit Unterstützung aus Gondor von den Rohirrim zurückerobert.

Politisch war Rohan durch einen Freundschafts- und Beistandspakt mit Gondor verbunden. 2885 hatte ein Heer der Rohirrim gemeinsam mit den Truppen von Gondor gegen die Haradrim gekämpft; die beiden ältesten Söhne König Folcwines von Rohan waren dabei gefallen. Im Ringkrieg kam das Heer von Rohan unter König Théoden der belagerten Stadt Minas Tirith zu Hilfe.

Die Herrscher von Rohan nannten sich die Könige der Mark und stammten von Eorl ab, der zuvor der Fürst der Éothéod gewesen war. Der König war zugleich Erster Marschall (Oberbefehlshaber) des Heeres. Seine Würde vererbte sich in der Regel auf den ältesten Sohn. Sein Palast war Meduseld, die Goldene Halle in Edoras.

Der Name Rohan bedeutete im Sindarin „Pferdeland". Die Rohirrim selbst nannten ihr Land die *Riddermark*.

Vgl. CIRION, DUNLÄNDER, EDOras, Eorl, Éothéod, Helm Hammerhand, Hornburg, Meduseld, Ringkrieg, Rohirrim, Théoden; Karte S. 53.

R, III und V passim, Anhänge A und B; *Nachrichten,* III, ii, v.

Rohirrim

Sindarin „Pferdeherren"; die in Gondor gebräuchliche Bezeichnung für die Bewohner von Rohan. Sie selbst nannten sich *Eorlingas* („Söhne Eorls"), und von ihren Feinden, den Dunländern, wurden sie als *Forgoil* (dunländisch „Flachsköpfe") bezeichnet. Sie waren die Nachkommen der Éothéod und entfernt stammverwandt mit den Dúnedain. In Rohan wohnten sie in kleinen, über das Land verstreuten Dörfern und betrieben neben anderen ländlichen Gewerben vor allem Pferdezucht. Die meisten Rohirrim waren groß, blond und blauäugig; von den Künsten, Handwerken und Wissenschaften, die in Gondor gepflegt wurden, verstanden sie nicht viel. Ihre Pferde galten als die besten in ganz Mittelerde; auch die Rappen der Schwarzen Reiter waren aus Rohan geraubt. Gefürchtet waren die Éoreds (Schwadronen) ihrer Reiterei, die mit grimmigen Stabreim-Gesängen in die Schlacht zogen. (Die Waffen allerdings stammten zumeist von Schmieden in Gondor.)

Die vornehmeren Rohirrim beherrschten das Westron. Unter sich gebrauchten sie eine altertümliche Mundart, die mit dem Adûnaischen (und mit der Mundart der Hobbits) verwandt war. Dies wird in der Wiedergabe durch altenglische Wörter und Namen angedeutet.

Vgl. Éothéod, Mearas, Rohan.

R, Anhang A II; *Nachrichten,* III, v; Tinkler, *Old English in Rohan.*

Rómenna

(Q. „ostwärts"), größter Hafen von Númenor, in der fjordartigen Bucht gleichen Namens an der Ostküste; mit der Königsstadt Armenelos durch eine gepflasterte Straße verbunden (was in Númenor sehr ungewöhnlich war). Seit der Zeit Ar-Gimilzôrs war Rómenna zugleich der Sammelplatz der Getreuen.

Vgl. Aldarion, Getreue, Gimilzôr, Númenor; Karte S. 146.

S, Akallabêth; *Nachrichten,* II.

Rotes Buch der Westmark

Das große, in rotes Leder gebundene Buch mit Bilbos Bericht über seine Fahrt zum Erebor und Frodos Erzählung vom Ringkrieg und seiner Fahrt zum Schicksalsberg, ergänzt von anderen Beteiligten. Angefügt waren drei Bände mit Bilbos Übersetzungen aus dem Elbischen, die Sagen und Überlieferungen

aus dem Ersten Zeitalter betreffend. Frodo gab die Bände vor seiner Abreise in den Westen Sam Gamdschie; der Bericht über die letzten Tage war von Sam zu ergänzen. Durch Sams Tochter Elanor kamen sie in den Besitz der Familie Schönkind von den Türmen, der Verweser der Westmark. Die Bände wurden in Untertürmen aufbewahrt und mehrfach abgeschrieben. Ein fünfter Band mit Erläuterungen, Stammbäumen und verschiedenen anderen Mitteilungen über die beteiligten Hobbits wurde dort hinzugefügt.

Die Quelle, die Professor Tolkiens Veröffentlichungen zugrunde lag, war die Abschrift einer Abschrift, angefertigt im Jahr 172 des Vierten Zeitalters von dem Hofschreiber Findegil in Minas Tirith, mit vielen Anmerkungen und Berichtigungen der Gelehrten von Gondor. Findegils Vorlage war das *Buch des Thains,* d. h. die Abschrift des Roten Buchs, die Peregrin Tuk mitgebracht hatte, als er im Jahr 64 nach Gondor kam.

Vgl. Bilbo Beutlin, Frodo Beutlin, Sam Gamdschie, Untertürmen.

R, Prolog; VI, 9.

Rothorn

Vgl. Caradhras.

SACKHEIM-BEUTLIN

Otho Beutlin war durch seine Mutter Camellia, eine geborene Sackheim, nominelles Oberhaupt der Sackheims geworden und nahm daher den Doppelnamen Sackheim-Beutlin an. Er wollte Oberhaupt beider Familien werden, und dabei war ihm Bilbo Beutlin im Wege. Bilbos unerwartete Rückkehr vom Erebor und Frodos Adoption machten Othos Hoffnungen auf das Erbe von Beutelsend zunichte.

Als Frodo aus dem Auenland fortging, verkaufte er Beutelsend an Othos Witwe Lobelia Sackheim-Beutlin, geborene Straffgürtel (die zuvor schon Bilbos silberne Löffel an sich gebracht hatte). Obwohl Lobelias Sohn Lotho „der Oberst" war, der Sarumans Leute ins Land geholt hatte, protestierte sie selbst unter Einsatz ihres Regenschirms gegen die Verwüstung von Beutelsend und kam dafür ins Gefängnis. Als sie 1420 A.Z. starb, hinterließ sie eine Stiftung für Hobbitfamilien, die bei den Unruhen ihre Heime verloren hatten.

Die Sackheim-Beutlins besaßen Pfeifenkraut-Pflanzungen und kamen dadurch zuerst in Handelsbeziehung mit Saruman.

Vgl. BEUTLIN, OBERST.

R, I, 1, 2; VI, 8, 9; *Nachrichten*, III, iv, 2, 3.

SAEROS

Ein Nando aus Arthórien, der zu Thingols angesehensten Ratgebern gehörte. Er war ein elbischer Rassist, der es mißbilligte, daß mit Túrin schon zum zweiten Mal ein Mensch nach Doriath eingelassen worden war. Er lästerte über Túrins struppiges Haar und über die Frauen in seinem Heimatland Hithlum, die angeblich nackt herumliefen. Túrin warf ihm einen Becher an den Kopf. Am nächsten Morgen lauerte Saeros ihm vor den Toren von Menegroth auf und griff ihn hinterrücks an. Túrin entwaffnete und entkleidete ihn; dann hetzte er ihn durch die Wälder – nackt wie die Frauen von Hithlum. In panischer Furcht versuchte Saeros eine Schlucht zu überspringen und stürzte zu Tode. Nellas hatte den Kampf beobachtet und bezeugte Túrins Unschuld. Doch Túrin war schon geflohen, und auch später wollte er von Verzeihung nichts hören.

Vgl. DORIATH, NANDOR, NELLAS, TÚRIN.

S, XXI; *Nachrichten*, I, ii.

SAM GAMDSCHIE

„Sam ist der am genauesten gezeichnete Charakter, der Nachfolger Bilbos aus dem ersten Buch, der echte Hobbit. Frodo ist nicht so interessant, weil er so hochgesinnt sein muß und (gewissermaßen) eine Berufung hat" (Tolkien).

Sam (oder vollständig: Samweis), der Sohn von Bilbos Gärtner Hamfast Gamdschie, hatte von Bilbo Schreiben und Lesen gelernt und manches über dessen Abenteuer gehört. Als er darum bat, Frodo auf seiner Fahrt zum Schicksalsberg begleiten zu dürfen, wollte er vor allem eines: die Elben sehen. Geschichten von den Elben hörte er am liebsten. In allen Gefahren, die er zu bestehen hat, vergaß er nie, daß er jemand war, der eine Geschichte erlebt. („Ich möchte mal wissen, in was für einer Art Geschichte wir sind.")

Als einziger Gefährte begleitete er Frodo bis zum Schicksalsberg, trug für kurze Zeit an seiner Stelle den Ring und befreite ihn aus der Gefangenschaft im Turm von Cirith Ungol. Der große, weltbewegende Krieg der Guten gegen die Bösen wurde über seinen Kopf hinweg geführt – aber ohne daß er mit Hand anlegte, wäre alles schiefgegangen. Er kämpfte nicht für den Weißen Rat oder gegen den Dunklen Herrscher, sondern für oder wider die Dinge, die ihm nahe waren: für seinen Freund Frodo und gegen den abscheulichen Gollum, für Kaninchenbraten, Bier und Pfeifenkraut, gegen die Verwüstung von Beutelsend und das Abholzen der Bäume an der Wasserauer Straße.

Sam war vor allem ein Gärtner. Von seiner Fahrt brachte er als wertvollsten Gewinn ein Kästchen Gartenerde aus Lothlórien mit, ein Geschenk mit dem Segen der Elbenfürstin Galadriel, und auf der Festwiese von Beutelsend pflanzte er einen herrlichen Mallorn.

Nach der Rückkehr heiratete Sam seine Jugendfreundin Rosie Hüttinger und bekam von ihr dreizehn Kinder. Im Jahr 1427 A.Z. wurde er zum Bürgermeister gewählt, und dieses Amt behielt er, sechsmal wiedergewählt, bis 1476. König Elessar ernannte ihn 1434 zusammen mit seinen Freunden Merry und Pippin zum Ratsherrn des Nördlichen Königreichs.

Im Jahre 1482, nach dem Tod seiner Frau Rosie, fuhr Sam auf einem Elbenschiff in den Alten Westen, nachdem er seiner Tochter Elanor in Untertürmen die von ihm vervollständigte Handschrift des Roten Buchs übergeben hatte.

Vgl. BÜRGERMEISTER VON MICHELBINGE, CIRITH UNGOL, FRODO BEUTLIN, HOBBITS, MALLORN, ROTES BUCH DER WESTMARK, SCHICKSALSBERG.

R, passim.

SARN ATHRAD

Als die Zwerge von Nogrod, mit dem Raub von Doriath beladen, wieder nach Sarn Athrad kamen und die Ufer des Gelion emporstiegen, „da erschollen aus allen Wäldern plötzlich die Elbenhörner, und von allen Seiten trafen sie die Pfeile". So begann die Schlacht bei Sarn Athrad, der Steinfurt, wo Beren den Fürsten von Nogrod erschlug und ihm das Nauglamír mit dem Silmaril wieder abnahm. Die wenigen, die dem Hinterhalt der Grünelben entkamen, wurden auf den Hängen des Dolmed-Bergs von den Ents massakriert. Die wiedergewonnenen Schätze von Doriath warf Beren in den Ascar, der hier in den Gelion einmündete.

Die Furt durchquerte den Gelion an der wichtigsten Ost-West-Verbindung von Beleriand, der Zwergenstraße.

Sarn Athrad war auch der ursprüngliche Name der Sarnfurt am Baranduin.

Vgl. ASCAR, DORIATH, GELION, NAUGLAMÍR, NOGROD, ZWERGENSTRASSE; Karte S. 34.

S, X, XXII.

SARN GEBIR

Die Stromschnellen im Anduin zwischen den westlichen Hängen der Emyn Muil, einige Meilen oberhalb der Rauros-Fälle. Am Westufer war eine Straße, auf der Boote an den Schnellen vorübergetragen werden konnten. Der Name bedeutet im Sindarin „Steindornen".

Vgl. EMYN MUIL.

R, II, 9.

SARNFURT

Der Übergang über den Baranduin an der wichtigsten südlichen Zugangsstraße zum Auenland; er wurde von den Dúnedain des Nordens aufmerksam bewacht; allerdings konnten sie die Schwarzen Reiter im September 3018 D.Z. nicht fernhalten. Von der Sarnfurt führte eine Straße nach Süden, die bald in den Grünweg einmündete.

Im Zweiten Zeitalter wurde hier (etwa 1700 Z.Z.) ein großes Orkheer von den Elben und den mit ihnen verbündeten Númenórern vernichtet.

Der Name ist eine halbe Übersetzung von Sindarin *Sarn Athrad*, „Furt der Steine" (nicht zu verwechseln mit der gleichnamigen Furt durch den Gelion).

Vgl. AUENLAND, BARANDUIN, GRÜNWEG.

R, I, 10; VI, 8; *Nachrichten*, II, iv.

SARUMAN

Der erste der Zauberer, die um das Jahr 1000 D.Z. in Mittelerde erschienen, offenbar der Oberste und Gelehrteste ihres Ordens. Er ging in weiße Gewänder gekleidet, darum Saruman der Weiße genannt, und moderierte mit glatter Zunge die Sitzungen des Weißen Rats. Er gab sich vor allem mit den Menschen ab, mit denen von Gondor, aber auch mit den Völkern im Osten, wo er lange umhergewandert war. Den Namen Saruman erhielt er erst spät von den Rohirrim; er enthält das angelsächsische Element *searu, saru*, List, Geschicklichkeit, offenbar in Entsprechung zu Sindarin *Curunír*, wie er von den Elben genannt wurde. In Gondor, wo er lange in den Archiven forschte, war er hochangesehen; darum überließ ihm der Truchseß Beren den Orthanc als Wohnsitz (2759 D.Z.). Er blieb lange loyal gegen Gondor und Rohan, aber als er merkte, daß es mit der Suche nach dem Herrscherring ernst wurde, verfolgte er seine eigenen Interessen zwischen den Fronten. Er befestigte Isengart, richtete große unterirdische Waffenschmieden ein und nahm Orks und Dunländer in seinen Dienst. In der Hoffnung, als erster den Ring zu finden, ließ er die Schwertelfelder absuchen. Es kam zu Scharmützeln zwischen den Suchtrupps aus Isengart und denen aus Mordor. Im Weißen Rat behauptete er, der Ring sei ins Meer gespült worden.

Als er es wagte, den Palantír von Orthanc zu benutzen, geriet er unter den Einfluß Saurons, der den Stein von Minas Ithil besaß. Er hoffte immer noch, sich des Rings bemächtigen zu können, stellte sich aber schon darauf ein, notfalls auch als Saurons Verbündeter und Vasall den Gang der Dinge lenken zu können. Er war ein fortschrittlicher Zauberer, dem die archaischen und feudalen Verhältnisse in Mittelerde verhaßt waren; er strebte eine Art Industrialisierung an, wie er sie im Auenland nur in Ansätzen verwirklichen konnte, weil die rückständigen Hobbits nicht mitmachten. In all dem war er mit Sauron eines Sinnes; doch war Saruman ein schmächtigerer Charakter: ein auf Abwege geratener Reformpolitiker, ohne einen Funken des satanischen Feuers, das den Dunklen Herrscher erfüllte.

Nach seiner Niederlage im Krieg mit Rohan wurde er von Gandalf aus dem Orden der Istari ausgestoßen, und sein Zauberstab wurde zerbrochen. Als auch noch seine Pläne für das Auenland fehlschlugen (bei denen er nur drittklassiges Personal eingesetzt hatte), wurde ihm von seinem maßlos frustrierten Diener Schlangenzunge die Kehle durchgeschnitten. Natürlich war Saruman kein Sterblicher, der auf diese Weise getötet werden konnte: Er war der Maia Curumo, der zum Gefolge Aules gehört hatte; immerhin aber verlor er dabei seine leibliche Hülle, und auch sein Geist war nun in Valinor nicht mehr willkommen.

Vgl. AUENLAND, HERRSCHERRING, ISENGART, MAIAR, PALANTÍRI, PFEIFENKRAUT, SCHLANGENZUNGE, WEISSER RAT, ZAUBERER. *R*, passim, besonders II, 2; III, 10; VI, 7, 8; *Nachrichten*, IV, ii.

SAURON

„Das Böse, das hier erscheint, gehört ganz der schwarzen Seite an. Es ist nicht luziferisch, leuchtet und schimmert nicht, verlockt nicht durch sinnliche Schönheit. Der Garten der Lüste gehört nicht zu ihm" (F.G. Jünger). Weil der Dunkle König so abscheulich anzusehen ist, hält er sich im Turm von Barad-dûr verborgen und tritt nie in Erscheinung. Saruman, Pippin, Aragorn und Denethor sind ihm durch einen Palantír begegnet; Círdan, Galadriel, Elrond und vielleicht auch Gandalf kennen ihn in einer seiner früheren Gestalten. Aber niemand sagt, was

Sauron.
Skizze zum Schutzumschlag für The Return of the King.
Künstler, 181.

er gesehen hat. Nur sein Lidloses Auge, das ruhelos über die Lande schweift, wird manchmal sichtbar. Er herrscht durch die Kreaturen, die von seinem Willen gelenkt werden.

Sauron, „der Abscheuliche" (Sindarin *Gorthaur*), nannten ihn zuerst die Noldor, doch war dies vermutlich nicht der Name, mit dem er sich gern anreden ließ. Als die Valar Arda einrichteten, war er ein Maia im Gefolge Aules; aber bald war er zu Melkor übergegangen, welcher der Stärkste und Schöpferischste war. Seine Bewunderung für Melkor war ehrlich; er hielt ihm durch alle Niederlagen hindurch die Treue und baute ihm in Númenor sogar einen Tempel. Allerdings hatte Sauron weder die Macht noch das Tem-

perament des großen nihilistischen Demiurgen.

Während des Ersten Zeitalters diente er seinem Herrn als Kommandant der Festungen Angband und Tol Sirion, als Oberbefehlshaber in Dorthonion und als Spezialist für die Dressur von Werwölfen. Nach seiner kläglichen Kapitulation vor Lúthien fiel er in Ungnade und mußte eine Zeitlang als Vampir in Taur-nu-Fuin herumspuken. Möglich, daß seine Loyalität dadurch erschüttert wurde; jedenfalls ergab er sich nach dem Fall von Angband bereitwillig Eonwe, dem Herold Manwes, und gelobte Besserung. Aber dann zog er es vor, sich im Osten von Mittelerde zu verstecken, statt in Valinor um Verzeihung zu betteln. Die Valar überließen Mittelerde bald wieder sich selbst, und Sauron fand Anhänger unter den wilden Menschenvölkern im Osten und Süden. Schließlich versuchte er auch die Elben von Lindon und Eregion, wo er unter dem Namen *Annatar*, „Herr der Geschenke", auftrat, für seine Pläne zu gewinnen. Die Worte, die er an sie richtete, waren aufrichtig gemeint: „Warum sollte Mittelerde ewig wüst und dunkel bleiben? … Ist es nicht unsere Pflicht, zusammen dafür zu wirken, daß es reicher werde und daß alle die Elbenvölker, die hier unbelehrt umherschweifen, sich zu jener Höhe von Macht und Wissen erheben, wie sie die anderen besitzen, die jenseits des Meeres sind?" Ähnlich wie später Saruman scheint er um Zivilisation, Fortschritt, Aufklärung bemüht gewesen zu sein. Und als er sich bereit zeigte, manche Geheimnisse der göttlichen Schmiedekunst preiszugeben, da konnten nur so konservative Fürsten wie Círdan, Gil-galad und Galadriel ihm noch widerstehen. Mit Saurons Hilfe (oder mit dem von ihm beigetragenen Geheimwissen) schufen die Schmiede von Ost-in-Edhil die Ringe der Macht, ohne zu ahnen, daß Sauron einen Herrscherring für sich selbst schuf, der alle anderen kontrollierte.

Wieviel der Eine Ring als Machtinstrument tatsächlich wert war, ist zweifelhaft. In den Kriegen des Zweiten Zeitalters scheint er Sauron nicht viel genützt zu haben. Um den Ring zu schaffen, hatte er sich eines Großteils seiner dämonischen Energie entäußert; sie steckte nun in dem Ring und fehlte ihm anderswo. Zuerst unterlag er in Eriador der vereinten Macht Gil-galads und der Númenórer

(1693-1701 Z.Z.); dann mußte er sich Ar-Pharazôn gefangen geben und als Geisel nach Númenor gehen (3262-3319 Z.Z.); und schließlich wurde er, mit dem Ring am Finger, von Gilgalad und Elendil im Kampf überwunden und mußte den Ring (mitsamt Finger) hergeben. Wieder verlor er seine Gestalt, die schon seit der Katastrophe von Númenor schlimm genug war, und mußte langezeit als körperloser Schatten durch die Wildnisse des Ostens huschen.

Mordor, den westlichen Vorposten seiner Macht, mußte er aufgeben, doch seine Festung Barad-dûr, deren Grundmauern mit der Kraft des Ringes erbaut waren, konnte nur oberflächlich geschleift werden. Um das Jahr 1000 D.Z. hatte er wieder eine Gestalt (wenn auch keine sehr ansehnliche) und begann, die Festung Dol Guldur aufzubauen. Erstaunlich war, daß die Nazgûl ihm die Treue hielten, obwohl er den Ring, durch den er sie angeblich beherrschte, nicht mehr besaß. Der Hexenkönig von Angmar, sein wichtigster Agent im Westen, vernichtete die drei nördlichen Königreiche der Dúnedain; zugleich mußte Gondor, durch Kriege mit seinen südlichen und östlichen Nachbarn geschwächt, die Bewachung von Mordor aufgeben. Sauron hielt sich weiter verborgen, und es blieb lange ungewiß, ob er der Nekromant war, der sich in Dol Guldur festgesetzt hatte. Als er durch den Weißen Rat von dort vertrieben wurde, ging er nach Mordor, baute Barad-dûr wieder auf und begann zu rüsten.

Seit langem hatte er nach dem Ring suchen lassen, und irgendwann in den Jahren 3009 bis

3017 erfuhr er von Gollum, daß er gefunden worden war und sich bei einem gewissen Beutlin im Auenland befand. Die Nazgûl, die er nach dem Ring ausschickte, brauchten merkwürdig lange, um das Auenland zu finden, und verfehlten ihre Aufgabe kläglich. Nun griff er schleunigst an allen Fronten seine Feinde an: Er wollte ihnen keine Zeit lassen, den Ring gegen ihn zu verwenden.

Auf den Gedanken, daß sie den Ring vernichten könnten, kam er nicht; dies wäre ihm als sinnlose Zerstörung eines kostbaren Gutes erschienen. Von einem anderen Dunklen Herrscher verdrängt oder unterworfen zu werden, hätte er leichter ertragen.

Nach dem Einsturz von Baraddûr am Ende des Ringkrieges blieb von Sauron nur ein Schatten des Bösen. Weil aber das Gute unvermeidlich die Menschen langweilt, kamen bald nachher im Vierten Zeitalter unter den Jugendlichen mancherlei Geheimbünde auf, die Sauron in dunklen Riten verehrten. Vgl. Barad-dûr, Celebrimbor, Dol Guldur, Herrscherring, Lidloses Auge, Maiar, Melkor, Mordor, Nazgûl, Orks, Ringe der Macht, Schwarze Sprache.

R, passim; *S*, passim, besonders: Von den Ringen …; *Briefe*, 338; *HME 10*, VII (394 ff.).

Saurons Mund

Der Befehlshaber von Barad-dûr, ein Schwarzer Númenórer. Er war so alt, daß er seinen Namen vergessen hatte. Er stand hoch in Saurons Gunst und hatte bei ihm die große Hexerei studiert. Aber Höflichkeit hatte er nicht gelernt. Er kam vor der Schlacht am Morannon als Unterhändler

hervorgeritten und forderte, unter Vorweis von Frodos Panzerhemd und Elbenmantel, das Heer des Westens zur Kapitulation auf.
Vgl. Barad-dûr, Morannon.
R, V, 10.

Schagrat

Der Hauptmann der Orks im Turm von Cirith Ungol, wo Frodo gefangengehalten wurde. Aus Angst vor Kankra und den Nazgûl tat er treu seine Pflicht. Als seine Leute mit denen Gorbags handgemein wurden, brachte er Frodos Elbenmantel und das Mithril-Panzerhemd in Sicherheit.
Vgl. Cirith Ungol, Orks.
R, IV, 10; VI, 1.

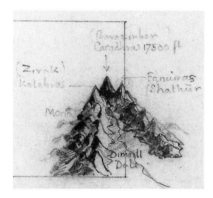

Das Schattenbachtal.
Künstler, 158.

Schattenbachtal

Vgl. Azanulbizar.

Schattenfell

Ein silbergrauer Hengst vom Stamm der Mearas, das edelste aller Rösser von Rohan. Ausgerechnet ihn nahm Gandalf, als König Théoden ihn aufforderte, sich ein Pferd auszusuchen und möglichst schnell aus Rohan zu verschwinden.
Auf Schattenfell ritt Gandalf in den Ringkrieg. Bevor er den Hengst besteigen konnte, muß-te er lange mit ihm reden; dann willigte der stolze Mearh ein, ihn zu tragen. Sattel und Zaumzeug ließ er sich nicht anlegen, aber er gab acht, daß der Zauberer, der kein allzu guter Reiter war, nicht herunterfiel. Deshalb ging er meistens nur im Trab und war dann immer noch so schnell wie andere Pferde im Galopp.
Schattenfell kam über weite Entfernungen herbei, wenn Gandalf in Gedanken nach ihm rief. Die Strecke von den Furten des Isen bis Minas Tirith (ca. 400 Meilen) legte er in vier Nächten zurück. Gandalf nahm ihn mit auf die Heimfahrt in den Alten Westen.
Vgl. Gandalf, Mearas.
R, II, 2; III, 5; V, 1.

Schattengebirge

(Sindarin *Ephel Dúath*, „Zaun des Schattens"), das kahle, steile Felsengebirge, das die Westgrenze von Mordor bildete. Im Norden schloß sich, in östlicher Richtung abbiegend, das Aschengebirge an. Dank den Meereswinden von Süden war das Gebirge sogar auf der Ostseite nicht völlig trocken; es hatte einen dünnen Bewuchs von Disteln und Dorngestrüpp. Die wichtigsten Pässe waren Cirith Gorgor im Norden (am Morannon) und Cirith Ungol oberhalb des Morgul-Tals.
Das Gebirge bestand aus zwei parallel verlaufenden Ketten. Die innere und niedrigere hieß der *Morgai* („schwarzer Stachelzaun"). Durch das Tal zwischen den beiden Kämmen wanderten Frodo und Sam nach Norden. Selbst die zahlreichen Fliegen dort schienen das Zeichen des Lidlosen Auges zu tragen.
Vgl. Mordor; Karte S. 53.
R, VI, 1.

Schicksalsberg

(Sindarin *Amon Amarth*): So nannten die Dúnedain von Gondor den *Orodruin*, den „rotflammenden Berg" in Mordor, als er gegen Ende des Zweiten Zeitalters von neuem Rauchwolken ausstieß. Daran erkannten sie, daß Sauron dem Untergang von Númenor entkommen war. Der Vulkan stand, etwa fünfzehnhundert Meter hoch, in der Ebene von Gorgoroth westlich von Barad-dûr. Sam Gamdschie sah ihn in voller Tätigkeit, als er bei Cirith Ungol von der Höhe des Ephel Dúath nach Mordor hinabblickte: „ein großer glühender Brand; und von ihm stieg in gewaltigen Säulen ein wirbelnder Rauch auf, dunkelrot an seinem Ausgangspunkt und oben schwarz … Dann und wann wurden die Schlote weit unterhalb seines Aschenkegels heiß und stießen unter großem Brodeln und Beben Ströme von geschmolzenem Fels aus Spalten an seinen Flanken. Einige flossen lodernd in großen Rinnen in Richtung auf Barad-dûr; einige bahnten sich ihren Weg in die steinige Ebene, bis sie sich abkühlten und wie verzerrte Drachengestalten liegenblieben…"
Als die Hobbits den Berg erstiegen, kamen sie auf die gepflasterte Straße, die von Barad-dûr zu den Feuerkammern, den *Sammath Naur*, führte. Diese befanden sich im Vulkankegel, ein Stück weit unterhalb des Kraters. Das Tor lag auf der Ostseite, in Blickrichtung des Lidlosen Auges. Hier war ein Stollen in den Kegel hineingetrieben, bis zu den Spalten, aus denen das Feuer der Schicksalsklüfte hochzüngelte. Darin hatte Sauron einst den Herrscherring geschmiedet, und nur in diesem

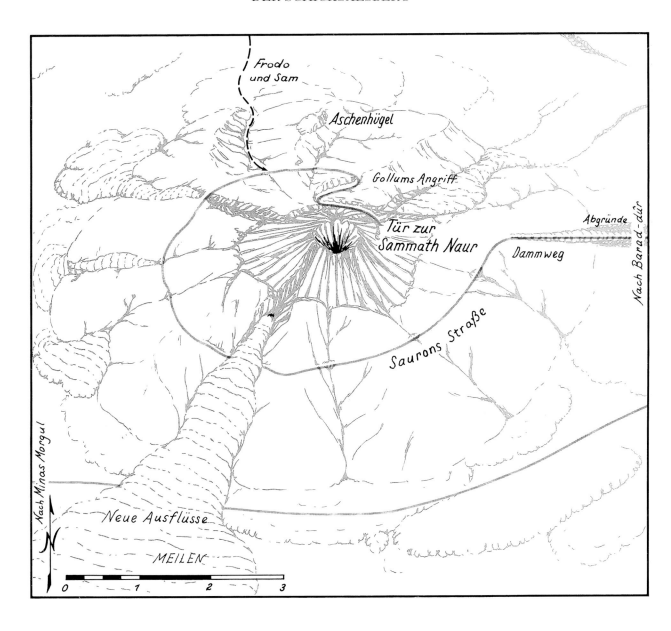

Feuer konnte der Ring vernichtet werden.

Saurons Macht über den Vulkan war in den Ring eingeschlossen, und als der Ring dem Feuer wiedergegeben wurde, entlud sich der Vulkan in einem gewaltigen Ausbruch. Barad-dûr stürzte ein, und die Nazgûl verglühten am Himmel.

Vgl. Barad-dûr, Herrscherring, Sauron, Karte s. o.

R, VI, 1-4; Anhang A; S, Von den Ringen …

Schlacht bei Grünfeld

Bis zur Schlacht von Wasserau (1419 A.Z.) mußten die Hobbits nur einmal auf dem Boden des Auenlandes ihre Kriegstüchtigkeit beweisen. Eine Orkbande vom Gramberg drang im Jahr 1147 A.Z. von Norden ins Auenland ein und wurde bei Grünfeld (im Nordviertel) von Bandobras Tuk, genannt „Stierbrüller", dem jüngeren Sohn des Thains Isumbras III., vernichtend geschlagen.

Der Bericht über dieses Treffen klingt wie eine Biertisch-Legende; vielleicht war es nur eine Wirtshausschlägerei zwischen Einheimischen und Fremden. Stierbrüller Tuk soll dabei dem König der Orks, der *Golfimbul* hieß, mit einer hölzernen Keule den Kopf abgeschlagen haben, der hundert Meter weit flog und in ein Kaninchenloch fiel. (So wurde das Golfspiel erfunden.)

Vgl. Hobbits.

H, 1; R, Prolog; Anhang B.

SCHLACHT DER FÜNF HEERE

Niemand konnte in Mittelerde einen Drachen töten, ohne daß es Streit mit den Zwergen gab, die Anspruch auf den Hort erhoben. So auch im Jahr 2941 D.Z. am Erebor, nachdem Smaug von Bard erschossen worden war. Dort standen sich zunächst die Zwerge unter Thorin Eichenschild mit den Menschen von Thal und Esgaroth unter Bards Führung und den Waldelben unter König Thranduil gegenüber. Bard forderte ein Zwölftel des Drachenhorts, was Thorin verweigerte. Ein Heer von fünfhundert Zwergen aus den Eisenbergen unter Dáin Eisenfuß kam Thorins kleiner Schar zu Hilfe. Obwohl Gandalf und Bilbo zu vermitteln suchten, wäre der Ausbruch von Feindseligkeiten unvermeidlich gewesen. Aber da marschierte plötzlich von Norden ein Orkheer auf den Plan, das sich seit langem bei Gundabad gesammelt hatte. Hätte ihr Anführer Bolg seine Truppen nur ein paar Stunden länger zurückgehalten, hätten seine Feinde sich gegenseitig aufgerieben. Nun aber machten sie sofort gemeinsam Front gegen den Erzfeind und konnten dank besserer Bewaffnung, höherer Kriegstüchtigkeit und Kampfmoral und dank ihrem Stellungsvorteil am Berg der Übermacht der Orks eine Zeitlang standhalten.

Auch die Tierwelt nahm an der Schlacht teil. Die Orks brachten Fledermäuse mit (eine Art psychologischer Kriegführung), außerdem Wölfe und Warge. Zugunsten der Verbündeten wurde das Treffen erst durch die Adler und den Berserker Beorn entschieden, der in Bärengestalt mit Bolg und seiner Leibwache kurzen Prozeß machte.

Die Schlacht der fünf Heere: Die Adler kommen.
Künstler, 138.

Etwa drei Viertel der Orks wurden getötet (Gefangene wurden nicht gemacht). Auch die Verbündeten hatten schwere Verluste. Thorin Eichenschild fiel, und Dáin Eisenfuß wurde König unter dem Berg. Die in der Not bewährte Waffenbrüderschaft trug viel zur Aussöhnung zwischen Zwergen, Elben und Menschen bei. Sauron sah sich durch diese Niederlage (und durch den etwa gleichzeitigen Angriff des Weißen Rats auf Dol Guldur) genötigt, seine Eroberungspläne im Norden zurückzustellen und seine Kräfte in Mordor zu konzentrieren.

Vgl. ADLER, BARD, BEORN, BOLG, DÁIN II., EREBOR, SMAUG, THORIN II., THRANDUIL, WÖLFE.
H, 15-18; *R*, Anhänge A und B.

SCHLANGENZUNGE

Der Spitzname für *Gríma* (altenglisch „Maske"), König Théodens vertrautesten Ratgeber. Er unterhielt eine geheime Verbindung zu Saruman. Dem König redete er Krankheiten ein, die nur zu heilen wären, wenn er sich nicht mehr von seinem Thron rührte, Licht und frische Luft vermied und die lästigen Staatsgeschäfte seinem treuen Diener Gríma überließ. Es kam soweit, daß der König mit seinen Marschällen nicht mehr selbst sprach, sondern ihnen seine Anordnungen durch Gríma mitteilen ließ. (Zum Glück für das Land wurden die Anordnungen daher nur noch selten befolgt.)

Als Schlangenzunge sich Éowyn unsittlich zu nähern versuchte, wurde er von ihrem Bruder Éomer in Edoras mit der Waffe bedroht. Seitdem bemühte er sich, Éomer beim König zu diskreditieren.

Nachdem Gandalf ihn mit Donner und Blitz enttarnt hatte, begab sich Schlangenzunge zu

169

Saruman. Er folgte dem abgehalfterten Zauberer, der ihn behandelte wie einen Hund. Auf Sarumans Befehl ermordete er den „Oberst" Lotho Sackheim-Beutlin. Nach der Befreiung des Auenlands fand er eine Gelegenheit zur Rache: Er schnitt Saruman die Kehle durch. Dann starb er unter den Pfeilen der Hobbits.

Vgl. Rohan, Saruman, Théoden.

R, III, 6; VI, 7, 8.

Schwarze Reiter
Vgl. Nazgûl.

Schwarze Sprache
In der Zeit, als Sauron die Noldor von Eregion für sich einzunehmen versuchte, ging ihm der penetrante Wohllaut der Elbensprachen auf die Nerven. Darum erfand er eine eigene Sprache voller Pfeif-, Zisch- und Gurgellaute, mit Vokalen, unter denen das dumpfe *a* und das lange *u* vorherrschten, während das *e* völlig ausfiel. Sie sollte dem Gestrüpp der Ork-Dialekte ein Ende machen und den Verkehr zwischen allen Völkern, die ihm dienten, erleichtern; doch daraus wurde nichts. Anscheinend taugte die neue Sprache besser zum Ausdruck großer weltverwüstender Gedanken als zur Verständigung über die schäbigen Angelegenheiten der Orks. Die Inschrift auf dem Herrscherring ist das erste (und einzige) literarische Zeugnis, das uns in ihr erhalten ist: Ein Reimpaar, das unvermeidlich in der Übersetzung viel von der Wucht seiner fauchenden Dissonanzen verliert, aber immer noch von großer Energie und Prägnanz. Im übrigen kennen wir nur noch ein paar Namen und Wörter aus den Reden der Orks.

Nach Saurons Niederlage im Krieg des Letzten Bündnisses geriet die Schwarze Sprache in Vergessenheit, und spätere Versuche, sie wieder aufleben zu lassen, sahen nach Altertümelei und Traditionspflege aus, die mit Saurons fortschrittlichen Absichten schwer vereinbar waren. Zur Zeit des Ringkrieges war sie nur noch wenigen geläufig: den Nazgûl (aber mit ihnen verständigte sich Sauron meist nonverbal), manchen Personen in Saurons nächster Umgebung und manchen gebildeten Orkhäuptlingen (doch davon gab es nicht viele). Allein die Bergtrolle gebrauchten sie ausschließlich (aber Bergtrolle sprachen sehr wenig).

Zuletzt schien sich die Schwarze Sprache in Richtung auf eine Sakralsprache zu entwickeln: Sauron ließ durchblicken, daß er als Gottheit verehrt zu werden wünschte. Es ist unbekannt, wie viele Worte und Wendungen daraus in die schwarzen Kulte des Vierten Zeitalters eingegangen sind.

Vgl. Elbensprachen, Herrscherring, Orks, Sauron.

R, Anhang F.

Schwarzer Heermeister
Einst der Hexenkönig von Angmar, der Fürst der Ringgeister, die Nummer Eins in der Hierarchie von Mordor. Als er am Tor von Minas Tirith seine schwarze Kapuze zurückschlug, sah man, daß er eine Königskrone trug, aber sie saß nicht auf einem sichtbaren Kopf. In Angmar, als er die Dúnedain-Königreiche im Norden vernichtete, war er als Alleinherrscher aufgetreten, ohne daß seine Verbindung mit Dol Guldur erkannt wurde; doch seither arbeitete er enger mit seinen acht schwarzen Genossen zusammen. Sein Stammsitz war Minas Morgul, das er im Jahr 2002 D.Z. erobert hatte. Er war größer als die anderen acht, weniger wasserscheu und weniger tagblind; allerdings hatte er keinen so scharfen Geruchssinn wie Khamûl. Während der Fahndung nach dem Ring im Auenland überwachte er die Gegend zwischen Bree und den Hügelgräberhöhen, während andere schwarze Reiter bei den Hobbits nach Beutlin fragten. An der Verspätung des Unternehmens trug er einige Mitschuld: Obwohl das Auenland doch in einem Gebiet lag, das er von Angmar aus schon einmal erobert hatte, brauchte er sehr viel Zeit, um es zu finden.

Nach der Schlacht bei Fornost (1975 D.Z.) hatte Glorfindel prophezeit, der Hexenkönig werde „von keines Mannes Hand" fallen. Wahrscheinlich kannte auch er diese Weissagung, denn er war verdutzt, als sich Éowyn auf dem Pelennor als Frau zu erkennen gab. Und weil seine Augen nicht gut genug waren, um den Hobbit Merry zu sehen, der sich herangeschlichen hatte und ihm von hinten ins Knie stach, konnte Éowyn ihr Schwert irgendwo zwischen Krone und Mantel ins Ziel bringen. Mantel und Panzerhemd fielen leer zu Boden; „und ein Schrei stieg auf in die erbebende Luft und verklang zu einem schrillen Klagelaut, den der Wind davontrug."

Vgl. Angmar, Minas Morgul, Nazgûl, Pelennor.

R, I, 11; V, 4, 6; Anhang A I; *Nachrichten*, III, iv, 1, 2.

Schwertelfelder
(Sindarin *Loeg Ningloron*), ein Sumpfgebiet an der Mündung des reißenden Schwertelflusses

(Sîr Ninglor) in den Anduin. Der Anduin schlängelte sich hier durch ein Gewirr von Inseln und Teichen, dicht bewachsen mit Schilf, Binsen und Schwertlilien. An der Quelle des Schwertel führte ein Paß über das Nebelgebirge.

Isildur, der im zweiten Jahr des Dritten Zeitalters östlich des Anduin mit einem Gefolge von zweihundert Bewaffneten nach Norden marschierte, hatte den Rand der Schwertelfelder eben passiert, als er von Orks angegriffen wurde. Seine Begleiter und seine Söhne fielen; er selbst steckte den Ring auf den Finger und versuchte zu fliehen. Beim Durchschwimmen des Flusses wurde er von der starken Strömung in die Schilfdickichte am westlichen Ufer getrieben, verlor den Ring und wurde von den Pfeilen der Orks getroffen. Sauron, Saruman und auch die Elben aus Bruchtal und Lórien ließen das Gebiet später absuchen, aber den Ring fanden etwa im Jahr 2460 zwei fischende Hobbits von den Starren.

Vgl. GOLLUM, HERRSCHERRING, ISILDUR; Karte S. 142/43.

R, I, 2; II, 3; *Nachrichten*, III, i.

SILBERLAUF

Ein Fluß, der im Schattenbachtal entsprang und durch Lórien in den Anduin floß. Frodo und seine Gefährten folgten seinem Lauf bis zur Einmündung des Nimrodel.

Im Sindarin hieß der Fluß *Celebrant*, im Khuzdul *Kibil-nâla*. Das Gebiet südlich des Flusses bis zum Limklar war in früherer Zeit bewaldet und galt als ein Teil von Lórien, das hier mit dem Wald von Fangorn zusammentraf. Zur Zeit des Ringkrieges war es ein ödes Grasland und wurde als Ebene des Celeb-

rant *(Parth Celebrant)* bezeichnet. Hier war im Jahre 2510 D.Z. Eorl der Junge mit seinen Reitern aus dem Norden einem Heer Gondors zu Hilfe gekommen und hatte die aus dem Osten eingedrungenen Balchoth besiegt (Schlacht auf der Ebene des Celebrant).

Vgl. BALCHOTH, EORL, LÓRIEN (2); Karte S. 142/43.

R, II, 6, 9; Anhänge A und B; *Nachrichten*, III, ii.

SILMARIL

Die drei künstlichen Edelsteine, die Feanor schuf, um das Licht der Zwei Bäume, das älter war als Sonne und Mond, für immer darin zu verwahren. Die Steine waren aus einem unzerbrechlichen Kristall, dessen Zusammensetzung Feanor allein kannte. Er nannte es *Silima* und die Steine die *Silmarilli* (Quenya, von der urelbischen Wurzel *thil-*, leuchten). Sie leuchteten mit einem starken eigenen Licht und gaben von außen einfallendes Licht mit Farbveränderungen zurück. Varda weihte sie, und keine unreine Hand durfte sie fortan berühren. (Melkor versengte sich die Finger, als er sie stahl.) Mandos gab ihnen einen Spruch mit auf den Weg: Die Geschicke von Arda, von Land, Meer und Luft lägen in ihnen beschlossen. Feanor trug sie zuerst bei Festlichkeiten an der Stirn, dann hielt er sie in seiner Schatzkammer unter strengem Verschluß.

Warum erregten diese Steine soviel Begehrlichkeit? Feanor und seine Söhne, Melkor, Thingol, die Naugrim: alle waren sie zu den unvernünftigsten Handlungen bereit, um sich einen Silmaril anzueignen. Selbst Beren, der alle Schätze von Doriath in einen Fluß warf, behielt doch

den Silmaril zurück. Dabei waren die Steine keine Macht- oder Zauberwerkzeuge wie Saurons Ringe; sie waren zu gar nichts nütze. Aber seit der Vernichtung der Zwei Bäume waren sie das einzige Andenken an das unbesudelte Licht.

Melkor begehrte sie als das edelste Wahrzeichen der Schöpfung, die er zu schänden und zu vernichten gedachte; darum raubte er sie und setzte sie zum Hohn in seine eiserne Krone. Immer noch war er ein Vala und dachte nicht wie ein Machtpolitiker; sonst hätte er auf die Steine verzichtet. Durch ihren Raub brachte er die Noldor gegen sich auf, die einzigen, die seine Herrschaft in Mittelerde zu stören vermochten. Mit dem Reich des Guten in Valinor hätte das Reich des Bösen sonst friedlich koexistiert. So aber beschwor Melkor Verwicklungen herauf, die mit seinem Sturz endeten.

Feanors Söhne konnten die Silmaril nicht wiedergewinnen, denn die Steine, die ihren eigenen Willen hatten, kehrten heim in die Elemente, aus denen sie hervorgegangen waren. Der eine, den Beren aus Angband geholt und den Earendil nach Valinor gebracht hatte, wurde als Abendstern an den Himmel erhoben; mit dem zweiten stürzte Maedhros sich in einen Vulkan; und den dritten warf Maglor ins Meer.

Weil die Silmaril den wichtigsten Anlaß der Kriege von Beleriand bildeten, wurden diese Kriege auch die „Juwelenkriege" genannt, und die Sammlung der Erzählungen aus dem Ersten Zeitalter, in denen von ihnen berichtet wird, hieß *Quenta Silmarillion*, die Geschichte von den Silmaril, eine von Bilbo Beutlins Übersetzungen aus dem Elbischen, die im Roten Buch der Westmark enthalten waren.

Vgl. Beleriand, Feanor, Maedhros, Maglor, Mandos, Melkor, Unverlöschliche Flamme, Zwei Bäume.

S, passim, besonders VII, XIX, XXIII, XXIV; *R*, Prolog.

Sindar

Die Grauelben, so genannt von den aus Aman zurückgekehrten Noldor, weil sie weder „Lichtelben“ (Calaquendi), noch „Dunkelelben“ (Moriquendi) waren; manchmal auch „Elben der Dämmerung“. *Sindar* (Singular *Sinda*) war ein Quenya-Wort, wurde aber von den Sindar übernommen, wenn es darum ging, sich von den Noldor abzugrenzen. Im übrigen bezeichneten die Sindar sich selbst nur als *Edhil* (Singular *Edhel*), „Elben“. Die Sindar waren im wesentlichen die in Mittelerde zurückgebliebenen Teleri, von denen die meisten während des Ersten Zeitalters in Doriath und an den Falas lebten. Sie alle, auch über die Grenzen von Doriath hinaus, gehorchten König Thingol. Sein Höhlenpalast Menegroth war der Mittelpunkt der Sindar-Kultur, deren technische Voraussetzungen hauptsächlich von den Zwergen beigebracht wurden. Gegenüber den Noldor waren die Sindar das beschränktere und weniger regsame, aber auch das lebensklügere Volk. Einer ihrer Gelehrten, Daeron, erfand das Schriftsystem der Cirth; doch wurde davon im eigenen Volk wenig Gebrauch gemacht. Die Sindar liebten Beleriand, so wie sie es kannten, und fürchteten in jeder Änderung nur den Verfall. Sie sangen und zechten viel; und am Hof von Menegroth war ein Krieger wie Túrin lächerlich, weil er nicht nach der Mode frisiert war. Am Krieg gegen Morgoth beteiligten die Sindar sich zurückhaltend. Sie hatten nicht die Illusion, ihn besiegen zu können, und waren froh, daß Melians Grenzgürtel das Schlimmste von ihnen fernhielt.

Nach der Vernichtung von Doriath und Beleriand fuhren viele Sindar in den Alten Westen; viele vereinigten sich mit den Noldor und Nandor in Lindon und weiter im Osten. Ihre Sprache, das Sindarin, war während des ganzen Ersten und Zweiten Zeitalters die Verkehrssprache von Mittelerde.

Vgl. Beleriand, Doriath, Elbensprachen, Menegroth, Sindarin, Teleri, Thingol.

S, X, passim.

Sindarin

Die Sprache der Sindar, das Grauelbische, so wie es sich im Ersten Zeitalter unter den im Westen von Mittelerde zurückgebliebenen Teleri herausbildete. Unter den wechselhafteren Verhältnissen dort veränderte es sich rascher als das Quenya von Valinor; es machte vielerlei mundartliche Abwandlungen durch und nahm dabei Elemente aus den Nandor-Sprachen auf, die es allmählich verdrängte. (Die Elben von Lórien sprachen einen solchen Sindarin-Dialekt, den Frodo nicht verstand.) Im Ersten Zeitalter wurde Sindarin auch von den aus Aman zurückgekehrten Noldor und von den Edain für den alltäglichen Gebrauch übernommen, teils neben, teils anstelle der eigenen Sprache. Es wurde unter den Gebildeten in Númenor gesprochen und ebenso unter den reinblütigen Dúnedain in Mittelerde. Es übte einen starken Einfluß auf das Adûnaïsche aus und wurde erst im Dritten Zeitalter als allgemeine Verkehrssprache durch das Westron verdrängt.

Vom Quenya unterscheidet sich das Sindarin durch die meist konsonantischen Wortendungen, durch die Beibehaltung der urelbischen Spiranten *th* und *dh* (die im Quenya zu *s* wurden), durch den Gebrauch von *y* als Vokal (mit dem Lautwert *ü*) statt als Konsonant *(j)* und durch Verschiebungen mancher Lautgruppen. Es ist weniger vokal- und silbenreich, von etwas rauherem Wohlklang als Quenya. (Es sollte im Klangcharakter dem Walisischen ähnlich sein, weil dies dem „keltischen Typ“ der Sagen und Geschichten entsprach, die von den Grauelben erzählt wurden.)

Die Buchstaben *th* bezeichnen in allen Sindarin-Wörtern den stimmlosen (wie in englisch *thorn*), *dh* den stimmhaften Reibelaut (wie in engl. *though*).

Für die schriftliche Aufzeichnung des Sindarin hatte Daeron von Doriath frühzeitig die Cirth oder „Runen“ erfunden, doch gaben die Sindar später gewöhnlich den feanorischen Tengwar den Vorzug.

Vgl. Cirth, Elbensprachen, Quenya, Sindar, Teleri, Tengwar.

S, XIII-XV, Anhang; *R*, Anhänge E und F; *Briefe*, 144, 347.

Sirannon

Ein Bach, der am Westtor von Moria entsprang und nach Westen floß, bis er in den Glanduin mündete. Am Nordufer des Baches entlang führte die alte Straße nach Ost-in-Edhil. Als die Ringgemeinschaft am 13. Januar 3019 D.Z. die Straße erreichte, fand sie den Bach ausgetrocknet. Das Wasser hatte sich zu dem See gestaut, in dem der Wächter lauerte.

Sirannon bedeutet im Sindarin „Torbach".

Vgl. EREGION, MORIA, WÄCHTER IM WASSER.

R, II, 4.

SIRION

Der große Strom von Beleriand durchfloß auf seinem einhundertdreißig Lár weiten Weg von Norden nach Süden eine wechselvolle Folge von Landschaften: Er entsprang bei Eithel Sirion, am Osthang der Ered Wethrin, nahm im Fenn von Serech den Rivil auf und stürzte dann, von vielen Bergbächen gespeist, durch das enge Tal zwischen Mithrim und Dorthonion (Tal und Paß des Sirion). In Beleriand strömte er zwischen Brethil und Doriath hindurch, bis in die sumpfige Niederung von Aelin-uial, wo er sich in viele träge dahinfließende Arme aufteilte. Gleich darauf stürzte er plötzlich den Wall von Andram hinab, verschwand unter der Erde und kam 15 km weiter südlich mit Getöse wieder zum Vorschein. Dies waren die Fälle und die „Pforten des Sirion". Von dort an floß er gemächlich durch die Weidengebüsche von Nan-tathren und mündete in einem breit verästelten Delta voller Schilfwälder in die Bucht von Balar. Bis dorthin waren Morgoths Heere nie vorgedrungen; darum sammelten sich hier gegen Ende des Ersten Zeitalters die Flüchtlinge aus allen Gegenden Beleriands, vor allem aus Gondolin und Doriath.

Die größten Nebenflüsse des Sirion waren Teiglin und Narog von Westen, Esgalduin und Aros von Osten. Die wichtigste Furt

Das Sirion-Tal.
Blick von Süden auf die Festung Tol Sirion, am Horizont Thangorodrim.
Künstler, 55.

war die *Brithiach*, nördlich von Brethil, an der Zwergenstraße. Brücken gab es bei Tol Sirion und nördlich der Esgalduin-Mündung in Doriath.

Der Name Sirion bedeutet nichts anderes als „Fluß".

Vgl. BELERIAND; Karte S. 34.

S, XIV.

SMAUG

Der Drache, den der Meisterdieb Bilbo Beutlin bestehlen sollte. Im Jahr 2770 D.Z. hatte er die Zwerge aus ihren Hallen unter dem Erebor vertrieben, und nun lag er seit hundertsiebzig Jahren auf den geraubten Schätzen und erfreute sich seines Reichtums (mit dem er

sonst nicht viel anfangen konnte). Wehmütig gedachte er der tapferen Krieger von einst, die er gefressen hatte und denen nun, wie er meinte, niemand mehr gleichkam. Im Gespräch mit Bilbo erwies er sich als ein kluger und lebenserfahrener Kontrahent, der sich durch die Rätselreden des Hobbits nicht verwirren ließ und ihm manches entlockte, das Bilbo besser für sich behalten hätte. Allerdings war er empfänglich für Schmeicheleien – „O Smaug, du entsetzlichste aller Katastrophen!" – und zeigte prahlerisch seinen mit Gold und Diamanten überkrusteten Bauch, an dem eine ungeschützte Stelle war.

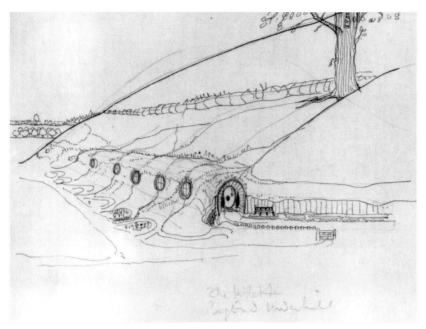

Die Smials von Beutelsend.
Künstler, 90.

Im Unterschied zu seinem Vorfahren Glaurung war Smaug ein ganz und gar eigensinniger Drache, der von niemandem Befehle annahm. Er war mit den handfesten Genüssen der Habgier und der Zerstörung zufrieden. Er stammte von den geflügelten Feuerdrachen ab, die sich nach dem Fall der Thangorodrim in die Einöden des Nordens geflüchtet hatten. Seine Ausdünstungen waren übelriechend, aber nicht giftig. Bevor er durch Bards Pfeil den Tod fand, zerstörte er die Stadt Esgaroth. Die Vögel verbreiteten rasch die Nachricht von seinem Tod, und alle am Drachenhort Interessierten trafen sich bald darauf am Erebor in der Schlacht der fünf Heere.

Ebenso wie Glaurung wurde Smaug wegen seines rotglühenden inneren Feuers auch „der Goldene" genannt. Der Name Smaug jedoch ist von dem germanischen Verb *smugan*, „durch ein Loch drücken", abgeleitet („ein schlechter Philologenwitz", meinte Tolkien).
Vgl. Bard, Drachen, Glaurung.
H, 12-14; *R*, Anhänge A und B.

Sméagol
Vgl. Gollum.

Smials
Die Höhlenbauten der Hobbits, meist in den unteren Teil eines Hügels eingegraben. Diese Bauweise hatte in der Frühzeit der Hobbitvölker den Vorteil der Unauffälligkeit; sie wurde aber auch unter den gesicherten Lebensverhältnissen im Auenland beibehalten und kultiviert. Große Smials, in denen manchmal über hundert Personen lebten, bestanden aus einer Vielzahl von Tunnels und Stollen, die in Serpentinen um den Hügel herumführten, jedoch nie sehr hoch hinauf, denn die Hobbits lebten gern zu ebener Erde. Treppen wurden daher vermie-

den. Wände und Decken waren gerundet, geglättet und – bei wohlhabenden Hobbits – holzgetäfelt; die Fußböden gekachelt und mit Teppichen ausgelegt. Die besten Wohnräume lagen an der Außenseite und hatten runde Fenster. Im Innern waren die Smials für Hobbits geräumig, für Menschen aber zu eng und niedrig, außerdem vollgestopft mit Schmuck, Zierat, Geburtstagsgeschenken und Mathoms aller Art.

Die Ansehnlichkeit eines Smials wurde nach der Zahl seiner Fenster bemessen: Das große Brandyschloß in Bockenburg hatte deren hundert. Manche sehr ärmlichen Smials hatten nur ein oder gar kein Fenster.

Smials wurden von sehr wohlhabenden und von sehr armen Hobbits bevorzugt. Wo das Gelände den Höhlenbau nicht erlaubte, gab man sich mit Häusern aus Holz oder Stein zufrieden. Aber auch diese hatten manche Merkmale der Smials: runde Türen und Fenster, nach außen gewölbte Wände und Dächer. Mehrstöckige Häuser bauten die Hobbits nicht.
Vgl. Auenland, Brandyschloss, Buckelstadt, Hobbits.
R, Prolog; I, 4; *H*, 1.

Snaga
Ein kleiner, flinker Ork aus der Wachmannschaft von Cirith Ungol, der Sam für einen großen Elbenkrieger hielt und die Flucht ergriff. Bei ihrer nächsten Begegnung haute ihm Sam eine Hand ab, und Snaga stürzte durch eine offene Falltür.
„Snaga" hießen viele Orks: Es war kein echter Name, sondern eine verächtliche Anrede und bedeutete soviel wie „Sklave".
Vgl. Orks.
R, VI, 1.

174

STARRE

Einer der drei Hobbitstämme; lebte an den Ufern des Anduin und zog um 1150 D.Z. über den Rothorn-Paß nach Westen, teils in den Winkel zwischen Weißquell und Lautwasser, teils bis nach Dunland in die Gegend um Tharbad. Ein Teil wanderte um 1356 zurück an den Anduin in der Nähe der Schwertel-Mündung. Ihr späteres Schicksal ist nicht bekannt; zur Zeit des Ringkrieges lebten sie nicht mehr dort. (Aus dieser Gruppe stammte Gollum.) Die meisten zogen um 1630 D.Z. aus Dunland nach Nordwesten und vereinigten sich mit den Hobbits im Auenland. Dort ließen sie sich vor allem im Bruchland am Baranduin nieder. (Der Bauer Maggot war einer von ihnen.) Die Starren waren von kräftigerem, breiterem Körperbau als die anderen Hobbits. Sie wohnten am liebsten in flachem Land und an Flußufern. Sie hatten wenig Scheu vor dem Umgang mit Menschen.

Vgl. GOLLUM, HOBBITS, MAGGOT, SCHWERTELFELDER.

R, Prolog; I, 2; Anhang B.

STICH

Das kleine Elbenschwert aus Gondolin, das Bilbo aus der Trollhöhle mitnahm (eigentlich eher ein Messer), manchmal auch mit „Stachel" wiedergegeben. Ebenso wie Glamdring und Orkrist schimmerte es blau, wenn Orks in der Nähe waren. Den Namen gab ihm Bilbo bei dem Gefecht mit den Spinnen im Düsterwald. Gegen Spinnen erwies es sich auch später als besonders wirksam: Sam verwendete es gegen Kankra. Bilbo gab es Frodo, zusammen mit dem Mithril-Hemd; Frodo überließ es Sam an der Grenze von Mordor.

Vgl. BILBO BEUTLIN, SAM GAMDSCHIE, RIESENSPINNEN.

H, 3, 8; *R*, II, 33; IV, 10.

TAG OHNE MORGEN

„Es war der Morgen des achtzehnten Súlime, der Tag, als wir von Dunharg nach Mundburg aufbrachen [der 10. März 3019 D.Z.]. Wir weckten den Holbytla, und er wollte nicht glauben, daß es schon Tag war; so dunkel war es. Der wetterkundige Wídfara sagte, das sei keine gewöhnliche Wolke. Eine dicke, gefräßige Finsternis war es, die alle Dinge stumpf und grau werden ließ."

Die gleiche Wolke sah Pippin vom Schwarzen Land nach Westen ziehen, als er am selben Vormittag in seiner neuen schwarzsilbernen Hoftracht auf den Mauern der Veste von Minas Tirith stand. Frodo und Sam, die in Ithilien unter einer Ginsterhecke versteckt lagen, sahen im Osten gewaltige Dämpfe aufsteigen. Manchmal hörte man von fern ein Dröhnen, und der Boden bebte. Es war schwül, doch nicht warm. Am Nachmittag erzwang das Heer aus Udûn den Flußübergang bei Cair Andros. Der Ringkrieg begann. Die Schmieden von Mordor arbeiteten, was das Zeug hielt. Als Wettermacher übertraf sich Sauron an diesem Tag selbst. Aber ein paar Tage später schlug das Wetter um. Eine leichte Brise von Süden zog herauf, mit einem Hauch von Seetang. Ghân-buri-Ghân und Wídfara rochen es als erste.
Vgl. Barad-dûr, Ringkrieg, Truchsessen-Kalender.
R, IV, 7; V, 1, 3, 5; Anhang B.

TALATH DIRNEN

Die „bewachte Ebene" zwischen den Flüssen Teiglin und Narog: ein hügeliges, dünn bewaldetes Land, in dem die Elben von Nargothrond ein dichtes Netz von Patrouillen und gut getarnten Wachtposten unterhielten, um Fremde gar nicht erst in die Nähe ihrer Stadt kommen zu lassen. Als Beren sich von Doriath auf den Weg nach Nargothrond machte, war er gewarnt: Die Posten verfuhren meistens nach der Regel „Erst schießen, dann fragen". Obwohl er niemanden sah, mußte er immerzu Barahirs Ring in die Höhe halten und die Reinheit seiner Absichten beteuern, sonst wäre er nicht weit gekommen. Durch die Ebene führte eine Straße von Nargothrond zum Sirion-Paß, die an den Teiglin-Stegen von den Haladin gesichert wurde. Auf diesem Wege kam Glaurung, als er vor seinem Angriff auf Nargothrond die Ebene mit Bränden verwüstete.
Vgl. Nargothrond, Teiglin; Karte S. 34.
S, XIX, XXI.

TAR-

Quenya „hoch, edel": den Namen der Könige von Númenor vorangestellt, bevor es durch den adúnaïschen Titel Ar- ersetzt wurde.
Vgl. z. B. Tar-Aldarion unter Aldarion.

TAUR-IM-DUINATH

„Der Wald zwischen den Strömen": das wilde Land mit dichten Wäldern, südlich des Andram, zwischen der Mündung des Sirion und dem Gelion; niemand bis auf ein paar wandernde Dunkelelben betrat es.
Vgl. Karte S. 34.
S, XIV.

TAUR-NU-FUIN

Sindarin: „Wald unter dem Nachtschatten"; späterer Name für Dorthonion; auch für Düsterwald.

TAWARWAITH

Sindarin „Waldvolk": die Waldelben aus dem Düsterwald.

TEIGLIN

Ein schnellfließender Fluß in West-Beleriand, entsprang mit drei Quellflüssen an den Südosthängen der Ered Wethrin, nahm die Zuflüsse Glithui und Malduin auf und mündete im Süden von Brethil in den Sirion. Die Teiglin-Stege an der Straße nach Nargothrond wurden von den Haladin bewacht und verteidigt, manchmal mit Hilfe der Grenzwachen von Doriath, doch ohne jede Unterstützung aus Nargothrond. An den Teiglin-Schluchten, die sich der Fluß durch das Hochland von Brethil gebahnt hatte, fand die Geschichte von Túrin, Niënor und dem Drachen Glaurung ihr trauriges Ende.
Vgl. Brethil, Cabed-en-Aras, Glaurung, Haladin, Túrin; Karte S. 34.

TELCHAR

Der berühmte Waffenschmied von Nogrod, lieferte wie sein Lehrmeister Gamil Zirak viele Stücke für König Thingols Rüstkammer. Er fertigte den Drachenhelm von Dor-lómin, Berens Messer Angrist und Elendils Schwert Narsil. Obwohl Telchar mit dem Dunkelelben

Eol Erfahrungen austauschte, hatten seine Arbeiten keine magischen Eigenschaften. Sie waren aus gutem, gehärtetem Stahl und mit Runen beschriftet, die jeden Zauber zunichte machten. Vgl. ANGRIST, DRACHENHELM VON DOR-LÓMIN, EOL, MAGIE, NARSIL, NOGROD.
S, X, XIX; *R*, III, 6; *Nachrichten*, I, ii.

TELERI

Quenya „die Letzten", so genannt von den vorausgehenden Vanyar und Noldor; die dritte und größte Gruppe der Elben auf dem Zug von Cuiviénen nach Aman. Sie selbst nannten sich *Lindar*, die Sänger. Sie hatten es nicht so eilig, mit Orome nach Valinor zu gehen, und als sie an das Nebelgebirge kamen, wandte sich ein Teil von ihnen, geführt von Lenwe, nach Süden und zog das Tal des Anduin hinab. Später gingen auch sie nach Westen und ließen sich in den Wäldern von Ossiriand nieder. Die Waldelben des Dritten Zeitalters stammten von ihnen ab.

Die beiden anderen Gruppen der Teleri, die von Elwe und seinem Bruder Olwe angeführt wurden, machten eine Weile in Beleriand am Gelion halt. Als Ulmo die Noldor und Vanyar auf einer entwurzelten Insel übers Meer brachte, waren die Teleri noch nicht bis an die Küste gelangt. Viele Jahre später, als Ulmo ein zweites Mal kam, um die Teleri zu holen, waren ihnen das sternbeschienene Beleriand und besonders die Meeresküsten so lieb geworden, daß sie zögerten, sie zu verlassen. Olwes Schar trat schließlich die Überfahrt an, ließ sich aber auch in Aman nur an der Küste nieder, zuerst auf Tol Eressea, dann in der Bucht von Eldamar, wo sie sich den Hafen Alqualon-

de erbauten. Eine andere Gruppe wurde von Osse und Uinen (sicherlich im Einverständnis mit Ulmo) überredet, an den Westküsten von Mittelerde zu bleiben. Dies waren die See-Elben oder *Falathrim*, die sich in den Häfen Brithombar und Eglarest sammelten, und ihr Anführer war Círdan. Die Freunde und Gefolgsleute Elwes blieben zurück, weil ihr Anführer seit langem in den Wäldern verschollen war und sie immer noch nach ihm suchten. Als er nach vielen Jahren wieder zum Vorschein kam, brachte er Melian als seine Gattin mit. Er gründete das Königreich Doriath in den Wäldern von Region und Neldoreth. Als König Thingol wurde er der höchste Fürst aller Teleri von Mittelerde.

Unterdessen lebten die Teleri von Aman am Rande des Paradieses, wo sie sowohl das Licht der Bäume als auch die Sterne sehen konnten. Osse hatte ihnen gezeigt, wie man weiße Schiffe baut. Zuerst mußten sie von Schwänen gezogen werden, aber mit der Zeit lernten sie auch segeln, befuhren die Bucht von Eldamar und fischten Unmengen von Perlen aus dem Meer, um die Straßen von Alqualonde damit zu pflastern. Dieses friedliche Volk überfielen die Noldor: Sie raubten ihnen die Schiffe, um damit aus dem verdunkelten Valinor nach Mittelerde überzusetzen. Viele Teleri wurden erschlagen, und Mandos bestrafte die Noldor mit einem prophetischen Fluch. Die Nachricht sickerte nach Mittelerde durch und gab Thingol Grund, von den Noldor Abstand zu halten.

Die Noldor nannten die Teleri von Beleriand die *Sindar* oder Grauelben, weil sie ihnen zuerst

im nebligen Hithlum begegnet waren.
Vgl. ALQUALONDE, ELBEN, FALAS, NANDOR, SINDAR, THINGOL, TOL ERESSEA, WALDELBEN.
S, III-V, XIV.

TELPERION

Der ältere der Zwei Bäume von Valinor, auf dem Hügel Ezellohar in Valmar. Der Name bedeutet im Quenya „der Silbrige"; auch *Silpion* („Dämmerglanz") oder *Ninquelóte* („weiße Blüte") genannt. Seine Blätter waren auf der Oberseite dunkelgrün, von unten silbergrau; „aus seinen unzähligen Blüten troff immerzu ein Tau von silbernem Licht herab". Aus Telperions Tau machte Varda die Sterne, aus seiner letzten Blüte den Mond. In Tirion ließ Yavanna einen Baum wachsen, der wie ein verkleinertes Abbild Telperions war, aber nicht leuchtete. Dieser hieß Galathilion, und aus seinen Schößlingen gingen die Weißen Bäume von Eressea, Númenor und Gondor hervor. König Turgon von Gondolin schmiedete ein Abbild Telperions, dessen Blüten aus Silber waren, und nannte es Belthil („Götterglanz").
Vgl. NARSILION, WEISSE BÄUME, ZWEI BÄUME.
S, I, III, XI, XV, Akallabêth; *R*, VI, 5; *HME 4*, VI.

TENGWAR

„Buchstaben": Die von Rúmil für das Quenya erfundene und von Feanor verbesserte Schrift, die allmählich in ganz Mittelerde übernommen wurde. Die Tengwar erlaubten beim Schreiben mit Pinsel oder Feder einen flüssigeren Bewegungsablauf als die Certar, doch wurden sie in etwas eckigeren Formen auch für Inschriften verwendet. Man nannte sie auch die feanorische Schrift oder Elbenschrift (im Unterschied zu den Zwergenrunen oder Angerthas Moria).

Die vierundzwanzig Grundbuchstaben der Schrift sind Abwandlungen eines einfachen Zeichenschemas: ein Stamm *(telco)* mit oder ohne Ober- und Unterlänge plus einem einfachen oder doppelten, rechts oder links angesetzten Bogen *(lúva)*. Sie sind angeordnet in vier Spalten *(témar)* zu je sechs Stufen *(tyeller)*. Die sechs Zeichen in einer Spalte gehören nach der Artikulationsstelle (z. B. Dentale), die vier in einer Stufe nach Artikulationsweise (z. B. stimmhaft) zusammen.

Alle Tengwar bezeichneten für das Quenya ursprünglich nur Konsonanten. Die Vokale wurden durch diakritische Zeichen *(tehtar)* über dem vorangehenden Konsonanten angegeben: *a* durch drei Punkte oder ein Zirkumflex (oder auch, weil es im Quenya der häufigste Vokal war, überhaupt nicht); *e* durch einen Akut; *i* durch einen Punkt; *o* und *u* durch nach rechts oder links offene Kringel. (Art und Bedeutung dieser Zeichen waren jedoch in den einzelnen Schreibweisen verschieden.) Im Dritten Zeitalter wurden oft auch für die Vokale Buchstaben eingeführt.

Bei der Verwendung für andere Sprachen (Sindarin, Adûnaïsch, Westron oder die Schwarze Sprache) wurden die Tengwar deren Erfordernissen angepaßt. Besonders die Zeichen der Spalten III und IV wurden für vielerlei andere Laute verwendet. Im Quenya spielten z. B. die Nasale eine große Rolle, während im Westron die Palatale vielfältiger abgestuft waren. Die Zeichen der Spalten I (Dentale)

	I	II	III	IV
1	1	2	3	4
2	5	6	7	8
3	9	10	11	12
4	13	14	15	16
5	17	18	19	20
6	21	22	23	24
	25	26	27	28
	29	30	31	32
	33	34	35	36

1) *tinco*, Metall, *t*. 2) *parma*, Buch, *p*. 3) *calma*, Lampe, *k*. 4) *quesse*, Feder, *kw*. 5) *ando*, Tor, *nd* im Quenya, sonst *d*. 6) *umbar*, Schicksal, *mb* im Quenya, sonst *b*. 7) *anga*, Eisen, *ng* im Quenya, sonst *g*. 8) *ungwe*, Spinnennetz, *(n)gw*. 9) *thúle (súle)*, Geist, im Quenya stimmloses *s*, Sindarin stimmloses (englisches) *th*. 10) *formen*, Norden, *f*. 11) *harma*, Schatz, *ch*; später *aha*, Zorn, für *h*, wenn im Anlaut. 12) *hwesta*, Brise, *(c)hw*. 13) *anto*, Mund, *nt* im Quenya, sonst oft *dh* (stimmhaftes engl. *th*). 14) *ampa*, Haken, *mp* im Quenya, sonst oft *v* (deutsches *w*). 15) *anca*, Kiefer, *nk (sch)*. 16) *unque*, Mulde, *nkw (schw)*. 17) *númen*, Westen, *n*. 18) *malta*, Gold, *m*. 19) *noldo (ngoldo)*, ein Noldo, *ng*, später *n* im Anlaut. 20) *nwalme (ngwalme)*, Folter, *n(g)w*. 21) *óre*, Herz, Gemüt, schwaches (ungerolltes) *r*. 22) *vala*, Gott, Engel, halbvokalisches (englisches) *w*. 23) *anna*, Geschenk, Quenya *nn*, sonst meist *j*. 24) *vilya (wilya)*, Luft, *w*. 25) *rómen*, Osten, Zungen-*r*. 26) *arda*, Reich, *rd* (oder *rh*). 27) *lambe*, Zunge, *l*. 28) *alda*, Baum, *ld (lh)*. 29) *silme*, Sternenlicht, *s*. 30) *silme nuquerna*, umgestülptes *s*, gleichbedeutend mit 29), Raum lassend für diakritische Zeichen. 31) *áre (áze)*, Sonnenlicht, *z (ts?)*, später *esse*, Name, *ss*. 32) *áre* (oder *esse*) *nuquerna*, umgestülptes *ss*. 33) *hyarmen*, Süden, ursprünglich ein schwächeres *(c)h*, im Dritten Zeitalter *h*. 34) *hwesta sindarinwa*, eine mit Rücksicht auf das Sindarin eingeführte Variante zu 12), stimmloses *w (hw)*. 35) *yanta*, Brücke, halbvokalisches *y (j)*. 36) *úre*, Hitze, halbvokalisches *w*.

und II (Labiale) blieben zumeist gleich.

Die zusätzlichen Buchstaben (25-36) waren bis auf 25 und 27 Modifikationen zu den Grundbuchstaben. Der Lautwert ist nicht in allen Fällen ganz deutlich.

Jeder Buchstabe hatte einen Namen, in der Regel ein Quenya-Wort, das mit diesem Buchstaben anfing oder in dem er vorkam. In der obenstehenden Übersicht werden außer diesen Namen auch die Lautwerte in deutschen (oder englischen) Entsprechungen angegeben. Die Quenya-Namen wurden auch in den anderen Sprachen beibehalten.

Die Buchstaben ഝ (*númen*, Westen), ⅄ (*hyarmen*, Süden), ϒ (*rómen*, Osten) und ℎ (*formen*, Norden) waren bei allen Völkern von Mittelerde, unabhängig von der Sprache, als Zeichen für die Himmelsrichtungen bekannt.

R, Anhang E.

THAL

Eine Stadt der Nordmenschen, die östlich des Düsterwalds zwischen den Flüssen Eilend und Rotwasser lebten. Im Unterschied zu Esgaroth war Thal ein Königtum. Die Stadt lag vor dem Haupttor der Zwergenhallen von Erebor und erlangte durch den Handel und Austausch mit den Zwergen Bedeutung. Als der Drache Smaug den Erebor eroberte, wurde auch Thal zerstört und sein König Girion getötet (2770 D.Z.). Viele der Überlebenden flohen nach Esgaroth. Seit 2942 D.Z. wurde Thal von dem Drachentöter König Bard wieder aufgebaut. Die Macht der Könige von Thal reichte bis weit in den Süden und Osten.

Im Ringkrieg wurde Thal von einem großen Heer der Ostlinge angegriffen. Die Stadt mußte preisgegeben werden, aber die Verteidiger verschanzten sich zusammen mit den Zwergen in den Erebor-Hallen. Bei der Nachricht vom Zusammenbruch Barad-dûrs machten die Belagerten einen Ausfall und zerstreuten ihre demoralisierten Feinde. König Brand von Thal und der Zwergenkönig Dáin Eisenfuß fielen im Kampf an den Toren des Erebor.

Im Vierten Zeitalter blieb Thal ein selbständiges Königreich, im Bündnis mit dem wiedervereinigten Königreich des Westens.

Vgl. BARD, EREBOR, RHOVANION, RINGKRIEG, SMAUG.

H, 12, 14; *R*, Anhänge A und B.

THANGORODRIM

S. „Berge der Tyrannei“: die drei Gipfel, die Morgoth über dem Südtor von Angband aus Schlacken und Grabungsschutt aufrichten ließ. Niemand hat gemessen, wie hoch sie waren, aber sie waren über die ganze Ebene von Ard-galen hin zu sehen. Sie stießen mächtige Wolken von stinkendem Rauch aus; waren also eigentlich nicht so sehr Berge als Fabrikschlote. In der Großen Schlacht am Ende des Ersten Zeitalters zerbrachen sie, als der Flügeldrache Ancalagon auf sie herabstürzte.

Der Name Thangorodrim wurde oft als gleichbedeutend mit Angband aufgefaßt.

Vgl. ANGBAND.

S, IX, XIV, XXIV.

THARBAD

Auf dem Weg von Minas Tirith nach Bruchtal verlor Boromir sein Pferd beim Übergang über die Grauflut an der Furt von Tharbad. Die Furt, aus den Trümmern einer alten, bei der großen Überschwemmung von 2912 D.Z. eingestürzten Brücke gebildet, war schwer passierbar, wenn der Fluß viel Wasser führte. Zur Zeit der beiden Dúnedain-Königreiche von Arnor und Gondor führten über Tharbad die zwei wichtigsten Verbindungswege: die alte Nord-Süd-Straße (der Grünweg) und der Seeweg über Lond Daer, denn die Grauflut war bis Tharbad hinauf schiffbar. Das Gebiet um Tharbad war sumpfig, und die Straße mußte über lange Dämme geführt werden. Bis zum Ende des siebzehnten Jahrhunderts D.Z. unterhielten beide Königreiche dort eine Garnison von Soldaten, Seeleuten und Technikern. Seit der Großen Pest von 1636 D.Z. wurden diese Anlagen vernachlässigt. Bei der Überschwemmung von 2912 wurde Tharbad zerstört und von den letzten Bewohnern verlassen.

Tharbad bedeutet im Sindarin „Übergang“.

Vgl. GRAUFLUT, GRÜNWEG; Karte S. 53.

R, II, 8; Anhang B; *Nachrichten*, II, ivD.

THARGELION

„Land jenseits des Gelion“: so nannten die Noldor die bewaldete Ebene zwischen dem Gelion und den Ered Luin, nördlich des Ascar; bei den Sindar hatte das Land vorher *Talath Rhúnen*, „östliche Ebene“ geheißen. In Thargelion hatte sich Caranthir niedergelassen; sein Volk wohnte hauptsächlich in der Gegend um den Helevorn-See und den Rerir-Berg im Norden des Landes. (Daher auch *Dor Caranthir*, „Caranthirs Land“). Weiter im Süden wohnten die Haladin eine Zeitlang, bevor sie nach Brethil weiterzogen. Da die Zwergenstraße durch sein Gebiet führte, erhob Caranthir bei Sarn Athrad einen Wegzoll und kontrollierte den Handel von Nogrod und Belegost mit Beleriand. Nach der Dagor Bragollach wurde Thargelion von den Orks überrannt und von den Noldor verlassen. Vgl. Beleriand, Caranthir, Zwergenstrasse; Karte S. 34. *S*, XIV, XVII, XVIII.

Théoden

Der siebzehnte König von Rohan, Sohn Thengels und Morwens von Lossarnach; folgte 2980 D.Z. im Alter von 32 Jahren seinem Vater auf dem Thron nach. Sein Ratgeber Gríma, der heimlich bei Saruman im Sold stand, trieb ihn unter dem Vorwand der Gesundheitsfürsorge in die frühzeitige Senilität. Aber nachdem Gandalf ihn am 2. März 3019 kuriert hatte, machte er als König eine gute Figur. Er führte das Heer der Rohirrim in die Schlachten bei der Hornburg und auf dem Pelennor. Ein stattlicher alter Herr mit langem weißem Haar und Bart, deklamierte er mit lauter Stimme ein paar anfeuernde Stabreime, dann stieß er gewaltig in sein Horn und preschte auf seinem weißen Roß Schneemähne der ersten Éored voran. Den Häuptling der Haradrim streckte er nieder, und das Banner von Rohan, ein weißes Pferd im grünen Feld, wehte über der ganzen Nordhälfte des Pelennor. Aber dann senkte sich ein Schatten auf die Rohrrim herab, die Pferde gingen durch, und Schneemähne stürzte, von einem schwarzen Pfeil getroffen, und begrub den König unter sich.

Bevor er starb, bedauerte Théoden, nie eine Pfeife mit dem Kraut der Halblinge geraucht zu haben. „Niemals werde ich nun mit dir in Meduseld sitzen und deiner Kräuterkunde lauschen", sagte er zu Merry. Der Hobbit war so erschüttert, daß er eine Zeitlang daran dachte, das Rauchen aufzugeben.

Théodens Sohn Théodred war drei Wochen zuvor an den Furten des Isen gefallen. Daher wurde nun Éomer König, Théodens Neffe.

Der Name Théoden bedeutet im Altenglischen „Fürst, König". In den Annalen von Rohan wurde der König als *Théoden Ednew* („der Wiedererstarkte") bezeichnet.

Vgl. Éomer, Éowyn, Hornburg, Pelennor, Rohan, Schlangenzunge, Schwarzer Heermeister.

R, III, 6-10; V, 5/6; Anhang A II.

Thingol

S. „Graumantel" (*Elu Thingol*, von Quenya *Elwe Singollo* oder *Sindacollo*), der König von Doriath, eine mächtige Hintergrundfigur der Erzählungen aus dem Ersten Zeitalter, bisweilen aber auch im Mittelpunkt des Geschehens: als Melians Gatte, Lúthiens Vater, Túrins Pflegevater und Besitzer eines Silmaril. Er war einer der drei Botschafter, die Orome zuerst von Cuivénen nach Aman brachte, damit sie das gesegnete Land in Augenschein nehmen und den Eldar raten konnten, dort hinzuziehen. Als er die Teleri nach Westen führte, begegnete ihm im Wald von Nan Elmoth die Maia Melian und versetzte ihn in einen Liebesrausch, der viele Jahre anhielt. Als Elwe (Thingol) wieder unter sein Volk kam, waren die meisten Teleri mit seinem Bruder Olwe schon nach Aman gefahren. Er blieb mit Melian in Mittelerde zurück, und alle Sindar von Beleriand erkannten ihn als obersten Fürsten an. Als einziger Sinda hatte er Valinor noch im Licht der Zwei Bäume gesehen und wurde daher zu den Calaquendi gezählt.

Melians Ratschläge und der Banngürtel, den sie um Doriath legte, halfen ihm lange, sein Reich vor den Gefahren von Mittelerde zu schützen. An den Kriegen gegen Morgoth beteiligte er sich nur einmal: an der ersten Schlacht, bei der die Grünelben von Ossiriand die Hauptlast zu tragen hatten. So hatte Doriath unter Thingols Herrschaft mehr als fünfhundert Jahre lang Frieden. Dennoch waren Thingols Waffenkammern wohlgefüllt, vor allem mit Erzeugnissen aus Nogrod und Belegost, und er unterhielt starke Grenzwachen, die unter ihren fähigen Hauptleuten Mablung und Beleg auch Dimbar und Brethil verteidigen halfen. Thingols Höhlenpalast Menegroth war als Festung angelegt, konnte sich in dieser Eigenschaft aber nie bewähren. Thingol selbst, ein sehr großer, silberhaariger Elb, scheint nicht sehr kriegerisch gewesen zu sein; doch war sein Schwert *Aranrúth* („Königsgrimm"), das später in den Besitz der Könige von Númenor gelangte, sicherlich keine Zeremonialwaffe. Andere edle Klingen wurden den Getreuen des Königs als Auszeichnung verliehen.

Als er von dem Sippenmord an den Teleri von Alqualonde erfuhr, verbot er Feanors Söhnen, Doriath zu betreten; mit Finarfins Kindern dagegen (Finrod, Galadriel, Angrod und Aegnor) hielt er Freundschaft. Die Sprache der Noldor, Quenya, erklärte er für ganz Beleriand als geächtet.

Nachdem er durch Beren in den Besitz eines Silmaril gelangt war, mahnten Feanors Söhne die Herausgabe des Steins an. Mit verletzenden Worten lehnte er ab. Melian riet zum Nachgeben. Für den Silmaril hätte er jeden Preis fordern können; warum verhandelte er nicht? Habgier – nach „Schätzen" – war ihm nicht fremd, aber kommerziell dachte er nicht.

Er ließ den Stein in das Nauglamír einfassen. Die Zwerge, denen er die Arbeit aufgetragen hatte, suchten und fanden Gründe, das fertige Stück für sich zu fordern. In den Werkstätten von Menegroth fielen bittere Worte. Thingol beschimpfte sie königlich, und die Zwerge schlugen ihn tot. Zwei der Mörder entkamen nach Nogrod, und der Krieg der Zwerge gegen Doriath begann. Noch im Dritten Zeitalter stritt man darüber, wer schuld gewesen war. Melian ging aus Doriath fort, und ihr Banngürtel wurde aufgehoben. Unter Thingols Enkel Dior erlebte Menegroth noch eine kurze Nachblüte.

Vgl. Beren, Dior, Doriath, Melian, Menegroth, Nauglamír, Silmaril, Sindar, Teleri.
S, IV, X, XV, XIX, XXII.

Thorin I.

König der Zwerge vom Erebor (2035-2289 D.Z.), Sohn Thráins I., zog vom Erebor weiter nordwärts ins Graue Gebirge, erschloß dort Erzlagerstätten und bekam Schwierigkeiten mit den Drachen.

Vgl. Erebor.
R, Anhang A III.

Thorin II.

König der Zwerge von Durins Volk (2746-2941 D.Z.), Sohn Thráins II.; *Thorin Eichenschild* genannt, seit er in der Schlacht im Schattenbachtal seinen zerhauenen Schild durch einen Eichenast ersetzt hatte. Im Exil nach der Vertreibung der Zwerge vom Erebor, zuerst in Dunland, dann in den Blauen Bergen, kam er durch Handel mit Eisenwaren zu mäßigem Wohlstand. Das aber konnte den Erben der Könige unterm Berg nicht befriedigen. Bei einer Begegnung mit Gandalf in Bree entstanden die ersten unkonventionellen Gedanken zur Rückgewinnung seines Besitzes. Thorin wollte zuerst nach alter Sitte zum Krieg gegen Smaug aufrufen, aber der Zauberer überredete ihn zu einem geräuschlosen Vorgehen. Dazu freilich taugten die Zwerge nicht, also brauchte man einen Hobbit: Bilbo Beutlin, den Gandalf als einen „Meisterdieb" anpries. Thorin war nicht überzeugt. Einen rechtschaffenen Drachentöter schien es nicht mehr zu geben; also hätte man wenigstens einen Meuchelmörder gebraucht. Und von Hobbits hielt er gar nichts. Er gab nur nach, weil es der Zauberer nun mal so wollte.

Nachdem der Drache unverhofft durch Bard zur Strecke gebracht worden war, setzte Thorin durch Geiz und Starrsinn den Erfolg des Unternehmens aufs Spiel. Erst beim Anblick der Orks kam er wieder zur Vernunft. In der Schlacht der fünf Heere räumte er unter Bolgs Leibwächtern gewaltig auf, bevor er tödlich verwundet wurde. Mit dem Arkenstein auf der Brust wurde er tief unterm Erebor begraben. Sein Schwert Orkrist (S. „Orkspalter"), das von gleicher Art war wie Glamdring, wurde ihm aufs Grab gelegt.

Vgl. Arkenstein, Bard, Bilbo Beutlin, Erebor, Schlacht der fünf Heere, Smaug.
H, 1, 15-17; R, Anhang A III; *Nachrichten*, III, iii.

Thorondor

„König der Adler", Quenya: *Sorontar*), der größte Vogel von Mittelerde, mit einer Flügelspannweite von dreißig Faden; vermutlich ein nach Mittelerde entsandter Maia, von Manwe beauftragt, Morgoths Treiben zu überwachen. Thorondor muß unter seinen Adlern auf Disziplin gehalten haben, denn sie horsteten dicht beisammen zuerst in den Eisenbergen, dann in den Crissaegrim und sorgten im Gebiet um Gondolin für eine ständige Luftüberwachung. Doch zu den gefährlichsten Aktionen stieß Thorondor selber hinab: Er rettete Fingon und Maedhros von einem Felsen der Thangorodrim; und er zerfetzte Morgoth das Gesicht, als er ihm Fingolfins Leiche entriß. Seine Kundschafter hielten Turgon über alle Vorgänge in den Nachbarländern auf dem laufenden, und wenn wichtige Nachrichten zu überbringen waren, kam er selbst nach Gondolin. Er sprach Sindarin und Quenya. In der großen Schlacht am Ende des Ersten Zeitalters waren er und seine Adler neben Earendil die einzige Luftstreitmacht, die Morgoths Flugdrachen begegnen konnte. Von Thorondor stammten die Adler von Númenor und die Adler des Nebelgebirges ab.

Vgl. Adler, Gondolin, Maiar.
S, XIII, XXII, XXIV; R, VI, 4; *HME 10*, II (137f.).

THRÁIN I.
König der Zwerge von Durins Volk (1934-2190 D.Z.), Náins Sohn, gelangte nach der Flucht aus Moria zum Erebor, erschloß dort neue Minen und wurde König unter dem Berg.
Vgl. EREBOR, ZWERGE.
R, Anhang A III; *H*, 1.

THRÁIN II.
König der Zwerge im Exil (2644-2850 D.Z.), Thrórs Sohn, bewog nach dem Tod seines Vaters die verstreut wohnenden Zwerge von Durins Volk zu einem großen Rachefeldzug gegen die Orks (2793-2799). Nach dem Sieg in der Schlacht von Azanulbizar (Thráin selbst verlor dabei ein Auge) wollte er Moria besetzen, wurde aber von Dáin Eisenfuß davon abgehalten, der den Balrog gesehen hatte. Thráin kehrte nach Dunland zurück, wanderte mit seinem Gefolge durch Eriador und fand schließlich einen Wohnsitz im Osten der Blauen Berge. Im Jahre 2841 brach er mit wenigen Gefährten zu einer Wanderung auf, mit der Absicht, zum Erebor zurückzukehren. In einer Nacht am Rande des Düsterwalds verschwand er aus dem Lager. Von Saurons Dienern gefangen, wurde er nach Dol Guldur verschleppt, wo man ihn folterte und ihm den Ring der Macht abnahm, den Durin III. in Moria von Celebrimbor erhalten hatte. Dann wurde er zur Zwangsarbeit in Saurons Bergwerke gesteckt, wo er noch fünf Jahre lebte. Thrórs Karte vom Erebor und den Schlüssel zu der Geheimtür übergab er Gandalf kurz vor seinem Tod.
Vgl. AZANULBIZAR, EREBOR, THORIN II., THRÓR.
H, 1; *R*, Anhang A III; *Nachrichten*, III, iii.

Das Tor zu Thranduils Burg am Waldfluß.
Künstler, 120.

THRANDUIL
Der König der Tawarwaith, der Waldelben im nördlichen Düsterwald, der Thorin Eichenschild und seine Gefährten gefangennahm, als sie zum Erebor zogen. Wie sein Vater Oropher war Thranduil ein Sinda, wahrscheinlich aus Doriath. Sein Höhlenpalast am Waldfluß war eine Nachbildung von Menegroth. Auf die Zwerge war er nicht gut zu sprechen; er unterhielt wenig Verbindung mit Bruchtal und mit Lórien. (Er war mit Celeborn verwandt, konnte aber Galadriel nicht ausstehen, weil sie eine Noldo war.) Seine Abneigung gegen in Bruchtal oder Lindon angezettelte Kriege war in der Schlacht auf der Dagorlad (3434 Z.Z.) nicht geringer geworden: Dort hatte er seinen Vater Oropher und zwei Drittel seiner Krieger fallen sehen. Trotzdem waren die Orks auch seine Feinde, und darum leistete er den Menschen von Thal und Esgaroth in der Schlacht der fünf Heere Beistand. Dabei söhnte er sich auch mit den Zwergen aus, deren Sil-ber- und Juwelenschätze für einen Elbenfürsten unentbehrlich waren. Im Jahr vor dem Ringkrieg schickte er seinen Sohn Legolas als Boten nach Bruchtal. Während des Krieges mußte Thranduil heftige Angriffe der Orks abwehren (Schlacht unter den Bäumen, im März 3019 D.Z.). Nachdem die Feinde im Süden wie im Norden besiegt waren, traf er in der Mitte des Waldes mit Celeborn zusammen und vereinbarte mit ihm neue Grenzen. Der ganze nördliche Teil des Waldes bis zu Emyn Duir fiel an Thranduil. Thranduil ließ sich gern als „König unter Eiche und Buche" anreden – eine Stichelei gegen die Mellyrn von Lórien, die er als exotische Gewächse mißbilligte.
Vgl. DÜSTERWALD, LÓRIEN (2), SINDAR, WALDELBEN.
H, 9, 15-18; *R*, Anhang B; *Nachrichten*, II, iv.

THRÓR
König der Zwerge von Durins Volk (2542-2790 D.Z.), Dáins Sohn, kehrte mit einem Teil der

Zwerge aus dem Grauen Gebirge zum Einsamen Berg zurück (2590) und brachte sein Volk, in gutem Einvernehmen mit den Menschen von Thal, zu neuem Wohlstand. Im Jahre 2770 wurde er mit vielen von seiner Sippe von dem Drachen Smaug vertrieben und floh nach Dunland. Dort konnte er die Armut und Ohnmacht seines Volkes nicht lange ertragen. Mit nur einem Begleiter wanderte er über den Rothornpaß nach Moria und betrat ganz allein die Hallen durch das Osttor. Er wurde von dem Ork-Häuptling Azog gefangengenommen, gebrandmarkt und enthauptet.

Von Thrór stammt die Karte der Gegend um den Einsamen Berg, die sein Enkel Thorin Eichenschild von Gandalf bekam.

Vgl. Azog, Erebor, Moria, Nár.

H, 1; *R*, Anhang A III.

Thuringwethil

Fledermäuse haben schon von Natur aus einen Hang zum Bösen. Im Düsterwald flatterten riesige Exemplare, „schwarz wie ein Zylinderhut", und Bolgs Orkheer wurde von einer Fledermauswolke begleitet, die das Tageslicht auslöschte. Diese Tiere hatten eine berühmte Vorfahrin im Ersten Zeitalter, Thuringwethil („Frau vom geheimen Schatten"), die Saurons Botschaften nach Angband brachte. Sie war sicherlich keine gewöhnliche Fledermaus, sondern eine dienstbare Dämonin, die sich mit dieser Gestalt bekleidet hatte. Ihre gefächerten Flügel hatten am Ende jedes Glieds eine großen Eisenklaue. Lúthien verkleidete sich in Thuringwethils Fell, als sie mit Beren nach Angband ging; sie konnte darin wunderbar fliegen.

Auch Sauron, der im Ersten und Zweiten Zeitalter noch in vielerlei Gestalt erscheinen konnte, flog als ein riesiger Vampir davon, als Lúthien und Huan ihn von Tol-in-Gaurhoth vertrieben. Vgl. Lúthien, Maiar, Sauron.

H, 8, 17; *S*, XIX.

Tilion

Ein Jäger aus Oromes Gefolge, mit einem silbernen Bogen. Er lenkte das Mondschiff Isil über den Himmel. Weil er ein wenig bummelig war und sich von Ariën ablenken ließ, mußte Varda der Sonne Pausen gestatten, damit Tilion nachkommen konnte; andernfalls wäre immerzu Tag gewesen, und man hätte die Sterne nicht mehr gesehen.

Vgl. Narsilion.

S, XI.

Timm Sandigmann

Der Müller von Hobbingen, der an keinen Drachen glaubte außer an den „Grünen Drachen", das beste Wirtshaus von Wasserau. Auch der gesunde Hobbitverstand konnte umschlagen in Haß auf alles, was ihn überforderte. Der Müller wurde ein Freund von Lotho Sackheim-Beutlin, fällte die Bäume an der Straße nach Wasserau und verwüstete das Land mit Dampfmaschinen und Backsteinbauten. Nach der Schlacht von Wasserau wurde seine neue Mühle abgerissen. Die Backsteine ließen sich auch beim Ausbau der Smials verwenden.

Vgl. Auenland, Hobbingen, Oberst.

R, I, 1, 2; II, 7; VI, 8, 9.

Tirion

„Hoher Wachtturm" (Quenya): Die Stadt der Vanyar und der Noldor in Aman, mit weißen Mauern und Terrassen auf dem grünen Hügel von Túna im Calacirya. Das höchste Bauwerk war Ingwes Turm, *Mindon Eldaliéva* (Quenya „hoher Turm der Eldalie"), auf dem immer eine silberne Lampe brannte, die weit aufs Meer hinaus leuchtete. An dem großen Platz unterhalb des Turms stand Finwes Haus. Die Vanyar zogen später nach Valinor hinein und wohnten an den Westhängen der Pelóri. Nach dem Auszug der meisten Noldor, die Feanor und Fingolfin folgten, blieb Finarfin mit dem Rest des Volkes in Tirion zurück.

Tirion war das Vorbild für Turgons Stadt Gondolin.

Vgl. Aman, Finwe, Noldor, Vanyar.

S, V-IX.

Tobold Hornbläser

Ein Hobbit aus Langgrund im Südviertel, zog um 1070 A. Z. das erste echte Pfeifenkraut, wahrscheinlich aus einer schwächeren Art der Pflanze, die er in Bree kennengelernt hatte. Auf ihn gehen die später beliebten Sorten *Langgrundblatt*, *Alter Tobi* und *Südstern* zurück. Zwischen den Familien Hornbläser und Beutlin bestanden Verbindungen: Frodos Urgroßmutter Tanta war eine geborene Hornbläser.

Vgl. Beutlin, Bree, Pfeifenkraut.

R, Prolog; Anhang C.

Tol Eressea

Ulmo entwurzelte eine Insel, die mitten im Großen Meer stand, belud sie in der Bucht von Balar mit den Vanyar und Noldor und schleppte sie nach Aman hinüber. Der Ostzipfel blieb in den Sandbänken vor der Sirion-Mündung stecken und brach ab; dies war die Insel Balar.

Er mußte noch eine zweite Fahrt machen, denn die Teleri waren zurückgeblieben. Auch jetzt fuhr nur ein Teil von ihnen mit: Olwe und sein Volk. Der Küstengott Osse schwamm hinterdrein; er konnte sich von den Teleri nicht trennen. Als sie in die Bucht von Eldamar kamen, in Sichtweite von Aman, aber noch im Sternenlicht, da wollten sie nicht weiter. Auf Bitten der Teleri erlaubte Ulmo, daß Osse die Insel an dieser Stelle auf dem Meeresgrund verankerte. Dort blieben die Teleri ein ganzes Zeitalter, bis sie der Wunsch überkam, ihre Freunde wiederzusehen und dem Licht von Valinor näher zu sein. Osse lehrte sie Schiffe bauen und ließ sie von Schwänen hinüberziehen. Alqualonde in der Bucht von Eldamar wurde ihr neuer Wohnsitz.

Die Insel blieb lange mehr oder weniger verlassen, und so fanden sie die Elben von Beleriand, die am Ende des Ersten Zeitalters in den Westen kamen. Sie nannten sie die Einsame Insel, *Tol Eressea* auf Sindarin. Dort ließen sie sich nieder und erbauten am östlichen Ufer die Stadt Avallóne, deren weißer Turm bei klarem Wetter von Númenor aus zu sehen war.

Eressea war das am weitesten östlich gelegene der Unsterblichen Lande von Aman. Oft segelten die Elben von dort nach Osten, um ihre Freunde in Númenor zu besuchen. Mit der Zeit erbitterte es die Númenórer, daß sie die Besuche nicht erwidern durften.

Vgl. Alqualonde, Aman, Avallóne, Bann der Valar, Númenor, Teleri.

S, V; Akallabêth

Tol Sirion

Eine Insel im Fluß, an der engsten Stelle des Sirion-Passes; dort erbaute Finrod Felagund die Festung Minas Tirith, die er von seinem Bruder Orodreth bewachen ließ, als er Nargothrond erbaut hatte. Zwei Jahre nach der Dagor Bragollach wurde die Festung von Sauron eingenommen; sie hieß nun *Tol-in-Gaurhoth*, Insel der Werwölfe. „Kein Geschöpf kam durch jenes Tal, ohne daß Sauron von dem Turme, wo er saß, es erspähte." So nahm er Finrod, Beren und ihre Gefährten gefangen und begann sie, an seine Wölfe zu verfüttern, bis Lúthien ihm mit dem großen Hund Huan und ihren mauerbrechenden Gesängen zu Leibe rückte: „Und der Zauber wurde gelöst, der Stein an Stein band ..."
Etwas abseits von den Trümmern, auf einem grünen Hügel begruben sie den weitsichtigen König Finrod Felagund.

Vgl. Finrod, Lúthien, Sauron, Sirion, Wölfe; Karte S. 34.

S, XIV, XVIII, XIX.

Tom Bombadil

Als der Alte Weidenmann seine Rinde um Merry und Pippin schloß, kam den Hobbits ein sonderbarer Waldbewohner namens Tom Bombadil zu Hilfe. Etwas größer als die Hobbits, rotbäckig, eine blaue Feder am Hut, in blauer Jacke und mit gelben Stiefeln stapfte er jodelnd durch den Alten Wald wie eine lebendig gewordene Spielzeugpuppe. Der Weidenmann, den er väterlich anschnauzte, ließ gleich seine Beute fahren; und auf ähnliche Weise wurde Tom zwei Tage später auch mit dem Grabunhold fertig. Die Hobbits blieben einen Tag in seinem Haus auf einer Anhöhe

am Ufer der Weidenwinde. Sie wurden vorzüglich bewirtet und sprachen kräftig einem Getränk zu, das wie Wasser schmeckte, aber zu Kopf stieg und das Singen natürlicher erscheinen ließ als das Reden. Er erzählte Geschichten aus vielen vergangenen Zeitaltern – Geschichten, die er nicht aus Büchern kannte. Über die Geschöpfe des Waldes, besonders die Bäume, wußte er genau Bescheid, ebenso wie über viele Dinge im Auenland der Hobbits. Die Schwarzen Reiter interessierten ihn nur flüchtig, und auch Frodos Zauberring machte ihm keinen Eindruck: Er steckte ihn auf den Finger und blieb sichtbar. Am liebsten tanzte er herum und trällerte Nonsens-Lieder; wenn er lachte, mußte man mitlachen, ohne zu wissen, warum.

Selbst die Weisen wußten nicht genau, wer oder was er war. Wenn man danach fragte, bekam man nur sibyllinische Antworten. Seine Gattin Goldbeere, die Tochter der Flußfrau von der Weidenwinde, sagte, er sei „der Meister von Wald, Wasser und Berg". Das hieß aber nicht, daß ihm irgend etwas gehörte: Alles, was lebt, gehört nur sich selbst. Gandalf und die Elben in Bruchtal kannten ihn: *Iarwain Ben-adar* hieß er bei ihnen, der Älteste und Vaterlose. Elrond war ihm in einem früheren Zeitalter begegnet, und schon da war er uralt gewesen. Er war älter als die Berge, es gab ihn schon immer. In seinem Wald war er sehr mächtig, aber die Idee, ihn als Verbündeten gegen Sauron zu gewinnen, etwa um ihm den Ring in Verwahrung zu geben, ließen die Weisen schnell wieder fallen. Höchstwahrscheinlich würde er den Ring einfach wegwerfen, meinte Gandalf.

„Ein paar Rätsel muß es immer geben, sogar in einem mythischen Zeitalter. Tom Bombadil ist eines" (Tolkien, *Briefe*).
Vgl. ALTER WALD, ALTER WEIDENMANN, GRABUNHOLDE, WEIDENWINDE.
R, I, 6-8; II, 2; *Briefe*, 144.

TOTENSÜMPFE
„Nebelschwaden stiegen, sich kräuselnd und dampfend, von dunklen und eklen Tümpeln auf, deren Gestank stickig in der stillen Luft hing. Weit in der Ferne erhoben sich die Gebirgswälle von Mordor wie eine zerklüftete schwarze Wolkenbank über einem gefährlichen, in Nebel gehüllten Meer." Diese unwirtliche Gegend mußten Frodo und Sam unter Gollums Führung bei Nacht durchqueren. Die trüben Pfützen hielten phosphoreszierende Nachbilder von Menschen, Elben und Orks fest, die bei den großen Schlachten auf der nahen Dagorlad hier verendet waren. Vögel gab es nicht, dafür reichlich Schlangen und unappetitliche Würmer.
Den Sumpf bildeten die aus den Emyn Muil abfließenden Bäche. Nach Südwesten grenzte er an das Fennfeld *(Nindalf)* gegenüber der Einmündung der Entwasser in den Anduin.
Vgl. DAGORLAD; Karte S. 53.
R, IV, 2.

TROLLE
Sindarin *Torog*: eine Gattung großer, plumper Zweibeiner, die Melkor in Nachahmung der Ents geschaffen hatte. In den Kriegen von Beleriand traten sie manchmal als Leibgarde mächtiger Balrogs wie Gothmog auf. Sie waren so dumm, daß sie

.The Trolls

Die Trolle erwarten die Zwerge. Illustration zur Erstausgabe des Hobbit.
Pictures, 2.

jeden Befehl bis zur Selbstaufopferung ausführten, konnten aber nur bei Nacht eingesetzt werden, weil sie bei Tageslicht versteinerten. Einige verwilderte Nachkommen dieser Art lebten gegen Ende des Dritten Zeitalters im Norden von Rhudaur, von den Ettenöden bis zu den Trollhöhen. Dies waren die *Steintrolle*. Die drei Exemplare, von denen Bilbo und die Zwerge beinah verspeist worden wären, hatten bis zu einem gewissen Grad die Zivilisation der Orks angenommen: Sie wollten ihre Opfer nicht roh, sondern gegart essen; und sie sprachen Westron, wenn auch in der Art des Ork-Pidgins. (Viele Steintrolle konnten überhaupt nicht sprechen und aßen das Fleisch roh.) In der Trollhöhle fand sich Diebesgut aller Art: Kleidungsstücke, Töpfe voller Goldmünzen, Waffen (darunter die Schwerter Glamdring, Orkrist und Stich); außerdem Brot, Käse, Speck und ein ganzes Faß Ale.
Eine ganz andere Art Trolle, die mit den Steintrollen vielleicht

Die Trollhöhen.
Bleistift, schwarze und rote Tinte.
Künstler, 99.

gar nicht verwandt waren, züchtete Sauron gegen Ende des Dritten Zeitalters im südlichen Düsterwald und in der Ebene von Gorgoroth. Dies waren die *Bergtrolle*, die in der Schwarzen Sprache *Olog-hai* genannt wurden. Sie waren beweglicher und intelligenter und vertrugen Tageslicht. Ihre Haut war mit harten grünlichen Schuppen bedeckt, und ihre Füße hatten keine Zehen. In der Schlacht am Morannon kämpften sie mit Keulen und Rundschilden; am liebsten aber töteten sie ihre Feinde mit einem Biß in die Kehle. Sie verstanden ausschließlich die Schwarze Sprache und redeten sehr wenig.

Eine Abart der Bergtrolle waren vermutlich auch die Höhlentrolle in Moria.
Vgl. BALROGS, ENTS, ORKS, RHUDAUR.
H, 2; *R,* V, 4, 10; Anhang F I; *S,* XX.

TROLLHÖHEN
Ein kleines, bewaldetes Gebirge in Rhudaur, zwischen den Flüssen Weißquell und Lautwasser. Seit dem Ende der nördlichen Königreiche kamen dorthin manchmal Trolle aus dem Nebelgebirge oder den Ettenöden, um an der Großen Oststraße Reisenden aufzulauern. Die Täler verliefen in nord-südlicher Richtung; darum mußten Aragorn und die Hobbits im Oktober 3018 D.Z. auf dem Weg nach Bruchtal über die Bergkämme klettern. Sie sahen die verlassene Trollhöhle und die drei Trolle, die Gandalf vor achtzig Jahren versteinert hatte. Einer hatte ein Vogelnest hinterm Ohr.
Vgl. GROSSE OSTSTRASSE, RHUDAUR, TROLLE; Karte S. 142.
H, 2; *R,* I, 12.

TRUCHSESSE
Die Statthalter der Könige von Gondor, die in Abwesenheit des Herrschers die Regierungsgeschäfte führten. Seit der Zeit König Minardils (1621-34 D.Z.) wurden die Truchsesse immer aus dem Haus Húrins von den Emyn Arnen, einer edlen Dúnedain-Familie, gewählt. Nach dem Tod König Ondohers und seiner Söhne (1944 D.Z.) regierte der Truchseß Pelendur ein Jahr lang allein und nahm erheblichen Einfluß auf die Wahl des Thronfolgers. Die Frage der Erbfolge wurde immer schwieriger, da viele von Anárions Nachkommen entweder kinderlos blieben, sich auf die Seite der Rebellen in Umbar schlugen oder aber Frauen von unedler Herkunft heirateten. Jede anfechtbare Besetzung des Throns hätte die Gefahr eines Bürgerkriegs wie zur Zeit Eldacars heraufbeschworen. Schließlich, nachdem Earnur von seinem Ritt nach Minas Morgul nicht zurückgekehrt war, fand sich niemand mehr, der einen hinreichend begründeten Anspruch auf die Krone erheben konnte, und der Truchseß Mardil Voronwe (2050-80 D.Z.) regierte allein.

Seit Pelendur war das Amt des Truchsessen erblich: Es ging vom Vater auf den ältesten Sohn oder den nächsten männlichen Verwandten über. Bei Amtsantritt gelobte der Truchseß, „Stab und Herrschaft zu führen im Namen des Königs, bis er zurückkehrt". Tatsächlich war den Truchsessen an der Rückkehr des Königs nicht viel gelegen, und sie ignorierten alles, was sie über die nördliche Linie von Isildurs Nachkommen hörten. Allerdings nahmen sie nie den Thron ein, trugen keine Krone und kein Szepter, sondern nur einen weißen Stab als Zeichen ihres Amtes. Die Truchsesse nach Mardil verzichteten auf einen Quenya-Namen (wie ihn die Könige trugen).

Sie herrschten etwa ein Jahrtausend lang. In dieser Zeit wurde Gondor allmählich kleiner, schwächer und ärmer. Das Land litt unter Bevölkerungsschwund; die Lebenszeit seiner Bewohner, auch derer aus númenórischem Geschlecht, verkürzte sich in unerträglicher Weise fast bis auf das heute unter Menschen übliche Maß. Daran konnte auch Elessar nichts ändern, der König, der nach dem Ringkrieg im Jahre 3019 D.Z. endlich auf den Thron zurückkehrte. Denethor II., der sechsundzwanzigste und letzte Regierende Truchseß, zog den Freitod der Unterwerfung vor. Sein Sohn Faramir übte das Amt wieder im alten Sinne aus: als Diener und Statthalter des Königs.

Vgl. Arvedui, Cirion, Denethor, Gondor, Mardil.
R, Anhang A.

Truchsessen-Kalender

Die Jahreseinteilung der Dúnedain von Mittelerde stammte ursprünglich von den Elben. Auch die Elben hatten einen Begriff für das Sonnenjahr (Q. *coranar*), doch dachten sie gewöhnlich in längeren Perioden und interessierten sich eher für die Vorgänge in der Vegetation als für Sonnenstand und Mondphasen. Das Jahr hieß bei ihnen meist *loa* („Wachstum") und wurde unsystematisch in Frühling, Sommer, Früh- und Spätherbst, Winter und Vorfrühling eingeteilt. Jahresanfang war der Frühling. Ein solcher Kalender war im Dritten Zeitalter in Bruchtal noch in Gebrauch.

Die Númenórer teilten das Jahr in kürzere und gleichmäßigere Perioden ein. Ihr Jahr hatte zwölf etwa gleich lange Monate, die Woche sieben (bei den Elben sechs) Tage. Jahresanfang war die Wintersonnenwende. Die Quenya-Namen der Monate und Wochentage wurden auch im Adûnaïschen und im Westron beibehalten; die Dúnedain des Nordens gebrauchten auch Sindarin-Formen.

Zur Zeit des Ringkrieges war bei allen Westron sprechenden Völkern (außer den Hobbits) der *Truchsessen-Kalender* geläufig. Er war in Abwandlung des vorher geltenden *Königs-Kalenders* von dem Truchseß Mardil im 21. Jahrhundert eingeführt worden, um das Defizit gegenüber der astronomischen Chronologie besser auszugleichen.

Die Wochentage hießen: *Elenya*, Sternentag; *Anarya*, Sonnentag; *Isilya*, Mondtag; *Aldea*, (Weißer-) Baum-Tag; *Menelya*, Himmelstag; *Earenya*, Meertag; *Valanya* (oder *Tárion*), Valartag.

Das Jahr hatte zwölf Monate (*astar*) zu je 30 Tagen und fünf (in Schaltjahren sechs) Feiertage außerhalb der Monate. Die Monate hießen: *Narvinye, Néni-*

me, Súlime, Víresse, Lótesse, Nárië, Cermië, Úrime, Yavannië, Narquelië, Hísime, Ringare. Die Feiertage waren: *Yestare*, erster Tag des Jahres; *Tuilére*, „Frühlingstag", zwischen dem 3. und 4. Monat; *Loënde*, Mittsommertag (in Schaltjahren zwei Tage), zwischen dem 6. und 7. Monat; *Yáviére*, „Herbsttag", zwischen dem 9. und 10. Monat; *Mettare*, letzter Tag des Jahres.

Nach der neuen Zeitrechnung, die König Elessar für das Vierte Zeitalter einführte, begann das Jahr 1 mit dem 25. Súlime 3019 der alten Zeitrechnung, dem Tag des Einsturzes von Barad-dûr. Die Monate behielten ihre Namen, begannen aber nun mit *Víresse* (April). Die Feiertage wurden auf die Tage nach Frodos Geburtstag gelegt (den 30. Yavannië nach dem neuen System). Im Auenland wurde dies nicht übernommen.

Vgl. Auenland-Kalender, Drei Zeitalter, Tag ohne Morgen.
R, Anhang D.

Tuk

Eine große und weitverzweigte Hobbitfamilie, zumeist von den Falbhäuten abstammend. Der westliche Teil der Grünberge und die Gegend um Buckelstadt hießen *Tukland*, weil die meisten Tuks dort lebten und Land besaßen.

Im Jahr 740 A.Z. wurden Isumbras Tuk I. dreizehnter Thain des Auenlands, und seither vererbte sich das Amt auf das jeweilige (männliche) Oberhaupt der Familie, das auch „der Tuk" genannt wurde. Isengrim II. begann 1083 mit den Grabungen zu den großen Smials von Buckelstadt, wo die näheren Angehörigen des Thains später zusammenwohnten (Groß-Smials).

Das Amt des Thains blieb in Friedenszeiten ein nomineller Ehrentitel. Nur zweimal mußte es im Krieg ausgeübt werden: in der Schlacht bei Grünfeld (1147 A.Z.), als Bandobras Tuk eine Schar Orks besiegte, und bei der Vertreibung der von Saruman eingeschleusten Menschen (1419 A.Z.), als Pippins Vater, der Thain Paladin II., den Widerstand des Tuklandes leitete.

Bei den anderen Hobbits waren die Tuks wegen ihres Reichtums geachtet, galten aber als ein wenig absonderlich, denn ihre Familiengeschichte war von Gerüchten über Abenteuer in fernen Ländern durchwoben. Bilbo Beutlins Mutter Belladonna war eine Tochter des langjährigen Familienoberhaupts Gerontius Tuk (1190-1320 A.Z.), und zwei ihrer Brüder hatten ein unter Hobbits ungewöhnliches Schicksal: Hildifons Tuk (geboren 1244 A.Z.) ging auf eine Reise, von der er nicht zurückkehrte; und von Isengar Tuk (1262-1360) hieß es, er sei in seiner Jugend zur See gefahren. Auch Frodo Beutlin war durch seine Großmutter mütterlicherseits mit den Tuks verwandt.

Das berühmteste Mitglied der Familie war seit dem Ringkrieg Peregrin („Pippin") Tuk, einer von Frodos Gefährten.

Vgl. Buckelstadt, Peregrin Tuk, Schlacht bei Grünfeld, Thain.

H, 1; *R*, Prolog; VI, 8, 9; Anhänge B und C; *Nachrichten*, III, iii.

Tulkas

Ein Vala, „der Größte an Kraft und Mannestaten", auch *Astaldo* (Quenya „der Tapfere") genannt. Er kam als letzter nach Arda, als er hörte, daß es dort Raufereien gab, und mit seiner Hilfe konnten die Valar endlich Melkor in die Schranken weisen. Tulkas lacht auch im heißesten Getümmel; er gebraucht keine andere Waffe als seine Fäuste und steigt nie zu Roß, denn er kann schneller laufen als alles, was Beine hat. Er ist kein Denker und kein Politiker („nichts taugt er im Rate"), aber ein zuverlässiger Freund. Am liebsten verbringt er den Tag mit Ringkämpfen und Leibesübungen aller Art. Seine Gemahlin ist Nessa, Oromes Schwester.

„Tulkas steht für die gute Seite der Gewalt, die Kompromißlosigkeit im Kampf gegen das Böse" (Tolkien).

Vgl. Valar.

S, Valaquenta, I; *HME 10*, V (392).

Tuor

Huors Sohn, aus dem Haus Hador: Nach dem Tod seines Vaters in der Nirnaeth Arnoediad wuchs er bei den Sindar von Mithrim in den Höhlen von Androth auf, geriet in Gefangenschaft und diente drei Jahre lang als Sklave den Ostlingen, die sich des Landes bemächtigt hatten. Er floh und machte den neuen Herren als Bandit zu schaffen, bis ihm Ulmo den Gedanken eingab, nach Nevrast zu gehen.

Die Begegnung mit Ulmo am Meeresufer bei der verlassenen Stadt Vinyamar bestimmte sein weiteres Tun. Ulmo machte ihn meeressüchtig und schickte ihn dann nach Gondolin, unter der Führung des Elben Voronwe. Ulmos Botschaft, die er überbrachte, sagte Turgon kaum etwas Neues: daß für Gondolin nun bald das Ende komme und daß er daher die Stadt verlassen und zu den Sirion-Mündungen ziehen solle. Es ging Ulmo nur darum, Tuor einen ansehnlichen Auftritt zu verschaffen und seine Verbindung mit der Königstochter Idril in die Wege zu leiten: Daraus sollte Earendil hervorgehen, mit dem der Vala schon etwas vorhatte.

Manches spricht dafür, daß Gondolin überhaupt nicht nach Tuors Geschmack war und daß er nicht ganz freiwillig dablieb; aber Idrils schöne weiße Füße scheinen sein Herz schließlich gewonnen zu haben. Beim Kampf um die Stadt, als sie von Gothmogs Streitmacht angegriffen wurde, rettete Tuor Weib und Kind aus dem Gemetzel, warf den Verräter Maeglin von der Stadtmauer hinunter und führte die letzten Überlebenden auf einem vorbereiteten Fluchtweg ins Sirion-Tal. In Nan-tathren machte er ein Lied auf Ulmo, durch das er die Meeressehnsucht auf seinen Sohn Earendil übertrug. Als sich das Alter bemerkbar machte, baute er sich ein Schiff, *Earráme*, Q. „Meeresschwinge", genannt, und fuhr mit Idril in den Westen.

Tuor und Idril sind eines der zwei Paare, in denen sich Elben und Menschen miteinander verbanden. Es heißt, Tuor sei in Valinor als einziger Sterblicher mit den Noldor vereinigt worden.

Vgl. Gondolin, Idril, Mithrim, Turgon, Ulmo, Vinyamar, Voronwe, Waldläufer, Zwei Geschlechter.

S, XXIII; *Nachrichten*, I, i; *Verschollene Geschichten II*, iii.

Turgon

Der König von Gondolin, Fingolfins zweiter Sohn. Nach der Rückkehr aus Aman ließ er sich zunächst mit einem Drittel der Noldor aus Fingolfins Gefolge in dem Küstenland Nevrast nieder; sein Palast stand in Vinyamar, am Fuß des Berges Taras. Mehrere Male, teils im Traum, teils leibhaftig, erschien ihm der Wassergott Ulmo und gab ihm den Rat, sich nach einem geheimeren Platz umzusehen. Ulmo zeigte ihm das Tal von Tumladen, das verborgen hinter den steilen Felswänden der Echoriath lag. Dort ließ Turgon eine neue Stadt erbauen und zog dann in aller Stille, doch mit seinem ganzen Volk dorthin. Durch strikte Einschränkung des Verkehrs mit der Außenwelt erreichte er, daß die Lage von Gondolin über vierhundert Jahre lang ein Geheimnis blieb. Nur die Adler brachten ihm manchmal Nachrichten vom Geschehen in den Nachbarländern. In der Nirnaeth Arnoediad erschien er plötzlich, ohne daß irgendwer wußte, woher, mit zehntausend Kriegern auf dem Schlachtfeld; dort allerdings kam er in Bedrängnis und konnte sich nur dank der aufopfernden Rückendeckung der Männer von Dor-lómin geordnet zurückziehen.

Als Tuor ihm Ulmos Warnung überbrachte, daß es mit Gondolin nun bald zu Ende ginge, konnte er sich von der Pracht und den Reichtümern seiner Stadt nicht trennen. Von vornherein hatte er gewußt, daß er in Gondolin die Niederlage nur hinauszögern, nicht verhindern konnte. Insgeheim hatte er Boten mit dem Auftrag ausgesandt, übers Meer in den Westen zu fahren und die Valar um Hilfe zu bitten. Aber keiner von ihnen erreichte sein Ziel oder kehrte zurück, bis auf Voronwe, der Tuor den Weg nach Gondolin zeigte.

Seine Tochter Idril gab er Tuor zur Frau, weil er ahnte, daß von dem Kind aus dieser Verbindung zwischen den Zwei Geschlechtern etwas Gutes zu erwarten sei. Während des Angriffs auf Gondolin wies er jeden Gedanken an Flucht von sich. Er fiel, bis zuletzt kämpfend, in den Trümmern seines Palastes.

Der Name Turgon bedeutet im Sindarin soviel wie „kraftvoller Herrscher". Er wurde auch „der Kluge" genannt. Sei dem Tod seines Bruders Fingon galt er als Hoher König der Noldor, was jedoch wegen seiner Isolierung praktisch bedeutungslos blieb. Vgl. GONDOLIN, IDRIL, NEVRAST, NOLDOR, TUOR, ULMO.
S, XIV-XVI, XVIII, XX, XXIII; *Verschollene Geschichten II*, iii.

TÚRIN

Die Hauptgestalt des langen *Narn i Hîn Húrin*, ein Held mit einem verhexten Schicksal. „Wo sie auch hingehen, wird Böses vor ihnen aufstehen. Was sie auch sagen, wird schlechter Rat sein. Was sie auch tun, wird gegen sie ausschlagen. Sterben werden sie ohne Hoffnung, ihr Leben wie ihren Tod verfluchend." So verkündet Morgoth, was er Húrins Kindern zugedacht hat, und so ergeht es dem unglücklichen Túrin. Wenn ihn der Drache Glaurung am Ende einen Banditen und Meuchelmörder, Blutschänder und Verräter an Freund und Feind nennt, entstellt er die Wahrheit, aber nicht die Tatsachen. Schuld – soweit der jähzornige Held auch davon nicht frei bleibt – ist im Schicksal inbegriffen.

Als Kind schickt ihn seine Mutter Morwen über die Berge nach Doriath, um ihn der Versklavung durch die Ostlinge zu entziehen. Thingol nimmt Húrin Thalions Sohn in Ehren auf: In seinem Vorurteil gegen die Menschen erkennt er nun Ausnahmen an. Beleg Langbogen wird Túrins Freund und Lehrmeister. Túrin sieht nun aus wie ein Noldo: groß, dunkelhaarig und grauäugig; aber am Hof von Menegroth erscheint er als ein barbarischer Eisenfresser, der zu wenig auf Toilette und Frisur achtet. Er bekommt Streit mit Saeros, der ihn verspottet, tötet ihn unwillentlich und flieht aus dem Land, um der als selbstverständlich erwarteten ungerechten Bestrafung zu entgehen. Er wird Hauptmann einer Räuberbande in der Gegend südlich des Teiglin. Sein Hauptquartier sind die Hallen des Kleinzwergs Mîm auf dem Amon Rûdh; aber seine Banditen haben einen von Mîms Söhnen getötet, und Mîm verrät sie. Túrin wird von Orks gefangengenommen und verschleppt. In Taur-nu-Fuin erschlägt er seinen Freund Beleg, der ihn befreit hat, weil er ihn im Dunkeln für einen Feind hält. Der Noldo Gwindor, der aus der Gefangenschaft in Angband entflohen ist, bringt ihn nach Nargothrond. Dort wird er Kriegshauptmann und macht Gwindor seine frühere Geliebte Finduilas, König Orodreths Tochter, abspenstig, obwohl er ihre Liebe nicht erwidern kann. Er veranlaßt Orodreth, zu offener Kriegsführung überzugehen und eine Brücke über den Narog zu bauen; Ulmos Warnungen schlägt er in den Wind. (Von den Valar erwartet er keine Hilfe.) Auf dem Feld von Tumhalad werden die Elben besiegt, Glaurung kommt über die Brücke, und Nargothrond wird verwüstet. Túrin selbst und seine Schwester Niënor fallen unter den Bann des Drachen. Als sie sich nach langen Irrfahrten bei den Haladin im Wald von Brethil wiederfinden, erkennen sie einander nicht und schließen eine inzestuöse Ehe. Erst als Túrin den Drachen getötet hat – aus dem Hinterhalt, nicht in redlichem Zweikampf –, werden die Verstrickungen in ihrem ganzen Umfang offenbar, und die Geschwister machen verzweifelt ihrem Leben ein Ende. Elben aus Doriath setzen ihnen einen Gedenkstein an der Cabed-en-Aras.

Immer wieder versucht Túrin das Schicksal, von dem er nichts Gutes erwartet, durch Änderung seines Namens zu überlisten: *Neithan*, der Gekränkte, *Gorthol*, Schreckenshelm, und *Agarwaen*, Úmarths Sohn, der Blutbefleckte, Sohn des Unglücks, sind nur einige seiner Pseudonyme. Zuletzt in Brethil, als er sich aus allen weiteren Händeln heraushalten will, nennt er sich mit einer Spur von Selbstironie *Turambar*, Meister des Schicksals. Aber zwei kriegerische Attribute, die in ganz Beleriand berühmt sind, verraten ihn: der Drachenhelm von Dor-lómin, ein Erbstück des Hauses Hador, und sein Schwert Gurthang, um dessentwillen man ihm in Nargothrond den Namen *Mormegil* beilegt, das Schwarze Schwert.

Vgl. BELEG, DORIATH, DRACHENHELM VON DOR-LÓMIN, DRACHENTÖTER, GLAURUNG, GURTHANG, GWINDOR, HÚRIN, NARGOTHROND, NARN I HÎN HÚRIN, NIËNOR, WALDLÄUFER.

S, XXI; *Nachrichten*, I, ii.

TURMBERGE

Ein kleines Gebirge in Eriador, westlich des Auenlands, auf dem drei uralte weiße Türme standen. Gil-galad hatte sie für seinen Freund Elendil erbaut, der von dort mit Hilfe eines Palantírs bis nach Avallóne blicken konnte. (Nach dem Ringkrieg wurde bekannt, daß sich der Palantír noch immer dort auf dem höchsten der drei Türme, dem Elostirion, befand.) Schon um das Jahr 600 Z.Z. soll auf den Turmbergen eine Begegnung zwischen den Númenórern, geführt von dem Seefahrer Veantur, und den in Eriador zurückgebliebenen Menschen stattgefunden haben.

Von den Hobbits wurden die Turmberge im allgemeinen gemieden. Es hieß, daß man von den Türmen bis aufs Meer blicken könne – was für die bodenständigen Hobbits eher abschreckend war.

„Turmberge" ist die Übersetzung ihres Sindarin-Namens *Emyn Beraid*.

Vgl. AUENLAND, ELENDIL, PALANTÍRI, UNTERTÜRMEN; Karte S. 53.

R, III, 11; Anhang A 3; *Nachrichten*, II, ii; *S*, Von den Ringen der Macht.

UDÛN

Das Tal hinter dem Morannon; der nordwestliche Zipfel von Mordor. Nach Süden wurde es von zwei Vorsprüngen des Schatten- und des Aschengebirges abgeschlossen; zwischen ihnen lag eine schmale, mit einem Erdwall versperrte Kluft, Isenmünde oder *Carach Angren* (S. „Eisenschlund") genannt. Im Winkel zwischen dem westlichen Vorsprung und dem Schattengebirge stand die alte, von den Dúnedain erbaute Grenzfestung Durthang. Auf der Straße, die von dort ostwärts zur Isenmünde führte, mußten Frodo und Sam ein Stück weit mit einem Orktrupp marschieren. In Udûn befanden sich Saurons Waffenlager und die Festungen und Kasernen der Orks.

Der Name *Udûn* ist die Sindarin-Form für *Utumno* (Quenya: „die tief Verborgene"), und so hieß auch Melkors erste Festung in Mittelerde. Als Gandalf den Balrog mit „Flamme von Udûn" anredete, meinte er dieses frühere Udûn.

Vgl. Morannon, Mordor; Karte S. 53.

R, VI, 2; *HME 10*, II (67).

UFTHAK

Ein Ork vom Wachkommando in Cirith Ungol, den Kankra fesselte und aufhängte, um ihn bei Gelegenheit lebendig zu verzehren. (Sie verschmähte totes Fleisch und kaltes Blut.) „Erinnerst du dich an den alten Ufthak? Wir hatten ihn seit Tagen vermißt. Dann fanden wir ihn in einem Winkel. Aufgehängt war er, aber er war hellwach und glotzte. Was haben wir gelacht!" Vgl. Cirith Ungol, Kankra, Orks.

R, IV, 10.

UGLÚK

„Ich bin Uglúk. Ich befehle." Der Anführer der Uruk-hai aus Isengart war ein Mann von wenig Worten, tumb, athletisch und brutal; seinem Gegenspieler Grischnách, der ihm die beiden gefangenen Hobbits entführen wollte, war er intellektuell nicht gewachsen. Die Uruk-hai wurden reichlich mit Menschenfleisch versorgt und waren ihrem Gebieter dafür treu ergeben. In den Schlachten an den Furten des Isen und an der Hornburg bewiesen sie Mut und Kampfkraft. Für die kleinen Orks aus dem Nebelgebirge hatte Uglúk nur Verachtung. Beim Versuch, aus der Umzingelung durch die Rohirrim auszubrechen, wurde er von Éomer im Kampf Mann gegen Mann erschlagen.

Grischnách, Orks.

R, III, 3, 7.

UINEN

Eine Maia, Osses Gemahlin, die Herrin der Meerestiere und Meerespflanzen; „ihr Haar liegt über alle Wasser unter dem Himmel gebreitet." Die Seefahrer riefen sie an, denn sie vermochte den wilden Osse zu bändigen. Die Frauen der Seefahrer (Berúthiel, Elwing, Erendis) fürchteten sie als eine Rivalin, die ihnen ihre Männer abspenstig machte. Die Númenórer standen lange unter ihrem Schutz. Wenn ein Schiff nach Mittelerde auslief, wurde ein Zweig des immergrünen Baums Oiolaire am Bug befestigt, der „Zweig der Wiederkehr", als Zeichen der Freundschaft mit Osse und Uinen. In der Bucht von Rómenna lag die Insel Tol Uinen, auf der Aldarion einen Leuchtturm errichten ließ. Die Seefahrer in der von Aldarion gegründeten Gilde der Wagemutigen nannten sich auch die *Uinendili*, die Freunde Uinens.

Vgl. Maiar, Númenor, Osse, Ulmo.

S, Valaquenta; *Nachrichten*, II, ii.

ULMO

Der Herr der Wasser, einer der Großen unter den Valar. Tuor erschien er am Strand von Nevrast: „wie eine Woge, die sich an Land türmt, im dunklen, gischtgeschweiften Helm und einem Panzer, der schimmerte vom hellsten Silber bis in die tiefsten Schatten des Grüns." Als einziger unter den Valar war er auch nach der Flucht der Noldor dagegen, sich in Valinor einzumauern und Mittelerde seinem Schicksal zu überlassen. Ulmo selbst wohnt nicht in Valinor, sondern in den Tiefen des Außenmeeres. Von dort regiert er alle Gewässer der Welt, von den Meeren und Strömen bis zu den kleinsten Bächen und Brunnen. Im Ersten Zeitalter kam er oft die Fjorde herauf bis tief ins Binnenland und erteilte den Königen der Eldar Rat und Hilfe. Er erschien ihnen im Traum oder leibhaftig; oder er sandte ihnen Botschaften durch Círdan. Sein Name bedeutete im Quenya „der Benetzer" oder „Regenmacher".

Ulmo ist der musikalischste der

Götter; er komponiert das Tosen der Brandung, das Rauschen des Regens und das Murmeln der Bäche. Wer ihn auf seinen weißen Muschelhörnern, den Ulumúri, spielen hört, wird von unstillbarer Meeressehnsucht erfüllt.

Ulmos Vasallen sind Osse und Uinen, denen er die Herrschaft über die Küstengewässer von Belegaer anvertraut hat.

Vgl. CÍRDAN, EKKAIA, OSSE, TUOR, TURGON, UINEN, VALAR.

S, Valaquenta, I, XV, XXIII; *Nachrichten*, I, i.

UMBAR

Der größte Hafen von Harad, in einer tiefeingeschnittenen Bucht etwas südlich von der Mündung des Harnen. Nachdem Umbar schon lange von den Schiffen der Númenórer angelaufen worden war, wurde der Hafen im Jahre 2280 Z.Z. als Festung ausgebaut. Er wurde zum Zentrum einer númenórischen Kolonie, die bald das ganze umliegende Küstenland umfaßte und eine Vormachtstellung gegenüber den Völkern von Harad gewann. Im Jahre 3261 Z.Z. landete hier Ar-Pharazôn mit einer mächtigen Flotte und zwang Sauron zur Unterwerfung. Die Númenórer, die sich in Umbar niederließen, gehörten meist der Königspartei an und gerieten früher oder später unter Saurons Einfluß. Seit frühester Zeit bestand ein Gegensatz zwischen Umbar und Pelargir, dem Hafen der Getreuen. Er setzte sich im Dritten Zeitalter fort, als Pelargir zum wichtigsten Hafen des Königreichs Gondor wurde. Die beiden Dúnedain-Fürsten Herumor und Fuinor gewannen von Umbar aus Macht unter den Völkern von Harad. Als Gondor unter den Schiffskönigen (seit 830 D.Z.) seine Macht längs der Küsten nach Süden ausdehnte, mußten sich die Dúnedain von Umbar der Unterstützung der Haradrim versichern, was zur Rassenmischung führte. König Earnil I. von Gondor eroberte Umbar (933 D.Z.), beherrschte aber nur den Hafen und die Festung, ohne die Haradrim, die ihn dort eingeschlossen hielten, unterwerfen zu können. Erst sein Enkel Ciryaher durchbrach mit einem Sieg zu Wasser und zu Lande (1050) die Belagerung und machte die Fürsten von Harad tributpflichtig. Er nannte sich fortan *Hyarmendacil* (Quenya „Südsieger").

Nach dem Thronfolgestreit in Gondor zwischen Eldacar und Castamir ging Umbar wieder verloren. Die Söhne und Anhänger Castamirs flüchteten dorthin (1448 D.Z.) und sammelten alle Feinde von Gondor um sich. Jahrhundertelang beunruhigten sie die Küsten im Norden der Bucht von Belfalas durch Raubzüge und wurden daher die „Korsaren von Umbar" genannt. 1810, unter König Telumehtar (genannt *Umbardacil*, „Sieger von Umbar"), wurde Umbar noch einmal erobert, doch während der Kriege gegen die Wagenfahrer, mit denen sich die Fürsten von Nah-Harad verbündeten, war es für Gondor nicht mehr zu halten. Seitdem hörte der Krieg in Süd-Gondor und an den Küsten nie mehr ganz auf. Im Ringkrieg griff eine starke Flotte der Korsaren Pelargir und Lebennin an, wurde aber von Aragorn am 13. März 3019 erobert. Die Schiffe hatten Segel und Ruder; die Segel waren schwarz, und die Ruderer waren Sklaven. Als Éomer während der Schlacht auf dem Pelennor die Schiffe herankommen sah, glaubte er zuerst, die Feinde erhielten Verstärkung, aber dann entrollte Aragorn das Banner mit dem Weißen Baum und Elendils Wahrzeichen.

Nach dem Krieg schloß König Elessar mit den Völkern von Harad Frieden, und die Festung von Umbar kam wieder in den Besitz von Gondor.

Vgl. GONDOR, HARAD, PELARGIR, PELENNOR.

R, V, 6; Anhänge A und B; *S*, Akallabêth; Von den Ringen …

UNGOLIANT

Ein Wesen aus Melkors Gefolge, das ihm den Dienst aufgekündigt hatte, um nur noch den eigenen Gelüsten nachzugehen. In Gestalt einer ungeheuren Spinne hauste es in den Bergklüften von Avathar im Süden von Aman. Die Spinne sog alles Licht auf, das sie nur finden konnte, „und spann daraus dunkle Netze von würgender Finsternis…" In dieses undurchdringliche „Unlicht" hüllte sie sich und Melkor, als er sie überredet hatte, mit ihm nach Valmar zu gehen und die Zwei Bäume zu morden. Dort fraß sie sich voll an dem Licht, wurde dabei immer größer und abscheulicher und hätte gern auch noch die Silmaril gefressen. Die Balrogs mußten Melkor vor ihr retten. Ungoliant floh über die Ered Gorgoroth in das Tal, das später Nan Dungortheb genannt wurde. Dort paarte sie sich mit anderen von ihrer Art, die sie gleich darauf verschlang. Später soll sie in den fernen Süden der Welt weitergekrochen sein und sich in ihrer Unersättlichkeit selbst verschlungen haben.

Vgl. KANKRA, NAN DUNGORTHEB, RIESENSPINNEN.

S, VIII, IX.

UNTERTÜRMEN

Ein Ort am Fuß der Turmberge, Sitz des Verwesers der Westmark, um die das Auenland nach dem Ringkrieg erweitert wurde. Hier wurde das *Rote Buch der Westmark* aufbewahrt, die wichtigste Quelle zur Geschichte des Ringkrieges.

Vgl. AUENLAND, ROTES BUCH DER WESTMARK, TURMBERGE.

R, Prolog; Anhang B.

UNVERLÖSCHLICHE FLAMME

Auch das *Geheime Feuer* genannt, für dessen Diener Gandalf sich erklärte, als er auf der Brücke von Khazad-dûm den Kampf mit dem Balrog aufnahm. Dies ist es, was Aule den Zwergen, die er schuf, nicht geben konnte, ohne daß Eru ihm zu Hilfe kam: das Eigenleben der Geschöpfe. Nach manchen Legenden hat Varda von Eru eine Gabe erhalten, die ihr gestattet, in gewissem Maße über diese Flamme zu verfügen (die zum Beispiel in der Sonne brennt). Von den Valar hat Melkor das Geheimnis des Feuers am unermüdlichsten erforscht, doch vergebens: Er weiß alles über seine physikalischen Eigenschaften, aber seine Beziehung zum Leben ist ihm dunkel geblieben.

Vgl. ILÚVATAR, MELKOR, VARDA.

S, Ainulindale, II; *R*, II, 5; *HME 10*, V (375ff.).

ᛉ

VALACIRCA

„Die Sichel der Valar", die sieben hell leuchtenden Sterne, die Varda beim Erwachen der Elben als Drohung für Melkor und als Zeichen des Schicksals hoch in den Norden hängte. Zu ihren Ehren hatte Beren ein Lied gemacht, das er sang, als er im Kerker von Tol-in-Gaurhoth lag. Die Sieben Sterne, vermutlich der Große Bär, wurden von den Zwergen als „Durins Krone" und von den Hobbits als „Sichel und Wagen" aufgefaßt. Auch Aragorns Fahne, die er entrollen ließ, als er in die Schlacht auf dem Pelennor eingriff, zeigte sieben Sterne über einer Krone und einem weißen Baum. Dies war das Wahrzeichen von Elendils Erben. Vermutlich standen die sieben Sterne in einer Beziehung zu den sieben Palantíri, die Elendil aus Númenor mitgebracht hatte.
Vgl. DURIN, ELENDIL, VARDA.
S, III, XIX; *R*, II, 2; III, 11; V, 6.

VALAR

„Die, welche Macht haben", auch „die Mächte", „die Großen von Arda", oder „die Herren des Westens" genannt: die mächtigsten unter den auf Arda herabgestiegenen Ainur. Ihnen hat Ilúvatar zur Bedingung gemacht, daß ihre Kräfte in die Welt eingeschlossen bleiben

müßten, bis die Welt und ihre Geschichte vollendet seien. Die Valar nehmen irdische Gestalt an, ähnlich wie die Menschen und Elben, nur edler und prächtiger. Die Gestalt, die sie wählen, ist nur eine Bekleidung ihres Wesens, aber sie ist nicht beliebig veränderbar, sondern Ausdruck ihres Charakters. Manche erscheinen in männlicher und manche in weiblicher Gestalt; ihre Beziehungen untereinander werden ähnlich wie unter Menschen vorgestellt (Ehen, Verwandtschaften). Sie wirken nach Art von Elementargottheiten an der Erschaffung und Einrichtung der Welt mit, jeder nach Maßgabe seiner (unvollständigen) Erinnerung an die Prophezeiungen der *Ainulindale*. Manche sind von eher schöpferischem, andere von eher bewahrendem Charakter. Melkor, zu Anfang der mächtigste unter ihnen, wurde wegen seiner Eigenmächtigkeit und Zerstörungslust aus ihrem Kreis verstoßen. Die sieben männlichen Valar sind (in Rangfolge): Manwe, Ulmo, Aule, Orome, Mandos, Lórien und Tulkas. Die sieben (weiblichen) Valiër sind Varda, Yavanna, Niënna, Este, Vaire, Vána und Nessa.
Die Valar wohnen im Alten Westen der Welt, im Lande Aman, wo alle lebenden Geschöpfe, auch die Pflanzen, unsterblich sind. Ihre Stadt ist Valmar, und dort halten sie ihre Ratssitzungen im Máhanaxar, dem Schicksalsring. Jeder Vala und jede Valië ist von einer Schar dienstbarer Geister und Gehilfen umgeben, unter denen die Maiar die mächtigsten sind.
Vgl. AINUR, AMAN, AULE, MAIAR, MANWE, MELKOR, ULMO, VALINOR, VARDA, YAVANNA.
S, Valaquenta.

VALINOR

Das Land der Valar in Aman, auch das Bewachte Reich genannt. Es war im wesentlichen eine Ebene zwischen den nach Westen hin sanft abfallenden Hängen der Pelóri im Osten und dem Außenmeer im Westen. Der Mittelpunkt war die Stadt Valmar oder Valimar, wo die meisten der Valar ihre Wohnsitze hatten. Valmar lag unweit des Taniquetil (Quenya „weißer Berg"), des höchsten Berges der Welt, auf dem sich Manwes und Vardas Hallen befanden. Vor den Toren von Valmar war der Hügel Ezellohar, auf dem die Zwei Bäume standen, und nahebei der Máhanaxar, der Ring des Schicksals, wo die Valar Rat hielten.
Oromes Wälder nahmen den östlichen Teil der Ebene ein; westlich davon erstreckten sich Yavannas Felder und Wiesen. Mandos' Hallen und Niënnas Haus standen im äußersten Westen, an den Ufern des Außenmeeres.
Die Namen Valinor, Valimar und Aman wurden oft als gleichbedeutend verwendet; ebenso auch das *Segensreich* oder das *Gesegnete Land*. Dazu gehörten dann auch Tol Eressea und Elende, die durch den Calacirya-Paß mit Valinor verbunden waren.
Vgl. ALQUALONDE, AMAN, AVALLÓNE, ERESSEA, TIRION, VALAR.
S, passim, besonders I, II, V-VIII.

VANYAR

„Die Hellen" (Singular *Vanya*), die Blondelben, die kleinste Gruppe der Elben, die dem Vala Orome am bereitwilligsten nach Aman folgte. Ihr Führer war Ingwe, der höchste Fürst aller Elbenfürsten. „Er kam nach Valinor und sitzt dort zu Füßen

Valinor: der Taniquetil, vom Meer aus gesehen.
Wasserfarben, 1927/28.
Pictures, 31.

der Mächte, und alle Elben ehren seinen Namen; doch kehrte er nie wieder zurück und kümmerte sich nicht mehr um Mittelerde." Die Vanyar waren Manwes und Vardas Lieblinge und wurden von ihnen im Gesang und in der Dichtkunst unterwiesen. Der König der Noldor, Finwe, nahm eine Vanya namens Indis als zweite Gattin, und darum hatten manche seiner Nachkommen wie Fingolfin, Finarfin, Turgon und Finrod etwas von dem blonden Haar und dem milderen Temperament der Vanyar.
Vgl. ELBEN, FINWE, NOLDOR.
S, III, V.

VARDA

„die Erhabene", die mächtigste der Valiër, Manwes Gemahlin, die mit ihm auf dem Taniquetil wohnt; im Quenya auch *Elentári*, „Sternenkönigin", oder *Tintalle*, „Sternentfacherin", genannt. Von den Göttern war sie die einzige, die von den Elben in Mittelerde oft in Notlagen angerufen wurde, meist unter ihrem Sindarin-Namen *Elbereth*. Als Sam Gamdschie sich der Spinne Kankra gegenübersah, wurden ihm von fernher die Worte einer solchen Anrufung eingegeben: *A Elbereth Gilthoniel / o menel palan-diriel, / le nallon s'di'nguruthos! / A tíro nin, Fanuilos!* Sie bedeuten: „O Elbereth Sternentfacherin, die du vom Himmel in die Ferne schaust, zu dir rufe ich nun im Schatten des Todes. O blicke zu mir, du Immerweiße!" (nach Tolkiens englischer Übersetzung). Varda hat nicht alle Sterne gemacht, sondern nur einige, die sie den Eldar zuliebe an den Himmel gesetzt hat, zuletzt auch Mond und Sonne. Ihr Reich ist Ilmen, die hohen Lüfte über den Wolken. Mit Melkor

war sie von Anbeginn verfeindet, denn er hatte versucht, sie durch Verführung oder Gewalt für sich zu gewinnen, und war abgewiesen worden.
Vgl. ILMEN, KINDER ILÚVATARS, NARSILION, VALACIRCA, VALAR.
S, Valaquenta; I, III, XI; *R*, IV, 10; *HME 4*, V; *Briefe*, 211.

VEANTUR

Ein númenórischer Seefahrer, unter Tar-Elendil Kapitän der königlichen Schiffe, Großvater Aldarions, den er für die Seefahrt begeisterte. Veantur gelang um das Jahr 600 Z.Z. mit seinem Schiff Entulesse („Wiederkehr") die erste Überfahrt von Númenor nach Mittelerde. Er erreichte Mithlond und wurde von dem Elbenkönig Gil-galad freundlich empfangen. Auf den Turmbergen kam es auch zu einer Begegnung mit den Menschen aus Eriador, wobei an der Ähnlichkeit der äußeren Erscheinung und der Sprachen die alte Verwandtschaft festgestellt wurde.
Vgl. ALDARION, TURMBERGE.
Nachrichten, II.

VERFLUCHTER WIND

Mehr noch als Sauron verstand Morgoth seine Feinde auch mit meteorologischen Tücken zu bekämpfen: mit Stürmen, Hitze- oder Kältewellen, drückender Schwüle oder entmutigender Verfinsterung des Himmels. Zu diesen Waffen gehörte der giftige Wind, den er in den Jahren vor der Schlacht der ungezählten Tränen von Angband nach Süden schickte. In Hithlum erregte er eine Seuche, an der Túrins Schwester Lalaith starb, als sie drei Jahre alt war.
Vgl. GROSSE PEST, LANGE WINTER, TAG OHNE MORGEN.
S, XXI.

VERZAUBERTER FLUSS

Ein kleiner, auf keiner Karte verzeichneter Fluß im Düsterwald, dessen schwärzliches Wasser jeden, der es trank oder berührte, in einen langanhaltenden Tiefschlaf versetzte. Der Zwerg Bombur fiel hinein und nahm im Traum an einem festlichen Gelage der Waldelben teil.
Vgl. BOMBUR, DÜSTERWALD.
H, 8.

VILYA

Der Ring der Luft, auch der Blaue Ring: einer der drei Ringe der Macht, die Celebrimbor ohne Saurons Mitwirkung (aber nicht ohne den Einfluß seiner Lehren) geschmiedet hatte. Zusammen mit Narya wurde er Gil-galad in Obhut gegeben, der ihn nach den Kriegen von Eregion an Elrond weitergab. Der Ring war von Gold und mit einem Saphir besetzt. Worin seine Wirkung bestand, ist ungewiß, doch muß er dazu beigetragen haben, daß die kleine Elbenfestung Imladris fünftausend stürmische Jahre lang unversehrt blieb.
Vgl. CELEBRIMBOR, ELROND, RINGE DER MACHT.
R, VI, 9; *Nachrichten*, II, iv.

VINGILOT

Earendils Schiff, das er mit Círdans Hilfe gebaut hatte: „das schönste aller Schiffe in den alten Liedern; golden waren seine Ruder und weiß das Holz seiner Planken, das in den Birkenwäldern von Nimbrethil geschlagen war, und seine Segel waren silbern wie der Mond." (In die Geheimnisse des Schiffbaus hatte Círdan die alten Sänger nicht eingeweiht.) Mit Vingilot fuhr Earendil, den leuchtenden Silmaril an der Stirn, mit Elwing und den drei Matrosen Falathar, Erellont und Aerandir über das Scheidemeer nach Aman. Dort wurde Vingilot von den Valar geweiht und als Abendstern in die Ozeane des Himmels erhoben.

Vingilot (oder *Vingilóte*) bedeutet im Quenya „Schaumblüte"; gleichbedeutend die adûnaïsche Namensform *Rothinzil.* Vgl. Círdan, Earendil.

S, XXIV.

Vinyamar

Als Tuor an der Küste von Nevrast nach Süden wanderte, kam er schließlich an den Tarasberg: „Dunkel, wolkengekrönt erhob er sich auf mächtigen Flanken turmhoch über einer breiten grünen Landzunge, die weit ins Meer hinausragte." Am Fuß des Berges, auf breiten, dem Meer zugekehrten Terrassen standen die Hallen von Vinyamar („neues Obdach"), Turgons erstem Wohnsitz in Mittelerde, bevor er nach Gondolin gezogen war. Fast vierhundert Jahre später fand Tuor sie unzerstört, wenn auch von Wind und Wetter gezeichnet und mit graugrünen Pflanzen überwachsen. Sie waren das erste größere Bauwerk aus Stein, das die Noldor nach ihrer Rückkehr aus Aman errichtet hatten. Früher hatten in Vinyamar viele Sindar gelebt, die sich mit Turgons Volk vereinigt hatten. Ulmo und Osse waren oft ans Meeresufer gekommen, und auch Tuor empfing hier von Ulmo seine Instruktionen. In der großen Säulenhalle fand er Rüstung und Schwert, die lange vor seiner Geburt für ihn angefertigt und hinterlegt worden waren. Er traf den schiffbrüchigen Seefahrer Voronwe und machte sich mit ihm auf den Weg nach Gondolin.

Solange es bewohnt gewesen war, hatten von Vinyamar Straßen nach Brithombar im Süden und nach Ivrin im Osten geführt. Zu Tuors Zeiten waren sie verfallen.

Vgl. Nevrast, Tuor, Turgon, Ulmo, Voronwe; Karte S. 34. *S*, XXIII; *Nachrichten*, I, i.

Voronwe

Ein Noldo aus Gondolin, in Nevrast geboren und durch seine Mutter, eine Sinda von den Falas, mit Círdan verwandt. Er war einer der Boten, die Turgon zu den Sirion-Mündungen schickte. Voronwe („der Standhafte") vertrödelte viel Zeit in Nan-tathren, wo es ihm so gut gefiel, daß er am liebsten dageblieben wäre, ohne sich um seine schwierige Mission weiter zu kümmern. Aber Ulmo hatte anderes mit ihm vor. Er fuhr auf dem letzten der sieben Schiffe, die Círdan in Turgons Auftrag gebaut hatte. (Die Noldor selbst verstanden nichts vom Schiffbau und von der Seefahrt.) Alle Schiffe scheiterten in Stürmen oder in den Schrecknissen der Schattigen Inseln. Voronwe berichtete von sieben Jahren vergeblicher Anstrengung, den Weg in den Westen zu finden. Als auch Voronwes Schiff, in Sichtweite des Taras-Berges scheiterte, sorgte Ulmo dafür, daß er mit dem Leben davonkam. In Nevrast ans Ufer gespült, begegnete er Tuor, den er nach Gondolin führte. Er soll einer der Flüchtlinge gewesen sein, die nach dem Fall von Gondolin mit Tuor und Idril in den Süden zogen.

Vgl. Gondolin, Nan-tathren, Nevrast, Tuor. *S*, XX, XXIII; *Nachrichten*, I, i; *Verschollene Geschichten II*, iii.

WÄCHTER IM WASSER

„Weit unter den tiefsten Grabungen der Zwerge nagen namenlose Wesen an der Welt", sagte Gandalf. Eines davon war emporgekrochen und hauste nun in dem See vor dem Westtor von Moria. „Aus dem Wasser war ein langer, gekrümmter Fangarm gekrochen; er war blaßgrün, leuchtend und naß. Sein gefingertes Ende hatte Frodos Fuß gepackt und zog ihn ins Wasser." Und es stank abscheulich.

Dies war keine von Saurons Kreaturen, sondern ähnlich wie Kankra oder der Drache Smaug ein Wesen von eigenem bösen Willen, das Sauron manchmal für seine Zwecke benutzen konnte.

Der Zwerg Óin, ein Begleiter Balins, war 2894 D.Z. diesem Wächter zum Opfer gefallen.

Vgl. DRACHEN, MORIA, RIESENSPINNEN.

R, II, 4/5.

WAGENFAHRER

Ein Volk (oder ein Bund von Völkern) aus Rhûn, die seit dem Jahr 1851 D.Z. mit großen Planwagen nach Westen gezogen kamen. Nur mit Mühe konnte Gondor Ithilien und die Anduin-Grenze gegen sie behaupten. Sie besetzten den südlichen Teil von Rhovanion; die Bevölkerung wurde teils unterworfen, teils nach Norden vertrieben. Die Wagenfahrer waren besser bewaffnet als andere Völker aus dem Osten. Auch ihre Frauen gebrauchten Waffen, und ihre Anführer kämpften in Streitwagen. Fast hundert Jahre lang mußte sich Gondor ihrer Angriffe erwehren. Ein von Gondor unterstützter Aufstand der Nordmenschen von Rhovanion (1899 D.Z.) hatte keinen dauerhaften Erfolg. Im Jahre 1944 verbündeten die Wagenfahrer sich mit den Völkern von Khand und Harad (mit denen sie zuvor verfeindet waren) zu einem gleichzeitigen Angriff von Osten und Süden. Das Nordheer von Gondor wurde auf der Dagorlad besiegt; König Ondoher und seine beiden Söhne fielen. Aber Earnil, der Führer des Südheeres (später König Earnil II.), hatte die Haradrim besiegt und brachte seine Truppen rechtzeitig in den Norden, um die Wagenfahrer bei der Siegesfeier zu überraschen. Er bereitete ihnen eine vernichtende Niederlage und trieb sie scharenweise in die Totensümpfe. Das war das letzte, was man von ihnen hörte.

Die Benutzung von Wagen wurde als charakteristisch für dieses Volk aufgefaßt, obwohl Räderfahrzeuge bei den meisten anderen Völkern von Mittelerde gebräuchlich waren. Dort benutzte man sie jedoch nur zum Transport von Lasten, Kranken oder Verwundeten. Kein König oder Truchseß von Gondor hätte sich jemals in einer Kutsche gezeigt: Dies wäre als Eingeständnis aufgefaßt worden, daß er zu alt oder schwach war, um zu reiten. Darin wirkte die elbische Tradition nach, in der das mechanische Prinzip des Rades mißbilligt wurde. (Es gehörte der Krummen Welt mit ihren korrupten Naturgesetzen an.)

Vgl. GONDOR, KRUMME WELT, OSTLINGE, RHOVANION.

R, Anhang A I; *Nachrichten*, III, ii, 1.

WALDELBEN

Nicht weit vom Ostsaum des Düsterwaldes begegneten Bilbo und die Zwerge den Waldelben. Man hörte sie in der Ferne johlen und trompeten, sie erschienen dem dicken Bombur im Traum, sie verstanden sich auf die Kunst des geräuschlosen Auftauchens und Verschwindens. Mit ihren Pfeilen konnten sie einen fliegenden Vogel bei Nacht ins Auge treffen.

Dies waren die *Tawarwaith*, das Volk des Königs Thranduil, verwandt mit den Galadhrim von Lórien, die Frodo und seine Gefährten achtzig Jahre später besuchten. Beide Völker waren Nachkommen der Nandor, vermischt mit einer Oberschicht von Westen her zugewanderter Sindar. Nach dem Untergang von Doriath war unter den Sindar eine zivilisationskritische Bewegung aufgekommen, die eine Rückkehr zum einfachen Leben in den Wäldern empfahl. Auch manche der Noldor, denen die Sindar an den Verwüstungen von Mittelerde Schuld gaben, standen solchen Bestrebungen nicht fern. Viele Elben, die längst den mehr oder weniger städtischen Komfort von Menegroth oder Nargothrond gewöhnt waren, mußten daher nun wieder in den Bäumen herumklettern, auf Fletts wohnen und die Sprache ihrer primitiven Verwandten erlernen, denn die Waldleute waren nicht begierig, sich zivilisieren zu lassen. Immerhin gelang es den Sindar, eine gewisse Ordnung und Zu-

Der Faßreiter auf dem Waldfluß.
Bleistift, Wasserfarbe und schwarze Tinte.
Künstler, 122.

sammenfassung der verstreut lebenden Gruppen zu Völkern durchzusetzen. Sindarin, mit starker lokaler Dialektfärbung, wurde allmählich zur Verkehrssprache.

Die Tawarwaith hatten zu Anfang des Zweiten Zeitalters in unmittelbarer Nachbarschaft mit den Galadhrim im südlichen Grünwald gelebt. Um das Jahr 1000 Z.Z. waren sie unter Thranduils Vater Oropher weiter nach Norden gezogen, um den Kontakt mit den bauwütigen Zwergen von Moria und den Noldor von Eregion zu vermeiden. Auch in Lórien regierte ein Sindar-König, Amdír, Amroths Vater, aber er war den Noldor nicht so feindlich und nahm Galadriel bei sich auf.

Die Waldelben hielten sich aus den Streitigkeiten ihrer Nachbarn gewöhnlich heraus, doch am Krieg des Letzten Bündnisses gegen Sauron (3430-3434 Z.Z.) nahmen auch sie teil. Ihre Heere waren schlecht bewaffnet und folgten nur widerwillig Gilgalads Oberbefehl. Sie erlitten schwere Verluste, und ihre Fürsten, Oropher wie Amdír, fielen beide in der Schlacht auf der Dagorlad.

Unter Thranduil mußten die Tawarwaith noch weiter in den Norden zurückweichen, um sich den Belästigungen zu entziehen, die seit etwa 1050 D.Z. von Dol Guldur ausgingen. Die Verbindung zu ihren Verwandten im Süden riß zeitweise ab. Aus Lórien zogen nach der Flucht der Zwerge aus Moria viele Elben fort, auch ihr König Amroth. Unter den restlichen übernahmen Galadriel und Celeborn die Führung.

Thranduil nahm mit einem Heer der Waldelben an der Schlacht der fünf Heere teil. Im Ring-

krieg mußten sowohl die Tawarwaith als auch die Galadhrim heftige Angriffe von Saurons Verbündeten abwehren. Am Ende trafen sich Celeborn und Thranduil in der Mitte des Düsterwaldes und teilten das Gebiet neu auf: Der Norden fiel an Thranduil, der Süden an Lórien, der mittlere Teil an die Beorninger und andere Waldmenschen.

Vgl. Amroth und Nimrodel, Celeborn, Fletts, Lórien (2), Nandor, Thranduil.

H, 9; *R*, II, 6-8; Anhänge A und B; *S*, III; *Nachrichten*, II, iv.

WALDFLUSS
Entsprang im Grauen Gebirge und floß durch den nördlichen Düsterwald in den Langen See. Nahe am Ostrand des Waldes lag der Höhlenpalast des Waldelbenkönigs Thranduil am Flußufer. Von dort gelangten Bilbo und die Zwerge mit den leeren Fässern nach Esgaroth.
Vgl. Düsterwald, Waldelben; Karte S. 158.
H, 9.

WALDLÄUFER
Die Dúnedain des Nordens nach dem Untergang ihrer Königreiche und dem Verlust ihrer Länder; ihre Stammesführer waren die Nachkommen des letzten Königs Arvedui. Sie hatten ein hartes Leben, und wenn sie wie Streicher im „Tänzelnden Pony" zu Bree einkehrten, wurden sie argwöhnisch angesehen; brave Leute wie der Gastwirt Butterblume trauten ihnen auch Straßenraub zu. Sie hatten berühmte Vorgänger in den früheren Zeitaltern: Beren, Túrin und Tuor führten zeitweise ein ähnliches Leben. Sogar die alten Sänger, die ihre Taten feierten, bezeichneten sie

manchmal als „Banditen". Daß sie diesen Namen vom Standpunkt der Feinde aus verdienten, deren Gesetze sie mißachteten und die sie gnadenlos töteten, versteht sich von selbst; aber manche von ihnen hatten auch unter den Edain und den Eldar wenig Freunde. Dies gilt vor allem für die Bande, der sich Túrin nach seiner Flucht aus Doriath anschloß. Sie bestand aus Menschen aus den Nordlanden, die nach Morgoths Siegen von ihren früheren Wohnsitzen geflüchtet waren. Sie waren noch immer bereit, gegen die Orks zu kämpfen, aber auch die Haladin (und jeder, der etwas reicher war als sie selbst) waren vor ihnen nicht sicher. Sie raubten, mordeten und vergewaltigten. Die Elben in Doriath und Nargothrond achteten diese Partisanen nicht als Verbündete.

Nach der Vernichtung des Königreichs von Rhovanion durch die Wagenfahrer, breitete sich das Waldläufertum auch dort aus. Beorn und seine Sippe waren wohlhabend und seßhaft geworden; außer ihnen gab es im nordwestlichen Düsterwald noch manche Waldmenschen in schwierigeren Verhältnissen. Ihnen wurde nach dem Ringkrieg von Thranduil und Celeborn der mittlere Teil des Waldes überlassen.

Vgl. Aragorn, Beren, Dúnedain, Rhovanion, Tuor, Túrin, Zum Tänzelnden Pony.

R, I, 9/10; Anhang A I; *Nachrichten*, I, i, ii; III, ii, 1.

WASSERAU
Ein Dorf im Herzen des Auenlandes, nah an der Großen Oststraße, mit dem dicht benachbarten Hobbingen durch eine Straße verbunden. Die Wässer floß durch den Wasser-

auer See, in dessen nördliches Steilufer eine Reihe Smials eingegraben waren; den Ortskern, südlich des Sees, bildeten Häuser. Auf der Hauptstraße von Wasserau wurden im Jahr 3019 D.Z. Scharrers Menschen von den Hobbits vernichtend geschlagen.

Das letzte Haus von Wasserau an der Straße nach Hobbingen war der „Grüne Drachen", Sam Gamdschies Stammlokal und eines der besten Wirtshäuser von Mittelerde.

Vgl. AUENLAND, Karte S. 25.
R, I, 2, 3; VI, 8.

WEIDENWINDE
Ein kleiner Fluß; entsprang auf den Hügelgräberhöhen und mündete bei Hagsend in den Baranduin. Das Tal der Weidenwinde zog sich durch den Alten Wald. Hier stand der Alte Weidenmann, ein Anführer der fremdenfeindlichen Bäume, die den Reisenden den Weg versperrten. Auf einer Anhöhe nah am Ufer stand Tom Bombadils Haus. Die Flußnymphe der Weidenwinde war Toms Schwiegermutter.

Vgl. ALTER WALD, TOM BOMBADIL; Karte S. 25.
R, I, 6.

WEISSE BÄUME
Nach dem Tod der Zwei Bäume trauerten die Elben vor allem um das silberne Licht Telperions, und an vielen Orten pflanzten sie Schößlinge von *Galathilion* an, seinem Abbild in Tirion. Auch in Eressea wuchs ein Weißer Baum, *Celeborn* („Silberbaum") genannt, und von ihm kam ein Schößling nach Númenor, *Nimloth* („weiße Blüte"), der in den Königsgärten von Armenelos gehegt wurde, bis Ar-Pharazôn ihn abhauen

ließ. Bei den Elendili wurde der Weiße Baum als Andenken an die Eldar und das unbesudelte Licht von Valinor in Ehren gehalten. Unter Lebensgefahr rettete Isildur eine Frucht von Nimloth und brachte einen Schößling mit nach Mittelerde. Ein weißer Baum stand immer vor der Königsburg in Gondor, zuerst in Minas Ithil, dann in Minas Anor. Der letzte verdorrte im Jahre 2852 D.Z. und wurde stehengelassen; Pippin sah ihn, als er während des Ringkrieges nach Minas Tirith kam. Elendils Fahne zeigte einen weißen Baum unter einer Krone und den Sieben Sternen.

Mit Gandalfs Hilfe fand König Elessar einen Schößling auf dem Berg Mindolluin und pflanzte ihn im Hof seiner Burg ein.

Vgl. ELENDIL, ISILDUR, ZWEI BÄUME.
S, V, Akallabêth; *R*, V, 6; VI, 5; Anhang B.

WEISSER RAT
Nach der Schlacht der fünf Heere erfuhr Bilbo, wo Gandalf die ganze Zeit gewesen war: Er hatte an einer großen Ratssitzung der weißen Zauberer, der Meister der Wissenschaft und der guten Magie teilgenommen. Dies war der sogenannte Weiße Rat, der im Jahr 2463 D.Z. auf Galadriels Wunsch zum ersten Mal einberufen worden war. Schon im Zweiten Zeitalter waren die Elbenfürsten gelegentlich zu ähnlichen Beratungen zusammengekommen; nun aber zogen sie auch die Istári hinzu, von denen Curunír (Saruman) zum Vorsitzenden gewählt wurde. Da der Rat aus lauter Unsterblichen bestand, trat er nur in sehr langen Abständen zusammen, meistens in Imladris.

Die Mitglieder waren Curunír, Mithrandir, Círdan, Elrond, Galadriel und einige nicht namentlich bekannte Elben von hoher Abkunft, d. h. Noldor und Sindar, sicherlich keine Waldelben (Thranduil war deshalb verärgert). In den ersten Jahrhunderten ging es in den Ratssitzungen meist um die Frage, ob man Dol Guldur angreifen oder nur beobachten solle: Mithrandir und Galadriel drängten auf entschiedenes Vorgehen; Curunír beschwichtigte, und zwar auch dann noch, als Mithrandir herausgefunden hatte, daß der „Geisterbeschwörer" oder „Nekromant" von Dol Guldur niemand anders als Sauron war.

In dem Jahr, als der Drache Smaug sein Ende fand, bekam Mithrandir endlich seinen Willen, und Sauron wurde aus seiner Festung vertrieben. Die eingesetzten Machtmittel waren offenbar nicht militärischer Art. (Entweder schleuderten die Weisen vor den Mauern von Dol Guldur Blitze, oder sie sagten einzeln oder im Chor ihre Zaubersprüche auf.) Wie sich später herausstellte, war Sauron auf dergleichen längst vorbereitet gewesen; er ergriff nur zum Schein die Flucht. Die Mauern vermochten die Weisen bei dieser Gelegenheit nicht zu zerstören.

Vgl. DOL GULDUR, SAURON, ZAUBERER.
H, 19; *R*, I, 2; Anhang B; *S*, Von den Ringen ...; *Nachrichten*, II, iv.

WEISSES GEBIRGE
Sindarin *Ered Nimrais*, die große, von Westen nach Osten verlaufende Gebirgskette zwischen Gondor und Rohan, südwestlich von Edoras zu einem starken Massiv aufgeworfen, mit den drei ewig schneebedeckten

Gipfeln des Starkhorn, Irensaga und des Dwimorberges. Ein nördlicher Ausläufer ist nur durch die schmale Pforte von Rohan vom südlichen Ende des Nebelgebirges getrennt: Auf der Karte liegen die beiden langen Gebirgsketten wie das Skelett eines einzigen großen Drachen mit Genickbruch. Aragorn, Gimli und Legolas erblickten die Berge am Morgen des 27. Februar 3019 D.Z., über eine Entfernung von dreißig Wegstunden hinweg: „Ihre kohlschwarzen Gipfel waren mit schimmerndem Schnee bedeckt und vom Morgenrot überhaucht."

Auf der Nordseite des Gebirges entsprangen die Flüsse Adorn, Schneeborn und Mering, auf der regenreicheren Südseite Lefnui, Morthond, Ciril, Ringló, Gilrain, Serni, Celos, Sirith und Erui. Hier lagen die südlichen Lehen von Gondor. Die Hauptstadt Minas Tirith stand auf einem Vorsprung des Mindolluin am äußersten östlichen Ende der Bergkette.

Das Volk der Drúedain, das seit dem Ersten Zeitalter auf beiden Seiten der Berge gewohnt hatte, wurde seit der Gründung des Dúnedain-Königreichs von anderen Menschenvölkern vertrieben. Reste dieses Volkes hatten sich zur Zeit des Ringkrieges noch im Drúadan-Wald, in den Wildnissen von Drúwaith Iaur und um die südwestlichen Ausläufer des Gebirges in Andrast erhalten.

Vgl. Aglarond, Dunharg, Drúedain, Gondor, Leuchtfeuerberge, Mindolluin; Karte S. 53.

R, III, 1; V, 1, 2; *Nachrichten*, IV i.

WEISSQUELL

Ein Fluß, der im Norden von Rhudaur bei den Ettenöden entsprang; vereinigte sich mit der Lautwasser (Bruinen) und dem Glanduin und wurde von dort an gewöhnlich als Grauflut (Gwathló) bezeichnet. Der Sindarin-Name *Mitheitel* bedeutet eigentlich „Grauquell".

Frodo und seine Gefährten überquerten den Weißquell bei der Letzten Brücke auf der Großen Oststraße mittags, am 13. Oktober 1419 A.Z.

Vgl. RHUDAUR, Karte S. 142.

R, I, 12; Anhang B; *Nachrichten*, II, iv, D.

WESTRON

Die *Gemeinsame Sprache* der Menschenvölker im Westen von Mittelerde während des Dritten Zeitalters. Sie beruhte auf dem ADÛNAÏSCHEN der Númenórer, nahm aber auch viele Wörter aus anderen Menschensprachen auf, besonders aus denen der Bewohner von Gondor, die mit den Dúnedain stammverwandt waren. Als allgemeine Verkehrssprache wurde Westron auch von den Zwergen, Hobbits, Elben und Orks benutzt. Bei den vornehmen Dúnedain-Familien in Gondor hielt sich daneben auch das Sindarin im täglichen Gebrauch. Orts- und Personennamen waren oft in Sindarin, Namen der Könige und Eintragungen in die Schriftrollen des Staatsarchivs von Minas Tirith in Quenya.

In den Erzählungen aus dem Dritten Zeitalter wird Westron durch modernes Englisch (bzw. Deutsch) wiedergegeben.

Vgl. ADÛNAÏSCH, ELBENSPRACHEN.

R, Anhang F.

WETTERSPITZE

Auf dem Weg von Bree nach Bruchtal sahen Streicher und die Hobbits auf dem Wetterber-

gen die Überreste alter Befestigungsanlagen. Sie waren von Elendil und seinen Nachfolgern erbaut worden. Der südlichste Gipfel dieser Berge war die Wetterspitze (Sindarin *Amon Sûl*, „Windberg"); an diesem Punkt trafen sich die Grenzen der drei Königreiche von Arthedain, Rhudaur und Cardolan. Der Berg, auf dem ein hoher Wachtturm mit einem Palantír stand, war zwischen den drei Reichen heftig umstritten. Im Jahre 1409 D.Z. wurde das Gebiet von einem großen Heer aus Angmar erobert und der Turm zerstört. Der Palantír wurde nach Fornost gerettet.

Als die Hobbits am 6. Oktober 3018 D.Z. die Wetterspitze erreichten, fanden sie nur noch ein Zeichen von Gandalf, der dort drei Tage vorher seine Blitze gegen die Schwarzen Reiter geschleudert hatte. In einer Mulde am Fuß des Berges wurde Frodo in der Nacht darauf von dem Morgul-Fürsten mit einem giftigen Messer verwundet.

Vgl. ANGMAR, ARTHEDAIN, PALANTÍRI; Karte S. 142.

R, I, 11; Anhang A.

WILLI WEISSFUSS

Der dickste Hobbit im Westviertel des Auenlandes, langjähriger Bürgermeister von Michelbinge, wurde von den Männern des Obersts als erster ins Gefängnis gesteckt, als er gegen ihre Machenschaften zu protestieren versuchte. Nach seiner Befreiung dauerte es einige Zeit, bis er wieder aussah wie ein Bürgermeister. Sein Amtsnachfolger wurde 1427 A.Z. Sam Gamdschie.

Vgl. AUENLAND, BÜRGERMEISTER VON MICHELBINGE.

R, Anhang B.

WÖLFE

Wenn es nach den Valar gegangen wäre, hätte es in Mittelerde nur Hunde gegeben, aber Melkor verdarb ihre Pläne und machte aus den Hunden die bösartige, hinterlistige und gefräßige Gattung der Wölfe, die meistens auf sein Kommando hörten. Sein Spezialist für die Züchtung und Dressur dieser Untiere war Sauron, der selbst gelegentlich in Wolfsgestalt auftrat. Er schuf die Werwölfe: „Raubtiere, von wütenden Geistern besessen, die er in ihren Leibern eingekerkert hatte." Die gefürchtetsten Werwölfe von Beleriand waren Draugluin und Carcharoth. Mit einem Heer von Werwölfen eroberte Sauron die Inselfestung Tol Sirion, die daraufhin *Tol-in-Gaurhoth*, Insel der Werwölfe, genannt wurde.

Auch Lúthien, verstand sich auf den Werwolfzauber: Sie gab Beren die Gestalt Draugluins, in der er bis in Morgoths große Halle gelangte. Dies war zwar nur Verkleidung, übertrug ihm aber ein gewisses Maß echten wölfischen Empfindens. („Dann sprang er, den Mond anheulend, den Hügel hinab …")
Von den Werwölfen nicht leicht zu unterscheiden waren die Warge, die meist gemeinsame Sache mit den Orks machten und ihnen als Reittiere dienten. Sie traten vor allem im Dritten Zeitalter auf. In der Schlacht der fünf Heere ebenso wie in den Schlachten an den Furten des Isen und bei Helms Klamm wurden geordnete militärische Formationen von Wolfsreitern eingesetzt. Sie wurden von den Rohirrim gefürchtet, weil sie sich in die Reitertrupps eindrängten und den Pferden die Bäuche aufrissen. Diese Wölfe scheinen nicht magisch, sondern nur durch Dressur präpariert gewesen zu sein. Auch die gewöhnlichen Wölfe waren aber dank ihrer verderbten Natur grundsätzlich dem Bösen zugetan.

Die Wölfe, deren sich die Ringgemeinschaft in Eregion erwehren mußte, waren vermutlich Werwölfe: Obwohl die Gefährten in der Nacht viele von ihnen getötet hatten, war am nächsten Morgen nichts mehr von ihren Kadavern zu sehen.

Vgl. BEREN, CARCHAROTH, DRAUGLUIN, LÚTHIEN, SAURON.
R, II, 4; III, 7; *H*, 7; *S*, X, XIX.

Y

Yavanna

Eine Valië, Aules Gemahlin. Ihr Name bedeutet im Quenya „Spenderin der Früchte"; sie wird auch *Kementári*, Erdenkönigin, genannt. Sie legte die ersten Samen aller Pflanzen *(Olvar)* aus, von denen viele erst aufgingen, nachdem die Sonne am Himmel stand. (Die Zwischenzeit hieß der „Schlaf Yavannas".) Ihre Lieblinge waren die Bäume, und sie selbst sah man bisweilen in Gestalt eines großen Baumes. Die Zwei Bäume von Valinor hatte sie kraft eines Zaubergesangs aufwachsen lassen. Mit Aule hatte sie manchen Disput wegen des Holzbedarfs der Zwerge. Auf Yavannas Bitten wurden die Ents erschaffen, die zum Schutz der Olvar in den Wäldern umgingen.

Yavannas jüngere Schwester Vána, Oromes Gemahlin, ist die Gärtnerin, die die Blumen blühen und die Vögel singen läßt. Vgl. Aule, Ents, Olvar, Valar. *S*, Valaquenta, I, II.

Z

Zauberer

Populäre Bezeichnung der „Weisen" (Quenya *Istari*; Sindarin *Ithryn*). Einige alte Männer erregten in Mittelerde etwa seit dem Jahr 1000 des Dritten Zeitalters Neugier und Erstaunen, weil sie weit umherwanderten, sich in fremde Angelegenheiten mischten, über mancherlei ungewöhnliche Fähigkeiten verfügten und im Lauf der Jahrhunderte kaum älter zu werden schienen. Nur Círdan, Elrond und Galadriel wußten, wer sie waren.

Vorausgegangen war eine Ratssitzung der Valar, auf der beschlossen wurde, Boten nach Mittelerde zu entsenden, um den bedrohten Elben und Menschen gegen den wieder erstarkten Sauron beizustehen. Aule schlug Curumo (Saruman) vor, Orome empfahl Aratar. Manwe fragte nach Olórin (Gandalf). Der, in einem grauen Mantel, war gerade von einer Reise zurückgekehrt und hatte sich in die hinterste Reihe gesetzt. Er sagte, er sei zu schwach für die Aufgabe und fürchte sich vor Sauron. Manwe sagte: ein Grund mehr, daß du als dritter hingehst. Varda warf ihrem Gatten einen scharfen Seitenblick zu und sagte: nein, nicht als dritter. Curumo merkte sich die Zurücksetzung.

Diese Sendboten gehörten dem „Orden der Weisen" *(Heren Istarion)* an und waren Maiar oder Valar. Es scheint, daß schließlich noch einige andere Boten entsandt wurden (insgesamt mindestens fünf), aber nur über Curumo (Sindarin: Curunír) und Olórin (Mithrandir) ist aus den Erzählungen vom Dritten Zeitalter Näheres bekannt. Auf Yavannas Wunsch mußte Curumo noch Aiwendil (Radagast) mitnehmen, der sich nur für die Vogelwelt von Mittelerde interessierte. Von zwei anderen, Aratar und Pallando, wissen wir, daß sie blaue Gewänder trugen, auf Wunsch Oromes entsandt wurden und in den Osten von Mittelerde gingen. Man darf annehmen, daß jeder von ihnen die besonderen Interessen desjenigen Vala, der ihn abgeordnet hatte, im Auge behielt.

Die Istari hatten Auftrag, den bedrohten Elben- und Menschenvölkern Rat und Ermutigung zu spenden – doch ohne sich zu erkennen zu geben oder Sauron offen mit eigener Macht entgegenzutreten. (An diese Bedingung hielten Saruman und Gandalf sich nicht lange.) Jeder von ihnen trug eine Farbe: Saruman der Weiße, Gandalf der Graue, Radagast der Braune etc., wobei Weiß offenbar den höchsten Rang signalisierte. Jeder hatte außerdem einen Stab, der Zeichen der Ordenszugehörigkeit und zugleich Machtinstrument war. Saruman und Gandalf gehörten dem Weißen Rat an, der die Politik der Elben gegenüber Sauron bestimmte. Saruman, der seinem Auftrag untreu geworden war, wurde am Ende von Gandalf aus dem Orden verstoßen, und sein Stab wurde zerbrochen.

Da sie Menschengestalt angenommen hatten, waren die Istari bis zu einem gewissen Grad menschlichen Nöten und Beschwerden ausgesetzt. Wenn sie aber „getötet" wurden – wie Gandalf und Saruman im Lauf der Geschehnisse –, so hieß das nur, daß sie ihre Gestalt verloren: für Geister ihres Ranges ein Schaden, der nicht irreparabel sein mußte.

Vgl. GANDALF, MAGIE, MAIAR, SARUMAN, SAURON, WEISSER RAT. *R*, III, 10; IV, 5; Anhang B; *S*, Von den Ringen ...; *Nachrichten*, IV, ii.

ZUM TÄNZELNDEN PONY

Das Gasthaus in Bree, in dem die Reisenden abstiegen und Neuigkeiten aus aller Welt austauschten, „Treffpunkt der Arbeitsscheuen, Geschwätzigen und Neugierigen ... Stammlokal der Waldläufer und anderer Wanderer, die noch immer über die Oststraße zum und vom Gebirge zogen (hauptsächlich Zwerge)". Seit unvordenklichen Zeiten war es im Besitz der Familie Butterblume und bot seinen Gästen bequeme Betten, gutbürgerliche Küche und ein vorzügliches Bier. Der Zauberer Gandalf kehrte oft hier ein und war ein Freund des ehrlichen Wirts Gerstenmann Butterblume (auch wenn er ihn zur Strafe für seine Vergeßlichkeit zu rösten drohte). König Elessar schätzte Butterblumes Bier, obwohl er in der Zeit, als er noch der Waldläufer Streicher war, kein besonders gern gesehener Gast war.

Das Gasthaus „Zum tänzelnden Pony" war ein großes dreistöckiges Gebäude mit zwei nach hinten in den Berghang hineingebauten Seitenflügeln und einem Hof dazwischen. Der Nordflügel hatte zu ebener Erde einige Zimmer, die für Hobbits

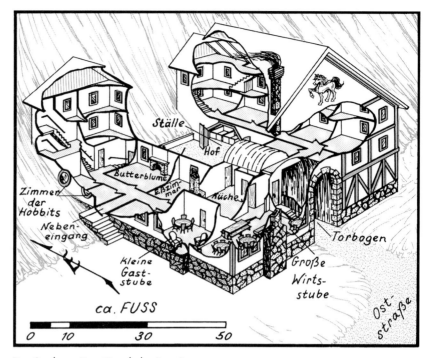

Das Gasthaus „Zum Tänzelnden Pony".
Grundriß.

eingerichtet waren: mit runden Türen und Fenstern.

Vgl. BREE, GROSSE OSTSTRASSE. *R*, I, 9; VI, 7.

ZWEI BÄUME

Auf dem grünen Hügel Ezellohar in Valmar ließ Yavanna die zwei Lichtbäume wachsen: Telperion, von dessen Blüten ein Tau von silbernem Licht troff, und Laurelin, mit Büscheln von feuriggelben Blüten, aus denen ein goldener Regen herabfiel. Jeder Baum erblühte und verblaßte einmal binnen sechs Stunden; und jeder begann eine Stunde, bevor der andere erlosch, wieder zu leuchten. Die Stunde, in der die beiden Bäume etwa gleich stark leuchteten, nannte man die „Vermischung der Lichter". Jeder Tag in Aman hatte zwölf Stunden und endete mit der zweiten Vermischung der Lichter.

Aus dem Tau Telperions, des älteren der Zwei Bäume, schuf

Varda die neuen Sterne, die den Erstgeborenen bei ihrem Erwachen in Cuiviénen leuchteten. Telperion wurde von den Eldar höher geschätzt als Laurelin und hatte viele Abbilder in den Weißen Bäumen von Tirion, Eressea, Númenor und Gondor. Am Ende seiner Gefangenschaft fiel Melkor zusammen mit der lichtfressenden Spinne Ungoliant über die Bäume her und ermordete sie. Aus einer letzten Blüte von Telperion schuf Varda den Mond, aus einer Frucht von Laurelin die Sonne.

Vgl. LAURELIN, NARSILION, TELPERION, VARDA, WEISSE BÄUME, YAVANNA.

S, I, VIII, XI; *HME 10*, II (329).

ZWEI GESCHLECHTER

Elben und Menschen, die Älteren und die Jüngeren Kinder Ilúvatars, besonders in bezug auf die zwei Vermählungen zwischen beiden, durch die ein elbisches Erbteil auch unter die

Menschen kam: Beren und Lúthien; Tuor und Idril. Die Kinder aus diesen Verbindungen wurden vor die Wahl gestellt, ob sie das Schicksal der Elben oder der Menschen teilen wollten.
Vgl. Halbelben, Kinder Ilúvatars.
S, XIX, XXIV.

Zwerge

Ein meist in unterirdischen Bauten im Gebirge lebendes Volk von Schmieden, Steinmetzen und Bergleuten. Da sie wenig mitteilsam waren und ihre eigene Sprache, das Khuzdul, vor Fremden geheimhielten, kennen wir die Zwerge nur aus Überlieferungen anderer Völker, vor allem der Elben, Menschen und Hobbits. Darin erscheinen sie als große Handwerker, tüchtige Krieger und zuverlässige Verbündete, aber auch als eigensinnig, aufdringlich und habgierig. Sie liebten alles Schöne, besonders wenn es aus Stein oder Metall war, legten aber, abgesehen von ihren goldenen Gürteln, wenig Wert auf ein gepflegtes Äußeres oder elegante Manieren. Im Krieg waren ihre Äxte gefürchtet, aber schon der Anblick der Gesichtsmasken unter ihren schwarzen Helmen war für Freund und Feind kaum zu ertragen.
Nach den Legenden der Elben wurden die Zwerge von dem Vala Aule erschaffen, der es nicht erwarten konnte, daß die Kinder Ilúvatars endlich erwachten. Weil er schwierige Zeiten voraussah, schuf er sie klein, zäh und stark: „steinhart, dickköpfig, unbeirrbar in der Freundschaft wie im Haß“. Sie werden nicht zu den Kindern Ilúvatars gezählt, da Aule bei ihrer Erschaffung eigenmächtig

zu Werke gegangen war; allerdings gewährte Ilúvatar nachträglich sein Einverständnis. Die Elben meinen, daß die Zwerge nach dem Tod wieder zu dem Stein werden, aus dem sie geschaffen sind; die Zwerge aber glauben, daß sie dann von Aule in Mandos' Hallen geführt werden.
Die Zwerge gliedern sich in sieben Stämme oder Völker, deren Könige sich auf die Abstammung von den Sieben Vätern berufen, die von Aule zuerst erschaffen wurden. Der älteste und angesehenste der Sieben Väter war Durin, der seine Hallen in Khazad-dûm (Moria) baute. Die Zwerge glauben, daß die Sieben Väter in ihren Söhnen wiedergeboren werden. (Die ersten fünf Könige nach Durin hießen alle Durin und sahen ihrem Stammvater zum Verwechseln ähnlich.)
Moria war seit frühesten Zeiten der Wohnsitz von Durins Volk, doch im Ersten Zeitalter wanderten die Zwerge weit nach Westen und gründeten die Städte Gabilgathol (Belegost) und Tumunzahar (Nogrod), am Osthang der Blauen Berge, von wo sie über die Zwergenstraße in regen Austausch mit Doriath und den Elbenkönigreichen von Beleriand traten. Zu Morgoth hielten sie Distanz; doch ist nicht ausgeschlossen, daß sie mit ihm oder seinen Vasallen Handel trieben. Ihr Einvernehmen mit den Elben wurde für lange Zeit gestört, als die Zwerge von Nogrod König Thingol erschlugen und Doriath verwüsteten. Nach der Zerstörung von Nogrod und Belegost am Ende des Ersten Zeitalters wanderten viele der Überlebenden nach Moria.
Um das Jahr 1980 des Dritten

Zwerge
Künstler, 103.

Zeitalters stießen die Zwerge beim Abbau einer Mithril-Ader auf einen Balrog, der dort eingeschlossen lag, nun aber freikam und sie aus Moria vertrieb. Sie verstreuten sich hauptsächlich über die Gebirge im Norden: Ihre größten Sammelplätze und Bergwerke lagen von nun an am Einsamen Berg und in den Eisenbergen. Edelmetalle fanden sie dort nur spärlich, und Mithril gab es in Mittelerde nirgendwo außer in Moria. Sie unternahmen daher mehrere Versuche, Moria zurückzugewinnen, aber selbst nach ihrem großen Sieg über die Orks in der Schlacht im Schattenbachtal (2799) mußten sie vor dem Balrog das Feld räumen.
In ihren Wohnsitzen im Norden waren die Zwerge immer wieder Angriffen der Drachen ausgesetzt, die nach Gold und Edelsteinen ebenso begierig waren wie sie selbst.
Sauron versuchte sich die Zwergenkönige mit den Sieben Ringen gefügig zu machen; doch gegen die Dickköpfigkeit der Zwerge kamen selbst seine Hexenkünste nicht auf. Die Ringe bestärkten sie noch in ihrer Habgier, aber zur Unterwerfung unter den Dunklen Herr-

scher waren sie nie bereit. Zusammen mit den Waldelben und den Menschen von Thal besiegten sie die Orks in der Schlacht der fünf Heere, und auch im Ringkrieg kämpften sie unter König Dáin Eisenfuß gegen die mit Sauron verbündeten Ostlinge.

Ähnlich wie die Elben waren die Zwerge im Dritten Zeitalter ein „schwindendes" Volk: Es gab unter ihnen viel weniger Frauen als Männer, und nicht alle ihre Frauen heirateten und gebaren Kinder. Für Uneingeweihte waren die Frauen von den Männern nicht zu unterscheiden; das Geschlecht wurde geheimgehalten. Nur eine einzige Zwergin ist uns namentlich bekannt: Dís, die Tochter Thráins II., und Mutter von Fíli und Kíli. Unter den Elben standen den Zwergen die Noldor am nächsten, weil sie große Juwelenschmiede waren und ebenfalls in Aule ihren Lehrmeister verehrten. Im Vergleich zu den spirituellen Handwerkskünsten der Elben, die Dinge „von eigenem Leben" erschufen, zeichneten sich die Zwerge durch mechanische Präzision aus. Ein Teil ihrer Erzeugnisse war für den Handel bestimmt. Obwohl sie für die organische Natur wenig Sinn hatten und rücksichtslos Wälder abholzten, waren sie doch von tiefer Achtung für das Leben der Gesteine und Metalle erfüllt. In ihren Grottenbauten wußten sie durch behutsame Eingriffe die Schönheit des „gewachsenen" Steins ins Licht zu rücken, und die Werke ihrer großen Schmiede waren immer Einzelstücke, die einen Namen und ein Schicksal hatten.

Die Zwerge bezeichneten sich selbst als *Khazâd*, dem entspricht Sindarin *Hadhod*, aber zumeist wurden sie von den Elben die *Naugrim* (die Kurzen oder Gestutzten) genannt. Ihre persönlichen Namen hielten sie geheim. Die Namen, unter denen sie in den Berichten auftreten, sind zumeist (aus der Älteren Edda gewählte) Entsprechungen zu den Namen, die sie gegenüber Außenstehenden gebrauchten.

Vgl. Aglarond, Belegost, Drachen, Durin, Eisenberge, Erebor, Khuzdul, Langbärte, Menegroth, Mithril, Moria, Nauglamír, Nogrod, Smaug, Zwergenrüstung.

S, II, X, XXII; *R*, Anhang A III; *F*; *Nachrichten*, III, iii.

ZWERGENRÜSTUNG
Ein Zwerg in voller Rüstung bot nicht nur für Orks einen beängstigenden Anblick. Zur Schlacht der fünf Heere kam Dáin Eisenfuß mit fünfhundert Mann in stählernen Kettenhemden, Hosen aus schmiegsamem Maschendraht, eisernen Sturmhauben und schweren, eisenbeschlagenen Stiefeln. Sie hatten zweischneidige, beidhändig zu schwingende Streitäxte, außerdem Rundschilde und breite Kurzschwerter. Nach den Vorstellungen der Zwerge war dies eine ärmliche Rüstung, denn die Minen in den Eisenbergen gaben außer Eisen nicht viel her. Im Ersten Zeitalter waren die Zwerge berühmt für die kunstvoll geschmiedeten gräßlichen Masken auf den Visieren ihrer Helme. In den Glanzzeiten von Moria trugen sogar die gewöhnlichen Krieger Panzerhemden aus Mithril.

Vgl. Drachenhelm von Dorlómin, Langbärte, Mithril, Nirnaeth Arnoediad, Schlacht der fünf Heere, Telchar.
H, 17; *S*, XX, XXI.

ZWERGENSTRASSE
Im Ersten Zeitalter die wichtigste Verbindung zwischen den Zwergenstädten Nogrod und Belegost und den Elbenkönigreichen von Beleriand und Hithlum. Sie begann als Paß über die Blauen Berge, führte am Nordufer des Ascar entlang, überquerte den Gelion bei Sarn Athrad und gabelte sich dann in eine nördliche und eine südliche Straße. Die nördliche führte durch Estolad, am Saum des Waldes von Nan Elmoth vorüber, zu den Aros-Furten und dann am Nordrand von Doriath entlang westwärts durch das gefährliche Gebiet von Nan Dungortheb. Häufiger wurde die südliche Straße benutzt, auf der die Zwerge nach Menegroth oder Nargothrond wanderten. Weil die Straße von den Zwergen angelegt war, war sie im wesentlichen ein Fußweg; Wagen, obwohl bekannt, wurden in Mittelerde wenig benutzt.

Die östliche Fortsetzung der Straße nach Khazad-dûm ist in ihrem Verlauf nicht bekannt; wahrscheinlich war sie in ihren westlichen Abschnitten identisch mit der Großen Oststraße, die im Dritten Zeitalter durch Eriador führte.

Vgl. Beleriand, Eriador, Grosse Oststrasse; Karte S. 34.
S, XVI, XVII.

ZWÖLFMEILENVETTER
Ein Hobbitausdruck für jemanden, der sich in den Verwandtschaftspflichten eng an die Etikette hielt und zum Beispiel einem Vetter keine Geschenke machte, wenn er weiter als zwölf Meilen von ihm entfernt wohnte.

Vgl. Geburtstagsgeschenke, Hobbits.
Briefe, 214.

Register

Römische Zahlen hinter den Seitenangaben bezeichnen die Spalten.

208

140/II, 159/I, 188/II, 189/II, 200/III

Bandobras Tuk 168/II, 188/I

Bann der Valar 24/II, **30**, 46/II, 84/III, 147/I, 155/III

Barad-dûr 16/III, 24/II, **30**, 54/II, 65/I, 85/III, 99/I, 108/I, 114/II, 117/III, 128/II, 131/II, 139/II, 153/I, 160/III, 165/I, 166/III, 167/III, 179/II, 187/III

Barad Eithel 61/I, 94/II

Barad Nimras 75/I

Baragund 51/I

Barahir 10/III, 30/III, 36/I, 47/II, 51/I, 77/III, 91/II

Barahirs Ring 20/I, 23/III, 24/I, **30**, 36/I, 78/III, 117/III, 176/II

Baranduin 23/II, 24/III, 25/I, **32**, 38/II, 39/III, 42/I, 101/III, 113/I, 120/I, 129/II, 164/I, II, 175/II, 201/I

Barazinbar 41/II, 58/II, 132/III

Bard **32**, 39/I, 48/II, 52/III, 73/II, 112/III, 169/I, 174/I, 179/I, 181/II

Bären 35/II

Bar-en-Danwedh 127/II

Bauglir 131/III

Baumbart **32**, 67/III, 75/II, 126/III, 135/II

Bäume 12/III, 14/I, 64/II, 67/I, 104/I, 133/I, 148/III, 184/III, 204/I

Baumhirten 67/I

Belagerungsring 20/III, 47/II, III, 135/I, 144/III

Beleg 16/I, **33**, 41/III, 49/I, 94/I, II, 109/III, 114/II, 140/I, 141/II, 180/III, 189/III

Belegaer 14/II, 21/II, **33**, 98/I, 150/III, 192/I

Belegost 28/I, **33**, 38/I, 50/II, 52/II, 68/I, 93/I, 111/I, 112/II, 125/I, 127/II, 133/I, 141/II, 141/III, 180/I, II, 206/II, 207/III

Belegund 51/I

Beleriand 12/I, 18/III, 20/III, 29/I, III, **33**, 38/I, 47/I, II, III, 50/I, 54/I, 55/I, 59/II, 61/III, 72/II, 73/III, 75/I, 84/II, 93/I, 95/I, 99/II, 118/II, 123/I, 126/I, III, 129/III, 135/II, 141/I, 144/III, 151/I, 164/I, 171/III, 172/I, 173/I, 177/I, 180/I, III, 184/I, 206/II, 207/III

Belfalas, Bucht von 16/II, **35**, 49/II, 134/II, 153/II, 192/II

Belladonna Tuk 188/I

Belthil 90/I, 177/III

Belthronding 33/I

Beor 35

Beorn **35**, 38/III, 42/II, 169/I

Beorninger 35/III, 42/II, 56/I, 102/II, 120/II, 159/I, 200/II, III

Bereg **35**, 74/I

Beregond 36, 48/III, 76/I

Beren 10/I, III, 18/II, 19/II, 24/I, 32/I, 35/II, **36**, 41/III, 47/I, 49/I, 50/I, 51/I, 54/I, 66/II, 67/III, 70/III, 78/III, 91/II, 96/II, 99/III, 103/III, 110/II, 114/I, 118/II, 124/I, 137/I, 144/I, 145/I, 151/I, 159/III, 164/I, 171/II, 176/II, 181/I, 183/I, 184/II, 194/I, 200/II, 203/II, 206/I

Beren (Truchseß) 107/III, 164/III

Berge der Tyrannei 179/II

Berge von Mithrim 17/I, 130/II

Bergil 36

Bergtrolle 92/III, 131/I, 170/II, 186/I

Berúthiel 37, 191/II

Beteigeuze 38/III

Beutelsend 37/III, 40/II, 80/II, 97/II, 101/II, 163/I, III

Beutlin 37, 163/I, 183/III

Bewachtes Reich 194/III

Bifur 38/III

Bilbo Beutlin 29/II, **37**, 42/II, 80/II, 83/I, 85/III, 87/II, 98/III, 101/II, III, 106/II, 112/II, 123/I, II, 130/I, 157/II, 159/III, 162/II, 163/I, II, 169/I, 171/III, 173/II, 175/III, 180/II, 200/II

Bilwisse 150/I

Birken 10/II, 24/I, 40/I, 67/III, 196/III

Birnams Wald 104/II

Blaue Berge **38**, 71/I, 72/II, 93/I, 150/III, 180/II, 182/I, 206/II, 207/III

Blomath 26

Blondelben (Vanyar) 194/III

Bockenburg 25/II, 38/II, 40/II, 174/III

Bockland 14/I, 25/II, **38**, 39/II, III, 127/I

Bofur 38/III

Bolg 28/III, **38**, 94/I, 150/I, 169/I, 180/II, 183/I

Bombadil (vgl. Tom Bombadil)

Bombur **38**, 196/III, 198/III

Bór 119/II, 141/II, 151/I

Borgil 38

Boromir 35/II

Boromir **39**, 48/III, 75/III, 92/II, 98/III, 150/III, 155/I, 179/II

Boromirs Horn 39/I, 150/II, 159/II

Brand **39**, 48/II, 161/I, 179/II

Brandir 39, 40/I, 94/I, 96/I

Brandybock 14/I, 25/II, 37/II, III, **39**, 75/II, 80/II, 101/III

Brandyschloss 25/II, 38/II, **39**, 126/III, 174/III

Brandywein 27/I, 32/II, **39**, 80/II

Brandywein-Brücke 20/II, 26/I, 32/II, 38/II, 39/III, 81/III, 92/III, 118/III

Braune Lande 29/II, 67/III, 158/I

Bree 18/I, 20/II, 27/I, **39**, 66/III, 72/III, 79/III, 92/III, 93/III, 101/II, 118/III, 134/III, 155/I, 170/III, 181/II, 183/III, 202/III, 205/I

Breeland 39/III, 57/III

Bregalad 79/II

Brego 123/II

Bregolas 47/II

Brethil 15/III, 33/III, 39/II, **40**, 41/I, 50/II, 55/I, 95/III, 96/III, 141/II, 173/I, 176/III, 180/I, III, 190/I

Briefträger 40/III

Brilthor 84/II, 150/III

Brithiach 173/II

Brithombar 29/I, 75/I, 177/II, 197/II

Brithon 75/I

Bruchtal 17/III, 19/III, 20/II, 23/I, III, 38/I, **40**, 42/II, 65/II, 81/I, 87/I, 102/II, 105/III, 113/II, 114/I, 116/III, 171/I, 179/II, 182/II, 186/III, 187/II, 202/III

Bruinen 71/II, 87/II, 113/II

Bruinen-Furt 113/II, 139/I

Buch des Mazarbul **40**, 134/I, 149/I

Buch des Thains 162/III

Buchen 50/I, 55/III, 99/III, 113/II, 121/III, 125/I

Bucht von Eldamar 66/III, 177/I, 184/I

Buckelstadt 25/I, **40**, 92/II, 154/II, 187/III

Bühl 101/II
Bundushatûr 132/III
Bürgermeister von Esga-
  roth 40, 73/II
Bürgermeister von Michel-
  binge 25/I, 40, 101/III, 112/II,
  127/II, 163/III, 202/III
Butterblume 19/III, 200/II, 205/I

Cabed-en-Aras 16/I, 41, 87/I,
  140/III, 190/I
Cabed Naeramarth 41/I, 104/III
Cair Andros 41, 75/III, 176/I
Calacirya 13/II, 141/III, 183/III,
  194/III
Calaquendi 62/III, 172/I, 180/III
Calembel 112/I
Calenardhon 29/II, 41, 44/II,
  57/II, 64/I, 69/I, II, 71/III, 91/I,
  93/I, 97/I, 107/III, 161/III
Calenhad 115/I
Calimehtar 90/III, 128/III
Calion 155/II
Calmindon 12/III
Camellia Sackheim-Beutlin 163/I
Camlost (Beren) 36/III
Carach Angren 191/I
Caradhras 41, 129/III, 130/I,
  139/III, 162/III
Caragdûr 41, 68/II, 119/III
Caranthir 41, 47/II, 76/III,
  95/III, 119/I, 158/II, 179/III
Caras Galadhon 79/II, 116/II,
  121/III
Carc 161/I
Carcharoth 36/II, 41, 54/I, 103/
  III, 114/I, 124/I, 203/I
Carchost 131/I
Cardolan 19/I, 23/I, II, 42,
  91/III, 93/I, II, 103/III, 129/II,
  159/II, 202/III
Carn Dûm 19/I, 91/III
Carnen 60/III, 61/I, 151/III, 159/II
Carnil 42
Carrock 35/III, 42, 157/I
Castamir 64/I, 90/III, 192/II
Castamirs Söhne 64/I, 192/II
Celduin 60/III
Celebdil 41/II, 42, 139/III
Celeborn 42, 49/I, 55/III, 61/II,
  79/II, 82/II, 106/III, 116/II,
  182/II, 200/II, III
Celeborn v. Tol Eressea 201/I
Celebrant 29/II, 116/II, 171/I

Celebrían 65/III
Celebrimbor 42/III, 43, 46/II,
  71/II, 82/III, 85/II, 133/I,
  138/II, 140/I, 145/I, 160/I, 182/I,
  196/III
Celebrindal (Idril) 105/I
Celebros 15/III
Celegorm 12/I, 43, 46/II, 47/II,
  III, 49/I, 76/III, 99/II, 103/II,
  119/I
Celon 23/I, 73/II, 99/II, 135/II
Celos 113/III, 209/I
Cerin Amroth 43, 61/II, 116/II,
  141/I
Cermië 187/III
Certar 45/III, 177/III
Certhas Daeron 45/II
Chet-Wald 134/III
Círdan 12/III, 23/II, 24/I, 29/I,
  35/I, 38/I, 44, 54/I, 65/III,
  75/I, 83/II, 85/II, 108/II, 115/II,
  126/III, 129/III, 138/II, 152/II,
  165/I, 177/II, 191/III, 196/III,
  197/II, 201/III, 204/II
Ciril 112/I, 202/I
Cirion 29/II, 44, 69/II, 91/I, 97/I
Cirith Forn en Andrath 102/II
Cirith Gorgor 130/III
Cirith Ninniach 71/I
Cirith Thoronath 44, 60/I, 87/
  I, 90/II, 105/I, 167/II
Cirith Ungol 44, 83/I, 88/III,
  91/I, 109/I, 110/I, 154/I, 159/III,
  163/III, 167/I, II, III, 174/III,
  191/I
Cirth 45, 47/I, 50/III, 102/I,
  172/I
Ciryaher 192/II
Ciryatan 46, 147/I
Ciryatur 85/II, 115/II
Coranar 187/II
Cormallen 109/II
Corvus corax 161/I
Corvus corone 111/III
Cram 46, 119/II
Crebain 111/II
Crissaegrim 9/II, 49/I, 60/I, 78/I,
  90/I, 104/III, 181/III
Cuiviénen 28/I, 44/I, 62/II, 98/I,
  135/III, 144/I, 150/II, 177/I,
  205/III
Culúrien 113/I
Curufin 12/I, 43/II, 46, 47/II,
  76/III, 99/II, 119/I, 137/I
Curufinwe 76/III

Curumo 157/I, 165/I, 204/II
Curunír 46, 107/I, 164/III, 201/II,
  204/III
Cúthalion (Beleg) 33/I

Daeron 45/II, 47, 50/III, 118/II,
  126/III, 172/I, III
Dagnir 51/I
Dagor Aglareb 47
Dagor Bragollach 10/II, 12/I,
  30/III, 41/III, 47, 50/III, 74/I,
  77/III, 78/I, III, 86/III, 91/II,
  95/I, III, 99/II, 117/III, 119/II,
  121/I, 137/I, 145/I, 158/II, 180/I,
  184/II
Dagor-nuin-Giliath 47
Dagorlad 23/III, 48, 65/I, 85/II,
  114/II, 182/II, 185/I, 198/II,
  200/I
Dáin I. 48, 182/III
Dáin II. (Eisenfuß) 28/II, 29/II,
  48, 61/I, 86/I, 87/I, 94/II, 161/I,
  169/I, 179/II, 182/I, 207/I, II
Dairuin 51/I
Dämmerseen (Aelin-uial) 10/II,
  17/I, 23/I, 50/II
Daur 113/I
Déagol 84/I, 87/II
Deldúwath 51/I
Denethor 15/II, 136/I
Denethor II. 20/I, 36/I, 39/I, 48,
  49/II, 75/III, 91/II, 98/III,
  152/III, 154/II, 165/I., 187/I
Dernhelm (Éowyn) 69/III
Derufin 134/II
Dimbar 16/II, 49, 50/II, 104/II,
  180/III
Dimrost 15/III
Dior 36/III, 43/III, 49, 50/II,
  66/II, 118/III, 119/II, 181/I
Dírhavel 137/II
Dís 207/I
Dol Amroth 16/II, 35/I, 49, 91/I,
  96/II, 117/I, 134/II
Dol Guldur 19/I, 28/III, 30/III,
  43/I, 49, 55/III, 82/III, 93/III,
  116/II, 139/II, 161/I, 166/II,
  169/II, 170/II, 182/I, 200/I,
  201/III
Dolmed-Berg 24/I, 33/II, 141/III,
  164/I
Dor Caranthir 179/III
Dor-Cúarthol 33/I
Dor Daedeloth 18/III

Erellont 197/I

Erendis 12/III, 16/III, 61/II, 72, 191/II

Eressea vgl. Tol Eressea

Eriador 19/II, 22/III, 24/III, 32/I, 35/I, 36/I, 38/I, 42/III, 65/II, 72, 79/III, 90/II, 92/III, 97/III, 99/II, 102/II, 106/I, 113/I, 115/III, 126/II, 135/III, 139/I, 147/I, 166/I, 182/I, 190/II, 196/II, 207/III

Erkenbrand 102/III

Erstes Zeitalter 17/II, 18/III, 27/III, 29/I, III, 33/III, 54/II, 59/II, 70/III, 103/III, 114/I, 122/III, 126/I, 130/II, 145/I, 152/I, 162/II, 184/I

Eru 30/I, 72, 105/III, 111/II, 193/II

Eruhantale 125/III

Eruhíni 111/II

Erukyerme 125/III

Erulaitale 125/III

Erui 17/II, 64/I, 113/III, 116/III, 202/I

Eryn Galen 55/II

Eryn Lasgalen 55/III

Eryn Vorn 129/II

Esgalduin 36/III, 42/I, 50/I, 72, 103/III, 118/II, 125/I, 173/I

Esgaroth 32/II, 46/II, 60/III, 73, 87/III, 93/I, 112/III, 159/II, 169/I, 174/I, 179/I, 182/II, 200/II

Esmeralda Brandybock (Tuk) 126/III

Este 116/II, 194/II

Estel (Aragorn) 20/I

Estolad 15/I, 33/III, 35/II, III, 73, 95/I, III, 96/III, 151/II, 207/III

Ethir Anduin 17/II, 74

Ettenöden 74, 159/II, 185/II, 186/II, 202/I

Evendim 9/I, 74

Ezellohar 113/I, 177/III, 194/III, 205/II

Falas 29/I, 44/I, 47/III, 75, 85/II, 136/III, 141/II, 172/I, 197/II

Falathar 197/I

Falathrim 44/I, 75/I, 150/III, 177/II

Falbhäute 39/II, 75, 101/III, 187/III

Fangorn 14/I, 32/II, 67/III, 68/I, 75, 79/II, 102/III, 104/I, 111/III, 114/I, 126/III, 127/I, 139/III, 149/I, 154/II, 161/II, 171/I

Fanuidhol 139/III

Faramir 36/I, 48/III, 69/III, 75, 95/II, 98/II, 109/I, 150/III, 187/I

Fea 61/III

Feanor 13/III, 43/II, 47/III, 76, 77/III, 79/I, 82/I, 91/II, 98/I, 112/II, 124/III, 130/III, 131/III, 144/II, 152/I, 171/II, 177/III, 183/III

Feanáro 76/III

Feanorische Schrift 172/III, 178/I

Feanors Eid 77/I, 119/I, 121/I

Feanors Söhne 15/II, 41/III, 43/II, 46/II, 47/III, 49/I, 50/II, 66/I, II, 99/III, 112/II, 117/III, 119/I, 121/I, 125/II, 137/II, 144/II, 180/III

Feanturi 116/II, 122/I

Felaróf 69/I, 123/I

Fennfeld 185/I

Fern-Harad 97/III, 131/I

Ferne Höhen 24/III

Feuerdrachen 51/II, 70/I, 174/I

Fili 77, 207/I

Fimbrethil 67/III

Finarfin 30/III, 77/I, 78/II, 79/I, 82/I, 144/II, 183/III, 196/I

Finarfins Kinder 10/I, 41/III, 119/II, 180/III

Finarfins Wappen 30/III

Findegil 162/III

Finduilas 94/III, 189/III

Finduilas von Dol Amroth 48/III

Fingolfin 18/III, 47/I, III, 49/III, 54/II, 61/I, 77, 78/II, 79/I, 82/II, 89/I, 92/III, 95/I, 98/I, 101/I, 109/III, 119/II, 126/III, 130/III, 132/I, 144/II, 181/III, 183/III, 188/III, 196/I

Fingon 49/III, 52/II, 61/I, 78, 85/I, 86/II, 91/II, 94/II, 95/III, 101/I, 119/I, 141/II, 144/III, 181/III, 189/II

Finnisch 156/III

Finrod (Felagund) 10/I, II, 30/III, 35/II, 36/II, 47/I, 50/III, 75/I, 77/III, 78, 82/II, 87/I, 90/I, 93/II, 95/III, 104/III, 127/II, 136/II,

137/II, 138/II, 180/III, 184/II, 196/I

Finwe 76/III, 77/III, 79, 144/II, 183/III, 196/I

Fíriël 23/III

Firienfeld 56/III

Fírimar 126/I

Fledermäuse 38/III, 52/I, 55/III, 131/I, 169/I, 183/I

Flett 16/I, 43/III, 79, 99/III, 116/III, 141/I, 198/III

Flinkbaum 79

Flügeldrachen 51/III, 174/I, 179/II, 181/III

Folcwine 156/I, 161/III

Forgoil 162/I

Forlindon 115/III

Forlond 129/III

Forlong 79, 117/I

Formen 99/II, 179/I

Formenos 77/I, 79/I

Fornost 19/I, II, 22/III, 23/II, 59/III, 79, 93/III, 152/III, 170/III, 202/3

Forochel 23/II, 32/I, 79, 117/II, 152/III

Forodwaith 72/II, 79/III, 117/II

Forostar 146/II

Fram 52/III, 80

Fréaláf 57/III, 80/II, 98/II, 107/III

Fréawine 80/I

Freca 80, 98/I

Fredegar Bolger 80

Frodo Beutlin 15/III, 37/II, III, 38/III, 39/III, 48/I, 66/I, 75/III, 80, 82/I, 86/I, 88/III, 98/II, III, 101/II, 113/III, 125/III, 130/II, 132/II, 149/III, 154/I, 159/III, 162/II, 163/I, II, 175/III, 176/I, 187/III, 188/I, 191/I, 202/III

Frór 48/I

Froschmoorstetten 81

Frumgar 69/I, 80/I

Fuinor 192/I

Fundin 46/I, 111/II

Furt der Steine 144/I

Gabilgathol 33/II, 111/I, 206/II

Gaerys 150/III

Galadhrim 43/I, 82, 114/III, 116/II, 121/III, 198/III

Galadriel 20/II, 35/I, 42/II, 43/II, 49/III, 54/I, 61/II, 65/III,

71/II, 78/III, **82**, 83/II, 86/I,
94/II, 98/III, 114/II, 115/II,
116/II, 121/III, 124/I, 135/III,
140/I, 145/I, 156/III, 163/III,
165/I, 180/II, 182/II, 200/I,
201/II, 204/II

Galadriels Phiole 44/III, **83**,
110/I

Galathilion 177/III, 201/I

Galdor 49/III, 52/II, 95/I, 96/I

Galenas 155/I

Galion **83**

Galvorn 68/I

Gamil Zirak 176/III

Gandalf 20/I, 29/III, 37/I, 42/II,
44/II, 48/III, 49/II, 74/III,
75/III, 80/III, **83**, 86/II, 93/III,
94/II, 98/III, 113/II, 116/II,
121/II, 122/II, 129/I, III, 130/I,
132/III, 138/II, 148/III, 152/I,
155/I, 157/I, 160/III, 165/I,
167/I, 169/I, III, 180/I, II, 182/I,
186/III, 191/I, 193/II, 198/I,
202/III, 204/II, 205/I

Geburtstagsgeschenke **84**, 87/II,
174/III

Geheimes Feuer 193/II

Gelbhülle 40/II

Gelion 9/III, 15/II, 24/I, 73/II,
84, 95/III, 115/III, 117/III,
150/III, 158/II, 164/I, 176/II,
177/I, 179/III, 207/III

Gelmir 94/II

Gemeinsame Sprache **84**, 202/II

Gerader Weg 15/I, 30/I, **84**,
105/II, 111/III

Gerontius Tuk 40/II, 188/I

Getreue 9/III, 15/I, 17/I, III,
35/II, 64/III, **84**, 86/I, 147/II,
153/II, 155/III, 162/II, 192/I

Ghân-buri-Ghân 54/III, **85**,
176/II

Gil-galad 10/I, 12/III, 16/III,
29/I, 38/I, 44/I, 54/II, 64/III,
65/II, 78/II, 83/I, **85**, 106/I,
114/II, 115/II, 116/I, 121/III,
130/II, 138/II, 145/I, 147/I, 166/I,
190/II, 196/II, III

Gilde der Juwelenschmiede 43/II,
71/II

Gilde der Wagemutigen 12/III,
147/I, 191/III

Gildor 51/I

Gildor Inglorion 93/III, 125/III

Gilraen 20/I

Gilrain 35/I, 112/I, 113/III, 202/I

Gilthoniel 196/I

Gimilkhâd **85**, 152/I, 155/II

Gimilzôr 17/III, 84/III, **85**,
147/II, 162/II

Gimli 10/III, 82/II, **86**, 87/I, 111/I,
114/I, 134/I, 154/I, II

Ginglith 136/III, 137/II

Girion von Thal 32/II, 179/I

Glamdring **86**, 175/III, 180/III,
185/III

Glamhoth 150/I

Glanduin 66/III, 71/II, 72/II,
92/I, 172/III, 202/II

Glaurung 16/I, 28/I, 39/II, 41/I,
47/II, 51/III, **86**, 94/I, 109/III,
112/III, 117/III, 121/I, 137/I,
140/III, 141/II, 174/I, 176/II, III,
189/II

Glingal 90/I, 113/II

Glithui 176/III

Glóin 86/I, **87**, 148/II

Glóredhel 95/I, 96/I

Glorfindel 61/II, **87**, 113/II,
170/III

Glorfindel 44/III, 87/I

Glórund (Glaurung) 137/II

Golasgil 18/I

Goldbeere 184/III

Goldene Halle 123/II, 161/III

Goldener Barsch 93/II

Golfimbul 168/III

Golf von Lhûn 115/I, III, 129/III

Gollum 20/I, 44/III, 48/I, 80/III,
84/I, **87**, 98/III, 110/III, 113/III,
114/II, 127/III, 157/II, 163/III,
174/II, 175/I, 185/I

Golodhrim 144/I

Gondolin 9/III, 13/II, 24/I, 41/II,
43/II, 44/II, 50/III, 60/I, 66/II,
68/I, 77/III, 82/II, 87/I, **89**,
91/II, 104/II, 105/I, 113/II,
119/III, 136/II, 141/II, 144/III,
173/I, 175/III, 177/III, 181/III,
188/II, III, 197/I, II

Gondolindrim 60/I, 89/III

Gondor 15/III, 16/II, 18/I, 20/I,
22/III, 30/III, 35/I, 41/I, 48/I,
II, 54/II, 60/I, 64/I, 65/I, 67/I,
69/I, 72/III, 79/III, **90**, 93/I,
III, 97/I, II, 107/III, 108/III,
111/I, 112/I, 113/III, 122/III,
126/II, 127/III, 131/I, III, 147/III,
148/II, 153/I, 155/I, 159/I, II,
161/III, 164/II, 166/II, 171/I,

177/III, 179/III, 186/III, 192/I,
198/I, 201/III, 202/II, 205/III

Gorbag **91**, 127/III, 150/I, 167/I

Gorgoroth, Ebene von 131/II,
167/III, 186/I

Gorhendad Altbock 14/I, 39/II, III

Gorlim 51/I, **91**

Gorthaur 165/II

Gorthol 190/I

Gothmog (Balrog) 29/III, 78/II,
90/I, **91**, 104/II, 188/III

Gothmog 91/III, 153/III, 185/I

Gotisch 64/1

Grabunholde **91**, 103/III, 184/II

Gramberg 139/III, 168/II

Graue Anfurten 38/I, 44/I, 83/I,
84/I, **92**, 129/III

Grauelben 62/III, **92**, 130/II,
172/I, 177/II

Grauelbisch 172/II

Graues Gebirge 52/I, 55/I, 61/I,
69/III, 70/III, **92**, 158/III, 181/I,
183/I, 200/II

Grauflut 22/III, 42/I, 57/III,
66/III, 90/II, **92**, 116/I, 129/II,
179/II, 202/II

Graumantel 180/II

Grauquell 17/II

Grenzwachen im Auenland
101/III, 112/III

Grenzwachen von Doriath 10/II,
33/I, 49/I, 95/III, 176/III,
180/III

Griechisch 156/III

Gríma (Schlangenzunge) 68/II,
169/III, 180/I

Grimbeorn 35/III

Grischnách **92**, 149/III, 191/II

Gróin 87/I

Grond 78/I, **92**, 153/III

Grór 48/I

Groß-Smials 25/I, 40/II, 154/I

Grosse Oststrasse 23/II, 25/II,
32/I, 39/III, 42/I, 55/I, 81/III,
92, 93/II, III, 101/II, 106/II,
159/II, 186/III, 200/III, 202/II,
205/I, 207/III

Grosse Pest 42/I, 90/III, 91/III,
93, 109/I, 116/I, 131/I, 150/II,
159/I, 161/III, 179/III

Große Überschwemmung 66/III,
113/I, 129/II, 179/III

Großer Bär 194/I

Grosser Grünwald 17/II, 67/III,
93, 101/II, 114/III, 116/II, 200/I

Ondolinde 89/II
Onodló 68/I
Onodrim 67/III
Orfalch Echor 60/I, 89/III
Ori 40/I, **149**
Orion 38/III, 98/I, 125/III, 158/II
Orkrist 86/II, 175/III, 180/III, 185/III
Orks 15/II, 16/II, 19/I, 28/I, 30/III, 38/II, 47/II, 51/I, 54/III, 74/I, III, 86/II, 90/I, 91/I, 93/III, 95/III, 96/III, 102/II, III, 104/I, 108/I, II, 112/III, 114/II, 115/II, 117/III, 124/II, 126/III, 128/II, 131/I, II, 132/II, 136/I, 139/II, III, 141/II, 148/III, **149**, 153/III, 164/III, 167/I, 168/II, 170/I, 174/III, 175/III, 180/I, II, 182/II, 185/II, 188/I, 191/I, II, 200/III, 202/II, 203/II, 206/III
Ormal 124/II
Ornendil 64/I
Orodreth 47/III, 78/III, 94/III, 136/III, 184/II, 189/III
Orocarni 62/II
Orodruin 30/III, 65/III, 85/III, 94/II, 108/II, **150**, 167/III
Orome 33/III, 43/III, 62/II, 103/II, 123/I, 125/I, 139/III, **150**, 177/I, 183/II, 188/II, 194/II, III, 204/I, III
Oromet 129/I
Oropher 42/I, 114/III, 182/II, 200/I
Orrostar 146/II
Orthanc 67/II, 107/II, 152/II, 164/III
Osgiliath 16/III, 17/II, 64/I, 75/III, 90/II, 108/I, 109/I, 128/III, **150**, 152/II, 153/II
Osse 13/III, 44/I, 121/II, **150**, 177/II, 184/I, 191/II, 192/I, 197/II
Ossiriand 9/III, 24/I, 35/II, 38/I, 84/II, 119/II, 126/III, 129/III, 136/I, 144/I, **150**, 177/I, 180/III
Ost-Emnet 161/II
Ost-in-Edhil 42/III, 71/II, 166/I, 172/III
Ostbucht 158/III
Ostfold 161/II
Ostlinge 17/I, 29/II, 48/II, 50/I, 69/I, 70/II, 79/III, 90/III, 101/I, 119/II, 130/III, 131/I, 141/III, 149/I, **151**, 153/III, 159/I, III,

161/I, III, 179/II, 188/II, 189/II, 207/I
Ostmeer 21/II
Otho Sackheim-Beutlin 163/I

Paladin Tuk II. 154/I, 188/I
Palantir 84/III, 85/III, 129/II, **152**, 155/III, 190/III
Palantíri 23/I, 24/I, 48/III, 64/III, 107/III, 115/II, 150/II, **152**, 153/II, 154/II, 164/III, 202/III
Pallando 204/III
Parth Celebrant 171/II
Parth Galen 20/II, 39/I, 88/II, 92/II, **153**, 154/II
Pelargir 17/II, 20/II, 64/I, 70/II, 74/II, 84/III, 90/II, 97/III, 108/I, 112/I, 147/I, **153**, 161/I, 191/II
Pelendur 186/III
Pelennor 20/II, 54/III, 91/III, 92/III, 98/II, 128/III, 139/I, 148/II, **153**, 170/III
Pelóri 14/III, 124/II, 183/III, 194/III
Peredhil 96/II
Peregrin Tuk **154**, 156/I, 188/I
Periannath 102/I, **154**
Pfade der Toten 20/II, 57/I, 70/II, 86/I, 96/I, 123/II, 134/II, **154**
Pfeifenkraut 84/I, 102/I, 108/I, 148/I, **154**, 163/I, III, 180/II, 183/III
Pforte der Noldor 71/I
Pforte von Rohan 93/III, 106/III, 139/III, 161/II, 202/I
Pforten des Sirion 17/I, 173/I
Pharazôn 12/II, 15/I, 22/II, 30/I, 84/III, 85/III, 129/II, 139/I, 147/II, **155**, 166/II, 192/I, 201/I
Pickel 148/I
Pinnath Gelin 18/I, 91/I, **156**
Pippin 36/I, III, 75/III, 92/II, 129/I, 154/I, **156**, 163/III, 165/I, 176/I, 188/I, 201/II
Plejaden 38/III, 158/II
Poros 17/II, **156**
Poros-Furten 156/I
Postämter 24/III, 101/III, 154/III
Primula Beutlin (Brandybock) 39/II, 80/II
Puckelmänner 55/I, 57/I

Quellhall 32/III
Quendi 61/III
Quenta Silmarillion 173/III
Quenya 62/III, 67/II, 95/II, 103/II, 126/III, 132/II, 145/I, III, 152/I, **156**, 172/II, 180/III, 181/III, 187/I, II, 202/II

Raben 10/III, 111/III, 161/I
Rachekrieg der Zwerge 28/II, 94/I, 133/III, 136/I, 149/III, 182/II
Rad 62/I, 117/III, 198/II
Radagast 93/III, **157**, 204/III
Radhruin 51/I
Ragnor 51/I
Ramdal 17/I
Rammas Echor 153/II
Ranga 113/I, **157**
Rathlóriel (Ascar) 24/II
Rätsel **157**, 173/III
Rauchringe 155/II
Rauros-Fälle 15/III, 22/I, 66/III, 86/I, **158**, 164/II
Regenbogenspalte 71/I
Region 50/I, 72/III, 177/II
Religion 105/II, 125/III, 132/I
Remmirath 38/III, **158**
Rerir 47/II, 84/II, **158**, 179/III
Rethe 26
Rhovanion 17/II, 64/I, 73/I, 90/II, 93/I, 126/II, 151/II, **158**, 159/II, 198/I, 200/III
Rhosgobel
Rhudaur 19/I, 23/I, II, 42/I, 91/III, 93/I, **159**, 186/II, 202/I, III
Rhûn 93/II, 151/III, 159/I, **159**, 161/I, 198/I
Riddermark 161/III
Riesenspinnen 55/III, 71/I, 95/III, 110/I, **159**
Ringare 187/III
Ringe der Macht 43/II, 58/II, 71/III, 98/III, 133/II, 139/I, 140/I, 155/II, **160**, 166/I, 171/III, 182/I
Ringgeister 49/III, 74/III, 127/III, 132/II, 139/I, **160**
Ringil 78/I
Ringkrieg 23/I, 26/I, 30/III, 41/I, 43/I, 48/II, 54/II, 55/II, III, 57/III, 70/II, 86/II, 96/I, 97/III, 101/II, 109/I, 114/I, 131/II, 132/II,

222

224

225

Das Gesamtwerk von J.R.R. Tolkien bei Klett-Cotta

Der Herr der Ringe

Aus dem Englischen von Margaret Carroux und E.M. von Freymann.
Dünndruckausgabe in einem Band mit den Anhängen, Leinen, 2 Karten, Farbtafeln,
ISBN 3-608-95855-X
Sonderausgabe in drei Bänden, broschiert. im Schuber, zus. 1257 Seiten,
ISBN 3-608-95211-X
Normalausgabe mit den Anhängen. Drei Bände, gebunden, zus. 1379 Seiten,
je 16 Seiten illustrierter Vorspann
Band 1: ISBN 3-608-95536-4
Band 2: ISBN 3-608-95537-2
Band 3: ISBN 3-608-95538-0

Der Herr der Ringe - Anhänge

Annalen der Könige und Herrscher. Zeittafel der Westlande. Familienstammbäume.
Auenland-Kalender. Schriftzeichen und Buchstaben.
Aus dem Englischen von Margaret Carroux. 128 Seiten, kartoniert. im Schuber,
ISBN 3-608-95149-0

Das Silmarillion

Herausgegeben von Christopher Tolkien. Aus dem Englischen von Wolfgang Krege.
404 Seiten, 1 Karte, gebunden, ISBN 3-608-95131-8
broschiert, ISBN 3-608-95804-5

Nachrichten aus Mittelerde

Herausgegeben von Christopher Tolkien. Aus dem Englischen von Hans J. Schütz.
603 Seiten, Karten, gebunden, ISBN 3-608-95160-1
broschiert, ISBN 3-608-87501-8

Das Buch der verschollenen Geschichten

Herausgegeben von Christopher Tolkien. Aus dem Englischen von Hans J. Schütz.
Teil 1: 318 Seiten, illustriert, gebunden, ISBN 3-608-95306-X
Teil 2: 376 Seiten, illustriert, gebunden, ISBN 3-608-95307-8

Die Briefe vom Weihnachtsmann

Herausgegeben von Baillie Tolkien. Aus dem Englischen von Anja Hegemann
44 Seiten mit zahlreichen farbigen Abbildungen, gebunden, ISBN 3-608-95330-2

Karen Wynn Fonstad
Historischer Atlas von Mittelerde

Vollständig überarbeitete Ausgabe. Aus dem Englischen von Hans J. Schütz
XVIII, 203 Seiten, über 160 zweifarbige Karten, gebunden, ISBN 3-608-93237-2

Klett-Cotta

Das Gesamtwerk von J. R. R. Tolkien bei Klett-Cotta

Die Karte von Mittelerde

Illustrationen von John Howe. Text: Brian Sibley
Aus dem Englischen von Hans J. Schütz
20 Seiten Textteil, Illustrationen, ausfaltbare, postergroße Vierfarbkarte,
ISBN 3-608-93378-6

Die Karte von Wilderland

Illustrationen von John Howe. Text: Brian Sibley
Aus dem Englischen von Hans J. Schütz
20 Seiten Textteil, Illustrationen, ausfaltbare, postergroße Vierfarbkarte,
ISBN 3-608-93395-6

Die Ungeheuer und ihre Kritiker

Gesammelte Aufsätze mit einem Vorwort von Christopher Tolkien. Aus dem
Englischen von Wolfgang Krege, 262 Seiten, gebunden, ISBN 3-608-95257-8

Barbara Strachey
Frodos Reisen

Der Atlas zu Tolkiens »Herr der Ringe«. Aus dem Englischen von Joachim Kalka
111 Seiten mit 51 farbigen Karten, broschiert, ISBN 3-608-95006-0

Briefe

Herausgegeben von Humphrey Carpenter. Aus dem Englischen von Wolfgang Krege.
601 Seiten, gebunden, ISBN 3-608-95028-1

Herr Glück

Aus dem Englischen von Anja Hegemann
105 Seiten, 50 farbige Illustrationen, gebunden, ISBN 3-608-95221-7

Fabelhafte Geschichten

Aus dem Englischen von Karl A. Klewer, Angela Uthe-Spencker, Margaret Carroux,
160 Seiten, broschiert, ISBN 3-608-95034-6

Klett-Cotta